lonely planet

不丹

本书作者

布拉德利·梅修（Bradley Mayhew）

林赛·布朗（Lindsay Brown）

中国地图出版社

计划你的行程

在路上

CAROLINE PANG/GETTY IMAGES ©
不丹中部，见123页

JPCOOL/BUDGET TRAVEL ©
节日庆典，见32页

PANITHI UTAMACHANT/SHUTTERSTOCK ©
金刚座释迦牟尼佛像，见5

目录

欢迎来不丹

不丹从不是寻常之地。这个最后的喜马拉雅山地王国如同被神秘的魔法笼罩，在这里，传统的佛教文化小心地拥抱着全球化发展。

不丹奇遇

不丹会带给旅行者无数惊喜。在这个国家，米饭是红色的，辣椒也不再是调料，而是主菜。这是一片深受佛教思想熏陶的土地，僧侣们在法事结束后把玩智能手机，许多民居门旁都绘有可驱邪避凶的巨大阳具图案。虽然对佛教传统的保护随处可见，但是不丹并非一座因循守旧的博物馆。你会发现不丹人都很有教养、风趣幽默，而且并非想象中那样的与世隔绝。正是这种古老和现代的融合让不丹显得无比迷人。

环保形象

在不丹，环境保护与文化传承密不可分。根据法律，不丹国土的森林覆盖率必须达到60%以上，从而造福所有子孙后代；如今这个数字超过了70%。不丹不仅实现了碳排放中和，而且实际上吸收的碳量超过了排放的碳量！对于旅行者而言，这意味着可以在一系列国家公园里进行迷人的森林徒步和超凡的观鸟活动。无论你想观赏羚牛或是绿绒蒿，攀登超过7000米的高峰，或是漫步在春天盛放杜鹃的山坡上，不丹都是整个喜马拉雅山区最后一片纯净的角落。

小而美的旅游业

可持续发展的旅游业和国民幸福总值理念都让不丹人深感骄傲。众所周知，外国旅行者每天需要支付最低250美元的费用，因此这里成为世界上出行成本最昂贵的目的地之一。但是，这笔费用包括了一切开支——住宿、餐饮、交通和官方导游，所以还比较划算。你无须参加大型旅行团，而且可以自行设计线路。但在这里看不到背包客式的经济型自助游。

最后的香格里拉？

那么为什么要花钱来不丹呢？首先，这里有让人叹为观止的喜马拉雅壮景，白雪皑皑的高峰凝视着被原始森林簇拥的深邃峡谷。在这片诗情画意的风景里，最吸引眼球的当属宏伟的宗堡和寺庙。这种独特的建筑是壮观热闹的戒楚节（舞蹈节）的举办地，观众们也会身着传统服饰欣然到场。此外，这里还有各种纺织品和手工艺品、激烈的射箭比赛、高海拔徒步线路和令人瞩目的动植物。如果这里不是香格里拉，那也无限接近于香格里拉了。

我为什么喜欢不丹

本书作者 布拉德利·梅修(Bradley Mayhew)

不丹有许多令人深爱的东西，但这里最让我欣赏的是国民虔诚的信仰。我喜欢加入朝圣者的队伍，跟随他们一起朝拜岩石上的圣人足迹，或者阐述与飞虎或桀骜不驯的恶魔有关的寺庙历史。在一次徒步过程中，一位转世活佛赠予我一幅使用圣人鼻血制作的唐卡，然后用神圣先贤的石头足印拍打我的背部为我祝祷。从国民幸福总值到令人脑洞大开的智慧，前往不丹的旅程会让你恍如隔世，魂牵梦萦。

关于作者的更多信息，见319页。

上图：僧侣在帕罗戒楚节上观看舞者表演（见87页）。

不丹亮点

廷布山谷
廷布周边位于山崖上的寺院和很不错的徒步路线（73页）
廷布
手工艺品、古董和热闹的周末集市（50页）
珠穆拉里徒步路线
不丹最美的山景（183页）
上帕罗山谷
壮观的虎穴寺和祈楚寺（92页）
帕罗
出色的宗堡和国家博物馆（79页）
哈阿
另辟蹊径的隐居地和徒步线路（99页）
Himalayas
Laya
拉亚
Zongophu Gang
(Table Mountain)
GASA
加萨宗
Gasa
加萨
Jangothang
姜戈唐
Tsachhu
Damji
Jichu Drakye
吉楚扎杰峰(6989m)
Jomolhari
珠穆拉里峰(7314m)
JHOMOLHARI
TREK
珠穆拉里
徒步路线
Tashithang
THIMPU
廷布宗
PUNAKHA
普那卡宗
WANGDUE
PHODRANG
旺杜波德朗宗
Pali
帕里
Thangthangka
Dawakha
Shing
Karap
PARO
帕罗宗
Dodina
Gunyitsawa
Dechenchholing
Punakha
普那卡
Tseshinang
THIMPHU
VALLEY
廷布山谷
Khuruthang
库鲁唐
Chhuzomsa
曲佐姆萨
Taktshang
Goemba
虎穴寺
Hongtsho
Lobesa
Nobding
Zelela
UPPER PARO
VALLEY
上帕罗山谷
THIMBU
廷布
Dochu La
多楚拉山口
Tashila
Gangte
Goemba
岗提寺
Pele La
帕勒拉
山口
Yadong
亚东
Paro
帕罗
Wangdue
Phodrang
旺杜波德朗
Cheli La
其列拉山口
Kyichu
Lhakhang
祈楚拉康
Simtokha Dzong
辛托卡宗堡
PHOBJIKHA
VALLEY
富毕卡山谷
Isuna
Haa
哈阿
Chhuzom
曲佐姆
Genekha
TSIRANG
齐朗宗
Dobji
Dzong
HAA
哈阿宗
Chapcha
Dagana
达加纳
Sankosh
Bunakha
SAMTSE
萨姆奇宗
Amo Chhu
阿莫曲
Tsimasham
Chhukha
楚卡
Damphu
Sibsu
Dungna
CHHUKHA
楚卡宗
DAGANA
达加纳宗
Lamidranga
SARPANG
萨邦宗
Dorokha
Gedu 格都
Jumbja
Dagapela
Chengmari
Samtse
萨姆奇
Rinchending
仁钦丁
Sarpang
萨邦
INDIA
印度
Phuentsholing
庞措林
Tala
Sinchula
Kalikhola
BANGLADESH
孟加拉国
BANGLADESH
孟加拉国

0 50 km
0 25 miles
布姆唐
宗教圣地和文化腹地(129页)
普那卡
不丹最美的宗堡(106页)
PEOPLE'S REPUBLIC OF CHINA
中华人民共和国
喜 马 拉 雅 山 脉
琼辛拉山口
春天绽放的杜鹃花海(152页)
Cona
错那
Singye Dzong
辛格宗堡
Gokthong La
BUMTHANG
布姆唐宗
LHUENTSE
伦奇宗
TRASHI YANGTSE
塔希央奇宗
Kizum
Bomdeling
Toktu Zampa
Mesithang
Lhuentse
伦奇
Trashi Yangtse
塔希央奇
达旺
乌间岭
Jakar
贾卡尔
BUMTHANG
布姆唐
Tangmachu
唐马楚
Zungney
Gyetsa
Ura
Trongsa
通萨
TRONGSA
通萨宗
Autsho
奥错
Sheri Chhu
Thrumshing La
琼辛拉山口
Duksum
Sakteng
萨克滕
Radi
Rangjung
Phongme
Chazam
Trashigang
塔希冈
Drametse Goemba
无敌顶寺
Sengor
森格
Namling
南木林
Chali
Yadi
亚迪
Sherichhu
Kanglung
Rongthong
Merak
麦拉克
Bartsam
Airstrip
Khaling
TRASHIGANG
塔希冈宗
Bumthang Chhu
布姆唐曲
Ligmethang
Zhemgang
谢姆冈
Mongar
蒙加尔
Wamrong
沃荣
Riserboo
MONGAR
蒙加尔宗
Pemagatshel
佩马加策尔
Yongla
PEMAGATSHEL
佩马加策尔宗
Narphung La
纳彭拉山口
SAMDRUP JONGKHAR
萨姆德鲁琼卡尔宗
ZHEMGANG
谢姆冈宗
Royal Manas National Park
皇家玛纳斯国家公园
Panbang
Manas Chhu
玛纳斯曲
Deothang
迪沃塘
Bhangtar
Gelephu
盖莱普
Samdrup Jongkhar
萨姆德鲁琼卡尔
Nganglam
INDIA
印度
海拔高度
6000m
5000m
4000m
3000m
2000m
1000m
500m
200m
100m
0
富毕卡山谷
绝佳的骑自行车和观鹤地点(113页)
通萨
居高临下的宗堡及其精美的博物馆(126页)

不丹 Top 17

1

异彩纷呈的戒楚节

1 大多数宗堡和贡布每年都会举行各种节日，并上演极富特色、引人入胜的舞蹈剧。这些节日中规模最大的当属戒楚节（见33页）——人们用舞蹈来纪念莲花生大士。舞蹈由身着五颜六色戏服、头戴彩绘面具的僧人和居士演绎，舞者在其中扮演或忿怒或慈悲的神灵、英雄、魔鬼和动物。在舞蹈演出期间，面具小丑（atsara）模仿舞者，表演喜剧杂耍，甚至让观众付钱以换取他们所持木质阳具的赐福！图为普拉卡戒楚节（见25页）。

虎穴寺

2 不丹最著名的寺院虎穴寺（见94页）是这个国家最神圣的宗教场所之一。传说当年莲花生大士骑着雌虎飞来此地降妖伏魔，之后在这里冥思三个月。这处美丽的建筑攀附在悬崖峭壁之上，下面是一片郁郁葱葱的松林。通往佛寺的道路颇为陡峭，但是走过这段路后，可以看到令人心旷神怡的寺院、帕罗山谷以及怒放的红杜鹃。

TRAVEL INK/GETTY IMAGES ©

2

MC_NOPPADOL/SHUTTERSTOCK ©

山地徒步

3 在不丹进行山地徒步需要体力，但收获颇丰。徒步路线通常都要穿越高海拔和偏远地区，其中一些在徒步圈都毫无非议地享有盛名，包括“珠穆拉里徒步路线”（见183页）和“雪人徒步路线”。在所有徒步线路上，你都会有专业向导相伴，行李物品也将由矮马驮运。徒步游将带你离开公路和所有现代化所能企及之地。沿途会邂逅身着传统服装的当地人，他们沿袭数百年传统耕种庄稼和饲养家畜，让你觉得不虚此行。图为珠穆拉里徒步路线上的姜戈唐营地（见186页）。

普那卡宗堡

4 位于两河交汇之处的交通咽喉，普那卡宗堡（见106页）是不丹最壮观、最美丽的建筑典范。如果在春天到此参观，你会看到著名的蓝花楹树下，淡紫色的花朵映着白墙随风摇曳，身着红色长袍的僧侣们徜徉于紫色花海之中。如同城堡般厚重的墙壁内时而清冷寂静，时而回荡着年轻僧侣成群结队前往用餐时发出的阵阵欢笑声。

帕罗宗堡和国家博物馆

5 帕罗的日蓬宗堡（见79页）是守护山谷和城镇的宗堡建筑的宏伟样本。多姿多彩的帕罗戒楚节于每年春天在此举行，节日的高潮是展晒巨幅莲花生大士像唐卡。宗堡上方是一座古老的圆形瞭望塔，又称为“Ta Dzong”（塔宗堡），如今被改建为让人流连忘返的国家博物馆（见83页），陈列着内容丰富、不拘一格的各种展品。图为帕罗宗堡的绘画（见79页）。

6

7

艺术和手工艺品

6 不丹在手工艺品方面的杰出成就，在各种手工艺学院（见55页）以及许多工艺品商店都得到了淋漓尽致的展现。许多物品都非常实用，有的专门用于宗教场合，例如竹篮或者纯手工打造的、带有复杂图案的精美木碗等。丝、棉、羊毛乃至牦牛毛，经过纺织、染色、织造和缝纫，制成织物和外套等。不丹丰富的绘画传统还体现在繁复精美的唐卡（宗教绘画）上。不丹邮票是收藏家们的必备藏品。图为工匠正在制作微型模塑陶土小面具。

布姆唐

7 布姆唐地区（见129页）的诸多山谷是不丹文化的中心地带，有许多适合作为一日游目的地的寺院。布姆唐历史悠久的贡布、宗堡和庙宇，在不丹早期历史中以及不丹佛教独特理念的形成方面具有非常重要的作用。参观莲花生大士的法印，提起白玛林巴重达25公斤的铠甲，在蒙巴错奔腾的流水前静静凝望——白玛林巴曾在这里取出伏藏。图为简培拉康山门（见137页）。

传统纺织品

8 手工编织和刺绣纺织品通常被认为是不丹首屈一指的工艺品。数百年的传统造就了印染、编织和缝制等工艺。大部分织工都是妇女，在不丹，家家户户都会传出织机的“弹响”。除了廷布的国家纺织博物馆（见55页），还有许多小商店遍布国内——尤其是在布姆唐和最东部，它们销售色彩缤纷的纺织品，是购买纪念品的绝佳选择。

射箭

9 这项不丹的传统国民运动让人兴奋无比而且极具观赏性，一年四季在全国各地都会举办射箭锦标赛。比赛分为两个类别：一种是传统的竹弓，另一种则是现代化的碳纤维弓，后者射出的箭速度惊人。箭靶看起来很小，射手与箭靶间的距离虽然很远，但脱靶的情况却很少发生。选手的实力都在伯仲之间，他们相互开着玩笑，与之相伴的是观众热情的歌唱和舞蹈，让比赛渐入佳境。“嗖嗖”的箭声之间，洋溢着浓浓的幸福愉悦。在帕罗的射箭场（见86页）可以观看周末赛事。

10

11

通萨宗堡和通萨塔博物馆

10 地势沿着山脊一侧倾斜，直达险要的峡谷，通萨宗堡（见126页）在不丹的地理和近代史中都处于中心地位。第一、第二任国王都在这个战略要地号令全国。宗堡内部宛如层层迷宫，布满了狭窄的走廊和庭院。通萨塔皇家历史博物馆位于可以俯瞰整个宗堡的双侧翼瞭望塔内。这间很棒的博物馆记录了宗堡和旺楚克王朝的历史，藏有从王室成员个人物品到佛教造像等各种展品。

精彩绝伦的野生动物

11 不丹的保护区所占国土比例在全世界高居榜首，覆盖高达65%领土面积的森林和高山组成了不尽相同的栖息地，造就了令人惊叹的动植物多样性。观鸟者成群结队地前往不丹南部的常绿森林，单是在路上就能观赏到数百种鸟儿。在这里，你也许还能看到一群罕见的金叶猴。濒危的黑颈鹤会到不丹中部和东部越冬，每年如约而至的鹤已经令富毕卡山谷（见113页）成为公认的著名观鹤胜地。图为蓝额红尾鸲。

祈楚拉康

12 祈楚拉康（见92页）是不丹最古老、最神圣和最美丽的寺庙之一，且距离门户城镇帕罗咫尺之遥。这座双寺院落中历史相对更悠久的庙宇，据说是由松赞干布于公元659年建立的。寺外广场有许多信众和转动的经筒，寺内主殿中供奉着一尊珍贵的7世纪释迦牟尼觉沃佛像。人们可以在这座宁静的寺院周边进行单日徒步游。图为祈楚拉康的转经筒（见92页）。

WHITWORTH IMAGES/GETTY IMAGES ©

廷布百年农夫市集

13 廷布热闹非凡的周末市场（见54页）是国内规模最大的集市。食品区弥漫着各种味道，鱼干、软奶酪、槟榔果和干辣椒，都在不断拨弄着你的嗅觉神经。卷曲的蕨菜和红米充满了异国风情。传统的人行吊桥跨在湍急奔涌的旺曲上，穿过吊桥到对岸去逛逛手工艺品和纺织品摊点，在这里你能以物易物，换取“古董”、经幡，甚至还有用人腿骨制作的喇叭。图为烟熏牦牛奶酪。

森林和野花

14 虽然神秘空灵的高山蓝花绿绒蒿是不丹国花，柏树为国树，但其实没有什么比盛放的杜鹃更能代表不丹。在春天，从其列拉山口（见97页）到琼辛拉山口（见152页）等高山垭口，漫山遍野的红色、粉色和白色杜鹃花竞相开放，与猎猎舞动的五色经幡相映成趣。在喜马拉雅山区最原始的森林衬托下，不丹丰富多彩的植物群和永无止境的绿色，会让植物爱好者流连忘返。在漫长的驾车之旅中，记得停下车来，享受空气中弥漫的花香。图为喜马拉雅杜鹃花。

廷布山谷

15 廷布拥有诸多博物馆和文化名胜，其中包括扎西曲宗堡（见51页），秋天这里会举行全国最热闹的戒楚节。不丹首都所在的这片相对开阔的峡谷也不乏城郊景点。在离廷布不远的地方有几条不错的徒步路线，中途经过几座占据独特地势的寺院，可以俯瞰峡谷内的优美风景。在廷布中心以西，莫提塘羚牛保护区是你一睹不丹国兽风采的最佳地点。图为扎西曲宗堡。

国民幸福总值

16 国民幸福总值（见210页）已成为不丹的执政理念，也是送给被“增长经济学”占据的这个世界的一份礼物。在佛教和人文价值观的基础上，这一衡量指标与全球通行的国民生产总值形成鲜明对比。这也是一个革命性的指导思想，强调文化传承、医疗、教育、良好政府治理、生态多样性和个人福祉。它没有将经济增长奉为最终目标，而是将其视为实现更多重要目标的一种手段。

哈阿

17 从帕罗驱车只需短短数小时，经由不丹海拔最高的机动车道路，就可到达这片人迹罕至的山谷（见101页）。这里拥有魔幻的崖畔隐居之所、古代庙宇和迷人的村庄。住宿主要以精品农舍和民宿为主，而非接待大型团队的度假村，这也赋予这里更加私密的感觉。山谷边缘是非常不错的远足或山地徒步目的地，可以徒步其列拉山岭，或是攀登萨嘎拉山口，欣赏白雪皑皑的珠穆拉里峰。

16

17

行前参考

更多信息，请参考“生存指南”章节（见279页）。

货币
不丹努扎姆（Nu）

语言
宗卡语

签证
签证由旅游公司安排并在抵达时签发，游客必须预付全包团队游费用。

现金
团队游费用为预先支付的款项，因此你只需准备饮料、纪念品和小费所需现金；带上适量美金以兑换当地货币。只有廷布有自动取款机。部分商店接受信用卡付款，暂不接受银联卡。

手机
任何未锁定的手机都可购买B-Mobile或Tashi Cell的SIM卡，用预付费充值卡充值后即可拨打当地和国际长途电话以及通过3G上网。中国移动、中国联通和中国电信均可在不丹开通国际漫游。

时间
不丹时间（格林尼治标准时间+6小时）。比北京时间晚2小时。

何时去

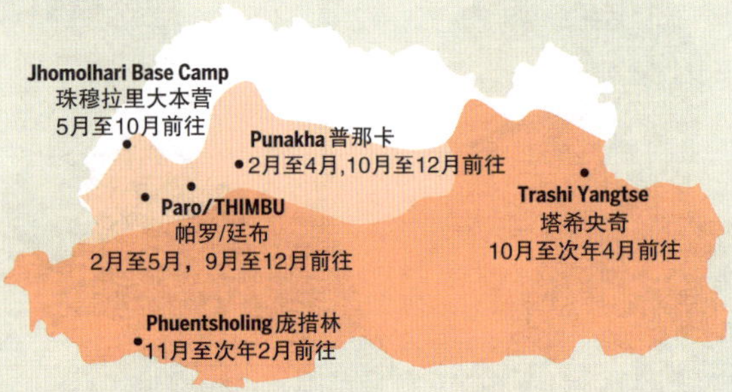

旺季（3月至5月，9月至11月）

➡ 春秋两季的气候十分理想。尽早预订机票；住宿接待可能人满为患。

➡ 喜马拉雅山在10月展露自己最美的一面，杜鹃花在3月和4月怒放。

平季（12月至次年2月）

➡ 不丹采用季节性税率，因此在非旅行高峰期出行，除了游客较少外，还可节省大量费用。

➡ 气候仍然让人愉悦，但是12月和1月可能比较冷。

淡季（6月至8月）

➡ 季风带来的降雨以及横行无忌的蚂蟥，使大部分徒步路线都无法通行，但是高山花朵会迎来绽放季节。

网络资源

背包客栈（www.backpackers.com.tw）论坛中有许多关于不丹签证、费用的讨论。

旺楚克（www.bhutantour.cn）有比较全面的不丹景点介绍。

My Bhutan（www.mybhutan.com）旅行文章和旅游资讯。

不丹旅游局（Tourism Council of Bhutan；www.tourism.gov.bt）有经过政府审批的团队游运营商和旅游相关法规等信息。

孤独星球（Lonely Planet；www.lonelyplanet.com/bhutan）提供目的地资讯、文章、旅行者论坛以及其他。

不丹皇家航空公司（Druk Air；www.drukair.com.bt）国家航空公司。

奎塞周报（*Kuensel*；www.kuenselonline.com）王国时事。

不丹国家门户网（National Portal of Bhutan；www.bhutan.gov.bt）政府官方网站。

重要号码

不丹国家代码	☎975
国际电话接入码	☎00
急救	☎112
火警	☎110
警察	☎113

汇率

人民币	CNY1	Nu10.4
港币	HKD1	Nu9.2
新台币	TWD1	Nu2.3
新加坡币	SGD1	Nu52
美元	USD1	Nu72
印度卢比	INR1	Nu1
尼泊尔卢比	NPR1	Nu0.6

了解实时汇率，参见www.xe.com。

每日预算

每日固定费用：250美元

➡ 所有游客必须支付每人每天最低250美元的费用（12月至次年2月以及6月至8月为每天最低200美元），如果是1/2人组团，还需加收每人40/30美元的附加费。这一费用包含了住宿、不丹国内的交通、导游、用餐和门票。

➡ 其他可能额外收费的项目包括热石浴、文化表演、骑马、漂流、山地自行车以及小费。

➡ 12岁以下的儿童可免除政府提成税（65美元）。

高端：超过500美元

➡ 豪华酒店：在每天250美元费用基础上增加250~1500美元。

入境

只要持有签证审批表复印件，入境手续就会变得轻松便利。你的导游和司机会在帕罗机场或陆路边境站迎接你，安排你的签证盖章相关事宜，然后启程上路。

当地交通

除非你是进行山地徒步或者搭乘国内航班，否则在路上的大部分时间你都会乘坐一辆私人面包车、四驱车或小汽车旅行。在这里最大的问题是不丹盘山公路上经常产生的晕车症。如果你也饱受这种困扰，记得带上最有效的晕车药，眼睛盯着远处的地平线。

营业时间

除非与这些标准时间有所区别，我们才会单独备注具体营业时间。

政府部门 夏季周一至周五 9:00~13:00和14:00~17:00；冬季周一至周五 9:00~13:00和14:00~16:00

银行 周一至周五 9:00~16:00（冬季至15:00），周六9:00~12:00（冬季至11:00）

商店 8:00~20:00或21:00

夜店 一周中大多在午夜打烊，周三、周五和周六营业至次日2:00或3:00

了解更多**当地交通**的信息，见297页。

如果你喜欢

入乡随俗

穿着帼（或旗拉）外国人穿上不丹传统服装会让当地人对你充满好感，尤其是在节假日期间。（见240页）

观看射箭比赛 没有什么比射箭或室外飞镖比赛中的戏谑玩笑更能体现不丹风味了。（见86页）

挂经幡 购买一些经幡，然后在多楚拉山口等高山垭口亲手挂上，为自己积累业力。（见103页）

在乡村农舍过夜 条件也许朴素简单，但是主人绝对热情好客——可以在天鹅拉康或Khoma村尝试一下与当地家庭共度一晚。（见141页）

品尝当地小吃 在帕罗周末市场品尝牛皮糖、牦牛干酪、新鲜槟榔果等特色食品。（见85页）

喜马拉雅山地徒步

毫无疑问，徒步是体验不丹风情的最佳方式，尤其是当徒步线路经过帕罗和廷布的名胜或者与某个节日不期而遇时。10月和11月是观赏山景的好季节，3月份则会迎来杜鹃盛放，繁花似锦。

雷龙小径徒步路线 帕罗和廷布之间的徒步路线，途经诸多高山湖和偏远静修之地。（见176页）

珠穆拉里徒步路线 饱览不丹首屈一指的高山景观，途经偏远村落、高山垭口和牦牛牧场。（见183页）

拉亚至加萨徒步路线 景致与文化的最佳结合，有机会拜访偏居一隅的拉亚人。（见190页）

Bumdrak徒步路线 短途豪华过夜游，可探访虎穴寺及寺内一些偏远的佛堂。（见180页）

雪人徒步路线 世界上行程最艰苦、费用最昂贵的终极徒步线路，穿越不丹喜马拉雅的屋脊。（见194页）

放飞自我

不丹高端旅行具备除了艰苦之外的一切特质。超豪华度假村可获得六星级服务，并设有放松身心的水疗和热石浴按摩。

热石浴 石头、木料、热水和艾属草药，提供最经典的不丹体验，大多数旅游酒店都可提供。（见284页）

Termalinca Resort & Spa 并非想象中的乐土（Promised Land），但是牛奶和蜂蜜浴极有特色；这里的水疗中心也欢迎非住客光临。（见65页）

乌玛帕罗酒店 按摩加上瑜伽，以及阿育吠陀精油理疗，配备全套Como品牌洗浴产品。（见88页）

芝华林酒店 这里的药师佛水疗中心提供有趣的红米饭或柠檬草身体护理。（见89页）

泰姬扎西酒店 你是想要玛萨拉香薰按摩来提提神，还是用椰子柔肤护理来放松一下身心？（见64页）

野生动物和野花

不丹是植物学家和观鸟者的天堂，岩羊和叶猴经常闯入视线，但小熊猫在啤酒商标上会比在树上更常见。

富毕卡山谷 冬季（10月下旬至次年2月中旬）到这里，你总会碰上300多只黑颈鹤中的一只。（见113页）

多楚拉山口 在盛放的粉红色、白色和黄色杜鹃花海中徜徉的绝佳地点（3月和4月）。（见103页）

莫提塘羚牛保护区 近距离观赏不丹相貌奇特、惹人喜爱的国兽，据说它是金羊毛传说的源头。（见58页）

皇家玛纳斯国家公园 这里的旅游业才刚刚起步，但是这片亚热带森林中的野生动物和观鸟体验在整个亚洲都数一数二。（见148页）

上图：多楚拉山口的徒步者和经幡（见103页）。
下图：莫提塘羚牛保护区里的羚牛（见58页）。

单日徒步游

有时，离开汽车，徒步前往山腰的寺院或神庙，是一种非常不错的体验。还可以离开人群，同样用步行的方式来拜访高僧、村民和朝圣者。

丹戈寺和杰里寺 从廷布出发前往不丹最具历史意义的两座佛寺。（见73页）

虎穴寺 徒步两小时登上壮观的虎穴寺之后，高处还有更多寺庙可供探访。（见94页）

布姆唐山谷 最佳单日徒步游的单一目的地，可前往安宁的隐修所和峡谷观景点。（见142页）

乌拉和辛卡哈 在迷人的村庄之间徒步，攀登至附近的隐修所，或者前往琼辛拉山口国家公园。（见145页）

多楚拉山口 从穿越杜鹃林的短途远足，到前往附近寺院的长线徒步。（见103页）

其列拉山口 一路下山前往旗拉庵，或向上登高至天葬台。（见97页）

富毕卡山谷 在风光旖旎、人迹罕至的山谷里，在迷人的岗提自然步道上欣赏黑颈鹤。（见114页）

圣地

不丹的每个山口、河流交汇处和湖泊都与护法神、神灵和圣人息息相关。这些朝圣地都具有神圣的意义，是了解不丹人世界观的重要地点。

虎穴寺 不丹最著名和最神圣的寺庙，紧倚悬崖峭壁而建，堪称鬼斧神工之杰作。（见94页）

贡寇拉 朝圣者对最东边这座地处偏远的佛塔推崇备至，因为岩石足印、圣物和恶业测试岩齐聚于此。（见165页）

昌岗卡拉康 无数母亲带着孩子来这里，寻求红面保护神马头金刚的赐福。（见54页）

蒙巴错 宁静和神圣的"燃烧之湖"，白玛林巴在这里发现水下伏藏并大显神威。（见143页）

鲜为人知的宝地

不丹最吸引人的是宏伟的宗堡和热闹的节庆，但是不要因此而低估这个国家游客罕至的小佛寺和神庙的魅力。

Juneydrak隐修所 哈阿山谷是一个另辟蹊径的好地方，这座时光停驻的隐居处是其中最大的亮点。（见101页）

旗拉庵 屹立于其列拉山口下，拥有200余年历史的旗拉庵距离主路仅1小时步行路程。（见99页）

杜泽拉康 朝圣者之路蜿蜒向上直抵这个蜗牛壳状的殿堂，途中有一些不丹数一数二的中世纪壁画。（见83页）

塔格拉康 一座迷人而容易错过的15世纪佛堂，位于一座佛塔中，地处帕罗以南。（见97页）

德钦颇章 神圣的石头和高耸的柏树是这处似乎已被时光遗忘的朝圣地的标志。（见59页）

节庆

许多游客将整个行程都用来参加不丹丰富多彩的戒楚节（舞蹈节）。节日期间精彩的面具舞、滑稽的小丑、亮丽的戏服令人应接不暇，绝佳的拍摄机会不容错过。

帕罗戒楚节 非常受旅行团青睐，节目十分精彩；但在许多人看来，它实在是太受欢迎了。（见23页）

乌拉村雅楚节 一个宁静的乡村节日，但是举办日期的变化莫测早已远近闻名。在此露营是个好主意。（见24页）

普那卡多楚节 不丹最不同寻常的节庆之一，人们会重演一场古老的战斗场景；通常在2月或3月举办。（见23页）

古杰戒楚节 在雨季举办，可以避开旺季客流，而且还可以参加附近同期举办的尼玛朗戒楚节。（见25页）

手工艺品

不丹的手工艺品从神圣的壁画到竹弓，种类繁多。如果想欣赏高水准的宗教艺术，可以参观宗堡和佛寺；但是如果想了解手工艺品，那么还得去这些有趣的工场。

国家手工艺学院 观看学生们演示13门传统手工艺。（见55页）

琼施手工纸厂 了解整个造纸流程。（见70页）

国家纺织博物馆 廷布令人印象深刻的新建筑，展出了不丹最出众的手工艺品。（见55页）

岑登香厂 在邦迪镇附近的这家作坊里，深吸杜松、檀香和高山草药沁人心脾的香味。（见97页）

伦奇Khoma村 在这个闻名遐迩但地处偏远的"织锦"织造中心，家家户户都有织布机。（见158页）

尊尼村亚特拉工坊 在乘车前往布姆唐时，可顺道在路边的这些作坊购买手织羊毛毯。（见129页）

每月热门

最佳节庆

廷布戒楚节, 9月/10月

帕罗戒楚节, 3月/4月

普那卡多楚节, 2月/3月

乌拉村雅楚节, 4月/5月

简培拉康竹巴节, 10月/11月

2月

富毕卡和布姆唐温度仍然较低，但是在海拔较低的普那卡和东部地区，气候开始转暖，节庆如火如荼，游客依然较少。

藏历新年（Losar）

不丹人会粉刷房屋、参拜当地寺庙、举行盛大的射箭和飞镖比赛来庆祝新年。这一节日按照不丹历计算，各地风俗不尽相同，因此在1月中旬至3月中旬之间都有可能。

普那卡多楚节（Punakha Drubchen）

这一为期三天的独特活动在气候温暖的普那卡山谷举行，其亮点是隆重演绎的一场17世纪战斗，成百上千身着戏服的战士逐一登场。随后将举行为期三天的戒楚节。节日按不丹历计算，因此也有可能在3月举办。

寇拉佛塔（Chorten Kora）

不丹东部和中国藏南地区成千上万的朝圣者蜂拥而至，在相隔两周的两个节日里绕着这座佛塔转经。与佛教寺庙节日不同，这一节庆更像是当地市集。主要节日是不丹历一月的十三至十五，因此也有可能在公历3月份举行。

牧民节（Nomad's Festival）

来自拉亚和萨克滕等偏远地区的高地人，都会参加在上布姆唐山谷举办的这一面向旅行者的节日，他们在这里出售从拉亚人的锥形帽到萨克滕人的发酵奶酪等特产。传统比赛和面具舞为节日现场平添不少乐趣（也许稍显做作）。

3月

春天从3月持续至5月，这是前往不丹旅行的好季节，非常适合团队观光和山地徒步。群山可能会隐藏在浓云之中，但却有着杜鹃怒放、繁花似海和鸟儿啁啾的醉人风景。

贡寇拉（Gom Kora）

成百上千的信众会聚集于不丹东部的这处朝圣地，参加一夜的庆典，并围绕神圣黑岩进行的转经仪式。这个节庆在不丹历二月初八至初十开展，因此也可能是公历4月。

4月

4月是一年中不丹游客数量第二多的月份，部分原因是这时的气候温暖舒适。帕罗戒楚节场面宏大，此时也是山地徒步的好时机。

帕罗戒楚节（Paro Tsechu）

这个极受欢迎的节日先是为期四天的查姆舞表演（cham；宗教仪式舞蹈），然后是在黎明之际“晒大佛”——“莲师八相”主题的巨幅唐卡（宗教绘画或刺绣）只在这一天展开。第一天的仪式在帕罗宗堡举行，随后的活动移到宗堡之外开展。它也可能在公历3月份举行。

山地徒步

高海拔地区温暖的气候和招摇的杜鹃花都使4月非常适合山地徒步，但是山顶却极少能见到蓝天。记得带上雨具，以防万一。

5月

春季姗姗离去，气候开始变得温暖多尘，月末时降雨和阴云有所增加。较少的游客数量和良好的天气使5月成为一个不错的旅行季节，但是低海拔地区气温开始升高。

乌拉村雅楚节（Ura Yakchoe）

这个为期三天的节庆充满小镇气息，届时会举行宗教游行、舞蹈，人们会饮用当地私酿酒。唯一的问题是这项活动的具体日期早已出了名的不靠谱。节日也可能在4月举行，但具体日期在开始前几周才会最终确定。

僧人迁徙

在不丹历四月的第一天，整个僧团从普那卡迁往廷布的夏季居所。队伍中包括杰堪布（僧团领袖）和几件神圣的法物，当地人夹道迎接，以期接受高僧祝福。

6月

雨季浓密的阴云会遮挡风景，并导致帕罗机场航班取消。随着倾盆大雨的到来，道路可能被冲毁。这时在高山峡谷中的野花盛景，将是植物学家梦中最悠远的记忆。

尼玛朗戒楚节（Nimalung Tsechu）

布姆唐是不丹历五月最适合旅行的地方。为期三天的尼玛朗戒楚节于初八拉开帷幕，最后一天恰好是附近的古杰戒楚节的举办日。举办日期可能在公历7月。

上图：帕罗戒楚节上的唐卡（见87页）。
下图：戒楚节上戴面具的舞者。

古杰戒楚节（Kurjey Tsechu）

在这个为期一天的布姆唐节日期间，通萨宗堡的僧人们会跳起宗教舞蹈。这一天也是莲花生大士的生日，整个不丹都会举行仪式，焚香祈福。尼玛朗寺为期三天的戒楚节定于古杰戒楚节开始前两天举行。

季风季节

夏日雨季（6月至9月）横扫整个不丹，这里的降雨超过任何其他喜马拉雅地区。降雨高峰是7月，使通往东部的道路充满危险，但是茂盛枝叶和新鲜的蘑菇、杧果和鳄梨能够一解人们因大雨而引发的愁绪。

9月

前半个月仍然被雨水浸泡，但是到雨季结束时，季候雨已将喜马拉雅天空冲得碧蓝如洗、清澄美丽，旅游旺季就此开始，几个重要节庆也拉开帷幕。

廷布戒楚节（Thimbu Tsechu）

在扎西曲宗堡举行的壮观僧人舞，使这个为期四天的节日变成人山人海的欢乐海洋（每年有超过3000名游客参加）。活动有可能在公历10月举行。之前为期三天的多楚节（dromchoe；纪念不丹在17世纪击败外敌）通常只对不丹人开放。

哈阿戒楚节（Haa Tsechu）

沉寂的哈阿在这个节日期间才会真正醒来。在不丹历八月初八和初九，僧人们会在白色大殿的庭院中跳起宗教舞，最后一天的活动则移至附近的旺楚罗宗堡举行。

Tamshing Phala Choepa

布姆唐山谷在不丹历八月有两大节庆轮番上阵。从初九至十一你可以在塔姆辛寺观赏舞蹈，三天后前往附近的丹碧寺参加为期三天的节庆。这两个节日举行的公历时间也可能在10月。

加萨戒楚节（Gasa Tsechu）

如果想参加这个在偏远之地举办的三天节庆，你可能不得不选择露营，但是你会欣赏到传承300年的民歌*goenzhey*表演以及面具舞，相传这首歌由夏宗·阿旺朗杰于1616年刚刚经由拉亚抵达不丹之际创作。

10月

10月是不丹游客数量最多的月份。此时气候温暖，山景清明，到处都是旅行团。记得提前订好酒店和机票。

简培拉康竹巴节（Jampey Lhakhang Drup）

人们通过查姆舞和篝火来纪念这座7世纪寺庙的建立。头天晚上会举行名闻四海的午夜“赤身火舞”。这一节日从不丹历九月十五持续至十八，公历时间可能是在11月。为期四天的贾卡尔戒楚节在之前一周举行。

普拉卡戒楚节（Prakhar Tsechu）

这个为期三天的节日在Chumey山谷的普拉卡寺举行，与简培拉康竹巴节日期相同，因此你能同时参加两个节日。

徒步天堂

10月迎来不丹徒步的最佳季节，大部分旅游公司都在此时经营他们的徒步游项目。高海拔地区夜晚会很冷，但是雪山（例如海拔7314米的珠穆拉里）景致非常清晰迷人。

旅游节日

最近几年，不丹新设立了一些面向旅游行业的新节日。虽然它们也许缺乏不丹主要宗教节日——戒楚节那样的原汁原味，但如果恰好你身在当地，不妨前往一游，一定会发现诸多乐趣。节日期间会举办传统体育活动，例如射箭、摔跤和飞镖等，此外还有面具舞、民族舞和难以计数的当地食物和特产。除了上布姆唐的牧民节外，还可在7月的第一个或第二个周末参加哈阿的**高山节**（Alpine Festival）、8月在乌拉举行的**蘑菇节**（Mushroom Festival），以及2月第三个周末在加萨举办的**羚牛节**（Takin Festival）。

11月

气候怡人，但是记得带上薄外套以备夜晚降温。一些规模较小的节庆成为人满为患的帕罗和廷布戒楚节之外的不错选择。

黑颈鹤节（Black-Necked Crane Festival）

这个现代节庆于11月11日在富毕卡山谷举办。当地儿童身着仙鹤服装，在岗提寺庭院内翩翩起舞，以庆祝300多只黑颈鹤的冬季回归。

蒙加尔戒楚节（Mongar Tsechu）

蒙加尔戒楚节比其他地方规模略小，但气氛更热烈，可提供更好的摄影和文化互动机会。游客罕至的塔希冈戒楚节为期三天，时间段与蒙加尔戒楚节相同，举办时间可能在公历12月。

天鹅拉康节（Ngang Lhakhang Shey）

这个为期三天的节庆在上布姆唐的天鹅拉康举行，节日期间有两个当地部落的贵族表演与众不同的舞蹈以及面具舞。该节庆举办时间也可能在公历12月。

塔希冈戒楚节（Trashigang Tsechu）

这个不丹远东地区游客罕至、为期三天的节庆，高潮是最后一天展晒巨幅唐卡以及在中心庭院里展出一尊莲花生大士佛像。节庆时间与蒙加尔和佩马加策尔的戒楚节相同。

12月

12月意味着冬季的到来，高海拔地区可能会雪花飞舞，但是这时还可以前往不丹西部旅行。哈阿和东部地区的高山垭口可能暂时出现大雪封山。

伦奇戒楚节（Lhuentse Tsechu）

很少有游客会在这个季节到访不丹最东北的伦奇宗，参加这个偏远地区的佛教节日。附近的邓卡尔同时也会举行欢庆活动。节日举行的时间也可能在公历1月。

通萨戒楚节（Trongsa Tsechu）

不丹最古老且游客踪影最少的节庆之一。为期三天的舞蹈从不丹历十一月初九至十一上演，因此时间也可能在公历1月份。最后一天会晒出巨幅唐卡。

楚克旺耶戒楚节（Druk Wangyel Tsechu）

这个12月13日举办的新节日，重头戏是不丹军人在多楚拉山口跳面具舞，活动的天然背景是壮观的喜马拉雅群峰。

旅行线路

4日 在帕罗和廷布过一个长周末

如果时间或预算有限，你可以在短短4天内进行一次不丹初体验，将行程集中于廷布和帕罗。

用两个全天来游览风景如画的**帕罗**：第1天参观帕罗宗堡和国家博物馆；第2天步行前往蔚为壮观的**虎穴寺**，拜访美丽的祈楚拉康。吃过午饭后，驾车3小时前往**廷布**，中途可以顺道参观**唐秋拉康**。

第3天可以抓紧时间进行一段漫长的旅途，翻越**多楚拉山口**前往**普那卡宗堡**，它素有不丹最美宗堡的盛名。如果是在3月，可以花上1个小时在多楚拉山口的杜鹃林里漫步。在返回廷布的路上，可以顺道拜访附近的**切米拉康**，这是供奉“癫圣”的寺庙。

第4天用来逛逛**廷布**。前往周末市场，参观上廷布山谷的**杰里寺**和**丹戈寺**。如果你钟情于手工艺品，可以前往国家纺织博物馆和国家手工艺学院。傍晚乘车返回帕罗；大部分航班都在清晨起飞。

7日 哈阿至普那卡

如果你在考虑4日游，不妨直接将其升级为7日游。费用其实相差无几，何况下一次再来不丹会是多久以后呢？一周时间能让你更深入地体验不丹文化，并使你能另辟蹊径前往哈阿山谷或富毕卡山谷，同时也不会错过不丹西部地区的主要宗堡和佛寺。

用两天时间来游览**帕罗**，包括参观帕罗山谷内的**虎穴寺**和祈楚拉康，然后用一整天（或2天）时间逛逛廷布。有几点提示：尽量赶在周六或周日到达廷布，以体验周末市场；同时避免在周一游览帕罗，因为国家博物馆在这天闭馆。如果你运气够好，周末极有可能在廷布或帕罗遇到射箭比赛。

如果想另辟蹊径，可以再加一段前往**哈阿山谷**的过夜行程。这条路翻越不丹最高的机动车道路垭口——**其列拉山口**，还可绕道前往不远的旗拉庵或Dzongdrakha寺参观。在中午时分抵达哈阿，当天下午或者第二天上午探访Juneydrak隐修所和Shelkar Drak，然后继续驱车前往**廷布**。

在比4日游多出的几天时间里，你无疑会加入一段过夜行程，翻越山岭前往**普那卡**。如此一来，你就有时间开展往返一个半小时的步行之旅，前往附近的**卡姆沙耶里纳耶佛塔**，或者参观切米拉康，甚至还可以来上一小段漂流之旅。

如果哈阿不在你的计划内，那么可以增加前往**富毕卡山谷**的一日游行程，尤其是在冬天（11月至次年2月）黑颈鹤到此越冬之时。记得带上保暖衣物和手电。

在旅途期间，你可以让导游安排一次热石浴，大部分旅游酒店都可提供（另外收费）。如果能有幸参加一次节庆活动，那么你的不丹初体验将堪称完美。

上图: 不丹转经筒。

下图: 普那卡宗堡（见106页）。

2周 廷布至布姆唐

如果有10天的时间，你就能在布姆唐停留2~3天，中途在帕罗、廷布、**普那卡**过夜，还可在通萨短暂停留，但是如果能有完整的2周时间，那么你就能够以更从容的步伐，更深入地体验当地风情，还有充足的时间开展几次不错的一日游徒步。记得向旅行社确认当前的施工路段是否会导致行程变慢。

前几天可参考4日游行程。从**廷布**出发，在**富毕卡山谷**过夜，不仅可以参观岗提寺，还可以观赏濒危的黑颈鹤（11月至次年2月）。富毕卡非常适合骑山地车游览。

从富毕卡出发驱车一整天，翻越**帕勒拉山口**抵达**通萨**的宏伟宗堡和博物馆，接下来继续前往布姆唐的**贾卡尔**。尽早出发，因为沿途有许多景点，包括尼泊尔风格的**成德布吉佛塔**，可在此享用野餐。

如果你在布姆唐有整整2天时间，可以用1天时间环游**卓霍山谷**，参观简培拉康、古杰拉康，然后步行前往塔姆辛寺。第2天则用来探访**唐谷**，游览蒙巴错和Mesithang附近的邬金曲林博物馆。如果你还能多出一天时间，可以在邬金曲林客栈住宿，然后步行下山参观地处偏远的曲贾姆拉康和那鲁特拉康。

布姆唐山谷是一处适合徒步的地方，因此可以抽出半天时间来活动筋骨，缓解过去一周乘车所带来的疲惫。从贾卡尔出发，驱车2天可返回**帕罗**，因此中途可在**旺杜波德朗**附近过夜。或者可以乘飞机从布姆唐飞往帕罗以节约时间。

如果你是将印度和不丹之行结合在一起，那么可以考虑从廷布或帕罗驱车前往**庞措林**。这里离大吉岭、噶伦堡和锡金邦都只有短短数小时车程。庞措林离巴格达格拉（Bagdogra）的机场也非常近，可乘坐航班飞往德里和加尔各答。

16日 探索东部

前往游客罕至的东部地区至少需要两周时间，我们建议在计划中额外加入几天用于休息和身心恢复。

每天都要在车上坐很长时间（在不丹东部地区每天坐车时间可高达5小时），但如今可以从塔希冈附近的**雍布拉**坐飞机返回帕罗。如果你要经由萨姆德鲁琼卡尔出境（前提是你已提前获得印度签证），如此也可免去驾车返回帕罗的舟车劳顿。如果你对传统织造感兴趣，这将是一段非常棒的行程。

跟随前文的行程，自**帕罗**至布姆唐（或者直接乘飞机前往），然后你可以用5~6天的时间来游览东部名胜。从布姆唐启程，第1天乘车翻越**琼辛拉山口**（海拔3750米），沿途景色壮丽，接着经由不丹最宽的公路前往**蒙加尔**。在这里停留两个晚上，前往偏远的**伦奇**和附近的传统纺织乡村**Khoma**，开展风光旖旎的一日游。如果想减少乘车时间，可以考虑用一天时间在蒙加尔周边进行非比寻常的徒步游。

第3天可以前往地势险峻的**塔希冈**，沿途可以绕道2~3小时去参观**无敌顶寺**，这是不丹最重要的宁玛派佛寺。东部地区的住宿条件无法与西部相提并论，因此别太在意，并且带上防虫喷剂。

在塔希冈住两个晚上，用一天的时间来游览**塔希央奇**，中途可在朝圣地**贡寇拉**、古老的塔希央奇宗堡和尼泊尔风格的寇拉佛塔停留参观。3月和4月，该地区会举办两个重要的朝圣节日。再用一天时间去邦德林野生动物保护区观鹤，或者经由德钦颇章朝圣地进行徒步游。

从塔希冈出发，驾车经过一整天的盘山公路下山，可抵达氤氲湿热的**萨姆德鲁琼卡尔**平原地区。从这里可乘坐出租车，经过3小时抵达古瓦哈蒂（Guwahati；提前确认该地是否计划罢工），然后乘坐飞机前往加尔各答、德里或曼谷，或者搭乘过夜火车前往西孟加拉邦，再转车去大吉岭和尼泊尔边境。

普那卡宗堡戒楚节上的面具舞者（见106页）。

计划你的行程

节日庆典

不丹文化的异域风情、神秘莫测和超凡脱俗都在各种宗教节庆体现得淋漓尽致。大部分宗堡和许多佛寺每年都会定期举行舞蹈节，这是大部分不丹人最热衷的年度社交盛事。引人注目的盛装舞者的表演让人沉浸其中，当地人和旅行者都会不由自主地拍手叫好。

最佳节庆

廷布戒楚节（9月/10月）

扎西曲宗堡内为期四天的舞蹈演出，届时首都可以看到盛装的面具舞者，并且感受浓郁的狂欢氛围。

帕罗戒楚节（3月/4月）

在帕罗宗堡内部和周边，为期四天的面具查姆舞蹈庆典，节日高潮是展晒巨幅唐卡。

普那卡多楚节（2月/3月）

栩栩如生地再现古代战争场景，有身着戏装的战士表演战舞，还有为期三天的面具舞。

简培拉康竹巴节（10月/11月）

在始建于7世纪的简培拉康，午夜“赤身火舞”拉开了盛大的节庆帷幕。

戒楚节

戒楚节是不丹最具特色的节日，庆典上有一系列的宗教舞蹈（查姆舞，cham），由头戴夸张面具、身着精美长袍的舞者表演。各个地区戒楚节的日期和持续时间都各不相同，但通常都是在不丹历的初十前后，以向莲花生大士致敬。

戒楚节上的演出通常都在宗堡庭院内举行，届时可能人山人海，大家都争相占据最佳观看位置。戒楚节是一项盛大的社交活动，将周边区域的人们吸引到一起。这里并不是严肃的场合，而是充满了节日氛围，人们穿戴最漂亮的衣服和最好的珠宝首饰，分享食物并交换各种消息。宗堡或寺庙外通常还会自发形成一个小集市。节日是相隔两地的亲朋好友齐聚一堂，共同沉浸于佛教教义的机会。不丹人认为参加戒楚节和观看高度仪式化的舞蹈能够积累功德。

许多戒楚节的共同亮点是在日出之前，从一处能够俯瞰舞蹈区的建筑上展晒巨幅唐卡（绘制或刺绣的宗教图画）。这种巨幅唐卡被称为“thondrol”，通常采用刺绣而非绘制工艺制作，这个词的意思是“见即解脱”，人们认为观看这些壮观的圣物能够涤荡一个人的罪恶。

戒楚节和你

如果想体验戒楚节的精华，不妨亲临现场，加入观众队伍，而不仅仅是一位拿着相机站在旁边的看客。节庆是正式的场合，每个人都会精心着装，因此融入其中的最佳方式之一就是穿上自己的帼（gho；长袍）或旗拉（kira；裙子）前往参加。当地人会非常欣喜，并且对你报以热烈欢迎。

在戒楚节舞蹈演出时，小丑（atsara）会模仿舞蹈动作，并戴着红色长鼻子的面具表演各种喜剧套路。在娱乐观众的同时，他们还起到维持秩序的作用，并且慢慢养成骚扰游客讨钱的习惯。你可以将其视为一种善意的游戏。如果捐了钱，甚至可能还会得到他们手持木质阳具的赐福。

只要有舞蹈，你都应当积极参与。传统上，包括游客在内的每个人都会热情地加入最后的舞蹈（Tashi Lebey），它意味着所有节庆和舞蹈演出的完结。不要害羞，只要跟随前面一个人的动作即可，记得面对相机微笑。

如果你想要参加某个热门的戒楚节，最好能提前预订行程。在廷布和帕罗等人气最旺的戒楚节举办前后，酒店房间和飞往不丹的航班舱位很快就会被预订一空。部分顶级酒店还会采用戒楚节浮动房费或提出最少入住天数的要求。

请记住：舞蹈持续时间较长，你如果不想失去好不容易抢到的立足之地，记得带上零食、水、折叠凳或坐垫，以及相机电池。

哪个节庆？

廷布和帕罗戒楚节仍是最受旅行团欢迎的节庆，但是越来越多的游客发现，在普那卡举办的带有戏剧色彩的多楚节也别有一番风情。这是最隆重、最盛大、最壮观的三大场合，但巨大的游客数量有时也让人无比烦恼。

一些经验丰富的回头客会选择名气稍逊一筹的宗堡和拉康举办的小规模节庆或戒楚节。他们的观赏性也许稍有欠缺，但它们提供了一种更真实更传统的体验，你也许是那里唯一的外国人。

规模较小、名气稍逊的乡村节庆包括：

- 塔希央奇戒楚节和寇拉佛塔节（见167页），两者都是2月在不丹偏远的东部举办。
- 布里戒楚节，2月在布里拉康举行（见129页）。
- 塔希冈（见162页）、贾卡尔（见133页）和蒙加尔（见154页）戒楚节，11月举办。
- 通萨（见127页）、伦奇（见157页）和邓卡尔（见158页）戒楚节，12月举办。

除了各种宗教节庆，不丹历一年中还有其他文化庆典，值得一提的包括2月布姆唐的牧民节（见23页）和富毕卡的黑颈鹤节（见26页）。

节庆日期和不丹历

节庆日期根据不丹历而定，而不丹历源于藏历，但是与后者有一天或几天的差别。网上可找到在线不丹历转换工具，甚至还可下载不丹历手机应用。确定重大节庆日期最简单的办法是浏览**不丹旅游局**（Tourism Council of Bhutan；www.tourism.gov.bt）网站，这里标明了30多个节庆的具体日期。

扎西曲宗堡戒楚节（见51页）。

摄影礼仪

在节庆期间，你可以在演出舞蹈的宗堡庭院里拍摄。但是要记住，这是一种宗教仪式，因此你应当遵循相应的礼仪：

- 使用长焦镜头，关掉闪光灯。
- 不要干扰舞者或者挡住他人的观看视线。
- 不要闯入舞蹈场地或者舞池边缘当地人占据的空间。如果你占据的是前排位置，最好不要站起来。
- 不要拍摄王室成员，即便他们碰巧出现在你参加的节庆或集会上。

计划你的行程

预订你的行程

尽管给人以高端、偏远难至的表象，但不丹其实并不是一个难以成行的旅行目的地。你可以和一群朋友结伴而行，或者与爱人同行，甚至可以单人成行，这里对入境的游客数量也没有任何限额。

何时开始

不丹的旅行社通常至少需要一个月来安排各项事宜，包括银行转账、签证和预订不丹皇家航空公司机票。行程和团队游价格的最终确定可能需要几周的电邮沟通。如果你想在游客向往的节庆期间到访，那么就得提前几个月预订不丹皇家航空公司机票以及当地住宿。如果是在非旺季时段开展简单的旅行，那么所有行程在短至一周内或许就可安排妥当。

预订行程

与大多数国家不同，政府法规要求外国游客通过登记注册的不丹旅行社按照预付费的行程来旅行。你可以在国外报名参加成熟线路的旅行团，或者找一家不丹旅行社进行定制计划。在去哪儿以及做什么等方面，游客通常都享有很大的自主权。但是不管到哪儿，都得带上导游。

如果找本国的代理，你可以省去烦琐的付款程序所引起的麻烦，在有疑问或特殊需求时，你也会有一个本国联系人，但是这种安排费用通常较高。如果你直接与不丹旅行社联系，你可以有很大的空间来个性化你的行程，但是你需要花时间来收发电邮，而且还得自行办理国际银行转账。

重要信息

每日固定费用

旺季的游客每人每日最低费用为250美元。在淡季和平季（12月至次年2月以及6月至8月）则降低至每人每天200美元。

如果是1或2人组成团队游，还需加收每人40或30美元的附加费。

费用折扣

5岁以下的儿童旅行者免费，6~12岁的小旅行者仅需支付50%的每日费用。

年龄在25岁以下的全日制学生，凭借有效身份证明，在直接向不丹旅行社预订时可享25%的折扣。

长时间旅行者可享受“政府提成税”（并非每日费用）折扣——从第9晚起减免50%（也就是32.50美元），第14晚之后全部免除。

如果游客在边境城镇如庞措林、萨姆德鲁琼卡尔或盖莱普过夜，可以免除一晚的政府提成税（即65美元折扣）。

团队领队

旅行团人数为11~15人时，其中1人可获得50%的折扣。如果团队人员数量超过16人，其中1人费用全免。

虽然你支付了高昂的费用，但不要认为不丹就专属于你一个人。在旅游旺季，游客酒店、主要宗堡和节庆场地都充满了喧嚣的旅行团，尤其是在帕罗。如果想获得更加独特的专属体验，你可以前往游客较少的哈阿和不丹中部庙宇，或者选择在平季前来，也可以前往不丹东部开始一段探索之旅。

如果你不习惯照本宣科的跟团游，我们建议你将行程分为几段，中途加入徒步游、骑行或造访偏远地区的佛寺，从而感受自助游的氛围。习惯自助游的旅行者不得不适应安排好的餐饮或者用餐时间；其他方面，例如有专人会将你的行李搬到房间，一定会很快适应的。

哪家旅行社

不丹有200多家挂牌旅游公司，从一人经营的小店到拥有车队和酒店的大型旅游公司，不一而足。

规模较大的旅游公司，例如Norbu Bhutan Travel、Etho Metho Tours and Treks、Bhutan Tourism Corporation Limited（BTCL）、Yangphel Adventure Travel、International Treks and Tours、Rainbow Tours and Treks以及Gangri Tours and Trekking等，在预订酒店（其中一些为自营酒店）和不丹皇家航空公司机票方面具备相当的优势，但它们通常以接待旅行团为主，很少有时间来回复散客咨询。

根据一位不丹旅馆老板的建议，下面这些公司规模足够大，可接待海外咨询，但与行业巨头相比又比较小，经营者对你的个人行程也会给予足够关注：Bhutan Travel Bureau、Bhutan Mountain Holiday、Bhutan Mandala Tours and Treks、Sakten Tours and Treks、Thunder Dragon Treks、Windhorse Tours以及Yu Druk Tours and Treks。

如果你想要参加山地徒步，可以考虑专业从事这项活动的公司，例如Bhutan Trekking & Hiking Services。

不丹的所有旅行社都需遵循政府制定的相关服务、标准和费用的法规。游客付出的费用由不丹政府保管，直到团队游行程结束时才拨付给旅行社，因此无论你选择哪家公司都会有所保障。在与不丹旅游公司产生问题时，不丹旅游局（见286页）可提供建议和协助。

每日费用

不丹的旅游业奉行“高价值、低影响”的宗旨。虽然对游客数量没有限制，但政府规定了每日最低费用，无论你是住酒店或是在山地徒步路线上宿营，最低消费都是相同的。在每日费用中，有65美元是作为提成税来交给政府，然后用于教育、医疗等开支。

这笔费用乍一看似乎非常高，但当你考虑到这是全包费用——包括三星级住宿、用餐、私人交通（不含机票）、导游、门票、许可证、面面俱到的山地徒步，因此也不算贵得离谱。专人服务得到广泛称道。就我们的单独山地徒步而言，提供服务的有六位工作人员，以及六匹驮马。但是，东部偏远地区的住宿或者大部分民宿和用餐标准很难让人产生“物有所值”的感觉。

单人旅行者和双人组游客可轻松在不丹开展旅行，但是需要支付附加费用。实际上，不丹最常见的团队游就是两人团。

由于有最低费用限制，因此各旅行社之间的价格相差无几。一些旅行社会为直接向其预订的旅行者提供一定的折扣，将原本支付给海外代理商的佣金让利给游客。向当地旅行社直接预订的另一大好处，是旅行社因为无须支付代理佣金，可以用更多资金来安排更好的住宿。如果你通过中国、尼泊尔或印度的代理商预订，你会发现不丹旅行社用于酒店住宿的资金相对较少，因为需要向国外代理支付一笔佣金。

每日费用不包含豪华住宿（通常为四星级或以上），如果想要体验奢华就得另外支付附加费用，其数额相当于酒店正常挂牌房价。一些旅行社的每日费用中包含签证（40美元）、饮品，也许还有一场文化表演，但大部分旅行社都会对这些项目另外收费。漂流和山地自行车等活动项目都需要额外收费。

根据传言，不丹或许将取消每日费用，将提成税提升至100美元，然后让旅行社按照他们提供的服务来自行定价。即使这项措施真正出台，似乎也很难大幅降低在不丹旅行的每日成本。

付款程序

游客必须提前支付全部费用方可获得签证授权。如果是直接向不丹旅行社预订行程，你必须将款额电汇至渣打银行（纽约、东京、伦敦、法兰克福分行）的不丹国家银行（Bhutan National Bank；简称BNB）账户。旅行社方面会向你提供转账所需信息，还会让你发送转账收据复印件，以核对是否与不丹国家银行资金记录相吻合。旅行社会让不丹国家银行将资金转至不丹旅游局账户（如果适用，也会转至不丹皇家航空公司或某家豪华酒店账户）。最终收款账户是你在不丹的旅行社，但是资金将被不丹旅游局暂时保管，直至行程结束；此举确保在旅游公司违约时，你的权益更有保障。

延期和取消

因天气原因、不丹皇家航空公司自身或道路中断而造成的延期，将不会额外收取每天最低费用。如果延期出发，旅行社只是简单收取住宿、就餐、交通和其他服务的实际费用。

每家旅行社的取消政策各不相同，可向旅行社咨询具体细则。如果因故需要缩短在不丹的行程，费用将不予退还。旅行保险非常有必要，因为你必须提前支付全款。

不丹旅行社

下面的名单包括了各大旅游公司。如需查阅完整名单，可登录不丹旅游局（见286页）以及**不丹旅游经营商协会**（Association of Bhutanese Tour Operators，简称ABTO；www.abto.org.bt；PO Box 938，Thimbu）网站：

Above Horizon Tour & Treks（☎17612487）

All Bhutan Connection（☎02-327012；www.abc.com.bt）

Bhutan Image Tours（☎02-336392；www.bhutanimagetours.com）

Bhutan Journeys（☎02-333890；www.bhutanjourneys.com）

Bhutan Mandala Tours & Treks（☎02-323676；www.bhutanmandala.com）

Bhutan Men-Lha Adventures（Adventure Trekking Club；☎02-321559；www.trekkingbhutan.com）

Bhutan Mountain Holiday（☎02-320115；www.bhutanmountainholiday.com）

Bhutan Travel Bureau（☎02-332105；www.btb.com.bt）

Bhutan Travel Club（☎17633317，02-336941；www.bhutantravelclub.com）

Bhutan Travel Service（☎02-325785；www.bhutantravel.com.bt）

Bhutan Travelers（☎02-328868；www.bhutantravelers.com）

Bhutan Your Way（☎08-272256；www.bhutanyourway.com）

Bridge to Bhutan（☎02-331766；www.bridgetobhutan.com）

Dragon Trekkers & Tours（☎02-323599；www.dragontrekkers.com）

Etho Metho Tours & Treks（☎02-323162；www.bhutanethometho.com）

Gangri Tours & Trekking（☎02-323556；www.facebook.com/gangritoursandtravel）

International Treks & Tours（☎02-326847；www.bhutanintrek.com）

Jojo's Adventure Tours（☎02-333940；www.jojos.com.bt）

Keys to Bhutan（☎02-327232；www.keystobhutan.com）

Lhomen Tours & Trekking（☎02-324148；www.lhomen.com.bt）

Lingkor Tours & Treks（☎02-323417；www.lingkor.com）

Namsay Adventure（☎02-325616；namsay@druknet.bt）

Norbu Bhutan Travel（☎02-340151；www.norbubhutan.com）

Rainbow Bhutan（☎02-323270；www.

rainbowbhutan.com)

Raven Tours & Treks (☎02-326062; www.raventourstreks.com)

Sakten Tours & Treks (☎02-325567; www.bhutanhimalayas.com)

Snow Leopard Treks (☎02-321822; www.snowleopardtreks.com)

Thoesam Tours & Trekking (☎02-365101; www.bhutanthoesamtoursandtreks.com)

Thunder Dragon Treks (☎02-321999; www.thunderdragontreks.com)

Trophel Tours and Treks (☎17743470; www.bhutanholiday.bt)

White Tara Tours & Treks (☎02-333224; www.whitetaratoursandtreks.com)

Windhorse Tours (☎02-326026; www.windhorsetours.com/bhutan)

Yana Expeditions (☎02-332329; www.yanatravel.com)

Yangphel Adventure Travel (☎02-323293; www.yangphel.com)

Yu Druk Tours & Treks (☎02-323461; www.yudruk.com)

中国旅行社

许多海外旅行社和探险旅游公司都设有前往不丹的旅行团，中国也有数家旅行社定期出团。除了免去资金转账的麻烦，旅行社还可以帮你解决签证、预订机票和当地的中文向导（视情况而定）等问题。由于中国没有直飞不丹的航班，旅行社大多安排游客在尼泊尔转机，因此许多行程都会打包1~3日的尼泊尔游。也有部分行程取道印度前往帕罗，费用略高。可在**携程旅游网**（http://vacations.ctrip.com）、**途牛旅游网**（☎400 799 9999; www.tuniu.com/tours）等查看、对比近期组团前往不丹的旅行社。

中国国际旅行社（☎400 600 8888; www.cits.com.cn）

旺楚克（www.bhutantour.cn）

不丹悠然假期（☎400 883 7937; www.517budan.com）

芝华林（☎400 851-6718; www.welcomebhutan.com）

计划你的行程

徒步规划

宗堡和戒楚节只是游览不丹的初体验。在道路和团队游巴士无法到达的远方，鲜有人涉足的喜马拉雅峡谷和村落原始而粗犷，召唤着游客徒步前往游览。但是，面对不丹诸多蔚为壮观的徒步路线，你需要进行充分的准备和深入的了解。

何时去

在计划徒步游行程时，需要考虑的首要问题就是天气。10月的后半段是不丹徒步游的最佳时机；其次是4月中旬。然而，这两个时间段都是旅游旺季，航班座位一票难求，酒店房价居高不下，因此一定要尽早预订。在这两段时间里，炙手可热的徒步游路线同样人满为患。无论何时进行徒步游，你都会遇到零星小雨（有时是倾盆大雨）。

最佳季节

10月至11月 最佳徒步季节，晴空万里，景致一览无余。灿烂的阳光使白昼气温升至舒适怡人的20℃，夜间则降低至5℃左右。上午一般都是万里无云的晴天。下午1点之后开始风起云涌，但是到夜间则会云消雾散，留给你一片繁星满天的夜空。

3月至5月 气候晴暖，那些钟情于杜鹃花和其他异域喜马拉雅植物的人们可选择此时出行。然而，这段时间下雨的概率颇高，高山垭口可能会被大雪封堵，尤其是在3月。

12月至次年2月 冬季是进行低海拔徒步的好时节，例如纳布吉徒步路线或盐帮古道徒步路线等。气候温暖，但也不是特别热。2月中下旬适合开展Bumdrak或萨嘎拉山口等短线徒步游。

最佳徒步路线

最拉风的徒步路线

艰苦卓绝、成本昂贵（最低5000美元）且危机四伏，雪人徒步路线（见194页）是不丹终极探险之旅，也是你赢得山地徒步资历的一种残酷方式。

最佳喜马拉雅山景路线

珠穆拉里徒步路线（见183页）使你能近距离接触珠穆拉里峰和吉楚扎杰峰，这是不丹最美的两座山峰。

最佳山景和人文路线

拉亚至加萨徒步路线（见190页）让你在海拔3700米的村庄感受非同寻常的拉亚文化和与众不同的帽子。

最佳大众化路线

帕罗和廷布之间的雷龙小径徒步路线（见176页）沿途有别具韵味的佛寺和迷人的高山风光。

最佳探寻雪人路线

麦拉克至萨克滕徒步路线（见207页）穿越孤绝的山谷和不丹东部有趣的民族聚居地；但是新的道路可能会“吓跑”雪人。

徒步规划

珠穆拉里徒步路线

难度 中到高
历时 8天
季节 4月至6月，9月至11月
优势 山地风景
总结 不丹最受欢迎的徒步线路，在姜戈唐的高山营地能欣赏到海拔7314米的无比壮丽的珠穆拉里峰。（183页）

拉亚至加萨徒步路线

难度 中到高
历时 11天
季节 4月至6月，9月至11月
优势 偏远的山区和族群
总结 是珠穆拉里徒步路线的延伸。能赏到多样的动植物景观，或许欣还能有幸碰到岩羊。（190页）

珠穆拉里徒步环线（索伊雅克萨）

难度 中
历时 6天
季节 4月至6月，9月至11月
优势 时间短，风景好
总结 比珠穆拉里徒步路线短，终点是位于姜戈唐的珠穆拉里大本营，返程路过几座高山湖和三处山口。（189页）

雷龙小径徒步路线

难度 中
历时 6天
季节 2月至5月，9月至12月
优势 初步体验不丹徒步之美
总结 不丹最美、最受欢迎的徒步路线之一，沿着荒野小路，途经一处处偏远的湖泊。虽然路程短，但目的地海拔却很高。（176页）

达嘎拉千湖徒步路线

难度 中
历时 5天
季节 4月，9月至10月
优势 人迹罕至的徒步路线
总结 路程短，离廷布近，带你经过无数个美丽的高山湖泊。当然，远远没有一千个湖那么多。（179页）

雪人徒步路线

难度 高
历时 24天
季节 9月至10月
优势 富有挑战性
总结 高难度的雪人徒步路线，带你走进偏远的卢纳纳地区，以往成功走完该路线的人不到一半，不是高反就是暴雪让他们知难而退。(194页)

其他路线

Bumdrak徒步路线(180页)
布姆唐文化徒步路线(199页)
纳布吉徒步路线(206页)
萨嘎拉山口徒步路线(182页)

罗当拉山口徒步路线

难度 中到高
历时 6~8天
季节 10月至11月
优势 有游山玩水之感
总结 这条线路穿越不丹东部，难度极大，有大量的陡坡需要爬升。后勤不方便，最后四天常常没有驮畜帮助运载行李。(203页)

杜尔温泉徒步路线

难度 中到高
历时 8天
季节 3月至4月，9月至11月
优势 温泉爱好者的天堂
总结 这条古老的探险路线通往岗卡彭森峰——世界上最高的处女峰。途中在温泉边停留一天。(201页)

麦拉克至萨克滕徒步路线

难度 中
历时 5天
季节 3月中旬至5月，9月至11月
优势 体验乡村生活和少数民族风情
总结 动人的文化之旅，可在别样的布罗克帕农家借宿，还能探寻原始的雪人栖息地。(207页)

避开

6月至8月 季风横扫不丹全境，带来连绵不绝的降雨。山体滑坡随处可见，徒步小路变得湿滑难行且危机四伏，沿途还有嗜血的蚂蟥伺机而动。

9月 高山上的野花正在怒放，但是雨季带来的泥泞湿滑仍无处不在。群山常被云层遮挡，很少能遇到放晴的早晨。

徒步游预订

政府法律规定，不丹的所有徒步游必须通过旅行社预订，且宿营等各项事宜均须安排妥当。这一点非常重要，因为大部分路线都要穿越无人区和未开发的林区，徒步游团队在给养、人员和设备方面必须自给自足。

此外，徒步客还必须由在不丹旅游局（TCB）登记注册的持证导游陪伴。不丹导游的工作经验各不相同，经验丰富的徒步游领队往往可遇不可求。如果是在旺季进行徒步，让你的旅行社提前为你安排一位见多识广的导游。

在不丹徒步还涉及获取众多许可证，以便进入国家公园、步行穿越保护区以及参加诸如钓鱼等活动。将详尽的计划告知你的旅行社，以便申请相关许可证。

虽然许多不丹旅行社都可安排大部分热门徒步线路，但是如果你计划前往人迹罕至之地，仍需要找一家专业旅行社。不丹最具规模的徒步游旅行社包括Yangphel Adventure Travel（见285页）、International Treks & Tours（见37页）、Yu Druk Tours & Treks（见38页）、Lhomen Tours & Trekking（见37页）以及Namsay Adventure（见37页）。

携带物品

在不丹，获得徒步装备并不容易，因此最好带上所有需要的个人装备，最好是放在一个上锁的行李袋中。在进行徒步旅行时，将行李重量限制在15公斤，而且记得带上一个适合捆绑在马背或牦牛背上的背包。每匹驮畜可承载30公斤重量，而通常是两位徒步客共用一匹驮畜。

你的徒步游旅行社会提供双人帐篷、薄海绵地垫、餐具、厨具、一顶厨用帐篷以及一顶厕所帐篷。通常不提供睡袋，即使提供，质量也差强人意，因此尽量自己准备。法律规定旅行社必须准备急救包；在开展高海拔徒步时还需要准备一个加压袋（便携式高压氧舱）。

计划变更

虽然计划完备并且提前安排妥当，但是行程可能经常会因为各种不可预知的原因而变更。不期而至的降雨会让小道变得湿滑，降雪则会导致封山，马匹可能无法按计划出现，或者马夫可能会认为徒步小道对他们的驮畜太过危险。这些因素出现的频率会超过你的想象。因此提前做好准备，以从容应对可能的计划落空。

在路上

路况

不丹的徒步线路对体力都有较高要求，这是由路线长度、海拔高度以及海拔的急剧变化所决定的，但具体情况也要取决于线路本身。一般而言，每天的高度变化是每8~12公里上升500米，但偶尔也会出现单日上升1000米的情况，比如露营地数量较少、距离较远时。你经常需要在陡峭的山坡上攀爬——在垂直崖壁、雪崩小道和侧谷周围爬上爬下。露营地经常相隔较远，有时一天需要走上7~9个小时。不过有时候，可能只需要3或4个小时的快速行走。

许多徒步路线都是沿着古老贸易线路延伸，这些古道在公路建成后不再使用。其中一些小路，尤其是在不丹东部地区，在过去几十年里一直疏于维护，因此道路情况难以预料。路上经常会遇到下雪，尤其是在高山垭口。地形的崎岖令人惊讶，有时你需要穿越大段大段的河道圆石区，而它们通常都难以立足，因此耐磨的Vibram鞋底绝对物有所值。小路经常极为泥泞，尤其是在春天和初夏，改道现象相当普遍。

在徒步路线的起点和终点，你会遇到不断增多的农田道路，在过去十年里，不丹各

个人装备清单

衣物

☐ 抓绒衣

☐ 防水外套、雨披或雨伞

☐ 徒步裤或徒步裙

☐ 导汗或速干T恤或衬衫

☐ 长袖衬衫

☐ 能挡住耳朵的遮阳帽

鞋袜

☐ Vibram硬底防水徒步鞋（最好已磨合好）

☐ 营地鞋、人字拖或凉鞋

☐ 袜子（聚丙烯材质）

其他装备

☐ 小背包

☐ 睡袋（羽绒填充，以备高山徒步）

☐ 丝绸睡袋内胆

☐ 水壶（最好是金属材质，以便冷却开水）

☐ 手电以及备用电池

其他物品

☐ 洗漱用品

☐ 用密封袋放置的手纸和打火机

☐ 小刀

☐ 防晒霜（SPF 30+）和润唇膏

☐ 旅行毛巾

☐ 可降解洗涤皂

☐ 药物和急救包

☐ 免水洗手液

☐ 净水器或净水药物

☐ 水泡贴和胶带

☐ 缝纫包

☐ 护目镜或太阳镜，以及备用眼镜

☐ 度过漫漫长夜的书籍

☐ 收纳袋以及保持睡袋干燥的厚实密封袋

☐ 用于寄存的箱包，内装徒步时用不上的城市服装

☐ 登山杖

海拔4000米以上的徒步路线

☐ 羽绒或合成纤维外套

☐ 秋衣秋裤

☐ 毛线帽或绒线头套

☐ 手套

☐ 绑腿

☐ 山地徒步靴（最好已磨合好）

地的乡村道路数量呈与日俱增之势。

向导和营地工作人员

对于一个小型旅行团来说，徒步游阵容通常包括向导、厨师、助手、马夫及驮畜等。不丹通常没有背夫，这一点与邻邦尼泊尔截然不同。重要的决定都由向导做出，他通常与厨师合作负责解决后勤问题。较大规模的团队还设有"徒步游管家"，专门负责露营时的各种杂务，还有负责打包和行李服务的打包工人以及几位专司上菜和厨房杂务的"服务员"。在我们的"雷龙小径"单独徒步游过程中，旅行社总共安排了六位工作人员和七匹驮马。

住宿

你将在帐篷里过夜，睡在海绵垫上。晚上，你的所有装具都会放在你的帐篷里。每天早晨工作人员都会给你端来一盆温水用于洗漱，接下来是一杯热气腾腾的茶水。在某些地方会有石头建筑，工作人员可将其用作厨房和遮风挡雨之所，有时也会被徒步客用作餐厅或紧急避险处。

在露营地内，徒步游公司会在地上挖一个坑并支起一顶厕所帐篷，还会提供一盆水来洗手。到晚上，他们会为你准备一个热水瓶以便在睡袋里取暖。记得带上净水剂，尽管营地里每晚都会提供充足的开水。

在麦拉克至萨克滕以及纳布吉等徒步路线上，在途中你有机会借宿乡村民宿。在其他村子里，你或许能住在社区经营的露营地，营地所得收入将进入社区基金。

用餐

随队厨师每天提供餐饮服务的质量和数量，会让人发现在，不丹徒步，一路上的体重可能不减反增。大部分厨师都擅长将西方风味和亚洲菜肴融合到一起，你可以完全依靠营地餐食；如果提前通知留出足够的准备时间，厨师甚至还能满足任何特别的饮食要求。所有口粮都是从出发地携带上路，食物用气罐炉头进行烹饪。

通常你还没起床，工作人员就已为你准备好热气腾腾的茶水，接下来的早餐有麦片或粥、果酱、面包，有时还有鸡蛋，以及无限量的速溶咖啡或茶，用餐地点在专门的帐篷内。偶尔在早餐上甚至能吃到炸薯条，这更让你觉得（如果你还不确定的话）不丹堪比传说中的香格里拉。午餐是热乎乎的饭菜，通常在早餐时就备妥，和一壶热茶一起装在能够保温的金属容器内。下午会有更多茶，有时甚至还有爆米花或坚果等零食作为茶点。晚餐可以吃到红米饭或白米饭、印度薄饼、扁豆汤和蔬菜。前两天的晚餐中会有新鲜肉类。餐后甜点通常是罐装什锦水果。你需要携带的仅仅是一些燕麦能量棒和巧克力，以获得精神层面的满足。

地形图

获取质量较好的不丹地图绝非易事。不丹全国由印度测绘局（Survey of India）按1:50,000的比例进行测绘，但这些都是秘密文件，同样不对外公布的还有不丹测绘局制作的相关地形图。另外还有1:200,000的俄罗斯系列军事地形图，其中有10页包括不丹各地，但是图上是采用俄语标注的。

通过与奥地利的合作项目，不丹旅游局（TCB）在不丹测绘局系列地图的基础上，制作了高比例的珠穆拉里徒步路线和达嘎拉干湖徒步路线等高线图。它们是市面上质量最佳的（尽管并非完全准确）徒步游参考，不过如今已经非常难得一见。

驮畜

由于没有背夫，驮马（在海拔较高的地方则是牦牛）成为在不丹徒步不可或缺的生命线。它们驮着所有个人和公共徒步用具，让你能够背着小包就轻松上路。旅行社会安排全程驮畜，它们的主人将陪伴在侧，安排其负重，并确保它们的健康。不丹古老的dolam制度为每个村庄都分配了特定的牧场。因此，驮畜一般不会跨越宗界（行政区划边界）。旅行公司会提前安排好，从而使替换的驮畜（如果运气够好）在边界上等待就绪。

负责任的徒步

火

- 篝火被明令禁止，如果工作人员建议点篝火，你应当坚决拒绝。带上足够保暖的衣物，你就无须烤火取暖。但是，如果马夫升起篝火，或是在村庄里作为“文化秀”的一部分点篝火，将会使你感觉进退两难。
- 从1996年起，用柴火烹煮食物就已被法律所禁止，工作人员必须自行携带足够的燃料。但是，想要贯彻这一规定却绝非易事，马夫有时会违反规定，自己烧柴做饭。
- 燃烧垃圾会冒犯神灵，尤其是在珠穆拉里等神山的范围内。

垃圾

- 鼓励你的向导和工作人员将团队所有的垃圾打包带走。确保不要忽略一些容易遗漏的小件垃圾，例如锡纸、烟头和塑料包装以及其他团队留下的垃圾。它们没有多重，可以装进专门的垃圾袋中。
- 如果没有将卫生巾、卫生棉条和避孕套带离徒步路径，这些垃圾会对环境造成严重的破坏。

人体排泄物处理

- 被人类粪便污染的水源可能会导致肝炎、伤寒和肠道寄生虫病的传播，并对其他徒步客、当地居民和野生动物带来严重的健康风险。每个

深度阅读

如果想全面了解不丹的山间小道以及该地区动植物、环境和地质等海量信息，可阅读巴特·乔丹（Bart Jordan）的综合读物《不丹：徒步客指南》（*Bhutan: A Trekker's Guide*）。

凯文·葛兰奇（Kevin Grange）的游记《花雨之下：在世界最艰难的徒步路线上探索不丹》（*Beneath Blossom Rain: Discovering Bhutan on the Toughest Trek in the World*）虽然不是我们最喜欢的登山类书籍，但不可否认这本书描述了在不丹进行团队徒步游的体验和感觉。

了解相关信息，可浏览www.greathimalayatrail.com。

营地都会架设一个厕所帐篷，记得物尽其用。

➡ 确保你的队员在离开营地时将厕坑彻底掩埋。有时在一些营地经常会遇到让人不愉快的半掩埋厕坑。

➡ 如果没有厕所帐篷，记得将排泄物掩埋。为此可以在离水道至少100米之外的地方挖一个15厘米深的坑。不妨带上一柄铲刀来做这件事情。用土和石头将排泄物埋起来。尽量节约使用卫生纸，用后焚烧或将其与排泄物一同掩埋好。如果是在雪地上，记得要一直挖到土里，否则在雪化之后粪便就会暴露在外。

清洗

➡ 清洁剂和牙膏即使是可生物降解的，也会污染水源。在个人洗漱时，要使用脸盆和可生物降解的香皂，洗漱地点至少要在离水道50米以外。将废水泼洒开来，使其在回归水道前能经过土壤的充分过滤。

滑坡

➡ 山腰和山坡极易发生滑坡。沿现有小道行进、不走捷径将有助你避开这种危险。

➡ 有时，小路会从泥地里径直穿过。从泥地中穿行而过，可以维持小道通畅；如果从边缘绕行，则会增加泥地的面积。

➡ 避免移走或破坏保持水土的植物。

文化保护

➡ 思虑周全的旅行者应当尊重当地村庄、工作人员和马夫的文化习俗。

➡ 向当地人，尤其是儿童赠送糖果、金钱、药品或礼物，会助长乞讨行为。如果你想带上点小礼物，物美价廉的老花镜将是最受当地人欢迎的选择。

➡ 向村民购买当地家居用品和宗教用品，可能会让他们失去难以取代的传家宝或珍贵文物及器皿。这也会被认为是不敬的行为。

地区速览

想要确定前往不丹的何处旅行，在很大程度上取决于你能在这里停留多长时间。很自然地，绝大多数游客都将目的地设定为不丹西部和廷布周边。这里有完善的旅游基础设施、精彩绝伦的景点以及令人瞩目的节庆，使你能够在最短的时间里尽览不丹风情。

另外，不丹中部地区游客较少，这里是由高山峡谷和古老寺院构成的一幅更为静谧而梦幻的山水画。而东部蜿蜒的盘山公路专为探险爱好者、织造研究者和雪人探秘者而设。这里气候或温暖，或湿润，或狂野，能带来更加原汁原味的旅程——有人称其为“真正”的不丹，是尚未被团队旅游侵扰的古朴之地，其中一些地方甚至没有丝毫现代社会的痕迹。

廷布

购物
博物馆
现代不丹

传统手工艺品

廷布不仅有国内最棒的手工艺品商店（实事求是地说），而且还是观赏工艺品制作过程的最佳地点——从传统造纸和熏香工厂到当地银匠铺和织造工坊。

不丹文化

不丹最棒的综合博物馆不在廷布（可以去帕罗和通萨看看），但是如果对特定主题感兴趣，例如不丹医药、传统乡村生活以及多姿多彩的织造传统，那么廷布就是最佳选择。

文化碰撞

廷布身处不丹全球化的最前沿。这里的当代不丹艺术和文化蓬勃兴盛，当然还有意式浓缩咖啡和比萨。这里是见证不丹特有的文化碰撞的最佳地点——拿着手机的僧人和使用笔记本电脑的喇嘛成为司空见惯的日常景象。

见50页

不丹西部

建筑
艰苦跋涉
旖旎风光

宗教古迹

如果你在不丹只能造访两座城镇，那无疑应选择帕罗和普那卡。西部地区有着国内最迷人宗堡（普那卡）、历史悠久的拉康（祈楚拉康）和风景最壮丽的佛寺（虎穴寺）。这些都是必须一游的名胜之地。

山区探险

从让徒步客大呼过瘾的珠穆拉里到拉亚人世代生活的偏远土地，以及人流如织的雷龙小径——不丹最热门的徒步路线，西部地区为你提供了为数众多的通过山地徒步来领略最佳文化景点的机会。

喜马拉雅绝景

在10月或11月前往多楚拉山口，远眺佛塔和经幡映衬下的喜马拉雅巍峨群峰，你会觉得如梦似幻；也许只有在上帕罗山谷观赏到的珠穆拉里风景才能与之匹敌。

见78页

不丹中部

建筑
远足
佛教

不丹腹地

不丹中部的核心地带是布姆唐，有着瑞士风格的峡谷和闪闪发光的金顶佛塔、偏远的红墙佛寺以及神圣庙宇，包括已有1500年历史的壮观佛殿——简培拉康。

山谷小道

布姆唐拥有绝佳的一日游徒步线路，可在竹林和高山牦牛草甸间漫步，绕过佛塔前往偏远的佛寺。让人心旷神怡的布姆唐文化徒步线路从布满青苔的森林中穿行而过，乌拉和辛卡哈等村庄也非常适合漫步。

神圣风景

在不丹，现实与传说之间的分界线往往非常模糊。站在莲花生大士与雪狮搏斗的地方，用手掌轻触有圣人身印侵蚀痕迹的冥思洞窟，凝视只有得道高僧才能看到满是宝藏的湖水。这是一片神圣的土地。

见123页

不丹东部

另辟蹊径
激动人心的乘车历程
手工艺品

荒野探险

不丹狂野的东部比较适合吃苦耐劳者。漫长、多弯的道路那一头，等待你的是简单至极的住宿环境，这在当地不足为奇。寺庙和村庄更加淳朴传统，而且你可能会独享一切。不过，别在雨季来这里……

多样地貌

在东部地区，公路经常贴着悬崖峭壁蜿蜒而行，有些地方的宽度甚至无法容纳两车并行，驾乘之旅可谓惊心动魄。从巍峨的琼辛拉山口，到郁郁葱葱的喜马拉雅山麓再到山下的亚热带地区，风景的多样化同样让人印象深刻。

乡村织品

东部地区是这个国家丰富多彩传统编织工艺的中心。爱好者可以在Khoma的乡村织机间漫步，还可在卡林试着找找哪些天然染料是用昆虫分泌物制成的。

见150页

记事本

在路上

THIMBU
廷布 50页
Western Bhutan
不丹西部
78页
Central Bhutan
不丹中部
123页
Eastern Bhutan
不丹东部
150页

廷 布

☎02 / 人口：95,100 / 海拔：2320米

包 括 ➡

最佳餐饮

- Seasons Restaurant（见67页）
- Cloud 9（见68页）
- Ambient Café（见66页）
- Zone（见66页）

最佳住宿

- Hotel Druk（见64页）
- Hotel Jumolhari（见62页）
- 泰姬扎西酒店（见64页）
- Peaceful Resort（见63页）

为何去

不丹是世界上最令人神往的旅游目的地之一，而作为它的首善之都，廷布将浑然天成的小镇风情与繁荣兴旺的新兴商业氛围完美结合，这似乎与这个国家自然保护主义和香格里拉的形象背道而驰。数年前，交通拥堵甚至闻所未闻，而现如今，一个新现象——交通高峰期频繁现身于城镇中心。然而，新老并存本身就是廷布魅力的一部分。绛红僧袍的喇嘛、身着传统服饰的政府部长以及拿着相机的游客走在人行道上，街边手机SIM卡和佛教用品商店林立，别有一番风情。

对游客而言，在廷布你将有机会把既定行程安排暂时抛在一边。除了传统的佛教名胜，这里还有许多咖啡馆、酒吧、夜店和餐厅。在佛教秘传和浓缩咖啡之间寻找平衡，发觉传统和新潮并存之美，是深入体验这座迷人城市的关键。

何时去

- 雨季过后秋高气爽，清澄高远的白云蓝天以及异彩纷呈、激动人心的廷布多楚节和戒楚节，使9月至11月成为旅行旺季，机票和酒店预订较为紧张。
- 春季，周围山上的杜鹃花尽情绽放，每年杰堪布也于这时率领僧团从普那卡迁移至位于廷布的夏季驻锡之地。
- 一年到头，周六都是探游城市的好时候，城里会举办射箭比赛，宗堡开放时间有所延长，周末市场开市，夜生活也多姿多彩，但是有些景点关闭，政府部门也会休息。

景点

★扎西曲宗堡

宗堡

（Trashi Chhoe Dzong；见52页地图；⏲周一至周五 17:30~18:30，周六和周日 8:00~18:00，冬季 至17:30）这座宏伟的宗堡屹立于城市北部，地处旺曲（Wang Chhu；“Chhu”意为河）西岸，与周围山谷的景致浑然一体，为城市增添了王者的显赫和寺院的厚重。扎西曲宗堡是2008年第五任国王举行隆重加冕典礼之所，廷布每年最盛大的庆典——多姿多彩的戒楚

廷布亮点

❶ **扎西曲宗堡**（见51页）在静谧的庭院漫步游览，感受这座城堡的宏伟和宁静。

❷ **周末市场**（见54页）逛逛味道浓郁、热闹繁华的周末市场，购买熏香和手工艺品。

❸ **丹戈寺**（见74页）穿越在风中轻声低语的松树林，前往这座宁静隐逸的佛学院，或者接着徒步去附近的Drolay寺或**杰里寺**。

❹ **金刚座释迦牟尼佛像**（见55页）抬头仰望这座注视着芸芸众生、雄伟的、50米高的佛像。

❺ **国家手工艺学院**（见55页）探访这座手工艺学校，对不丹工艺品的精美技艺啧啧称奇。

❻ **莫提塘羚牛保护区**（见58页）近距离观赏、拍摄长相奇特的羚牛。

❼ **昌岗卡拉康**（见54页）在廷布最热闹的寺庙加入朝圣者队伍，一起转动经筒，然后向占星家请教问题。

Greater Thimbu 大廷布地区

0 500 m
0 0.25 miles

Greater Thimbu 大廷布地区

重要景点

1	昌岗卡拉康	B5
2	国家手工艺学院	B4
3	国家纪念碑	C6
4	国家纺织博物馆	C4
5	扎西曲宗堡	C3

景点

6	BBS电信塔	A4
7	德钦颇章	B1
8	民俗博物馆	B4
9	Nado Poizokhang 香厂	B6
10	国家传统医药学院	B4
11	国家图书馆	B4
12	南亚区域合作联盟大楼	C3
13	不丹印象博物馆	B5
14	廷布志愿者艺术家工作室	C4
15	旺迪奇寺	B2
16	兹鲁卡庵	B3

活动、课程和团队游

17	Deer Park Thimbu	B5
18	鼻岩	B6
19	廷布皇家高尔夫俱乐部	C4
20	体育中心	C5
21	Yu-Druk Bicycle	B4

住宿

22	Bhutan Suites	B5
23	Dorji Elements	C4
24	Khang Residency	B5

就餐

25	Big Bakery	B4
26	Chula	C5
	民俗博物馆餐厅	（见8）

娱乐

27	City Cinema	C4
28	Club Ace	C5

购物

	Choki Handicrafts	（见8）
29	Gagyel Lhundrup Weaving Centre	D7
30	Nado Poizokhang 香厂陈列室	B5
31	Sangay Arts & Crafts	B4
32	Tarayana Rural Products	C5

实用信息

33	孟加拉国大使馆	B5
	不丹银行	（见27）
34	敦豪快递	B5
35	移民事务办事处	C4
36	印度驻廷布大使馆	C1
37	不丹测绘局	B4
38	泰国总领馆	B6
39	不丹旅游局	C4

节也在此举办。

现在你所能看到的建筑实际上并非原来的廷布宗堡。1216年，嘉瓦拉囊巴喇嘛（Lama Gyalwa Lhanangpa）在如今德钦颇章所在的山上主持修建了蓝石宗堡（Dho-Ngen Dzong）。几年后，将竹巴噶举教派传播到不丹的帕久·竹贡西博喇嘛（Lama Phajo Drugom Shigpo）接管了这座宗堡。1641年，夏宗从帕久喇嘛的传人手中获得这座宗堡，并将其重新命名为扎西曲宗堡（意为"荣耀宗教城堡"）。他将宗教僧团和世俗政府都安置在宗堡内，但宗堡的面积实在是太小了，于是他又在山谷较低处为世俗官员修建了另外的办公场所。在13世不丹第悉（Druk Desi）确吉·喜饶·旺楚克（Chhogyel Sherab Wangchuck；1744~1763年在位）执政期间，扩建了扎西曲宗堡，使其能再次同时容纳世俗官员和僧团。

原来的上宗堡于1771年毁于一场大火，之后被废弃，僧俗众人迁往经过扩建的下宗堡。宗堡于1866年再次发生火灾，之后还经历了另外两次大火。五层楼的乌策在1897年的地震中被毁，1902年得以重建。

1962年迁都廷布之后，不丹国王吉格梅·多吉·旺楚克开始实施一项五年计划，对宗堡进行装修和扩建。御用建筑师负责修缮工作，但乌策、萨尔帕拉康（Lhakhang Sarpa；意为"新庙"）以及位于中心的其他佛堂都保留原貌。除了上述建筑外，整个宗堡都按照传统方式进行重建——既不使用钉子也无建筑蓝图。宗堡内曾经设有国民议会，如今秘书处、王座室、国王办公地、内务部和财政部也都设在此地。

宗堡外墙为白色的双层结构，在四个角上都建有突出外墙的三层塔楼，楼顶为红色和金色的三重屋檐。宗堡东部有两个主入口，

在廷布的……

大部分主要景点都已被纳入你的旅行社行程之中。如果在廷布还有闲暇时段，可以参考下面这些建议。

1日游

在酒店用完早餐后，前往周末市场，逛逛传统农产品摊点，然后穿过独具氛围的悬臂廊桥到旺曲东岸的纪念品摊铺。如果市场未开张，可以到昌里米唐射箭场（见55页）碰碰运气，看看有没有比赛；还可以去参观国家纺织博物馆（见55页）、绘画学校（见55页；国家手工艺学院）或琼施手工纸厂（见70页），观赏艺术家工作，或者寻找心仪的纪念品。之后前往Zombala 2（见66页）餐厅吃点藏饺（炸或蒸的饺子）作为午间简餐，也可以到时尚的Ambient Café（见66页）或Karma's Coffee（见67页）品品咖啡和蛋糕。下午则可以去廷布的众多购物中心欣赏手工艺品，或者到邮局去制作印有自己头像的邮票。随着啤酒时光的临近，可以前往Zone（见66页）喝一杯。吃过晚饭后，如果还想娱乐一番，那么可以找一家夜店，或者前往Mojo Park（见69页）欣赏不丹乐队的现场演出。

南入口通往行政区（不对游客开放），北入口则通往寺院区和扎仓（dratshang）的夏季驻留地。

从东北入口进入宗堡，首先映入眼帘的是四大天王神像，台阶两侧为竹巴衮列（Drukpa Kunley）、汤东杰布（Thangtong Gyelpo）和托登帕久（Togden Pajo；附近帕久丁寺的缔造者）的画像。在进入庭院（dochey）后，你很难不为建筑的恢宏气势所折服，四周一片静谧，不时传来鸽子的展翅声、移动的脚步声和转经筒旋转的响声。一座巨大的乌策将北部寺院广场和萨尔帕拉康与南边的世俗行政院落分隔开。北部的大殿供有一尊大型释迦牟尼佛像，并设有现任国王、前任国王和杰堪布的宝座。天花板上绘有精美的坛城图案。

如果机缘巧合，你也许能够进入乌策（utse；中央高塔）。如果获准进入，可以到3层瞻仰第69世杰堪布的灵塔，朝圣者在这里接受从其槟榔果容器中取出的赐福槟榔果；还可以到隔壁夏宗法王从前的起居室内去参观他的厕所——如果你对此感兴趣的话。

宗堡东北部有一座经典的传统风格悬臂桥。东南部是现任国王低调的居所，过河之后你可以看到令人印象深刻的南亚区域合作联盟大楼（SAARC building；见52页地图），它是国民议会的所在地。宗堡西部有一座禁止参观的小庙Neykhang Lhakhang，里面供奉着当地保护神Gyenyen Jagpa Melen和Dorji Daktshen。宗堡北部的大广场在每年9月都会举办戒楚节舞蹈表演。戒楚节的节日氛围在宗堡展晒Sangay Tsokhorsum巨幅唐卡时达到高潮。

★昌岗卡拉康　　佛教庙宇

（Changangkha Lhakhang；见52页地图；Sevina Lam）这座香火旺盛的寺庙如同堡垒般屹立于廷布中心的一座山岭上，定期会举办朝圣活动。该庙建于12世纪，庙址是由来自中国西藏拉隆（Ralung）的帕久·竹贡西博喇嘛所选定的。传统上，父母们会到这里来为新生儿祈请吉祥的名字，或者为幼儿请求保护神马头金刚（Tamdrin）祈福（神像位于左边有格子窗的内殿）。孩童会接受一把仪式匕首（phurba）的赐福，并且获赠一根圣线。

寺内的壁画尤为繁复精美。将你的生日告诉寺内的占卜师，他会根据占卜图推算哪种祈请经幡更加适合你（经幡费用Nu150）。在离开之前，记得去看看中心庭院里的错满（tshomen；人鱼外形的神灵）神龛，然后到后面的转经道（kora）上俯瞰美景，一路都会有黑色和金色相间的转经筒相伴。

★周末市场　　市场

（Weekend Market，又名“百年农夫市集”；见56页地图；⏲周六和周日 7:00~20:00）廷布的周末市场位于昌里米唐体育场以北的旺曲西岸。本地区各地而来的摊贩于周四就陆续抵达这里，直到周日晚上才走。大部分游客会将探访这里与去附近手工艺品市场（见69页）购买纪念品结合到一起。香区是周末市场最有趣的区域之一，摆满气味芬芳的制香原料和粉色的樟脑、藏红花块，后者用于给赐福拉康朝圣者的圣水增香。

在摊贩之间随意漫步，你会看到各种鱼干、猪肉、软奶酪（datse）以及一瓶瓶来自不丹南部的野生蜂蜜，空气中混合着浓郁的味道。在冬季，你甚至能找到整只牦牛腿（还连着牛蹄）。根据季节不同，你会在这里发现大串香蕉、菠萝蜜和卷曲的蕨菜。谷物区有红米和糌粑（kapche），后者是高海拔地区的不丹人和藏族人最爱的青稞炒面。

★ 国家纺织博物馆 博物馆

（National Textile Museum；见52页地图；☎02-321517；www.royaltextileacademy.org；Norzin Lam；南亚区域合作联盟国家公民/其他成人 Nu50/250；⏲周一至周六 9:00~16:00）廷布首屈一指的博物馆隶属皇家纺织学院，是了解鲜活的不丹民族编织工艺的好地方。首层侧重展示传统王室服饰（帼），展品包括第四任国王和四位王后的结婚礼服。楼上则展出主要的织造工艺、当地服饰风格和男士/女士制作的纺织品类型。博物馆商店有一些有趣的书籍和精致的纺织品。馆内禁止拍照。

庭院对面是皇家纺织学院的保护中心，游客们可以观看几名织工在织布机旁忙碌。

★ 国家纪念碑 佛塔

（National Memorial Chorten；见52页地图；Chorten Lam）这座藏式佛塔是廷布最显眼的宗教建筑之一，对许多不丹人而言，这里也是他们平日朝拜的中心。它于1974年落成，以纪念第三任国王吉格梅·多吉·旺楚克（1928~1972年）。这里的清晨格外安宁，老人们三三两两来到这里，打扮整齐的孩子们在上学路上经过这里时也会进来转一圈以示敬意。

这座阳光下熠熠生辉的金顶白身佛塔，四面各有一座色彩炫丽的附属建筑，此外还有精致的坛城、塑像和一座供奉着这位备受爱戴的国王的神龛。在白天，无数信众会到这里来转塔，他们转动巨大的红色经筒，然后到塔内的神龛前朝拜。最引人注目的是在正门旁几座巨型转经轮虔诚转经的老人们。

★ 国家手工艺学院 艺术学校

（National Institute for Zorig Chusum；见52页地图；☎02-322302；izc@druknet.bt；Pedzoe Lam；南亚区域合作联盟国家公民和其他成人 Nu100；⏲3月至6月和8月至11月 周一至周五 10:00~12:00和14:00~15:30，周六 10:00~12:00）这家学院被人们俗称为“绘画学校”，设有不丹13种传统手艺的4~6年课程。学生可选择绘画（家具、唐卡——通常在画布上绘制的宗教图画）、木雕（面具、雕像、碗）、刺绣（挂饰、靴子、服装）或塑像制作（黏土）。技艺展示场景一定会让摄影师欣喜若狂，而且年轻学生们的技艺和纪律也令人印象深刻。展厅里有学生作品出售，物超所值。

金刚座释迦牟尼佛像 佛教纪念物

（Buddha Dordenma；www.dordenma.org；Kunensel Phodrang）高达51米的金刚座佛像镇守在廷布山谷入口的要冲之地。巨型宝座有三层楼高，里面的大佛堂内供奉了125,000尊小佛像。大佛的最佳观赏时间是沐浴晨曦或者夜晚被华灯装点时。

这尊佛像在中国制作完成（这是理所当然的），然后被拆卸为多个部件，经由庞措林（Phuentsholing）入境后装车运送到这里（我们非常想知道当超大佛像的部件经过村庄时，当地农民脸上浮现的是何种诧异表情！）。通往“佛点”（Buddha Point；这处景点的俗称）的铺装道路也是一条非常热门的骑行线路，中途会经过一座新建的印度教神庙。在大佛正下方，有一条3.5公里长的山地车小路通往Babesa附近的Depsi。该地区也被称为Changri Kuensel Phodrang，其名称源自第13任不丹第悉曾在此修建的宫殿。

昌里米唐射箭场 体育场

（Changlimithang Archery Ground；见56页地图；Chhogyel Lam）周末不妨到昌里米唐体育场附近的这片场地看看是否有射箭比赛：无论是传统竹弓还是高科技碳纤维弓比赛，场上的技术、情谊和幽默的戏谑总是趣味盎然。在这里还能欣赏到传统歌曲和胜利舞蹈。上午，经常会有弓箭手到此练习。

Thimbu Centre 廷布市中心

0 200 m
0 0.1 miles
Kunday Lam
Chhogyel Lam
58
Kuendeying Bazaam
Dechen Lam
19
1 Weekend Market 周末市场
7
40
45
Changlam Square
Khuju Lam
6
Namdag Lam
Wang Chhu 旺曲
15
54
Coronation Park 加冕公园
4
43
49
Clocktower Square 钟楼广场
Chang Lam
Chhogyel Lam
8
53
9
11
12
Wogzin Lam
3
Coronation Park 加冕公园
18
Norzin Lam
5
Taxi Stand 出租车站
Dechen Lam

Thimbu Centre 廷布市中心

◎ 重要景点

1 周末市场......F2

◎ 景点

2 不丹邮政博物馆—邮局......D2
3 昌里米唐射箭场......F6
4 昌里米唐体育场......E5
5 金匠工坊......G7
6 琼施手工纸厂......H3
7 桑东巴瑞拉康......E2

住宿

8 Hotel Druk......E6
9 Hotel Gakyil......E6
10 Hotel Galingkha......C4
11 Hotel Jumolhari......E6
12 Hotel Kisa......E6
13 Hotel Pedling......C4
14 Hotel Phuntsho Pelri......B2
15 Hotel Riverview......H4
16 Hotel Shantideva......D5
17 Hotel Singye......D5
18 Hotel Zey Zang......E7
19 Jambayang Resort......H1
20 Le Meridien Thimbu......C5
21 Namgay Heritage Hotel......A5
22 Osel Hotel......A1
R Penjor Lodge......（见28）
23 泰姬扎西酒店......C1
24 Thimbu Tower......D5
25 旺楚克酒店......D5
26 Yeedzin Guest House......C6

就餐

27 8-Eleven......D6
28 Ambient Café......D5
29 Art Café......C5
30 Daan Thai......C3
31 Bhutan Kitchen......D4
32 Bhutan Orchid......D4
33 Cloud 9......B1
34 Cypress Hotel......B1
35 Himalaya Cafe and Bakery......C6
36 Hotel Ghasel......D5
Hotel Jumolhari......（见11）
37 Hotel New Grand......D6
38 Karma Restaurant......C2
39 Karma's Coffee......B2
40 Karma's Convenience Store......E3
41 Lemongrass Thai......C6
42 Mid Point Restaurant......D4
43 Musk Restaurant......E5
44 NT Hotel......D6
45 Relish Restaurant & BBQ......E3
46 Rice Bowl......D5
47 Seasons Restaurant......C3
48 Sonam Tshoey Ice Cream......D3
49 Tashi Supermarket......E5
50 Zombala......C3
51 Zombala 2......D4
52 Zone......D4

饮品和夜生活

Benez Bar......（见35）
Hi Jinks......（见8）
53 Om Pub......E6

娱乐

54 Mojo Park......E4
55 尼赫鲁—旺楚克文化中心......B1
Space 34......（见61）

购物

56 Above Himalaya Trekking Store......D2
57 DD Shop......C3
DSB Books......（见53）
58 手工艺品市场......F1
59 香港市场......C3
60 Junction Bookstore......D4
61 Lungta Handicraft......D2
62 国家手工艺品商场......C2
63 Norzin Lam Craft Stalls......B1
64 集邮处......D2
65 Sachok Enterprise......C3
66 Sephub Gyeltsen Tsongkhang......C3
67 Yarkay Central Building......D4

兹鲁卡庵 尼姑庵

（Zilukha Nunnery；见52页地图；Gadem Lam）这座现代尼庵位于廷布北部，就在Gaden Lam后方的山上，它也被称为Drubthob Goemba。兹鲁卡庵与汤东杰布颇有渊源，主院里还矗立着一座有趣的封闭佛塔。最好是在游览完BBS电信塔之后，经Gaden Lam来此，沿途可欣赏廷布和扎西曲宗堡的宏伟风景。

莫提塘羚牛保护区 动物园

（Motithang Takin Preserve，Sangaygang；不丹人/南亚区域合作联盟国家公民/其他成人Nu10/30/50；⏲周二至周日 9:00~16:00）沿着前

往BBS电信塔观景台的上坡路走一小段，有条小路通往被围起来的保护区，这里曾经是座动物园。花些时间来见识一下这些长相奇特的羚牛还是非常值得的。最好是清晨参观，那时羚牛会聚集在栅栏附近等待喂食。

几年前，不丹第四任国王认为动物园有悖不丹的环保和宗教信仰，因此将其关闭。动物被放归自然，但不丹的国兽羚牛，实在是太过驯顺，只会在廷布街头游荡和觅食，唯一的解决之道就是将它们重新送回圈地内。

德钦颇章 佛教寺院

（Dechen Phodrang；见52页地图；Gaden Lam）德钦颇章位于Gaden Lam街尾，是廷布12世纪的宗堡旧址所在地。自1971年起，这里成为国家佛学院（lobra）所在地，为250多名学生提供8年制课程。寺内主殿里的12世纪绘画已经进行过修复，楼上有一尊夏宗·阿旺朗杰（Zhabdrung Ngawang Namgyal）的大型塑像，以及一座幽暗的侧殿贡康（goenkhang；供奉护法的神殿）。

不丹印象博物馆 博物馆

（Simply Bhutan；见52页地图；☎02-337961；www.simplybhutan.bt；Nazhoen Pelri complex；南亚区域合作联盟国家公民/其他成人Nu150/200；⊙周一至周六 9:00~13:00和14:00~17:00）不丹印象博物馆是一座“活的”互动式博物馆，面面俱到地展现了不丹传统生活。参观者可在此了解如何通过蒸馏工艺酿造亚力酒、试穿传统服装、体验射箭，以及聆听不丹妇女在夯土筑屋时吟唱的歌谣。非常适合亲子游。馆内还设有纪念品商店和小吃店。

民俗博物馆 博物馆

（Folk Heritage Museum，Phelchey Toenkhim；见52页地图；☎02-327133；www.folkheritagemuseum.org.bt；Pedzoe Lam；南亚区域合作联盟国家公民/其他成人 Nu30/150；⊙周一至周五 9:00~17:00，周六和周日 10:00~13:00）这个经过修复的三层建筑，按照传统农舍风格用夯土和木材建造，采用百年前的旧貌装饰，通过趣味盎然的方式让游客一窥不丹乡村生活。精彩的细节展品包括古董压面机、豹皮袋、布罗克帕牦牛毛“蜘蛛”帽。馆内的餐厅（见68页）供应非常不错的不丹风味菜肴。

廷布志愿者艺术家工作室 画廊

（Voluntary Artists Studio Thimbu，简称VAST；见52页地图；☎02-327248；www.vast-bhutan.org；Tarayana Centre，Chang Lam，Chubachu；⊙9:00~17:00）这处工作室和画廊是首都最主要的当地艺术家聚集地。它建立的初衷是促进不丹传统和当代艺术发展、为年轻艺术家提供职业培训，同时也是艺术家的创意聚会场所。这里是了解廷布艺术圈的好地方，不妨看看最新的展览并与艺术家交谈。一些艺术品在外面的公园里展出。

不丹邮政博物馆—邮局 博物馆

（Buhtan Postal Museum Post Office；见56页地图；南亚区域合作联盟国家公民/其他成人Nu200/300；⊙周一至周五 9:00~17:00，周六9:00~13:00）真正的集邮爱好者一定会钟情于这座邮局附属的新建博物馆。五间展厅里的展品追溯了不丹邮政系统的发展历程，从早期的信使到不丹绝无仅有、值得收藏的现代邮票等。

国家图书馆 博物馆

（National Library；见52页地图；☎02-324314；www.library.gov.bt；Pedzoe Lam；⊙夏季周一至周五 9:00~17:00，冬季 至16:00）国家图书馆始建于1967年，用来保存古老的宗卡语和藏语文献。对于游客而言，这里的看点固然是其典型的不丹建筑风貌，但也不乏许多重要的历史照片，顶层还有一封不丹第悉（世俗统治者）1783年写给英国陆军军官兼测绘员萨缪

不 要 错 过

世界上最大的书

在国家图书馆，一定要去参观世界上已出版图书中最大的一本。这本书的名字就叫《不丹》，给人一种十分应景的感觉，它重达68公斤，高度超过2米，这本重量级大部头可以轻松压垮任何茶几。图文并茂的巨大书页每个月翻动一页（在它没有进行维护修复时）。你还可以在帕罗的乌玛帕罗酒店图书室近距离阅读这本书的副本。

尔·特纳(Samuel Turner)的信件副本。

传统书籍和历史手稿都保存在顶层，其中有来自著名的中国四川德格印经院和日喀则纳塘寺的印刷经文。所有宗教流派的经文都在此展出，其中包括本教。大部分书籍都是藏式风格，在长条形手工纸上印刷或书写，然后用木板固定装订，再用丝布包裹。其他展品还有印刷书籍所使用的雕刻木块字模。

国家传统医药学院 博物馆

(National Institute of Traditional Medicine; 见52页地图; ☎16927954; Serzhong Lam; 南亚区域合作联盟国家公民/其他成人 Nu100/200; ⏲周一至周五 9:00~17:00, 周六 9:00~15:00)成立于1978年的这座学院从不丹喜马拉雅的偏远角落，例如Lingzhi、拉亚和卢纳纳等地，收集药用植物，然后将其制成药丸、片剂、膏剂和药茶，提供给国内各地的医疗机构。这座小博物馆详细展出了约300种草药、矿物和动物药用部位，均为可供不丹医生选择使用的药材。

其中最让人感兴趣的是冬虫夏草(yart-sa goenbub)，这是一种生长于高海拔地区、包治百病的"喜马拉雅伟哥"，但实际上它是寄生在蛾类幼虫体上的真菌。这种奇特的"虫草"在中国的售价可达每公斤2.5万美元。

如果你感到身体不适，学院内的诊所可为你提供现场诊断，看看你的气、胆、痰是否处于平衡状态，然后根据情况开出相应药物或治疗，全部免费。据说Lasgang的根和龙胆对咽喉肿痛具有神奇疗效，而chozen nagsel有助于治疗"所有邪灵引起的疾病"。

桑东巴瑞拉康 佛教庙宇

(Zangto Pelri Lhakhang; 见56页地图)这座私家庙宇由谱写不丹国歌的音乐家Dasho Aku Tongmi于20世纪90年代修建，位于周末市场西南。它与历史更久的玛尼邓卡尔拉康(Mani Dungkhar Lhakhang)为邻，相传是仿照莲花生大士居住的天国净土而建。寺内有多尊高达4米的神像，包括数尊莲花生大士像。可以找找装在盒子里的象头骨——据说是在挖掘地基时出土的。

昌里米唐体育场 体育场

(Changlimithang Stadium; 见56页地图; Chhogyel Lam)国家体育场建立在不丹首任国王乌颜·旺楚克1885年赢得政治统帅地位的战役旧址上。你可能偶尔会在此观看足球赛，这里也是举办大型节日庆典的主要场地，例如国王诞辰日(2月21日至23日)。

活动

也许你会忙着观光、徒步或购物，无法挤出时间来进行游泳、骑车或攀岩等运动，但是如果你确实对这些感兴趣，也可以随时参加。

昌里米唐体育场北端设有网球场、壁球场和一个篮球场，**体育中心**(Sports Complex; 见52页地图; ☎02-322064; Doebum Lam; ⏲2月至11月 周一至周五 16:00~20:00, 周六和周日 13:00~18:00)有一个公共游泳池。

廷布皇家高尔夫俱乐部 高尔夫

(Royal Thimbu Golf Club; 见52页地图; ☎02-335521; www.golfbhutan.com; Chhophel Lam; 果岭费 南亚区域合作联盟国家公民/其他成人 Nu1500 /US$60, 每天球具租赁费用 US$30; ⏲8:00~17:00)这处让人心旷神怡的九洞球场坐落于扎西曲宗堡上方，占据得天独厚的地理位置。在20世纪60年代末，驻扎此地的印度准将TV Jaganathan获得吉格梅·多吉·旺楚克国王首肯，修建了仅有几个洞的球场，这个球场于1971年正式落成。虽然价格不菲，但能够在离雄伟的不丹宗堡不远处开球，中途击球时还要避开佛塔等障碍物，在别处你还能获得这样的体验吗?

学生球童的费用约为US$10。在这里打球无须预约，但是在周末时可能需要等候开球。新开业的俱乐部餐厅供应可口的食物，还能欣赏果岭的秀丽景色。

Yu-Druk Bicycle 山地自行车

(见52页地图; ☎02-323461; www.yudruk.com; Thori Lam)本地团队游公司Yu-Druk Tours可组织骑行活动，自行车商店还提供山地自行车出租业务(每天US$30，含头盔)。它还可以安排把你连人带车运送到骑行路线开始的地方。此外还有各种配件和漂亮的不丹风格骑行T恤和短裤出售。

Wheels for Hills 骑行

(☎77111349; www.bhutanmountainbike.

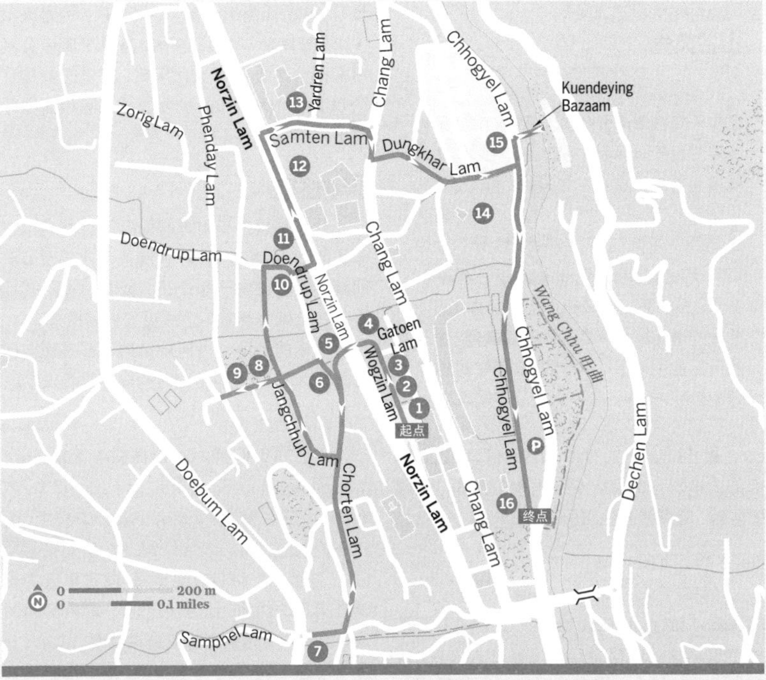

步行游览 廷布城区

起点: 钟楼广场

终点: 昌里米唐射箭场

距离: 4公里; **需时:** 2~3小时

从❶**钟楼广场**(Clocktower Sq)出发,沿着Wogzin Lam路向北,经过❷**Bhutan Traditional Music Shop**(销售龙头鲁特琴)、❸**Dawa Norbu Religious Shop**(销售经幡和布料)和❹**Gasep Sangay Wangdi Tsongkhhang**(僧人服装店)等商店,走到著名的❺**交叉路口**,看看机器人般不断变换手势的警察指挥交通。沿上坡路走到❻**Swiss Bakery**,这里的装饰从1970年来就从未改变。不过如果想要喝咖啡,隔壁的Art Café是更好的选择。

接下来,沿着Chorten Lam路向西南前进,走到❼**国家纪念碑**(见55页),看看这里虔诚转塔的当地人。然后原路返回至路口,在Jangchhub Lam路口左转,向北一直走到不朽的❽**Droma Lhakhang**,转动这里的巨大经筒。旁边的❾**泰式亭阁**是不丹—泰国友谊公园的明显标志。

沿路下山,在Doendrup Lam路转向北行。在Seasons Restaurant旁边,可以逛逛❿**Samphel Traditional Furniture**,这家传统家具店销售漆画衣箱和密宗鼓等物件,然后穿过拥挤的香港市场。左转沿Norzin Lam上坡路前行50米,你会经过⓫**Sephub Gyeltsen Tsongkhang**(见70页),这里有琳琅满目的传统布料、经幡和地毯。⓬**国家手工艺品商场**(见71页)是购买纪念品的好去处,接着到⓭**泰姬扎西酒店**的华丽大堂、酒吧和露台咖啡馆歇歇脚。

沿Samten Lam路向东走到Chang Lam路,顺着Dungkhar Lam路前行,进入⓮**桑东巴瑞拉康**,转动玛尼邓卡尔拉康外面的巨大经筒,然后继续前往⓯**周末市场**(见54页)。最后沿Chhogyel Lam路向南,经过地区法院,到达⓰**昌里米唐射箭场**(见55页),看看是否有运气能观看一场充满趣味的射箭比赛。

值得一游

山谷风光

观赏廷布山谷风景的最佳地点之一，是位于海拔2685米的BBS电信塔（见52页地图）脚下经幡飘扬的山坡，这片高踞城镇上方的区域被称为Sangaygang。从这里步行30分钟或骑山地车，就能到达旺迪奇寺（见75页）和德钦颇章（见59页），沿途风景优美。此外附近还是多条徒步、跑步和山地骑行小径的起点。通往此处的道路成为健身爱好者的最爱，落日西沉后也引来了一对对情侣。下午时拍照效果最好，但是注意不要拍到电信设施。

com；靠近Shearee Sq Mall, Olakha）这家廷布南部的山地自行车商店不仅出租山地车、经营团队游、销售零部件，还可以修车。

Deer Park Thimbu 禅修

（见52页地图；www.deerparkthimphu.org；Nazhoen Pelri Youth Development Centre）对于那些追求精神信仰超过身体实践的人而言，这座小小的禅修中心提供周二晚间冥想课程、周末短期静修以及面向成人和儿童的佛教教义探讨等活动，周五晚上还播放电影。具体日程安排可浏览网站。

Vertical Bhutan 攀岩

（☎02-322966；www.verticalbhutan.com）不丹唯一的攀岩俱乐部，大部分周末都会组织攀登鼻岩（the Nose；见52页地图），这是一处位于廷布西南方的高耸岩壁。峭壁上有几条固定攀岩路线，以"结婚礼物"（Wedding Present）和"到达布道"（Reach and Preach）等有趣的名字命名。可向俱乐部工作人员咨询攀岩项目的日程安排。

节日和活动

在不丹历每年八月（公历9月/10月）连续举办8～10天的多楚节和戒楚节庆典期间，廷布变得热闹非凡。在节日最热闹的几天，大部分商店都会闭门歇业。这周，许多酒店都会在房费的基础上加收额外费用，并且常常爆满。

在诸如第五任国王诞辰（2月21日至23日）、第四任国王诞辰（11月11日）和国庆节（12月17日）等节假日期间，昌里米唐体育场通常都会举办各种文化庆典，城里的钟楼广场（Clocktower Sq）也会举行说唱和摇滚乐演出。

住宿

廷布钟楼广场附近的标准旅游酒店位置非常便利，但也非常吵，夜晚的犬吠以及节庆期间不时传来的音乐声让人难以入眠。其他游客住处则需要乘车前往更安静的城郊。

城内的经济型当地旅馆通常都是面向印度游客，偶尔也会有外籍教师或志愿者入住。

R Penjor Lodge 经济酒店 $

（见56页地图；☎17116661；r.penjor.thimphu@gmail.com；Norzin Lam；标单/双Nu1000/1650；📶）位于Ambient Café楼上，由同一位热情友善的老板经营，8个房间物有所值、干净整洁并都带有卫生间，使这里成为最经济实惠的优质当地酒店选择。酒店房间的入口位于咖啡馆的咖啡研磨机后面。

Hotel Shantideva 经济酒店 $

（见56页地图；☎02-336066；hotelshantideva@gmail.com；MKTS Bldg, Clocktower Sq；标单/双/标三 Nu1800/2500/2800；📶）这家小巧现代的酒店是最光鲜的当地酒店之一，也是面向印度游客的最佳经济型酒店之一，房间内铺有瓷砖，餐厅供应素食。

Hotel Singye 经济酒店 $

（见56页地图；☎02-333229；hotelsingyethimphu@yahoo.com；Norzin Lam；房间 Nu2000～2500；📶）一个雅致、干净且友好的经济型选择，带有多国风味的餐厅和酒吧，并且有机会获得折扣房价。

Hotel Zey Zang 经济酒店 $

（见56页地图；☎02-334707；Norzin Lam；房间 Nu1000～2000；📶）与廷布所有经济型酒店一样中规中矩，但是房间比较干净，带有线电视、热水浴室和暖气，此外还有间纯素餐厅。

★ **Hotel Jumolhari** 酒店 $$

（见56页地图；☎02-322747；www.hotelju

molhari.com; Wogzin Lam; 标单/双 Nu4200/4800, 豪华套间 Nu5400; 📶)这个地理位置居中的酒店号称精品酒店, 以优雅的氛围和时尚的装饰为傲。房间品位不凡, 非常舒适, 就是要能再宽敞一点就好了; 酒店里还有免费桑拿和蒸汽室, 以及供应美味印度菜肴的优质餐厅。总而言之, 如果不必支付附加费, 这里将会是不错的选择。

★ Peaceful Resort 酒店 $$

(☎02-337012; www.bhutanpeacefulresort.com; Motithang; 标单/双 Nu2700/3000, 豪华 Nu3300/4200; 📶)坐落于莫提塘林木茂盛山坡上的豪宅内, 这家酒店远离城镇喧嚣。房间非常宽敞, 餐厅和员工都非常出色。餐厅上方的新建房间尤为宽敞, 设施也十分现代, 但是最好避开厨房楼上的豪华房。

Hotel Kisa 酒店 $$

(见56页地图; ☎02-336495; www.hotelkisa.com; Chang Lam; 房间/套 Nu4800/7800起; 📶)Kisa酒店一直是廷布口碑最好的酒店之一。它地处城中心, 风格时尚, 有36间十分舒适的客房以及全城数一数二的酒店餐厅。不过入住前记得检查一下浴室, 因为有些客房的下水道散发异味。这里在旅游酒店中处于较高端水平, 因此想要入住此处很可能需要支付附加费用。

Namgay Heritage Hotel 酒店 $$

(见56页地图; ☎02-337113; www.nhh.bt; Jangchhub Lam; 房间 Nu4800~6600, 套 Nu18,000; 📶🏊)这家酒店拥有时尚的装饰, 在旅游酒店中属于较高水平, 五层木雕中庭令人印象深刻。房间很舒适, 采用佛教壁画装饰, 此外酒店还设有不丹风味餐厅、咖啡馆, 以及免费的桑拿房、健身房和室内泳池。来访的喇嘛会入住套房, 套房本身配有冥想宝座。

旺楚克酒店 酒店 $$

(Wangchuk Hotel; 见56页地图; ☎02-323532; www.wangchukhotel.com; Chang Lam; 标单/双 Nu3500/4000; 📶)这座新近装修的酒店可俯瞰昌里米唐体育场, 是许多外籍人士的最爱。木镶板装饰、铺有地毯的房间宽敞、明亮而舒适, 尤其是面向体育场的房间(也最安静)。室外露台是享用小熊猫(Red Panda)牌啤酒或意式咖啡的好地方。

Dorji Elements 酒店 $$

(见52页地图; ☎02-333012; www.hoteldorjielements.com; Chubachhu; 标准/豪华 房间 Nu4200/4800; 📶)这座低调而舒适的三星级酒店离城镇中心较远, 十分安静。加分项包括露台咖啡馆、舒适的房间以及时尚的大堂, 后者的艺术装饰品均由旁边廷布志愿者艺术家工作室的艺术家所创作。稳妥的住宿选择。

Bhutan Suites 酒店、公寓 $$

(见52页地图; ☎02-333377; www.bhutansuites.com; Changangkha; 标单/双 Nu4140/5290起, 豪华房间 Nu8165; 📶)商务旅客、长期访客和游客们都会爱上这里独立的起居室、地暖和迷你厨房, 以及可以眺望廷布风景的阳台。这家酒店所处位置比较适合拜访政府部门, 而非到市区享用晚餐, 但是酒店里很棒的素食餐厅可以提供客房送餐服务, 一层的咖啡馆可提供不错的意式咖啡和小吃。

Hotel Phuntsho Pelri 酒店 $$

(见56页地图; ☎02-334970; www.bhutanhotels.com.bt; Phenday Lam; 标单/双/豪华 房间 Nu3600/4200/4800起; 📶)这家当代风格的酒店地处中心位置, 昏暗的中庭有些像购物中心的入口大厅, 但是简洁的房间光线明亮, 配有加厚的床垫, 以及茶饮和咖啡器具。休闲咖啡酒吧、提供美味的泰式餐厅和位于地下层的土耳其风格水疗中心, 都在一定程度上弱化了酒店的商务氛围。

Hotel Galingkha 酒店 $$

(见56页地图; ☎02-328126; www.hotelgalingkha.com; Doendrup Lam; 标单/双 Nu3360/3960起; 📶)这家地处中心的酒店气氛温馨, 可俯瞰南部的交叉路口, 户外桌椅为其增添了些许巴黎风情。房间舒适, 但如果能安装双层玻璃就更好了。

Hotel Pedling 酒店 $$

(见56页地图; ☎02-325714; www.hotelpedling.com; Doendrup Lam; 标单/双 Nu3840/4320, 豪华 Nu5400/6000; 📶)位于市中心的Hotel Pedling拥有时尚的装饰、柔和的色彩

和舒适的床，但是浴室修得略显草率马虎。这里的员工非常热心，堪称酒店宝贵的资产。酒店由岗提寺开设，经常有到访的佛教团体下榻此处。

Jambayang Resort 度假村 $$

（见56页地图；☎02-322349；www.jambayangresort.com.bt；Dechen Lam；标单/双 Nu2875/3450起，豪华 Nu4025/5175起，套 Nu7475；📶）这座迷人的老式度假村地处旺曲东岸高处。宽敞的客栈内有18间舒适（但不奢华）的客房，其中多间都有阳台并能观赏美丽风景，另外还有4间带厨房的独立公寓。需要注意的是，前往这里需要爬很多级台阶。当地人非常喜欢这里的餐厅，除了能够俯瞰廷布，还有户外桌椅和烧烤区。

Hotel Riverview 酒店 $$

（见56页地图；☎02-325029；www.riverviewbhutan.com；Dechen Lam；标单/双 Nu3480/4080起，豪华 Nu4320/4880起，套 Nu5400~6000起；📶）这家拥有47间客房的大型酒店位于旺曲东岸，方方正正的水泥建筑设计风格更像西班牙而非不丹。虽然缺乏魅力，而且到市区也不是很方便，但是这里的宁静氛围仍打动了不少人。所有房间都坐拥不错的风景，但是楼上带私人阳台的豪华房间是最佳的选择。

Hotel Migmar 酒店 $$

（☎02-338901；www.hotelmigmar.com；Thimbu Expressway，Olakha；标单/双 Nu4560/6240，套 Nu9000；📶）这家酒店在同类旅游酒店中处于较高水准，但如今看上去略显过时。酒店位于城南郊外，只要你要一间不靠公路的房间，就能尽享静谧氛围，不过如果你想步行去周边游览的话就不是很方便了。新的豪华房间正在建设中。

Yeedzin Guest House 客栈 $$

（见56页地图；☎02-325702；yeedzin@druknet.bt；Jangchhub Lam；标单/双 Nu3000/3600，套 Nu4200起；📶）这家低调宁静、气氛友好的客栈非常受当地非政府组织职员和顾问的欢迎，他们对这里5间带有厨房的套房（Nu4800）情有独钟，长期入住可以享受房价折半优惠。其他房间或采光不好或风景平平。避免选择狭小昏暗的单人房。驻场织布工为酒店增加了些许温馨氛围。

★ **Hotel Druk** 酒店 $$$

（见56页地图；☎02-322966；www.drukhotels.com；Wogzin Lam；标单/双 Nu8760/10,440，套 Nu15,600；📶）在相当长一段时间内，这家低调而时尚的酒店曾是廷布首屈一指的住处，如今仍然是个不错的选择。它正处城中心，可俯瞰钟楼广场，酒店内有时尚的酒吧、地道的印度菜、迷人的开放式浴室、新潮的装修，以及带有健身房、桑拿和蒸汽室的康体俱乐部。

Thimbu Tower 酒店 $$$

（见56页地图；☎02-334367；thimphutowers@gmail.com；Clocktower Sq；标单/双 Nu5400/6000，豪华 Nu6600/7200；📶）一家新酒店，地理位置便利，拥有宽敞可爱的现代客房。楼上的观景豪华房可以眺望昌里米唐体育场，而在玻璃幕墙的餐厅里可俯瞰钟楼广场。如果想要入住这里，你可能需要支付一笔小额附加费。

泰姬扎西酒店 豪华酒店 $$$

（Taj Tashi；见56页地图；☎02-336699；www.tajhotels.com；Samten Lam；房间/套 US$720/1068起；📶🏊）五星级的泰姬扎西酒店外部是气派的宗堡式风格，内部装修低调却不失时尚奢华。酒吧和户外露台都是坐下来静静喝一杯的好地方。我们最喜爱的选择是带有私人阳台的4套豪华房（US$804），还

> **不要错过**
>
> **真人交通岗**
>
> 廷布显然是世界上绝无仅有的两个没有交通灯的首都之一。其实早年这里曾安装过一套交通灯，但廷布居民用典型的不丹方式抱怨说，这样的交通灯太不人性化了，于是政府再次起用戴白手套的交警来指挥车流量日益增长的交通，他们的动作看上去有如20世纪80年代的机器人舞。除了展现不丹的复古气质外，这或许也是城里最上镜的风景。在Zombala 2餐厅找一个靠窗的座位，即可欣赏警察现场指挥交通。

配有阳光露台和躺椅。转角套房因为坐享无敌风景也备受追捧。

住客可以享受顶级健身房和室内泳池；情侣一定会爱上这里的烛光香薰精油按摩，之后还可以享受玫瑰花瓣浴和起泡葡萄酒（US$215）。

Khang Residency 酒店 $$$

（见52页地图；☎02-339111；www.khangresidency.com；Lower Motithang；行政/高级 房间 Nu6600/7320；📶）这栋现代化的酒店建筑靠近昌岗卡拉康，摒弃了许多酒店盛行的松木装饰，宽敞的房间里洋溢着一种时尚的国际氛围。这里有地暖、阳台、独立淋浴间和浴缸，以及你所需要的全部设施，包括一间精心设计、品位不俗的餐吧、水疗设施，甚至还提供山地车租赁。

高级房间非常适合小型团队入住，三个房间共用公共电视厅和厨房。

Osel Hotel 商务酒店 $$$

（见56页地图；☎02-344444；www.oselbhutan.com；Phenday Lam；标单/双 Nu7320/8040，套 Nu18,720起；📶）游客酒店的标杆典范。这家新开业的四星级酒店有低调光鲜的风格，绝对物有所值。五星级设施，四星级价格。套房有非常棒的转角浴室，你可以在泡澡时尽享城市风景。宜人的户外露台和免费的蒸汽桑拿浴室更是锦上添花。

安缦酒店 豪华酒店 $$$

（Amankora；☎02-331333；www.amanresorts.com；Thori Lam；标单/双 含全膳宿 US$1740/1860；📶）这座廷布首屈一指的简约主义风格五星级酒店，位于城郊的森林地带。酒店看上去像是一座迷你版的宗堡，石头铺砌的通道为虔诚的客人带来内心的宁静。开敞式布局的客房里采用了大量造型优美的实木装饰和棕色纺织品，柔化了房间的高冷禅境。传统的布哈里柴炉非常舒适。

与其他安缦酒店一样，这里也设有豪华水疗中心，房费中包含了机场接送服务和三餐。大部分住客都是安缦旅行团的成员。

Termalinca Resort & Spa 豪华酒店 $$$

（☎02-351490；www.termalinca.com；Babesa；房间/套 US$420/540；📶）这家豪华度假村位于距廷布7公里的旺曲岸边。30间松木石材结构的房间非常宽敞，风格前卫且时尚，内设落地窗和传统中式家具，套房内还有开放式浴室。房间没有阳台，不过可以在赏心悦目的河畔酒吧或令人心旷神怡的瑜伽兼健身房兼水疗中心内放松身心。

度假村设有烹饪课程、射箭教学和导览徒步游等活动，不过都需额外付费。这个度假村的合伙人是第四任国王最年长的王后。房价有时可享40%优惠。

Le Meridien Thimbu 商务酒店 $$$

（见56页地图；☎02-337788；www.lemeridien.com/thimphu；Chorten Lam；房间 US$420起；📶🏊）Le Meridien Thimbu堪称当代商务型酒店，拥有时尚但略显乏味的内饰，不丹特色并不明显。蒸汽房、桑拿室、泳池和健身房非常受欢迎，泛亚洲风格餐厅Sese Shamu是非常不错的就餐选择。便利的位置也极具吸引力。

Hotel Gakyil 酒店 $$$

（见56页地图；☎02-339640；www.gakyilbhutan.com；Wogzin Lam；标单/双 含早餐 Nu4800/6000；📶）这家酒店前身为Dragon Roots，老式房间面积略小，隔音也不太好，可能无法与装修一新、风格现代而时尚的大堂和餐厅相提并论，这使其在旅游酒店中处于中下水平（而且价格过高）。不过，房间非常舒适，酒店位置也非常便利。

就餐

在廷布，你可以摆脱不丹千篇一律的酒店自助餐，品尝一些正宗的本地特色食物。不过，在早晨9:00之前依然很难找到提供早餐或地道咖啡的地方，酒店内部餐厅除外。

钟楼广场及周边

Lower Norzin Lam路两旁经济型酒店林立，在午餐和晚餐时间都能提供简单实惠的印度素食菜肴；可以试试**Hotel New Grand**（见56页地图；☎02-324290；Norzin Lam；主菜 Nu75~160；⏰8:00~11:00，12:00~15:30和18:30~21:00；🥬）或**Hotel Ghasel**（见56页地图；Norzin Lam；主菜 Nu55~180）的美味南印度素菜；以及**NT Hotel**（见56页地图；☎02-

323458; Norzin Lam; 主菜 Nu50~160）的实惠咖喱菜以及周二特价汤菜。

8-Eleven 超市 $

（见56页地图；⏲10:00~20:30）一家位置便利的超市，销售含新鲜香料到小熊猫牌啤酒在内的各种商品。

Tashi Supermarket 超市 $

（见56页地图；☎02-322980; Clocktower Sq; ⏲8:00~19:30）光线昏暗，但是有品种丰富的进口和本地商品，地处市中心，交通便利。

Mid Point Restaurant 不丹菜、印度菜 $

（见56页地图；☎02-321269; Wogzin Lam; 主菜 Nu80~180; ⏲10:00~22:00，隔周周日歇业）这家餐厅以其厚道的分量（尤其是多莎饼以及其他印度菜肴）、合理的价格受到许多不丹人的青睐。鱼肉咖喱味道很棒，hogey（卷心菜、胡萝卜和辣椒）沙拉也不错。这里的两处室外餐位是城内极少数的露天就餐区之一。

★ Zone 西餐 $$

（见56页地图；☎02-331441; Chang Lam; 主菜 Nu300~600; ⏲周三至周一 11:00~22:00）这个将酒吧和美式餐厅融为一体的地方深受外国人喜爱，洋溢着不丹风格。店内供应汉堡、自制冰激凌、肉排（包括牦牛肉）、比萨、藏饺、热狗以及炸鱼薯条等。户外酒馆风格的桌椅非常适合边看报纸边享用Illy咖啡，或是在夜幕降临后喝一杯小熊猫牌啤酒。

★ Ambient Café 咖啡馆 $$

（见56页地图；Norzin Lam; 咖啡 Nu60~120，主菜 Nu110~190; ⏲周五至周三 9:00~21:00; 📶✍）咖啡馆位置极佳，店内明亮整洁，经营良好，非常受外国人喜爱，很多人都将这里当作实际上的办公场所。提供免费Wi-Fi，可口的浓缩咖啡、自制蛋糕和冰激凌，每日午餐特价素菜，包括烤三明治和卷饼等。在楼上可以俯瞰Norzin Lam街景。老板对当地山地车骑行线路了如指掌。

Zombala 2 不丹菜 $$

（见56页地图；Norzin Lam; 主菜 Nu80~140; ⏲周一至周六 9:00~21:30）廷布著名藏饺餐厅的分店，在迷人、宽敞的环境里供应可口的食物，可俯瞰廷布的主要十字路口。难怪这里同时受到游客和本地人的欢迎。鸡肉肠和thuk面条均为店内自制。

Hotel Jumolhari 印度菜 $$

（见56页地图；☎02-322747; www.hoteljumolhari.com; Wogzin Lam; 主菜 Nu80~300; ⏲7:00~22:00）这家气氛愉悦的餐厅位于廷布人气火爆的酒店内，店内的美味咖喱菜、精致的印度烤饼（naan）、冰啤酒和休闲的氛围都很出名。

Art Café 咖啡馆 $$

（见56页地图；☎02-327933; Doendrup Lam; 蛋糕和汤 Nu100~250; ⏲周一至周六 9:30~18:30; 📶）这家位置便利但十分隐秘的小店是外国人的最爱，用时尚舒适来形容最合适不过了。你会在这里发现醇香的过滤咖啡、可口的蛋糕、分量十足的汤、沙拉和汉堡，小黑板上用粉笔写着当天的特价菜单。它位于Swiss Bakery老店旁边。

Bhutan Kitchen 不丹菜 $$

（见56页地图；☎02-331919; Gatoen Lam; 套餐 Nu450~490; ⏲12:00~15:00和18:30~21:30）这家优雅的餐厅拥有宽敞温馨的环境，供应各种不丹美食，这里的传统桌椅和与众不同的厨房一定会给你留下深刻印象。餐厅充分考虑了旅行团游客的需要，因此你可以享用辣椒奶酪（ema datse）和其他当地菜肴而不会被辣得嗓子冒烟。此外在午餐时还可以尝尝赠送的当地烈酒（arra）或酥油茶（sud-ja）。

Bhutan Orchid 不丹菜 $$

（见56页地图；☎02-336660; Chang Lam; 套餐 Nu350起; ⏲9:00~14:00和16:00~22:00）一家井井有条的自助餐厅，经常有旅行团来此光顾，你可以在这里吃到辣度适中的不丹菜肴。招牌菜品包括各地特色菜，例如哈阿的菠菜馅荞麦面饺子（hentey）和布姆唐的荞麦面条（puta）等。

Rice Bowl 中国菜 $$

（见56页地图；☎02-333844; Norzin Lam; 主菜 Nu115~140; ⏲9:00~21:00）这里供应辣炒肉片、川香辣子鸡和香辣排骨等美味菜肴，都是适合几人分享的大盘菜，但是上菜速度略慢，部分菜肴——例如新加坡面条——有失水准。

Musk Restaurant 不丹菜 $$

（见56页地图；☎02-323388；Clocktower Sq；主菜 Nu180~300，套餐 Nu250~380；⊙周二至周日 9:00~22:00）这家钟楼广场边的餐厅是当地人喜爱的休闲场所——他们坐在外面的沙发上聊天，偷偷吸烟。菜单上大部分是不丹菜肴，但也有些泰国菜和印度菜。周四特色是尼泊尔塔利套餐，周五则是不丹风味的便当（bangchung）。陈旧的装潢与高高在上的价格对比鲜明。

其他区域

如需购买新鲜农产品，可以逛逛热闹的周末市场（百年农夫市集），以及**香港市场**（Hong Kong Market；见56页地图）的路边摊。

Karma's Convenience Store 超市 $

（见56页地图；Changlam Plaza；⊙10:00~20:30）提供廷布最为丰富的食品选择，其中许多都是从泰国进口的，楼上则是当地天然食品，从本地咸菜到柿饼，应有尽有。

Sonam Tshoey Ice Cream 冰激凌 $

（见56页地图；Changlam Plaza；冰激凌 每100/500毫升 Nu70/300；⊙周一至周五 9:00~19:30）一家瑞士手表商店[留意"天梭"（Tissot）招牌]，同时兼卖意想不到的美味自制冰激凌。全天然香草、椰子和巧克力冰激凌卫生且可口，此外还有各种时令水果雪葩，如百香果和菠萝等。新鲜的薄荷冰激凌是3月和4月的美味之选。如果买够100个冰激凌球，你还会获赠一块免费手表！

Zombala 不丹菜 $

（见56页地图；Doendrup Lam；藏饺 每盘 Nu60~80；⊙周一至周六 9:00~21:00）任何一位廷布人都会告诉你，城内最棒的藏饺就在这里。Zombala位于香港市场附近，是家经济实惠的当地餐厅。可以选择牛肉或奶酪馅饺子，人多需等位。

Big Bakery 面包房 $

（见52页地图；咖啡 Nu45~60，面包 Nu50；⊙周一至周五 9:00~20:00，周六 10:00~17:00）🍃这个公益项目旨在将有学习障碍的不丹年轻人培养为烘焙师。这里值得你付出爱心，更何况你要做的不过是点杯咖啡和一块羊角面包而已。

Karma Restaurant 不丹菜 $

（见56页地图；☎17424369；Norzin Lam；主菜 Nu150）如果你想要远离旅行团和千篇一律的自助餐，不妨试试这处干净温馨的当地食肆。内饰赏心悦目，厨师们能制作非常棒的汤面（bathup）、咖喱鱼、蘑菇和牛肉干奶酪（shakam datse）。餐馆大门在楼房后面。

★ Seasons Restaurant 意大利菜 $$

（见56页地图；☎02-327413；Doendrup Lam；比萨 Nu190~590；⊙周三至周一 10:00~15:00和16:00~21:00）这家餐厅人气很旺是理所应当的，拿手菜是薄皮比萨，同时提供每日特色菜和很棒的沙拉，包括熏牛肉、蓝奶酪和雪梨沙拉（Nu480）。露台可俯瞰熙熙攘攘的香港市场，是享受一杯啤酒的好去处。甜品包括口感不错的奶酪蛋糕，此外还供应浓缩咖啡。

Himalaya Cafe and Bakery 咖啡馆 $$

（见56页地图；Karsang Bldg，Choeten Lam；蛋糕 Nu150；⊙周二至周日 9:00~20:30；📶）上佳的拉瓦扎咖啡、精致的自制蛋糕、比萨和汉堡，使这家现代风格的咖啡屋成为享受简餐或西式小吃的好去处。

Lemongrass Thai 泰国菜 $$

（见56页地图；☎02-339528；5层，Karsang Bldg，Choten Lam；主菜 Nu330~400；⊙周二至周日；📶）廷布最棒、最时尚的泰国菜餐厅，菜品分量十足，提供泰式罗勒鸡肉和辣咖喱鸡等美味佳肴，主厨来自泰国。四人或以上的团队可预订丰盛的套餐或者热气腾腾的泰式火锅。

Karma's Coffee 咖啡馆 $$

（见56页地图；Tashi Rabten Bldg，Phenday Lam；咖啡 Nu90~140，主菜 Nu230；⊙周一至周六 10:00~21:00；📶）一家舒适的咖啡馆，供应各种能想象到的咖啡品种（热咖啡、冰咖啡，甚至希腊法拉沛咖啡），可能是廷布首屈一指

的优质咖啡。店内有舒适的座椅、充足的读物、全天供应的早餐，包括汉堡、炸鸡、美味的巧克力布朗尼，后面甚至还有间吸烟室。

Baan Thai 泰国菜 $$

（见56页地图；☎02-339966；Karma Kangzang Bldg, Norzin Lam；主菜 Nu200~380，午餐套餐 Nu300；⏲周三至周一 12:00~15:00和18:00~21:00）地道的泰国菜辣味十足，美味的咖喱菜量很大，足够两个人吃（单人用餐可点半份）。热情的泰国店主乐于提供各种建议，或者可以试试美味的椰汁鸡汤（tom kha ghai）和用酸橙和鱼露调味的青木瓜沙拉（som tam）。这家餐厅位于4层，不太好找。

Chula 印度菜 $$

（见52页地图；☎02-336275；KMT Bldg, Norzin Lam；主菜 Nu140~300；⏲周一至周六 12:00~14:30和18:00~21:00）在我们看来，这里是城内最棒的印度菜餐厅。烤鸡咖喱（chicken tikka masala）、dal Lakhnavi和菠菜奶品腐（palak paneer）都很正宗，午餐塔利套餐（Nu300）也超值。菜肴按游客口味进行改良，因此如果你喜欢吃辣，记得特别说明。

Cypress Hotel 尼泊尔菜 $$

（见56页地图；☎02-334453；2楼，FCB Bldg, Norzin Lam；素食/非素食 套餐 Nu250/300，主菜 Nu90~150；⏲周一至周六 9:00~22:00）低调而迷人的家庭餐厅，供应热辣可口的不丹和尼泊尔食物（推荐shahi paneer，五香肉汁烩酥酪），周五晚上还有十分受欢迎的八道菜塔利套餐。晦暗的楼梯井让大多数游客望而却步。

Relish Restaurant & BBQ 各国风味 $$

（见56页地图；☎02-335655；Changlam Sq；主菜 Nu180~380；⏲10:00~21:00）店面之前曾经是一家中餐馆，如今外表并无太大变化。餐厅供应不丹菜、意大利菜和中国菜，以及鲜美多汁的烤肉。你可以在室内用餐，也可以选择在燃着火盆的温暖庭院里用餐。烧烤种类丰富，如沙爹肉串、羊肉串、鱼、虾或香辣鸡翅。

★**Cloud 9** 汉堡 $$$

（见56页地图；☎02-331417；www.cloud9burgers.com；Ghaden Khanzang Bldg 42,Phenday Lam；汉堡 Nu335~590；⏲周一至周五 9:00~22:00，周六和周日 7:30~22:00）你来不丹的目的绝不是吃汉堡，不过如果想换换口味，这个澳大利亚—不丹混搭风格的餐厅一定会让你赞不绝口。餐厅采用顶尖食材，配以自制奶油面包和冰激凌，此外还提供烤三明治、绿色奶昔、周末早餐以及浓缩咖啡。这里更像是一间人气极旺的餐厅和酒吧。

民俗博物馆餐厅 不丹菜 $$$

（Folk Heritage Museum Restaurant；见52页地图；☎02-334637；Pedzoe Lam；套餐 Nu300~850；⏲周一至周六）民俗博物馆内的这家餐厅提供很棒的不丹套餐，果树之间的小露台绝对是赏心悦目的户外用餐之地。

Babesa Village Restaurant 不丹菜 $$$

（☎02-351229；Babesa；套餐 Nu500~600；⏲周二至周日 10:00~22:00）虽然这里的位置不那么方便（位于廷布城外7公里处），但这家迷人的餐厅在一栋百年建筑里提供传统不丹菜肴。餐厅紧邻帕罗至廷布的公路，是仅存的四栋醒目古建筑之一。室内空间采用古董装饰，食物包括各种当地菜肴，如可口的排骨、干芜菁叶（lom）以及被誉为“不丹比萨”的mengay。

🍷 饮品和夜生活

如果想要喝咖啡，可以试试Ambient Café（见66页）和Karma's Coffee（见67页）。

廷布有许多街角小酒馆，但是没有几家值得推荐给那些不满足于无袋台球（carom）和痛饮廉价威士忌的外来游客。工作日酒吧23:00打烊，周五和周六会营业至午夜。全国无酒日的周二不提供任何酒精饮品。

Benez Bar 酒吧

（见56页地图；5楼，Karsang Bldg, Choten Lam；⏲周一至周五 12:00~22:00，周六和周日 至23:00）这家廷布最知名酒吧经过重新装修之后，变得更具时尚气息，不再像从前那样脏乱。在吧台点一杯饮品，然后到用餐区享用一顿丰盛的美味佳肴（主菜Nu250~500），包括猪排、牛柳等。布哈里炉子为这间写字楼风

格的酒吧增添了温馨惬意的感觉，设有单独的吸烟室。

Hi Jinks 酒吧

（见56页地图；Wogzin Lam；啤酒 Nu240；周三至周一 13:00~22:00）Druk Hotel内用皮革和木头打造的迷人酒吧，是餐前或饭后小酌一杯放松身心的好地方，如果你能抢到吧台旁边的扶手椅就更好了。

Om Pub 酒吧

（见56页地图；02-326344；Jojo's Shopping Complex, Chang Lam；周三至周一 18:00至深夜）面向年轻职场人士的休闲场所，位于人气不高的Jo Jo's购物中心3层；入口在北边。

☆ 娱乐

娱乐选择相对有限，但你可以让导游带你找一家当地的drayang酒吧：观众可以花Nu150点首歌，然后由当地人或驻场团队以传统方式进行演唱。

★ Mojo Park 现场音乐

（见56页地图；www.facebook.com/themojopark；Chang Lam；周三至周一 19:00至深夜）廷布最热门的现场音乐场所和酒吧，主打蓝调、摇滚和雷鬼乐，不过偶尔也会有其他音乐。浏览其Facebook主页了解演出安排，大部分演出都是21:00开演。

Space 34 夜店

（见56页地图；www.facebook.com/Space-34；Wangdi Plaza, Chang Lam；周三、周五和周六 21:00至次日1:00）舒适而热闹，当地DJ会带来强劲的电子音乐，此外还有现场音乐，就在Lungta Handicraft楼下。

Khuju Luyang 文化表演

（17693034；khujuluyang@druknet.bt；Gongphel Lam；每组表演 Nu5000）这个12人的团体表演非常受欢迎的宗教、地区和民俗歌舞，一小时的节目包括查姆面具舞以及拉亚和萨克滕地区的歌曲，由齐特琴、长笛、小提琴和鲁特琴（drangyen）现场伴奏。节目略显做作，但是非常有意思，值得一看，尤其是如果你的旅程与重大节日缘悭一面时。

尼赫鲁－旺楚克文化中心 表演艺术

（Nehru-Wangchuck Cultural Centre；见56页地图；02-322664；www.facebook.com/nehru.wangchuck；Tashi Centre, Norzin Lam）这个印度文化中心位于泰姬扎西酒店前面，经常上演各种演出、放映纪录片，还会举办关于南亚的讲座，尤其以印度文化为主。中心还设有介绍南亚和中国西藏地区宗教文化的图书馆，以及一间瑜伽室。可查阅其Facebook主页，了解当前活动。

City Cinema 电影院

（见52页地图；17608471；City Mall, Chubachhu；电影票 Nu150起）这家现代化电影院主要放映不丹电影，其所在的购物中心新近开业，还设有超市、餐厅和咖啡馆。电影通常都是宗卡语，但是有些会配上英文字幕。

Club Ace 夜总会

（见52页地图；Phenday Lam；周三 21:00至午夜，周五和周六 21:00至次日2:00）紧邻廷布中心的热门场所，有巨大的舞池、驻场DJ和强劲的电音节奏。可能会收取小额入场费。

购物

不丹销售的纪念品中有许多其实是在印度或尼泊尔制造的，但是也能找到不少不丹原产的商品，特别是纺织品、篮子、珠宝、香、书籍、小丑面具和宗教用品。当地商品包括Tsheringma藏红花和醋栗味草本茶，以及由**Bio Bhutan**（www.biobhutan.com）制作的有机柠檬草精油和喷雾。

★ Norzin Lam Craft Stalls 手工艺品

（见56页地图；Norzin Lam）泰姬扎西酒店对面的Norzin Lam街中段有数十家手工艺品摊档。这一带是寻找心仪手工艺品的最佳地点，销售的商品从刺绣靴子到手工纸品，应有尽有。

手工艺品市场 市场

（Handicrafts Market；见56页地图；Chhogyel Lam）从河西岸的周末市场出发，跨越Kundeyling Baazam悬索步桥，就到了手工艺品市场，从木碗和串珠到雕刻印版、护身符和牦牛尾，各种商品琳琅满目。可以讲价。许多物件都产自邻国尼泊尔；你的导游会给你一些关于想买物品质量的建议。

Tarayana Rural Products 手工艺品

（见52页地图；☎02-329333；www.tarayanafoundation.org；Norzin Lam）不丹王太后多杰·旺姆（第四任国王的王后）创办的非政府组织，旨在通过推广和销售传统手工艺品来支持不丹各地的农村社区。这里的手工艺品包括来自萨姆奇（Samtse）的纸制品，手工编织的围巾、包袋以及荨麻餐具垫，质量普遍过硬。

Sephub Gyeltsen Tsongkhang 服装

（见56页地图；Norzin Lam；⏲8:00~21:00）廷布最棒的服装店之一，销售成品帼，棉毛混纺的标价Nu2000起，“仿真丝面料”的价格为Nu2500，手工织布的帼价格更是高达Nu6000。旗拉标价Nu850起，toego（女式短腰外套）价格从Nu400（传统样式）到Nu1200（现代款式）。

DSB Books 书店

（见56页地图；☎02-323123；Chang Lam；⏲9:00~20:00）廷布最全的杂志和报纸销售处，还有关于佛教、不丹和廷布的休闲书和其他书籍。书店位于Jojo’s购物中心底层；入口位于Chang Lam后面的小巷里。

Junction Bookstore 书店

（见56页地图；www.facebook.com/junctionbookstore；Wogzin Lam；⏲周二至周日 10:00~13:00和14:00~20:00）一家洋溢着浓郁人情味的书店（每周都会举办读书会），书籍数量不多，但精品不少，其中一些以介绍不丹为主，楼上有家简约的咖啡馆。

Above Himalaya Trekking Store 运动和户外活动

（见56页地图；☎17162455；⏲9:00~20:00）城内最佳徒步装备商店，销售和出租睡袋、帐篷、防水装备、太阳能充电器以及氧气罐等。由Above Horizon Tour & Treks的老板经营。

Yarkay Central Building 手工艺品

（见56页地图；Norzin Lam）如果你不喜欢逛街，那么这座将几家工艺品商店聚拢到同一屋檐下的购物中心就是你的最佳选择，这里的商店包括销售唐卡的Yangkha Arts and Crafts，以及出售手织围巾、旗拉和丝绸包袋

值得一游

技艺超群的廷布手工作坊

廷布拥有规模不大的工艺品行业。可以让旅行社安排前往廷布的下列工坊和传统工厂参观。

琼施手工纸厂（Jungshi Handmade Paper Factory；☎02-323431；Khuju Lam；⏲周一至周六 8:30~13:00和13:30~17:00）免费 这家小工厂采用传统制造工艺，用瑞香树皮制造不丹手工纸。你可以观赏整个流程，从树皮浸泡和煮沸，到分拣、粉碎、打浆、抄纸、压纸和干燥等。这里出售的产品包括可爱的装饰纸（每张Nu250~800），以及卡片、笔记本、灯罩和日历等，这家工厂在Norzin Lam Craft Stalls也设有摊位。“Jungshi”的意思是“纯天然”。

Nado Poizokhang香厂（Nado Poizokhang Incense Factory；见52页地图；☎02-323107；www.nadopoizokhang.com；Changangkha；⏲周一至周六 9:00~17:00）免费 大概是廷布最香的游览项目，这一传统作坊每月能生产10,000支手工熏香。你可以在位于昌岗卡拉康后方山上的主工作间观看生产过程（研磨、挤制和风干），或者在附近的**陈列室**（见52页地图；Thori Lam）欣赏最终成品。

金匠工坊（Goldsmiths Workshop；⏲周一至周五 9:00~13:00和14:00~17:00）免费 这个政府开办的工坊位于长途汽车站后面，工作间略显粗放，但这是一个观看铜器和银器雕镂的好地方，其产品从精美珠宝到大型寺庙建筑构件不一而足，例如torana（塑像上方的塔门装饰）和尖顶饰等。

当地服装：挑选一套帼或旗拉

为自己挑一身帼（传统男装）或旗拉（传统女装），它们会是非同寻常的纪念品，而且你还可以穿上它们去参加不丹的节日或重大活动。廷布有许多商店（包括纪念品商店）都有这种传统服装的成衣出售。建议前往Sephub Gyeltsen Tsongkhang（见70页），这里的价格相对而言比较厚道。

如果想要更合身的衣物，则需要几天时间量身定制。别忘了还要搭配一条窄腰带（kera；Nu250），男士还得购买白色的内衬（lhagey）和长袜（omso），女士则需要一件内衬上衣（wonju）。

在获得心仪的帼或旗拉之后，你也许还需要当地人来加以指点，学习如何穿着。此外需要咨询如何收纳帼，包括如何保持原有的褶痕等。在导游演示时最好拍摄视频记录下来，否则你肯定会束手无策！

的Kelzong Handicrafts。

国家手工艺品商场 手工艺品

（National Handicrafts Emporium；见56页地图；Norzin Lam；⏲9:00~13:00和14:00~18:00）这座政府经营的纪念品商店采用固定价格，接受信用卡付款。商场内经营五花八门的商品，包括传统鞋靴、竹篮和节庆面具等。从11月至次年2月商场会提早一小时关门。

Gagyel Lhundrup Weaving Centre 服装

（见52页地图；☎02-327534；Changzamtog；⏲9:00~17:00）位于廷布南端的这座私营中心生产手工纺织品，有多种布料和成衣可供选择（围巾、腰带、外套等）。你可以观看织工纺布（周日除外），而且允许拍照。一件精美刺绣的旗拉需要9个月才能绣完，售价超过1200美元；较便宜的服装起步价为60美元。

Choki Handicrafts 手工艺品

（见52页地图；☎02-324728；www.chokischool.com；Bhutan Handicraft Centre；Thori Lam）这家商店销售面具、唐卡、绘画和其他纪念品，楼下的附属商店专营彩绘不丹家具，包括名为"choektse"的喇嘛桌子。许多商品都来自联营的乔基传统艺术学校（见73页）。现代风格的广场内还有其他手工艺品商店。Choki在Norzin Lam Craft Stalls也设有摊位。

Lungta Handicraft 手工艺品

（见56页地图；Chang Lam；⏲8:30~20:30）这家店最值得购买的物品都是些大家伙，例如竹盒、地毯、金属大口水罐，甚至还有马鞍和寺庙内用的筒钦（大长喇叭）。店内古董都有国家文化事务委员会（NCAA）的印章，这意味着它们可以顺利通过海关查验。与许多店铺类似，这里可以安排价格较高但非常方便的敦豪快递（DHL）。

Sangay Arts & Crafts 手工艺品

（见52页地图；☎02-327419；Pedzoe Lam）你可以在国家手工艺学院旁边的这家商店里购买由学生制作的工艺品。店主就毕业于这所学校。

Sachok Enterprise 体育和户外用品

（见56页地图；☎02-333880；Norzin Lam）如果你急需某件山地徒步装备，那么可以来这家店碰碰运气。店里商品种类有限，有正品和山寨的大牌户外装备，店主非常实在，不会以次充好。睡袋、净水药片和太阳镜都还不错。

DD Shop 体育和户外用品

（见56页地图；Etho Metho Plaza，Norzin Lam）中国制造的King Camp和Neeko品牌产品在此有售。虽然不是大品牌，但也能买到质量尚可、价格便宜的睡袋或外套，此外还有进口徒步鞋。这里的大品牌商品都是来自尼泊尔的山寨货。

ℹ 实用信息

紧急情况

警察局（见56页地图；☎免费报警电话 113；Dremton Lam）

上网

城内大概有十几家网吧，收费均为每小时Nu60左右。大多数酒店和咖啡馆都有免费Wi-Fi。

医疗服务

药房可提供各种药物，包括非处方抗生素。还可以考虑到**国家传统医药学院**（见60页）的门诊就诊。

城市药房（City Pharmacy；见56页地图；☎02-321382；City Centre Complex, Wogzin Lam；⏲9:00~20:30）位于Hotel Yoedzer附近。

印度－不丹友谊医院（India Bhutan Friendship Hospital；见56页地图；☎02-322485；Chorten Lam）印度援建的小型医院。

吉格梅·多吉·旺楚克转诊医院（Jigme Dorji Wangchuck National Referral Hospital；见52页地图；☎02-322496；Gongphel Lam）不丹最好的医院。

Norling Medical（见56页地图；Norling Centre, Norzin Lam；⏲9:00~20:30）位于购物中心底层的药房。

货币

大部分酒店都可以按官方汇率兑换外币，但通常他们的现金量都较为有限。不丹银行（Bank of Bhutan，简称BOB）和Druk PNB的自动柜员机可使用Visa卡和MasterCard卡。

不丹银行（见52页地图；☎02-322266；Norzin Lam；⏲周一至周五 9:00~16:00，周六 至12:00）这家最大的分行（有自动柜员机）业务相当繁忙。附近的Wogzin Lam街还有一家较小的分行，Norzin Lam街的Hotel Tandin外面还有两台不丹银行自动柜员机。

不丹国家银行（Bhutan National Bank；见56页地图；☎02-322767；Chang Lam；⏲周一至周五 9:00~16:00，周六 9:00~11:00）与邮局在同一栋楼内，可兑换现金和Amex的旅行支票。

Druk PNB Bank（见56页地图；Norzin Lam；⏲周一至周五 9:00~13:15和14:00~16:00，周六 9:00~12:00）有一台自动柜员机，可使用Visa卡、MasterCard卡、Maestro卡和Cirrus卡，柜台还可兑换现金（无法兑换旅行支票）。

TBank（见56页地图；Norzin Lam；⏲周一至周五 9:00~13:00和14:00~16:00，周六 9:00~12:00）位于泰姬扎西酒店对面，可兑换现金。

独一无二的纪念品

廷布邮局的**集邮处**（Philatelic Bureau；见56页地图；☎02-322296；Dremton Lam）提供不丹最独特的礼物。用U盘拷贝一张你最满意的数码照片，或者现场拍摄一张照片，工作人员将会打印一套以你带来的照片为主题的个性化邮票。费用为Nu200（邮票的实际费用），而且只需要几分钟即可完成。这家商店还销售明信片，你可以贴上印有自己头像的邮票将明信片寄回家。此外这里还有许多珍贵的绝版邮票出售。

邮局

许多酒店和商店都有邮票销售；你可以放心地将明信片和信件投进这里的邮箱。

敦豪快递（DHL；见52页地图；☎02-324730；sangay_wangmo@dhl.com；19-13 Thori Lam；⏲9:00~13:00，周六休息）

邮局（见56页地图；Chang Lam；⏲周一至周五 9:00~17:00，周六 9:00~13:00）邮局管理有序，附设明信片和集邮店以及一座小博物馆。11月至次年2月提早1小时结束营业。

到达和离开

长途汽车站位于城南大桥（zampa）东端的下方（就连长途车站的院子里也有一个转经筒，而且客运公司分别以“吉祥八宝”命名）。每天有20多班长途车[它们被戏称为“呕吐彗星”（vomit comets；美国宇航局对零重力飞机的昵称）]发往庞措林（Nu240），还有几趟车发往帕罗（Nu55），一班发往哈阿（Nu120）和布姆唐（Nu370），还有些发往距离更远的目的地的客车，班次较少。

合乘出租车乘车点就在长途车站外，目的地包括庞措林（每个座位Nu650）、帕罗（Nu200）和旺杜波德朗（Nu300）。

当地交通

如果你持普通旅游签证，那么在不丹停留期间全程都会有小汽车/面包车、司机和向导陪伴。大部分商店和景点都在廷布主要酒店的步行范围内，因此外出散步、畅饮或购物都十分方便。

虽然道路标记通常都非常明晰，但当地人基

本不使用街道名称，包括出租车司机；地标和建筑名称在问路或指路时会更加实用。

抵离机场

在帕罗机场外，你可以雇一辆出租车前往廷布，费用固定为Nu1000。从廷布长途车站乘坐出租车到机场的费用只需Nu500左右。机场与廷布相距53公里；车程90分钟。

如果你是从帕罗乘坐早班飞机（大部分航班都在这时出发），最好是提前到达帕罗过夜，以免误机。

出租车

廷布的出租车都是小汽车和面包车，虽安装了计价器，但司机从来不用。出租车司机有向外国人（包括印度人在内）漫天要价的习惯——这是不丹为数不多的宰客行为之一。乘坐出租车前往廷布周边短途目的地，费用约为Nu70，或者你也能以Nu1000~1500的费用全天包辆出租车，价格取决于具体目的地。Chang Lam路上的**出租车站**（见56页地图）有穿梭于山谷各处的合乘出租车，坐满发车。

廷布周边

廷布北部

当你沿着旺曲东岸往上游方向前进时，会经过非常显眼的南亚区域合作联盟大楼（国民议会所在地）和宴会厅。你可以留意河对岸的Samtenling王宫——这栋别墅样式建筑是国王的居所。

廷布中心以北6公里处是近郊塔巴区（Taba），你可以入住独具氛围的Wangchuk Resort Taba（☎02-365262；www.wangchukhotel.com；Taba，紧邻Dechen Lam；标单/双Nu4200/4800起）。该度假村与城里的旺楚克酒店由同一个老板经营，周围分布着松林，环境清幽，有舒爽的热石浴，还有一座在前宫殿废墟上修建的私人佛寺，是进行禅修的理想场所。带阳台的房间可以饱览美丽的山谷风光。

占地广阔的德钦曲林宫（Dechencholing Palace）始建于1952年，目前是太皇太后的居所，因此谢绝游客入内参观。宫殿北部是王室卫队（Royal Body Guard，简称RBG）所在地。

Pangri Zampa

Pangri Zampa位于德钦曲林宫以北，由两座雄伟的白色建筑组成，房屋旁的两棵巨大柏树据说是不丹最大的两棵树。此建筑始建于16世纪初，夏宗·阿旺朗杰在1616年初抵不丹时曾在此居住，因为这座寺庙在引领他从中国西藏前往不丹的梦境中出现过。如今，传统占星术学校坐落于此，2008年国王加冕礼的吉日就是由备受尊敬的首席占星师卜算决定的。即使所有佛殿都未开放，这里也是非常上镜的拍照地点。

建筑群因附近美丽的传统风格桥梁而得名。旁边的Drolma Zhingkham Lhakhang由太皇太后出资新建，供奉着二十一度母。附近的德钦朴拉康（Dechenphu Lhakhang）供奉的是山谷守护神Gyenyen，游客禁止入内。

如果你对工艺品感兴趣，可以前往参观乔基传统艺术学校（Choki Traditional Art School；☎02-380219；www.chokischool.com；Kabisa），这里专为弱势儿童提供绘画、雕塑和雕刻等传统艺术培训。学校距此不远，就位于廷布以北10公里的Kabisa村内，沿东部山谷道路上行2公里即可到达。

丹戈寺和杰里寺

前往山谷源头处的丹戈寺和杰里寺是从首都出发绝佳的一日游线路，但是沿途没有餐饮设施，因此记得带上水壶并打包午餐。

从Pangri Zampa出发继续向山谷上游行进，在Begana过桥后，沿旺曲东岸前进，附近有幅巨大的莲花生大士岩画，拍照效果极为出色。过桥后，会看见一些绘有鱼和猫鼬的“自生”岩画。继续前行，很快就能看到远处山坡上的白色建筑，那就是杰里寺。

在距廷布12公里的Begana继续前行几公里，右边出现一条岔路，向上行进一小段距离就可抵达丹戈寺停车场。从岔路口前行一小段距离，路尽头就是Dodina（海拔2600米）和旺楚克国家公园（Wangchuk National Park）的入口。这里的旺曲上有一座美丽的廊桥（野餐的好地方），标志着前往杰里寺（见76页）的步道起点。

Around Thimbu 廷布周边

丹戈寺(Tango Goemba)

佛教寺院

丹戈寺最初于12世纪创建，不过“癫圣”竹巴衮烈喇嘛于15世纪修建了现有建筑。如今这里是一所佛教研修大学，也是重要的活佛(trulku；转世喇嘛)杰西仁波切(Gyalse Rinpoche)的驻锡之地，他被认为是第四任第悉杰西·丹增立杰(Gyalse Tenzin Rabgye；虎穴寺建造者)的第七世转世。丹戈寺在2016年进行了一次彻底的大修。

1616年，夏宗·阿旺朗杰曾造访丹戈

廷布周边一日徒步游

除了前往丹戈寺和杰里寺的短途步行游览外，这里还有几条前往廷布周边佛寺和观景台的一日游徒步线路。Piet van der Poel和Rogier Gruys合著的《廷布周边一日徒步：轻松版和狂野版》(*Mild and Mad Day Hikes Around Thimbu*)详细列出了27条徒步路线，以及许多备选和附带行程建议。你可以从www.bhutan-trails.org/index.html下载徒步指南和地图。

旺迪奇寺(Wangditse Goemba)

沿这段30分钟的平坦道路行进能欣赏扎西曲宗堡的宏伟风光，起点为Sangaygang的BBS电信塔，终点是旺迪奇寺(见52页地图)。这座佛寺始建于1750年，2016年进行了彻底翻修。寺内大殿中有一座两层楼高的释迦牟尼佛像。北望可以看到第四任国王居住的Samtenling王宫，以及远方山坡上的Dhey和Dorje Drak禅修所。从旺迪奇寺你可以顺着陡峭的小路从东南下山，右转前往兹鲁卡庵，或者可以选择东北更险峻的小路，下行15分钟前往德钦颇章。

Dhrolung Goemba

从丹戈寺下面的停车场到由第69世杰堪布于1969年创建的Dhrolung(Drolay) Goemba之间往返需要2~3小时，沿途可以领略廷布的壮丽风光。探访Dhrolung的最佳方式也许是经由丹戈寺的半日环线，从丹戈寺出发步行90分钟，经过寺里的热石浴，进出侧谷，跨越溪流，经过僧人们的足球场，最后上坡到达Dhrolung。守门人会带你参观第69世杰堪布的生活区(zimchung)，包括他的手杖以及硬板床。从Dhrolung出发，沿着坡度极大的步道步行40分钟下山，返回停车场。

Thadranang Goemba

前往Thadranang Goemba(海拔3270米)的路是一段费力的上坡路，全程需要2小时。路线起点是Yangchenphug高中，沿着陡峭山路爬升至山脊，然后还要穿过一片乔松森林。沿途风光绝美。

帕久丁寺(Phajoding Goemba)

从上莫提塘到帕久丁寺(海拔3950米)是一段5公里的上坡路。帕久丁寺内有10座拉康和15座僧舍，其中许多建筑都被用作禅修所。托登帕久(Togden Pajo)是位来自中国西藏的瑜伽士，于13世纪创建了这座寺庙，但这里大部分建筑都是1748年在第9任杰堪布Shakya Rinchen的努力下修建的，这位杰堪布的画像如今供奉在这里的康赞拉康(Khangzang Lhakhang)内。佛学院在强巴拉康(Jampa Lhakhang)，氛围比廷布的德钦颇章佛学院更隐秘。

从帕久丁离开，可以沿小路往上走300米，前往Thujidrak寺。这是雷龙小径徒步路线反向徒步的最后一天路程。在返程路上，你可以略微改变一下路线，经由Chhokhortse Goemba下行，然后在Sangaygang的BBS电信塔乘车返回。

塔拉卡寺(Talakha Goemba)

这座建于15世纪的佛寺(海拔3080米)坐拥不丹喜马拉雅和廷布山谷的壮丽景观。你可以乘车行进至半途，然后下车徒步，或者在走达嘎拉千湖徒步路线的最后一天去塔拉卡寺。从这座小佛寺出发，你可以通过6~9小时的艰难跋涉，登上海拔4280米的塔拉卡山顶。

寺，并在附近的洞窟内禅修。竹巴衮烈喇嘛的传人，一位大喇嘛将佛寺献给夏宗法王，夏宗在此雕刻了一尊檀香木的观音像，供奉在寺院大殿里。后来，夏宗·吉格梅·确吉(Zhabdrung Jigme Chhogyel)于19世纪增建了金顶。由于丹戈寺与夏宗法王渊源颇深，如今在每年4月或5月夏宗法王圆寂纪念日[即“夏宗库楚节”(Zhabdrung Kuchoe)]，大批信众都会涌入佛寺朝圣。

沿着停车场的小路上行，海拔攀升280米就可到达丹戈寺，如果沿陡峭的山路抄近道只需半小时即可抵达，如果顺着地势平缓但路途较远的小道走则需要1小时。沿途你会看到许多佛教箴言，给你的朝圣之旅带来启迪。

如果你是从岔路口的左边抄近路向寺庙攀爬，首先会到达位于这块岩石上的夏宗禅修洞(Tandin Ney)。沿着木头梯子登上小佛堂，里面有一块当年从中国西藏运来的大水晶石，现用于视觉化冥想。此外还有一尊夏宗法王以及骑着马的当地保护神Bayup塑像。丹戈寺的名称(意思是“马头”)就来自这块露出地面的天然岩层的形状。

到达三层楼的佛寺主殿后，还有一些佛堂可供参观，包括三层的生活区，第四任第悉曾经在此居住，你可以接受他手杖的赐福。2016年，丹戈寺山脚新建了一所佛学院，以替代老化的寺庙建筑。

杰里寺

佛教寺院

(Cheri Goemba; Cheri Dorji Dhen)徒步上行约45分钟可到达杰里寺，它是不丹的第一座寺院。夏宗·阿旺朗杰于1620年建立了这座佛寺，并成立了第一个僧团。在将父亲的遗体从中国西藏运到这里并火化后，他将骨灰埋在佛寺高处的一座装饰华丽的银塔内。杰里如今仍是一处重要的禅修所，约有30位僧人在此按照标准的3年3个月又3天进行修行，因此请记得保持肃静。

贡康(goenkhang; 供奉保护神的神殿)内供奉着杰里和丹戈的两位保护神。从这里出发，继续沿着陡峭的山路上行(朝圣者会一口气完成这段路程)至建在峭壁上的降魔寺(Demon-Subjugating Monastery)，相传夏宗曾在此降伏当地的恶魔。在寺内院子里你会看到许多温驯的褐色山羊(岩羊)。

廷布南部

从Babesa开始，有一条上山路通往Serbithang的**皇家植物园**(Royal Botanical Garden, Serbithang; 南亚区域合作联盟国家公民/其他成人 Nu30/50; ⌚9:00~16:00，夏季 至17:00)，这里是园艺爱好者的乐园。植物园于1999年正式落成，有近500种植物，是廷布居民最喜欢的周末野餐地。

从植物园观景台极目远眺，你可以看到山谷另一侧的**Gangchen Nyezergang Lhakhang**，这座古老的寺庙于2001年重建并重新开光。

距离辛托卡宗堡不远处，是2017年新开业的**Six Senses Thimbu**度假村，共有25个房间，详情可查询网站www.sixsenses.com。

景点

辛托卡宗堡

佛教宗堡

(Simtokha Dzong; Simtokha)位于廷布以南5公里处，别具氛围的辛托卡宗堡由夏宗·阿旺朗杰于1629年修建。据说这座宗堡是为了镇住一个消失在附近山岩中的恶魔，因此取名为Simtokha，其中simmo的意思是“魔鬼”，do意为“石头”。当然，这座宗堡所在地也位居战略要冲，可拱卫廷布山谷和前往多楚拉山口和不丹东部的要道。

辛托卡宗堡的官方名称是Sangak Zabdhon Phodrang(密咒玄义宫)。据说它是不丹境内的第一座宗堡。但事实上，早在1153年不丹就已有几座宗堡，但这是由夏宗法王主持修建的首座宗堡，也是第一座兼顾佛教和世俗行政职能的建筑，更是整体结构得以保存至今的最古老宗堡。语言文化研究学院(Institute for Language and Culture Studies)就位于宗堡上方。

在修建期间，辛托卡宗堡就受到来自敌对佛教流派的攻击，他们因为反对夏宗的统治而联合到一起。这次攻击被挫败，联军领袖班旦喇嘛(Palden Lama)被杀。1630年，敌对势力再次卷土重来并攻占了宗堡。但是随后主楼被火海淹没，房顶坍塌，入侵者葬身火海。如今人们还可以通过两位葡萄牙耶稣会牧师的记述一窥辛托卡宗堡最初的风采，他们于1629年经由此处前往中国西藏。

在17世纪70年代，第三任不丹第悉敏珠丹巴（Mingyur Tenpa）对宗堡进行了扩建和修缮。从那时起，辛托卡宗堡历经多次扩建和修缮，最近一次是由一个日本建筑师团队主持开展的。宗堡占地约60平方米，唯一的大门位于南边（但最初的大门其实在西侧）。

乌策高达3层，外墙的转经筒后面有300余块石板雕刻作品，栩栩如生地刻画了众多圣人和哲人。中央大殿内供奉着巨大的释迦牟尼佛像，另有8尊菩萨像分列两侧。这座大殿内的黑色壁画当属不丹最古老、最美丽的画作。在**西殿**中供奉着观音菩萨像、绿度母和白度母，以及一幅夏宗·阿旺朗杰的早期画像，这幅画在1995年进行了修复，但仍有不少裂纹。东边贡康的柱子上挂着虎尾和火枪。**护法神大殿**供奉着不丹的保护神大黑天和吉祥天女。

不丹西部

包括 ➡

最佳餐饮

- Tou Zaiga Restaurant（见91页）
- Bukhari Restaurant（见91页）
- Sonam Trophel Restaurant（见90页）
- Brioche Cafe（见90页）

最佳住宿

- Gangtey Palace（见87页）
- Lechuna Heritage Lodge（见100页）
- Dewachen Hotel（见117页）
- 普那卡乌玛酒店（见109页）

为何去

无论你是乘坐飞机抵达景色壮观、群山环绕的帕罗山谷，还是通过潮湿氤氲的庞措林从陆路入境，你很快就会意识到自己进入了一个如同世外桃源般的特殊目的地。几乎每栋房子顶上都有经幡飘扬，男女老少身着传统服饰，佛塔和舍利塔矗立于河流和道路交会口，城堡般的寺院居高临下俯瞰整个山谷。

不丹西部是大部分旅行者都乐不思蜀的观光目的地，他们的选择不无道理。这里是竹巴人（Drukpa）世代生活的家园，也是这个王国的主要机场、首都、最热门的节日和最古老壮观的宗堡（城堡寺院）所在地。再加上异彩纷呈的山地徒步线路、无与伦比的另辟蹊径之旅以及相对较短的驾车时间，这里的吸引力显而易见。无论它是你旅行开始的第一站，或是你在不丹探索的唯一目的地，西部地区都是了解这个神奇国度的最佳窗口。

何时去

- 9月至11月是造访不丹西部的理想月份。天气晴暖，多楚拉山口的风景一览无余，廷布和旺杜波德朗有多姿多彩的节日。
- 黑颈鹤于10月末至11月初抵达富毕卡山谷越冬。次年3月和4月也是旅行旺季，其间帕罗戒楚节是最大的看点，春季怒放的杜鹃使高山垭口变得极富魅力。

帕罗宗(PARO DZONGKHAG)

帕罗山谷毫无疑问是不丹最令人心驰神往的地方之一。路旁随处可见柳树和苹果园，白色外墙的农舍和寺庙，与绿油油的梯田相映成趣，林木茂密的小山不时出现在视线里，从而营造出风光旖旎、浑然天成、宁静平和的整体印象。

肥沃的土地、温和的气候以及地处前往中国西藏商贸路线要冲的地理位置，为帕罗居民奠定了坚实的经济基础。在19世纪大部分时间里，帕罗都是政府官署所在地，同时也是不丹的商业、文化和政治中心。

几条徒步线路从帕罗或者附近的地方出发。雷龙小径徒步路线向东逶迤而行，在经过海拔4200米的垭口后向下至廷布。珠穆拉里、拉亚至加萨徒步路线和雪人徒步路线都从杜克耶宗堡出发向西，穿越珠穆拉里登山大本营以及加萨和拉亚景色壮丽的高海拔地区。

帕罗(Paro)

☎08/人口: 4500/海拔: 2280米

迷人的帕罗城镇坐落于帕罗曲（又称帕曲）两岸，位于壮观的帕罗宗堡西北不远处。主街修建于1985年，两侧布满五颜六色的木制彩绘店面和餐厅，但是随着城内拔地而起、不断扩张的多层水泥建筑的日益增加，这种古朴的风情正面临威胁。如今，帕罗仍然是不丹最值得步行探访的城镇之一，可以在一天观光结束之际用一两个小时在城内漫步。

景点

★帕罗宗堡 宗堡

(Paro Dzong; Rinpung Dzong; 见84页地图; ⏲8:00~18:00, 11月至次年2月 至16:30) 帕罗宗堡是不丹最引人注目和最有名的宗堡之一。宗堡巨大的扶垛墙高居城镇之上，在峡谷里的任何地方都抬头可见。这里曾是国民议会的会议厅；如今它和其他大部分宗堡一样，成为僧团和地区政府的办事处，此外当地法院也设在此处。大部分佛堂都禁止游客入内，但仅仅是壮观的建筑和旖旎风光也值得前往一游。

宗堡真正的名字是日清蓬宗堡(Rinchen Pung Dzong，通常简称为Rinpung Dzong，即日蓬宗堡)，意思是“宝石堆上的堡垒”。1644年，夏宗·阿旺朗杰下令在莲花生大士创建的佛寺原址上修建一座宗堡。这座宗堡无数次挫败了周边敌对势力入侵帕罗山谷的野心。英国政府官员约翰·克劳德·怀特(John Claude White)在1905年曾记录，在这座宗堡走廊的椽木下还能见到抛射巨石的老式投石机。帕罗宗堡在1897年的大地震中躲过一劫，但在1907年的一场大火中却未能幸免，遭受重创。

这座宗堡建于陡峭的山坡上，行政区的前院比寺院区的院落高6米。前往国家博物馆的路上有一条岔路向下通往宗堡的东北门，从这里进去就是位于第3层的庭院。庭院内的乌策高5层，于1649年首任帕罗佩罗(penlop；行政长官)执政期间修建。乌策东边是一座供奉观音菩萨11面化身(Chuchizhey)的小**拉康**。华丽的木雕，配以金色、黑色和赭色彩绘，加上高耸的白色围墙，使这里弥漫着浓浓的权力和财富气息。

顺着楼梯向下到达僧舍，这里有约200名僧人。作为僧人课堂之用的**礼堂**(kunrey)位于南侧（左手边）。注意看门廊下的“神秘螺旋”壁画，这是不丹独有的坛城版本。对面较大的**法堂**(dukhang)绘有漂亮的外墙壁画，讲述的是中国西藏诗人、圣人米拉日巴的生平。春季帕罗戒楚节的首日活动就在这个院子中举行，届时这里会变得人山人海。从窗口望出去，风景怡人。

在入口东北的宗堡外部，有一片石头铺成的**戒楚节场地**（见82页地图），面具舞者每年戒楚节时都会在这里表演舞蹈。一幅以莲花生大士为主题、超过18平方米的巨大唐卡，在戒楚节最后一天破晓之后在这里晒佛——你可以看到悬挂它的柱杆。它于18世纪时由素有“不丹第悉”(druk desi)之称的第八任第悉（不丹世俗统治者）确吉·喜饶·旺楚克(Chhogyel Shera Wangchuck)委托制作。

在宗堡下方，一座名为**Nyamai Zam**（见84页地图）的传统木制廊桥横跨帕罗曲两岸。它按旧桥的原貌复建而成——旧桥在

不丹西部亮点

❶ **普那卡宗堡**（见106页）探访不丹最具诗情画意的宗堡，这是17~19世纪不丹的首都。

❷ **虎穴寺**（见94页）徒步前往依附于悬崖绝壁之上的虎穴寺——不丹最著名的景点。

❸ **帕罗宗堡**（见79页）参观雄伟的帕罗宗堡的庭院，这里也是山谷里戒楚节的举办场地。

❹ **国家博物馆**（见83页）在位于帕罗的不丹最佳博物馆，上一堂不丹文化历史的速成课。

❺ **富毕卡山谷**（见113页）在偏远的山谷观赏黑颈鹤或体验骑行和徒步小路。

❻ **祈楚拉康**（见92页）踏上巡礼之旅，探访不丹历史最悠久、最美丽的寺庙之一。

❼ **哈阿山谷**（见99页）在游客罕至之地寻找稀有的喜马拉雅花卉并造访偏远的寺院。

❽ **切米拉康**（见105页）哪怕只有一天，也可以向一根10英寸长的阳具祈福，这里是供奉“癫圣”竹巴衮烈的寺庙。

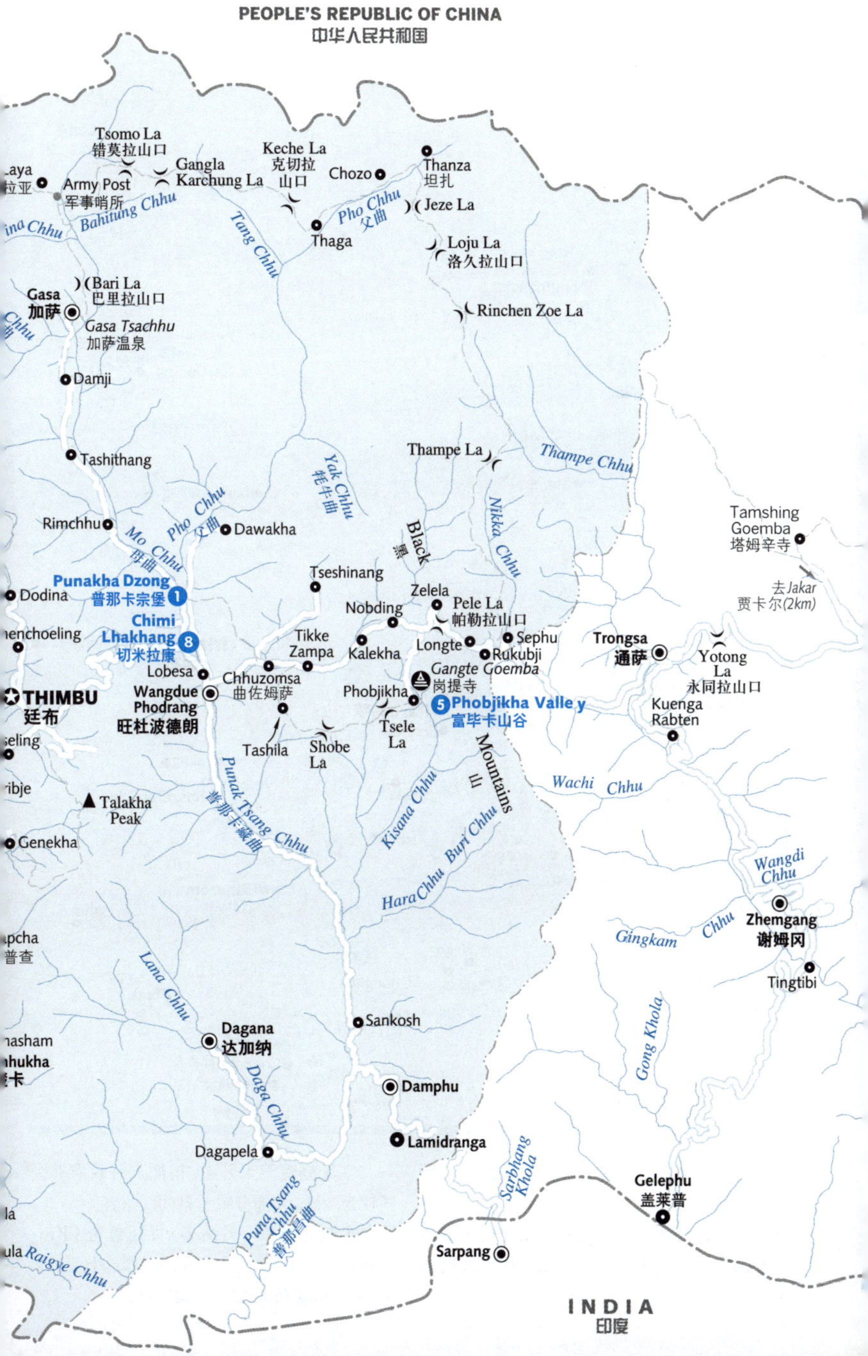

PEOPLE'S REPUBLIC OF CHINA
中华人民共和国
Tsomo La
错莫拉山口
Army Post
军事哨所
Gangla
Karchung La
Keche La
克切拉
山口
Chozo
Thanza
坦扎
Bahitung Chhu
Tang Chhu
Pho Chhu
父曲
Jeze La
Thaga
Loju La
洛久拉山口
Bari La
巴里拉山口
Gasa
加萨
Gasa Tsachhu
加萨温泉
Rinchen Zoe La
Damji
Tashithang
Thampe La
Thampe Chhu
Yak Chhu
牦牛曲
Nikka Chhu
Rimchhu
Mo Chhu
母曲
Pho Chhu
父曲
Dawakha
Black
黑
Tamshing
Goemba
塔姆辛寺
去Jakar
贾卡尔(2km)
Punakha Dzong
普那卡宗堡
Dodina
Tseshinang
Zelela
Pele La
帕勒拉山口
Nobding
Chimi
Lhakhang
切米拉康
Tikke
Zampa
Kalekha
Longte
Sephu
Rukubji
Trongsa
通萨
Yotong
La
永同拉山口
Lobesa
Chhuzomsa
曲佐姆萨
Gangte Goemba
岗提寺
THIMBU
廷布
Wangdue
Phodrang
旺杜波德朗
Phobjikha
Phobjikha Valley
富毕卡山谷
Kuenga
Rabten
Tashila
Shobe
La
Tsele
La
Mountains
山
Punak Tsang Chhu
普那卡藏曲
Talakha
Peak
Wachi Chhu
Genekha
Kisana Chhu
Buri Chhu
Wangdi
Chhu
Hara Chhu
Zhemgang
谢姆冈
Gingkam Chhu
Lana Chhu
Tingtibi
Sankosh
Dagana
达加纳
Gong Khola
Daga Chhu
Damphu
Lamidranga
Dagapela
Sarbhang
Khola
Gelephu
盖莱普
Puna Tsang
Chhu
普那藏曲
Raigye Chhu
Sarpang
INDIA
印度

Paro, Thimbu & Punakha Valleys 帕罗、廷布和普那卡山谷

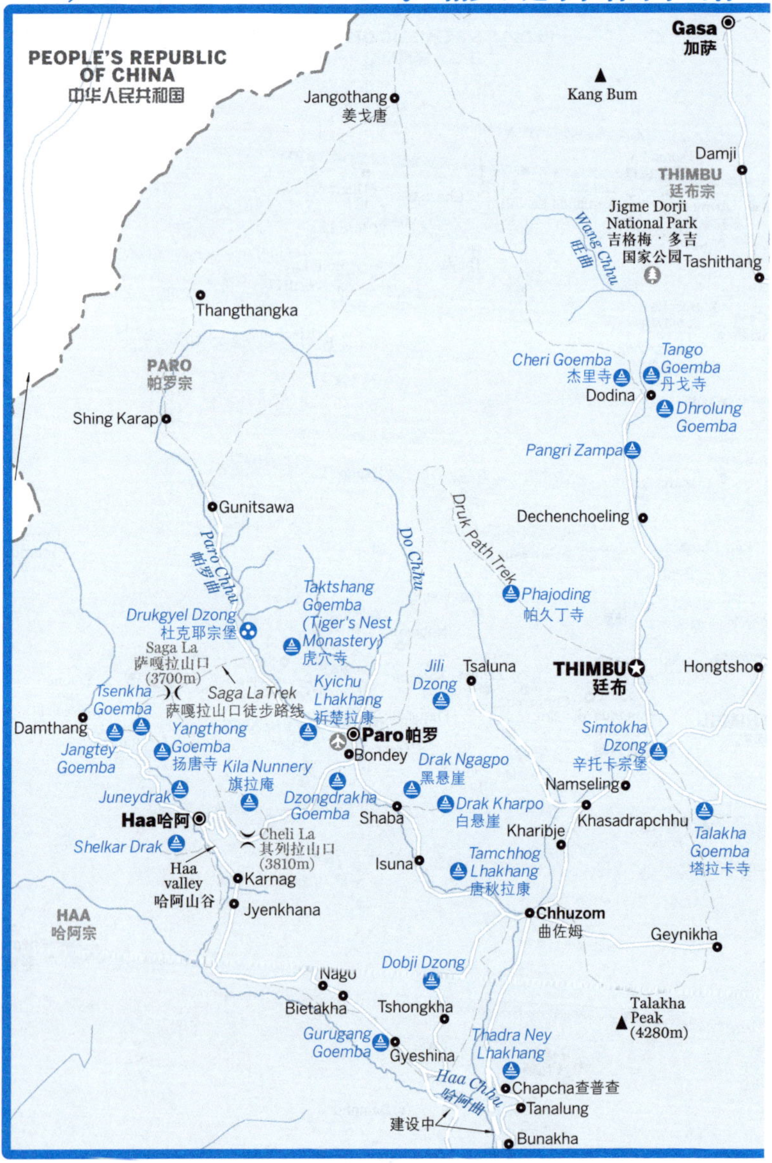

1969年的一场洪水中被冲走。之前此处的廊桥每到战时都会被拆除，从而使宗堡能够据守帕罗曲的天险。在河西能拍出最美丽的帕罗宗堡照片，具体位置就在离桥不远的下游处。

宗堡庭院每天开放，但周末时政府办公区较为冷清，大部分殿堂都闭门谢客。

趣味小插曲：贝纳多·贝托鲁奇（Bernardo Bertolucci）1995年的电影《小活佛》（*Little Buddha*）曾经在此取景。

★ 国家博物馆　　博物馆

（National Museum; Gyelyong Damtenkhang; 见84页地图; ☎08-271257; www.nationalmuseum.gov.bt; 南亚区域合作联盟国家公民/其他成人Nu50/200，僧人、尼姑和10岁以下儿童 免费; ⊙9:00~16:30，12月至次年2月 至15:30，国家节假日闭馆）在帕罗宗堡上方的山上，屹立着一座古老的瞭望塔（ta dzong）。它最初建成于1649年，旨在为下方不设防的帕罗宗堡提供防御，1968年经过重修成为国家博物馆。这座非同寻常的圆形建筑，据说采用了海螺造型，墙壁厚度达到2.5米。

博物馆的展品包括令人印象深刻的唐卡馆藏，其中既有传世珍宝，也有当代佳作，主题为不丹的重要古圣先贤；此外还有按照戒楚节舞蹈类型分组的面目夸张可怕的节日面具等。馆内还有一座设有不丹三维地图的自然历史展厅，而文化遗产展厅（Heritage Gallery）的展品则千奇百怪，包括骡子下的蛋以及与莲花生大士有关的马角等，加上附近唐秋拉康（Tamchhog Lhakhang）铁桥拆下的铁链原件。据说，这座瞭望塔和下面的供水点之间由一条地下隧道相连。

博物馆内禁止拍照，但是你可以拍摄瞭望塔和周围的场地。博物馆在冬天（11月至次年2月）提早一个小时闭馆。

如果驾车到博物馆，会经过一条4公里的环线，通往Dop Shari山谷。在参观博物馆后，顺着一条小路步行下山，到宗堡参观后返回城内，途中可领略怡人的峡谷和美丽的邬金巴瑞宫。另外还可以从博物馆附近出发，步行前往殊利宗堡（Zuri Dzong），欣赏沿途秀美风光。

★ 杜泽拉康　　佛教庙宇

（Dumtse Lhakhang; 见84页地图）杜泽拉康位于通往国家博物馆道路旁，这座非同寻常的佛塔形寺庙始建于1433年（有些资料显示为1421年），建造者为铁桥设计大师汤东杰布（Thangtong Gyalpo）；寺庙山门处可以在壁画上看到他。这座氛围独特的寺庙本意是要镇压一个邪灵。朝拜小道顺时针穿过寺庙中央，上行途中会看到一些不丹最精美的壁画，这里的三层分别代表地狱、人间和天堂。最好带上照明效果良好的手电。

普纳拉康　　佛教庙宇

（Pena Lhakhang; 见84页地图）迷人的普纳拉康（又称为Puna Lhakhang）被大多数游客忽略，但据说是由藏王松赞干布于公元7世纪建立，这也使其成为不丹最古老的寺庙

Paro 帕 罗

之一。它很不起眼，极容易错过，位置就在经过杜泽拉康后的道路东边。

寺内的主殿充满了古老的历史感，供奉的主神是一尊据说非常灵验的觉沃毗卢舍那佛像。红脸保护神卑哈护法（Pehar）潜藏在角落里，佛堂左边有一方夏宗法王的石头足印。

曲登拉康

佛教庙宇

（Chhoeten Lhakhang；见84页地图）塔形的曲登拉康位于帕罗的城镇广场东南侧。看门人也许会允许你参观楼上的小殿，其中心供

Paro 帕罗

重要景点

1 杜泽拉康 B2
2 国家博物馆 C2
3 帕罗宗堡 C2

景点

4 射箭场 B6
5 邦迪拉康 C6
6 曲登拉康 B6
7 Druk Choeding B6
8 戒楚节场地 C2
9 Gönsaka Lhakhang C3
10 Khangkhu Lhakhang B4
11 Nyamai Zam B3
12 帕罗周末市场 B6
13 巴瑞寺 D6
14 普纳拉康 B2
15 塔格拉康 C6
16 邬金巴瑞宫 B2
17 足日宗堡 C3

活动、课程和团队游

18 Bike Hire Adventure A5

住宿

19 Gangtey Palace B3
20 Haven Resort C1
21 Hotel Jigmeling A2
22 Hotel Olathang A2
23 Hotel Sonam A2
24 Khangkhu Resort B4
25 Pelri Cottages A2
26 Rema Resort A1
27 Six Senses Paro D3
28 Tashi Namgay Resort C5
29 乌玛帕罗酒店 C4

就餐

30 Brioche Cafe A5
Bukhari Restaurant .... （见29）
31 Champaca Cafe A5
32 Lhayabling Restaurant A5
33 Sonam Trophel Restaurant A5
34 Tshering Farm House B1
35 Yegyel Cafe B6
36 Yue-Ling Restaurant A5

购物

37 Chencho Handicrafts A6
38 Collection of Rare Stamps & Souvenir Shop B5
Kuenphen Terzoed Weaving & Handicrafts House .... （见21）
39 Lama Tshering Dorji General Shop B6
40 Made in Bhutan B6
41 Yuesel Handicrafts B6

实用信息

42 不丹银行 A5
43 不丹国家银行 B6
44 Kuenphuen药店 B6
45 帕罗地区医院 A2
46 Tashi Money Exchange B5

交通

47 不丹航空 A2
48 长途汽车站 B2
Dhug Transport .... （见48）
49 不丹皇家航空公司办事处 B3
50 不丹皇家直升机服务公司 B5
51 合乘出租车站 B6
52 出租车站 A5

奉着释迦牟尼觉沃佛像，两侧分立着莲花生大士像和观音菩萨像。

Druk Choeding 佛教庙宇

（见84页地图）宁静祥和的Druk Choeding是帕罗镇的寺庙，也被称为Tshongdoe Naktshang。它由阿旺确吉（Ngawang Chhogyel；1465~1540年）于1525年建立。阿旺确吉是中国西藏拉萨的一位活佛，也是夏宗·阿旺朗杰的先祖，内殿入口处右手边有以他为主题的壁画。这里供奉的主像是弥勒佛（未来佛）坐像，此外还有被可怕的旧式不丹盾牌和武器所簇拥的本地守护神Gyenyen。

帕罗周末市场 市场

（Paro Weekend Market；见84页地图）帕罗周末市场规模不大，但充满传统氛围，也是见识一些不丹特色农产品的好地方，从齐朗（Tsirang）有机蜂蜜到被称为khoo（一种当地小吃）的方形干果冻牛皮糖，应有尽有。市场最热闹的时候是在周日上午，但蔬菜摊每天都会营业。

在逛市场时，可以找找串起来的干牦牛奶酪（chugo），有白色（用牛奶煮沸后在阳光下风干）和棕色（烟熏）两种。看上去像橙色鸡蛋的水果其实是从印度进口的新鲜槟榔果。瓶子里装着与槟榔一起食用的粉色酸橙

另辟蹊径

在帕罗山谷徒步和骑行

如果有兴趣在帕罗山谷开展一日徒步游，那么你会拥有几个选择。

结束国家博物馆之旅的另一种好方式，是沿着林木葱郁的山坡步行一小时前往足日宗堡（Zuri Dzong；见84页地图），然后下山到乌玛帕罗酒店正门，你的车可以在这里等着接你。一路上将经过**Gönsaka Lhakhang**（见84页地图），这是一所历史早于帕罗宗堡的迷人寺庙。不要错过这里的禅修洞窟，帕罗宗堡的创建者Pha Drun Drung曾在此修行。从这里俯瞰山谷和宗堡的风景无与伦比。足日宗堡建于1352年，从前是一座堡垒，六层的主楼在双层堡墙和堡桥的保护下保存完好。上方的佛堂内有一些非常精美的壁画，其中一幅描绘了这里的守护神Zaa（Rahulla）。在到达乌玛帕罗酒店的外墙后，非住客只能绕着篱墙步行15分钟前往正门。

在祈楚寺东南朝向帕罗方向的山顶上坐落着两座寺庙，它们都是开展小众短途徒步游的绝佳目的地。沿着前往Nak-Sel度假村的道路前行，然后转上一条上山土路，即可到达氛围独特但香火不旺的**Tengchen Goemba**（Tingchok Goemba；见93页地图）。从这座寺庙出发，轻松漫步40分钟（最开始一段路比较难以辨认，可以向Tengchen Goemba的僧人们问路），经过一座经幡摇曳的小山（这里非常适合野餐），沿着蜿蜒的小路绕着山脊前往**Dranjo Goemba**（见93页地图）。这座寺庙佛学校看起来焕然一新，但是里面有一些经年累月的精致壁画。值得一提的是，这里供奉的是面具样的财富女神Tserim像，她骑着雪狮，身旁还挂着一把鲁特琴。此外，这里还有寺庙创建者Kichu Barawa的葬塔，还供奉着当地保护神Shingkhab和Gyenyen的神像。从Dranjo Goemba出发，你可以抄捷径下山到Pelri Cottages，在这里搭乘等候车辆返回帕罗镇。从Dewachen Resort出发也可徒步前往这两座寺庙。

此外还有难度略高的有氧徒步线路，从医院前往雄踞于Olathang Hotel后方山脊上的**Gorena Lhakhang**。如果要骑山地车前往这里，可以从帕罗至其列拉山口公路途中的一条土路骑行8公里。

其他骑行线路包括沿着东北岸边的道路向帕罗山谷上方进发，然后经过步行桥到祈楚寺。在这里，你可以转上西南方向的土路，经过Dewachen Resort返回帕罗。骑车上山前往杜克耶宗堡是另一条热门骑行线路。如果想独辟蹊径，不妨骑车去探索帕罗以北的Dop Shari山谷。

酱。此外还有极富异国情调的蕨菜、杜松粉香，以及饼状的datse（几乎在每一种不丹菜肴中都能见到的奶酪）。

在逛完市场后，可以去东南方向的**射箭场**（见84页地图）看看是否有比赛可以观看，尤其是在周末时。

邬金巴瑞宫 宫殿

（Ugyen Pelri Palace；见84页地图）木结构的邬金巴瑞宫地处偏僻，由帕罗佩罗Tshering Penjor于20世纪初期下令建造，如今是王太后的居所，因此谢绝公众入内参观。这座宫殿访照莲花生大士的天国居所“桑东巴瑞”修建，是不丹建筑的经典之作。如果想从高处俯瞰宫殿美景，可以前往宗堡。

邬金巴瑞宫附近的路边有5座方形**佛塔**（见84页地图），它们是为了纪念不丹首任国王乌颜·旺楚克（Ugyen Wangchuck）而修建的。

Khangkhu Lhakhang 佛教庙宇

（见84页地图）小村里的这座佛寺不会被列入大部分游客的游览清单，但却是一处怡人的地方。位置就在帕罗曲西岸，与几座游客度假村为邻。

活动

Bike Hire Adventure 骑行

（见84页地图；☎77358694；chocolatetenzin2907@gmail.com）如果想在帕罗山谷骑行，

可以在这里租到山地自行车，寻找零部件和当地导游。前避震越野自行车租赁费用为每天Nu1300。

节日

为期四天的**帕罗戒楚节**是一年中最盛大的宗教活动，人们在三四月间庆祝春回大地。节庆首日活动在宗堡内举行，之后则移师宗堡入口上方的deyankha铺砌区域。第二个月的第15天的黎明，一幅巨大的唐卡会在此展晒。

2015年开始，邬金巴瑞宫每年都会举办鲜花展。通常都在4月底举行。

住宿

帕罗比较不错的住宿选择都是散布于峡谷内的度假村型酒店，而非在市内。离市区最近的选择是在帕罗西边山坡上一片名为Geptey的城郊地带，从这里可以俯瞰整个山谷的瑰丽风景。

在春季帕罗戒楚节期间，酒店房价会飙升，届时所有酒店乃至当地农舍都会人满为患。

帕罗镇附近

Hotel Jigmeling 经济酒店 $

（见84页地图；☎08-271444；jighotel@hotmail.com；标单/双 Nu1430/1650，豪华 Nu1650/1870；📶）在深受印度游客喜爱的风格千篇一律的当地酒店中，Jigmeiling也许是最好的一家。这里有时尚、干净的房间、门廊和楼后阳台座椅，还有一间不错的餐吧。酒店远离主路，因此比镇上的大部分酒店都要清静。

★ Gangtey Palace 历史酒店 $$

（见84页地图；☎08-271301；www.gangteypalace.net；标单/双 Nu3696/4224，豪华 Nu4620/5280；📶）这家建于19世纪的传统不丹建筑曾经是帕罗佩罗的宅邸，充满了浓郁的历史气息。乌策主楼中宽敞的豪华房间伴有吱吱作响的地板和一些古董，但是标准间也很不错，坐拥美丽的山谷风景。这个地方一定会让你感觉相见恨晚。

可以让工作人员带你参观主楼神殿里的壁画。

★ Tashi Namgay Resort 酒店 $$

（见84页地图；☎08-272319；www.tashinamgayresort.com；Damsebu；豪华房间 Nu4680，小屋 Nu5400，套 Nu14,400起；📶）这家经营良好的四星级酒店位于帕罗曲西，河对岸就是机场，在宽敞的庭院里可以欣赏到壮观的帕罗宗堡。豪华房间非常宽敞，配有藏毯装饰；度假屋都是联排别墅，有自己专属的休闲区。记得要一间河景房。服务很不错。

Hotel Olathang 酒店 $$

（见84页地图；☎08-271304；www.bhutanhotels.com.bt；Geptey；标单/双 Nu3600/4200，小屋 标单/双 Nu4200/4800，豪华小屋 标单/双 Nu4800/5400，套 Nu5100起；📶🏊）这家酒店于1974年为迎接受邀参加第四任国王加冕礼的贵宾而建造，如今宽敞的庭院仍保持着截然不同的庄严宏伟。主楼中的房间围绕一个迷人的庭院；宁静的标准小屋有一个共用起居室（非常适合家庭入住）；松林中的私密豪华小屋是情侣的最佳选择。

Wi-Fi信号仅覆盖公共区域。

Rema Resort 酒店 $$

（见84页地图；☎08-271082；www.paroremaresort.com；标单/双 Nu2760/2940起，豪华 Nu4320/4500；📶）这家结构紧凑的度假村距帕罗1.5公里，有16间客房，地处谷内北边，环境清幽，四周农舍环绕，坐拥壮丽的全景风光。这里的特色包括射箭场和热石浴（Nu1000），餐厅食材都是自己种植的有机蔬菜。新楼中的房间更宽敞，装饰更新潮，别墅则带有自己的起居室。

Khangkhu Resort 酒店 $$

（见84页地图；☎08-272393；www.khangkhuresort.com；Khangkhu；标单/双 Nu3450/3795，套 Nu5750/6900；📶）这座低调的度假村与位于帕罗镇西南的机场隔河相望。它也许不那么亲切，但宽敞的房间设备齐全，而且配有私人阳台座椅，可以欣赏到帕罗宗堡方向的旖旎风光。

Pelri Cottages 小屋 $$

（见84页地图；☎08-272473；pelri@druknet.bt；Olathang；房间 Nu3450，豪华 Nu4600，套

Nu5175;) 位于Olathang Hotel上方的山上，Pelri Cottages是一片坐落在苹果和桃树林中的低调小屋。干净的松木板材房间采用藏式地毯装饰，与其说豪华，不如说是复古，让住客感觉舒适怡人，小小的木制阳台更是让人心旷神怡。淡季略显冷清。

Bhutan Mandala Resort 酒店 $$

（见93页地图；☎08-271997；www.bhutanmandalaresort.bt；小屋 Nu4025/4600，主楼房间 Nu3795/4025；）这家酒店位于帕洛镇西北的山坡上，坐拥无敌风景，但前提是你能订到观景房间。“小屋”房间比主楼的房间略小，但是拥有共用的阳台。从帕罗出发沿着一条颠簸的土路乘车5分钟即可到达。

光线欠佳的老楼房间（标单/双 Nu1700/2000）最好不要挑选，不过精打细算的印度游客入住这里可以省下不少开销。

Hotel Sonam 经济酒店 $$

（见84页地图；☎08-274444；hotelsonamtrophel@gmail.com；标准/豪华房间 Nu2400/3000，套 Nu3600；）如果你想住在帕罗镇中心，这家干净舒适的小屋深受本地人和游客的喜爱。这里没有山谷度假村的那种空间感，但你能去镇上喝上一杯本地啤酒——只要你能忍受街道（以及地下层夜店）的喧嚣。

★乌玛帕罗酒店 豪华酒店 $$$

（Uma Paro；见84页地图；☎08-271597；www.comohotels.com/uma/bhutan；森林/山谷观景房 含早晚餐 US$696/840，套 US$1080起；）乌玛酒店在将传统建筑与顶级设施融为一体方面有口皆碑，打造出镇上首屈一指的豪华酒店。这里的特色包括一流的餐厅和水疗中心、健身房、室内加热泳池、草药热石浴等。标准间的卫生间格外简约；带阳台的山谷观景房间是更好的选择。

丰富的活动还包括免费的瑜伽课以及不丹风格的射箭体验（US$25）。

Six Senses Paro 豪华酒店 $$$

（见84页地图；☎02-350 773；www.sixsenses.com；森林小屋套房 US$1638；）这家超豪华水疗度假村高高屹立于帕罗宗堡的山脊之上，设有20个房间。风景和设施都非常不错。距离城区有一段距离，建议乘车从帕罗宗堡前面的岔路口前往。

Haven Resort 豪华酒店 $$$

（见84页地图；☎08-270999；www.havenbhutan.com；Dop Shari；房间 US$240；）泰国风格的豪华度假村，位于静谧的Dop Shari山谷内。这里使用了太多的水泥，因此让我们好感大减；但是餐厅有风景绝佳的全景落地窗、迷人的露台和时尚的家具，以及美味可口的泰国菜。奢华的水疗和热石浴也别具一格。

这家度假村主要客户群是东亚游客，但是任何喜欢泰国食物或按摩（谁会不喜欢呢？）的人都会情不自禁地爱上这里。

帕罗山谷周边

Metta Resort & Spa 度假村 $$

（见93页地图；☎08-272855；www.bhutanmetta.com.bt；Shomu；标单/双 Nu3360/3840；）这家热情友好的马来西亚—不丹人联合经营的度假村，地处距离帕罗6公里的山谷中段，非常适合以此为大本营的人消磨几天时光。双人房宽敞时尚，还有格外费心思的用品，例如浴室里的传统风格浴袍和取暖器。服务人员非常专注，欢迎饮品和热毛巾也都展现了这家度假村的细致周到。

其他加分项还包括亚洲风味的餐饮以及热石浴（$24）。前往这里需要经过一条颠簸的支线上山路。

Dewachan Resort 酒店 $$

（见93页地图；☎08-271699；www.dewachanresort.com；Nemjo；标单/双 Nu3000/3600起；）从柴炉取暖的餐厅向外望，可欣赏到错落有致的峡谷景观。这片山腰上的赭色建筑邻近当地徒步小路的地理位置，并且配有舒适的水疗设施，是吸引我们到这里来的原因。房间的独立阳台非常不错，但是山上经常会刮大风。目前房间里仍接收不到Wi-Fi信号。

Tenzinling Resort 酒店 $$

（见93页地图；☎08-272773；www.tenzinling.com.bt；Lango；标单/双 Nu3600/4200，豪华 Nu4800/5400；）安静且具有田园风情，这个时尚的地方位于Lango村上面，距离帕罗

6公里，是一个非常棒的住宿选择。宽敞的木地板房间拥有美丽的阳台风光，服务人员也都非常热心。别具氛围的Zomasa酒吧有一个柴炉加热器，还有浓缩咖啡供应。

Kichu Resort 酒店 $$

（见93页地图；☎08-271468；www.kichuresort.com；Lango；房间 Nu3054，豪华 Nu3335，套 Nu5750；📶）距离帕罗5公里的一处大型综合建筑，位于祈楚寺附近，深受山地徒步团队（老板同时经营一家山地徒步游公司）和印度游客的喜爱。房间在八角形小屋中，每栋小屋都有8个房间，宽敞的公共庭院是一大亮点，还有池塘和河畔凉亭。豪华房间值得付费升级。

Tiger Nest Resort 酒店 $$

（见93页地图；☎08-271310；www.tigernest.bt；标单/双 Nu4140/4740，套 Nu6600；📶）这座令人愉悦的度假村就在前往上河谷的虎穴寺的路口附近，距离帕罗9公里，在这里可以远眺虎穴寺的绚烂风景，天空晴朗时还可以看到白雪皑皑的珠穆拉里峰。采用现代化地暖的别墅豪华房设备齐全，主楼有一个阳光灿烂的露台。

Base Camp Hotel 酒店 $$

（见93页地图；☎08-270291；www.basecamphotel.com.bt；Balakha；标单/双 Nu2400/3000，豪华房 Nu3600；📶）位于帕罗山谷尽头的这家酒店服务热情而友好，有15个舒适的房间，坐拥下方杜克耶宗堡的绮丽风光。酒店服务人员会热心为你介绍前往附近虎穴寺和Jana寺的徒步路线，酒店还出租Trek山地车（每天US$50）以帮助住客开展当地骑行。如果你要前往珠穆拉里徒步，这里也是非常方便的落脚地。

Janka Resort 酒店 $$

（见93页地图；☎08-272352；www.jankaresort.com；Nemjo；标单/双 Nu2530/3220，豪华 Nu4025/4600）这个度假村充满了田园风情，并且距离帕罗镇仅2.5公里。标准间围绕庭院而建，农舍风格的主楼中有5间时尚的豪华客房。度假村里有一个巨大的转经筒，员工们可以帮住客安排参观主人在附属农舍里的私人佛堂。路口附近有一个小射箭场。

★芝华林酒店 豪华酒店 $$$

（Zhiwa Ling；见93页地图；☎08-271277；www.zhiwaling.com；Satsam Chorten；标单/双 含早餐 US$ 378/408起）这片令人印象深刻的建筑群距帕罗8公里，拥有一个气派的中央小屋以及大堂，周围被石塔环绕。古董、豪华沙发和一个水疗中心使这里更加迷人（计划增建一个室内泳池），在2楼甚至还有一座使用有着400年历史的支柱（曾是岗提寺的构件）搭建的寺庙。

多数房间带有阳台，皇家套房甚至设有私家佛堂。这里还有现场制作和上彩的陶器，酒店甚至还会自己制作钓饵。淡季可获高达40%的房价折扣。

The Resort at Raven's Nest 度假村 $$$

（见93页地图；☎08-270244；www.bhutanravens.com；Satsam；标单/双 Nu4320/5040起，豪华 Nu5760/6480）这家新开业的时尚度假村属于最高端的游客酒店。现代化房间带有阳台或露台，物有所值，并配备了地板供热以及独立浴缸。酒店内还设有非常棒的图书室和桑拿房。如果旅行社可以在预算内帮你订到这里的房间，千万不要错过。可以借一套飞镖，玩一下这种深受当地人喜欢的游戏。

The Village Lodge 精品酒店 $$$

（见93页地图；☎08-272340；www.hhlbhutan.com/the-village-lodge-paro；Changnangka village；标单/双 Nu8400/9600；📶）这座经过改造的迷人农舍，位于帕罗以北9公里处的稻田间，实现了当地酒店少有的风格、传统和舒适度的平衡。木窗和土墙的传统风格与现代设施的时尚气息相融合，例如9个房间中的淋浴间，以及采用古董皮革袋装饰的门厅等，有一种粗犷的时尚感。这里的东家是Norbu Bhutan旅行社。

Nak-Sel 豪华酒店 $$$

（☎08-272992；www.naksel.com；Ngoba；高级/豪华房间 US$180/276，套 US$378~540；📶）以旅游酒店的价格提供豪华设施，是这家华丽度假村的承诺；事实上这里的一切也足以与双倍于其价格的其他酒店媲美。时尚的房间带有地暖和阳台，坐拥珠穆拉里峰和虎穴寺的风光，入住期间可享受的活动主要包括大型水疗以及非常不错的当地徒步线路。它坐落于僻静的侧谷上面3公里处。

艾美帕罗酒店 豪华酒店 $$$

（Le Meridien Paro；☎08-270300；www.lemeridien.com/paro；Shaba；房间 US$600起；）新开业的河畔艾美酒店，比廷布的商务型姊妹酒店更加注重休闲。房间内设有地暖和开放式浴室，躺在沙发床上就可以看到帕罗曲美景和度假村自己的佛塔。酒店其他设施还包括健身房、水疗中心、室内泳池、露台咖啡馆以及镇上最棒的早餐，因此不妨早点到，晚点走。淡季房价优惠幅度可高达六折。

安缦酒店 豪华酒店 $$$

（Amankora；见93页地图；☎08-272333；www.amanresorts.com；Balakha；全膳宿 标单/双 US$1855/1995；）“设计师宗堡”（Designer dzong）是这里的主题，由6栋掩映在乔松林中的夯土建筑组成。房间特色包括安宁的环境、柔和的土布面料、浪漫的开放式浴室和传统的柴炉。这里当然不乏光鲜时尚，但是仍让人难以产生物有所值之感。住客多为安缦酒店多日旅行团成员。

水疗中心提供各种放松身心的治疗，另外还设有一间温馨的餐厅和阅览室。这座度假村邻近Balakha村，距离帕罗约14公里，离杜克耶宗堡不远。

餐饮

大多数游客都在入住的酒店内吃晚餐，但是帕罗镇上和周边也有许多餐馆提供了更加有趣的午餐选择。

> **传统不丹风味**
>
> 大多数旅行社都可安排传统农舍内的热石浴或不丹餐。帕罗一个比较受欢迎的地方是位于Dop Shari山谷的**Tshering Farm House**（见84页地图；☎17687642；套餐 Nu350~420；午餐和晚餐），这个简单淳朴的地方供应很棒的传统食物，以及加入草药的传统风格木盆浴（每人Nu700）。

帕罗有几家酒吧，但大多千篇一律，没必要专程探访。

Champaca Cafe 咖啡馆 $

（见84页地图；咖啡 Nu90~140，主菜 Nu50~200；9:00~21:00；）这家咖啡屋的楼上空间明亮宽敞，非常适合在观光后用一杯地道的浓缩咖啡和免费Wi-Fi来消除旅途的疲惫。咖啡豆产自印度南部，在廷布烘焙，口感非凡，厨房还供应不错的三明治和午间简餐。

Brioche Cafe 面包房 $

（见84页地图；蛋糕 Nu95~180；9:00~21:00；）这家小咖啡馆的浓缩咖啡味道不错，不过真正吸引人的还是色香味俱全的糕点，从招牌苹果派到蓝莓蛋糕和时令水果馅饼，无一不好。店主是五星级安缦酒店的糕点大厨，她的产品也可想而知。

★ Sonam Trophel Restaurant 不丹菜 $$

（见84页地图；☎08-271287；主菜 Nu100~200，套餐 Nu600；午餐和晚餐）这家餐厅供应经过改良的不丹家常风味菜，以迎合外国游客的口味，摆上餐桌的套餐（并非自助餐）很受小型旅行团的欢迎。最佳选择是午间套餐（需要预订），包括至少7道菜。藏饺、无骨鸡肉、黄姜土豆和菠菜奶酪（hentshey datse）都很不错。

Yegyel Cafe 泰国菜 $$

（见84页地图；☎08-270149；主菜 Nu250，泰式风味套餐 Nu500；周三至周一 10:00~21:30；）这家当地餐厅供应美味的泰国菜和浓缩咖啡，让旅行者从千篇一律的自助餐中换换口味。试试口感别致的辣椒咖喱和椰子鸡汤（tom kha ghai），配以一杯Chang Beer啤酒，或者试试鲜辣的不丹hogey沙拉（黄瓜、西红柿和辣椒）。

Lhayabling Restaurant 各国风味 $$

（见84页地图；☎08-271820；套餐 Nu380~400；午餐和晚餐）这家游客餐厅中规中矩，非常受旅行团欢迎，食材新鲜，口味清淡，尤其擅长素食。

Chharo and Dhoro Restaurant 各国风味 $$

（见93页地图；☎08-272802；套餐 Nu480~516；午餐和晚餐）这个地方人气极旺（店名

的意思是“朋友和邻居”），位于帕罗北边，为旅行团提供各种美味的套餐，搭配本地出产的可口薄荷茶。

Yue-Ling Restaurant 各国风味 $$

（见84页地图；☎08-271330；套餐 Nu380~400；⏰午餐和晚餐）非常受旅行团欢迎的靠谱选择，供应可口的咖喱、素菜、馕和batura面包。如果你想试试热辣的当地菜肴，可以让导游给你端一盘专供司机和导游的食物。

★ Tou Zaiga Restaurant 融合菜 $$$

（☎77420979；www.bihtbhutan.org；Bondey；套餐 Nu500；⏰午餐和晚餐）如果运气够好，旅行团的游客们可以在这家由非营利组织Bondey Institute of Hotel Tourism经营的餐厅里品尝到五星级酒店见习厨师们烹制的美味佳肴。菜肴巧妙地融合了西方风味和本地食材，重点是各种时令有机农产品，包括手工采摘的香菇和自制乳清干酪以及面包。提早一天致电预约，可订制三道菜套餐；这将是你在不丹吃到的最佳美味。

该机构还在此处设有13间客房的Bongde Goma Resort。位置就在邦迪村（Bondey）西南1公里处。

★ Bukhari Restaurant 融合菜 $$$

（见84页地图；☎08-279999；Uma Paro Hotel；套餐 午餐/晚餐 US$60/96；⏰11:30~16:00和18:30~22:00 📶）乌玛酒店内的精致环形餐厅，被认为是山谷内最棒的餐厅。套餐菜单每三天更换一次，但是重头戏都是新鲜、健康和本地出产的食物。午餐相对简单，包括受热捧的乌玛奶酪汉堡，选用和牛和布姆唐的“Gouda”奶酪制作而成。餐厅还提供不丹菜或印度菜套餐。

Bukhari是一家小巧私密的餐厅，因此尽量提早预订。如果是特殊的重要场合，可以让餐厅安排在下面的庭院里举行私人烛光晚宴。

购物

帕罗大多数主街上如今都开设有手工艺品商店，销售各种常见的纪念品。从帕罗机场乘机离开之前，可以用一两个小时在这里逛逛，挑选一些纪念品带回家。

Lama Tshering Dorji General Shop 宗教用品

（见84页地图）这家宗教用品商店是帕罗几家面向当地人和僧人而非游客的商店之一，但绝对值得一逛。货架上的商品包括护身符、占卜骰子、经幡、香、佛像和酥油灯，可谓应有尽有。此外店里也有非宗教用品，如飞镖和竹箭等。

Kuenphen Terzoed Weaving & Handicrafts House 手工艺品

（见84页地图；☎17617415；⏰周一至周六9:00~20:00）手工编织的旗拉（传统女装）是店里的主要卖点，由四位驻店织工现场编织。此外还有桌布、床旗和刺绣围巾等。这里充满家庭工坊的温馨感觉——店主在编织，她的丈夫是一位裁缝，而亲戚正在雕刻木头面具。旗拉价格从简单款式的Nu5000到华美丝绸版的Nu85,000不等。

Yuesel Handicrafts 手工艺品

（见84页地图；☎08-271942；www.yuesel.com）这家超凡的纪念品商店有常见的香、茶叶、面具、藤编盒子、传统锁具和书籍，以及干蘑菇、瓷器和冬虫夏草（每根约Nu500）。楼上有古董出售，其中许多都盖有出口许可章。

Chencho Handicrafts 手工艺品

（见84页地图）这里有趣味盎然的当地手工艺品，其中织造和刺绣品尤为出色；店内还有织工现场工作。

Made in Bhutan 手工艺品

（见84页地图）这家店面光鲜的商店有一些价格昂贵的物品，例如银护身符和印刷雕版等，此外也不乏便宜物件，例如纪念品、冰箱贴和明信片等。

Collection of Rare Stamps & Souvenir Shop 礼物和纪念品

（见84页地图）在这里可以淘到各种首日封和稀罕物件，例如全息图邮票和可以在唱片机上播放的邮票等，此外也有种类丰富的纪念品。

实用信息

紧急情况

警察局（见84页地图）城镇广场西北，靠近帕罗曲

河上的大桥。

医疗服务

Kuenphuen药店(见84页地图;☎08-271935;⏰9:00~13:00和14:30~19:00)提供最基本的药品;位于Made in Bhutan商店对面。

帕罗地区医院(见84页地图;☎08-271571)位于城西的小山上,提供游客急救服务。

现金

不丹银行(见84页地图;☎08-271230;⏰周一至周五 9:00~13:00,周六 9:00~12:00)设有一台自动柜员机。

不丹国家银行(见84页地图;⏰周一至周五 9:00~16:00,周六 9:00~11:00)

Tashi Money Exchange(见84页地图;☎08-271303;⏰8:00~21:00)可在非银行工作时间兑换小额现钞(美元和欧元)。

邮局

邮局(见84页地图;⏰周一至周五 9:00~13:00和14:00~17:00,周六 9:00~13:00)

ℹ 到达和离开

帕罗机场(见84页地图;☎08-271423)位于帕罗镇以南7公里处,距离廷布53公里。在帕罗镇以南7公里处,距离廷布53千米。这里有一间**不丹皇家航空公司办事处**(Druk Air;见84页地图;☎08-272044;⏰周一至周五 9:00~17:00,周六 10:00~13:00)。**不丹航空**(Bhutan Airlines;见84页地图;☎08-270227;⏰周一至周五 9:00~13:00和14:00~17:00,周六 9:00~13:00)设在帕罗镇上的办事处可以预订国际航班机票。

合乘出租车前往廷布的费用为每座Nu200,或者每车Nu800;前往庞措林价格为每座Nu650。每天有Coaster客车前往廷布(Nu75)和庞措林(Nu230),从帕罗镇上西北端的Dhug和Metho长途汽车站发车。

搭乘出租车在帕罗山谷进行一日游观光的费用约为Nu2000。

上帕罗山谷 (Upper Paro Valley)

帕罗山谷向西一直延伸至边境的皑皑雪峰,但是道路最远只能通达杜克耶宗堡附近的Sharna Zampa,即帕罗再过20公里处。道路沿途有几座度假村、迷人的田园风光以及一些不丹最著名的景点。在经过宗堡之后,有一座侧谷通往海拔5000米的卓木拉山口(Tremo La),这里曾经是通往中国西藏的重要商贸通道。

祈楚拉康 (Kyichu Lhakhang)

从帕罗驾车,不用多久即可抵达**祈楚拉康**(见93页地图;⏰9:00~12:00和13:00~17:00),这是不丹最古老且最美丽的寺庙之一。人们普遍认为这座庙由藏王松赞干布于659年下令建造,以镇压巨型女妖的左脚,这只妖怪试图阻碍佛教传入藏族聚居区。1839年,帕罗佩罗(总督)和第25任杰堪布增建了其他建筑和金顶。经常能看到年长的朝拜者绕着寺庙转经,转动墙边的无数经筒。

在进入这座古老佛堂的温馨内院时,你会在门廊右手边看到一幅壁画,画中人物是岭国的格萨尔王——藏族传说中的英武国王,其故事被编成世界上最长的史诗。

不丹第三任国王的格桑·旺楚克王后(Ashi Kesang Wangchuck)于1968年捐资修建了**古鲁拉康**(Guru Lhakhang)。寺里供奉着一尊高达5米的莲花生大士像以及红度母(Kurukulla)的塑像,后者手持由鲜花制作的弓箭。莲花生大士右边是供有顶果钦哲仁波切(Dilgo Khyentse Rinpoche)骨灰的灵塔,他是受人崇敬的宁玛派佛教大师和太后的禅修上师,于1991年圆寂,后来在附近火葬。左边有一尊他的雕像,以及第四任国王的祖母和第一任国王的老照片。华丽的雕刻木柱让人叹为观止,托举花盆的雪狮像也让人大开眼界。

主要的**觉沃拉康**(Jowo Lhakhang)内殿里供奉着山谷内最重要的财富,一尊7世纪的释迦牟尼觉沃佛像,据说与拉萨大昭寺的著名塑像建于同一时期。在佛像前面,你会看到无数代信众磕长头时在木地板上留下的凹槽。藏王松赞干布像位于外殿左上角。大门的镀金工艺华美瑰丽。顶果钦哲仁波切生前的生活区位于左手边,里面摆放有上师的床铺和法座。

寺庙外面就是**顶果钦哲仁波切故居纪念馆**(Dilgo Khyentse Rinpoche' s Residence

Upper Paro Valley 上帕罗山谷

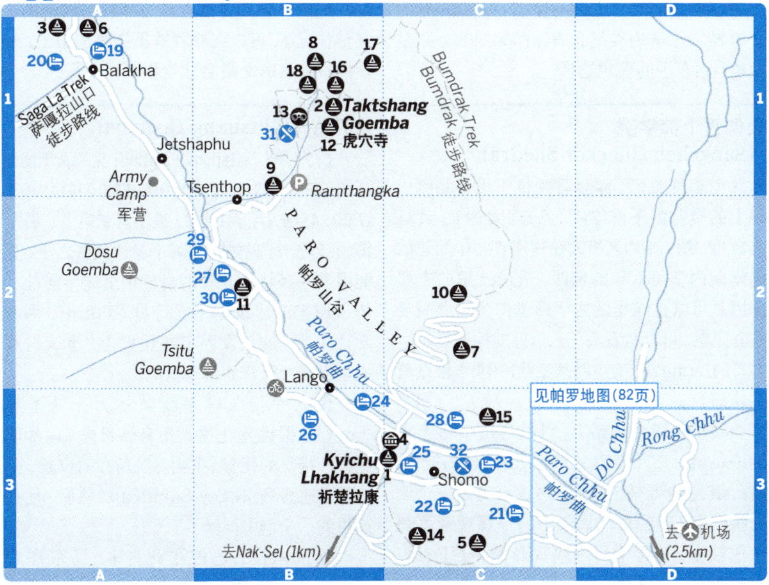

不丹西部 上帕罗山谷

Upper Paro Valley 上帕罗山谷

重要景点

1 祈楚拉康 C3
2 虎穴寺 B1

景点

3 Choedu Goemba A1
4 顶果钦哲仁波切故居纪念馆 C3
5 Dranjo Goemba C3
6 杜克耶宗堡 A1
7 Kuenga Choeling Goemba C2
8 玛吉布拉康 B1
9 Ramthangka Lhakhang B1
10 桑伽哲千佛学院 C2
11 边界纪念碑 B2
12 Shama Lhakhang B1
13 虎穴寺观景台 B1
14 Tengchen Goemba C3
15 Tsendo Girkha Goemba C3
16 Ugyen Tshemo Lhakhang B1
17 Yoselgang B1
18 桑东巴瑞拉康 B1

住宿

19 安缦酒店 A1
20 Base Camp Hotel A1
21 Bhutan Mandala Resort C3
22 Dewachan Resort C3
23 Janka Resort C3
24 Kichu Resort B3
25 Metta Resort & Spa C3
26 Tenzinling Resort B3
27 The Resort at Raven's Nest B2
28 The Village Lodge C3
29 Tiger Nest Resort B2
30 芝华林酒店 B2

就餐

31 自助餐厅 B1
32 Chharo and Dhoro Restaurant C3

Memorial House；见93页地图；☎17531177；Nu50；⏲周二至周日 10:00~16:00)，馆内收藏有许多仁波切的图片和个人物品，包括他乘坐过的肩舆和冥想室。仁波切的奔驰汽车和弘法法座则安放于庭院中。

继续向北，在寺外沿着规模庞大的芝华林酒店旁边的一条侧路上行，就到了顶果钦哲仁波切1991年火葬的地方。他的转世灵童生活在拉康内，但拉康通常不对公众开放。路口处个头小巧而不起眼的**边界纪念**

碑（Satsam Chorten；见93页地图）曾经是两个敌对佩罗之间的无人区的标志（satsam意为“边界”）。从边界纪念碑返回帕罗的土路是山地自行车手的理想选择。

桑伽哲千佛学院 (Sangchen Choekor Shedra)

夜幕降临后，你会看到位于山谷北侧山顶上的桑伽哲千佛学院（见93页地图）一片灯火辉煌。约有200名僧人在这座1765年始建的佛学院内学习六年的佛法，造访这里的主要原因是可以在蜿蜒的之字形盘山公路上观赏峡谷风景。可以看看大门入口处的棕熊标本。多日的Bumdrak徒步路线（见180页）起点就在这里。

在下山回城的路上，可以拜访小巧迷人的Kuenga Choeling Goemba（见93页地图），其建造者是王太后的家族。透过一个放大镜，可以看到玻璃展柜中的一尊观音菩萨像前额上，还雕有另一幅观音像。楼上有一座雕刻精美的神坛，有一些以藏王松赞干布为主题的精美壁画。这里的僧人们会热情地向你指明前往附近Tsendo Girkha Goemba（见93页地图）的下山小道，全程约30分钟。

前往桑伽哲千佛学院有12公里的路程，沿河流北岸土路上行，然后顺着山腰的陡坡前往。

所有外籍游客都有旅行社提供的车辆。其他情况下，可以在帕罗城里搭乘出租车，蜿蜒曲折的盘山土路会让全程价格不菲。

虎穴寺 (Taktshang Goemba)

虎穴寺（Taktshang Palphug；见93页地图；⌚10月至次年3月 每天 8:00~13:00和14:00~17:00，4月至9月 至18:00）是不丹最有名、最上镜的寺院，远观如同依附于悬崖峭壁之上，只能沿着一条坑坑洼洼的崎岖山道徒步前往。传说原来的建筑是用空行母（dakini；佛教女性上师）的头发固定在崖壁上，建筑材料也是由空行母背到崖壁上的。

虎穴寺长久以来就被视为一处圣地（ney）。据说莲花生大士身骑母虎（莲师明妃益西措嘉的化身）飞到寺院所在的位置，降伏了当地恶魔Singey Samdrup。然后，他在这里的一个洞中禅修了三个月。

据说米拉日巴曾在此打坐，汤东杰布曾在此取出伏藏（神圣的经文和法器），夏宗·阿旺朗杰也于1646年到访此处。来自不丹各地的信众都会到此朝圣。帕罗佩罗杰西·丹增立杰（Gyalse Tenzin Rabgye）于1692年在Dubkhang（又被称为Pelphu，莲花生大士曾经禅修的神圣洞穴）周围建造了主要的

另辟蹊径

虎穴峰徒步

参观完虎穴寺后，除了原路返回停车场外，你还可以选择用2~3个小时艰辛徒步前往高处的佛堂，然后沿着更陡峭的小路下降至停车场（见181页地图）。在玛吉布拉康旁边，就有一条小路顺着几座陡峭的金属梯向上爬升，随后的路口向右步行15分钟可到达Ugyen Tshemo Lhakhang，向左则上山前往桑东巴瑞拉康（Zangto Pelri Lhakhang；见93页地图），该寺以莲花生大士居住的铜色吉祥山命名，栖息于悬崖峭壁上，从寺后可以俯瞰整个虎穴寺。据说在大殿内摇动骰子，你生小孩的概率就会大增。

Ugyen Tshemo Lhakhang（见93页地图）外面是4位引人注目的保护神，寺内有一座立体坛城，你甚至可以在楼梯上面走上几步。这里唯一的声音只有清风和流水浅吟，以及转经筒吱吱作响。如果体力充沛，在返回前还可以继续前往Yoselgang（Yosel Choekorling；见93页地图）。这也是Bumdrak徒步过夜路线的最后一段。

从Ugyen Tshemo Lhakhang后面出发，沿着陡峭的小路向谷底步行15分钟，然后在岔路口右转，经过一座佛塔后，就到了悬崖边上的Shama Lhakhang（见93页地图），它就在虎穴寺边上，但是从虎穴寺无法直接前往。小心这里的岩羊（jaru）。

回到路口，沿着陡峭的下坡路走45分钟，就到了停车场前面的3座流水转经筒处。前往虎穴寺加上从这条线路返回共需6个小时。下雨时最好不要尝试这条险峻的小路。

拉康。

1998年4月19日，一场大火（有传言是人为纵火以掩饰盗窃行径）使虎穴寺主体结构及内藏物品化为灰烬。此前这座寺庙在1951年也曾遭遇火灾并进行重修。火灾后的重建工程于2000年4月开始，耗资1.3亿努扎姆，2005年国王出席了寺庙重建完工的再开光仪式。

景点和活动

从帕罗往北行驶8公里，右转进入一条平整的道路，然后爬升3公里，路过一座白色佛塔和小巧迷人的Ramthangka Lhakhang（见93页地图），就到了海拔2600米的虎穴寺停车场。

接下来的徒步小路顺着乔松林向上爬升至三座由流水推动的转经筒处，然后顺着陡峭的山岭按Z字形向上延伸，那里会有一个标语勉励你："步向上师的荣耀！在这个国家，有一个无比受人爱戴的国王！"如果你刚飞抵帕罗，那么就走慢一点，否则可能会有轻微的高原反应。

在抵达山岭后，能够俯瞰美丽的山谷，向西南还能欣赏到杜克耶宗堡。在攀爬约1小时后，高度上升300米，你会在山岭上看到一座小佛塔以及五彩经幡。随后行走一小段距离就到了自助餐厅（海拔2940米），你可以在这里坐下来边喝茶，边享受不远处寺庙的壮丽风景。自助餐厅（见93页地图；☎17580426；茶和饼干 Nu144，自助午餐 Nu470；⏲11:45~15:00；✎）还可供应全素套餐，不过食物乏善可陈；最好能够自备午餐。

小路从这里继续向前，上行30分钟后会到达一眼泉水以及陈设简单的寺庙客舍。一个洞窟和牌匾标志着一位杰堪布的诞生地，他的故居就在山上。顺着主道继续前行一小段，就到了壮观的佛塔观景台（见93页地图），这里海拔3140米，使你能够与这座神奇寺庙面对面——感觉它就像是从岩石上长出来的一样。

从这个角度看，虎穴寺似乎已经触手可及，但是它其实地处一座150米开外的山谷的另一边。小路峰回路转，经过一个点着酥油灯的迷人小殿，下行至Singye Pelphu Lhakhang（雪狮洞）旁边的瀑布处。这座洞窟是莲花生大士的明妃益西措嘉的精修之地，它挤在一道狭窄的石缝中。随后向上攀登直抵寺庙山门。

虎穴寺是一处圣地，因此请注意言行举止。包、手机和相机都必须在山门处寄存，向导还会在驻守军人的监督下进行登记。

当你走进建筑群，首先要经过三怙主（文殊菩萨、观音菩萨和金刚手菩萨）画像下方。往右看，找找那块古老的石头，不丹人站在划定的线前，试图闭着眼睛将拇指塞入石头上的小洞中，据说这是一种测试功德的方法。

大部分旅游团接下来都会参观Dubkhang（Pelphu Lhakhang），这是莲花生大士曾经禅修三个月的洞窟。洞外是一尊莲花生大士骑乘母虎飞来虎穴寺时的化身——忿怒金刚塑像。内洞被一扇金碧辉煌的门封住，据说里面存放有莲花生大士的降魔杵（phurbu）。莲花生大士的壁画——莲师八相，布满了墙壁。在你身后，大门内侧上方是一幅汤东杰布手持铁链的壁画。

从这里开始上坡，首先是Guru Sungjonma Lhakhang，里面供奉着莲花生大士的八个化身之一——白玛炯内（Pema Jungme）。这座佛像取代了毁于1998年大火的那座著名的"会说话"的塑像。墙壁上是无数可怖的兽头人身神像和金钢杵之神的化身，以及莲花生大士的25位弟子，外面则是长生的保护神祥寿佛母雄跨雪狮的形象。

左手边的下一个殿堂与金刚亥母（Dorje Phagmo）有关，岩画上描绘的是这位女神的王冠藏匿于地板上的洞中。内殿供奉的是Langchen Pelgye Sengye，9世纪莲花生大士的弟子，他也曾经在洞内打坐。殿堂后面有一眼圣泉。

继续往前，左手边是Drole Lhakhang，可以在这里向僧人祈请祈福绳，右边则是Guru Tsengye Lhakhang，里面供奉着这座寺庙17世纪创建者杰西·丹增立杰的塑像。向下看，透过玻璃可以一窥圣洞的内部。继续向前是一个酥油灯殿堂（可以捐款请上一盏）。你还可以去看看殿堂上方的虎穴洞原址，但是一定要小心，因为要沿着一段灰尘扑扑的木梯攀上爬下，才能到达巨大的岩壁边。

降伏妖魔

公元641年，藏王松赞干布迎娶唐朝的文成公主时，她的嫁妆中包括一尊释迦牟尼觉沃佛像，这尊无价之宝是佛祖少年时的等身佛像。在前往拉萨的路途中，载着佛像的木车深陷在湿地之中，无法继续前行。文成公主觉悟到这是一个巨大的仰卧妖女在作祟，于是在妖女肚脐处的湖泊旁修建了拉萨最重要的寺庙——大昭寺。

公元659年，藏王决定在同一天建立108座寺庙，从而将妖女永远镇于地下，此举无意间也使得藏族群众成为佛教信徒。寺庙建于妖女的肩部和臀部，对应的是卫藏四茹，还有膝盖和肘部，分别对应周边各省。妖女的手脚则被钉死在藏地边界，不丹境内的几座寺庙则镇住妖女的左腿。

其中最著名的寺庙就是镇住左脚的帕罗祈楚拉康以及钉住左膝的布姆唐简培拉康（Jampey Lhakhang）。其他知名度稍逊的寺庙已经被毁，但人们相信，布姆唐的Konchogsum Lhakhang、伦奇南部的Khaine Lhakhang和哈阿的白色拉康以及黑色拉康可能都是这个宏大计划的一部分。

参观完虎穴寺，顺路重新爬升至之前的观景点，如果意犹未尽，可以顺着一条标识明确的小路攀爬15分钟去参观迷人的**玛吉布拉康**（Machigphu Lhakhang；见93页地图），不丹信众到这里来祈求生子。殿堂后面有一个洞窟，选择右边的圣人玛吉拉尊（Machig Labdron）祈求生女，或者洞内左边墙壁上的阳具图案祈求生男。殿堂内供奉的主神像是玛吉（Machig）及其丈夫帕当巴·桑杰（Padampa Sangye）。

到达和离开

前往虎穴寺的方法包括步行、骑马或骑乘飞虎从天而降（这通常只有密宗圣师才能做到）。1.75小时的步行之旅是所有观光线路必不可少的一段，其间的瑰丽风景不容错过。如果你打算开展山地徒步，那探访虎穴寺的这段路程也是不错的热身。如果全程徒步让你心生畏惧，那么你可以步行（或骑马）1小时到达自助餐厅处。如果你想骑马，一定要提前告知向导，以便他们在停车场的**Taktshang Zhenta Detsuen**（☎17301955；Ramthangka；租马 Nu650）门店帮你订好马匹。戴上帽子，备足饮用水。

大部分人都在上午前往游览，以避开热辣的阳光直晒，但是摄影爱好者会喜欢更理想的午后光线。

杜克耶宗堡（Drukgyel Dzong）

在距离帕罗14公里的铺设公路尽头附近，屹立着**杜克耶宗堡**（见93页地图；⊙8:00~17:00）的遗址。这座宗堡由夏宗·阿旺朗杰建于1649年，旨在扼守前往中国西藏商路的要冲。宗堡的名字由“不丹”（Druk）和“胜利”（gyel）组成，以纪念不丹在1644年击败西藏入侵者。宗堡的一大特色就是拥有一扇假门，它曾将折返发起第二次进攻的西藏入侵者引入一个封闭的庭院中。

这座漂亮的宗堡地处从中国西藏延伸出的古道越过卓木拉山口进入帕罗山谷的必经之地，这条古道后来逐渐发展成为一条重要的商路。不丹的稻米被运往中国西藏的小镇帕里（位于西藏亚东县），换回食盐和茶砖。如今历史上的商队早已被徒步游团队所取代。

这座宗堡一度被用作世俗行政中心，但是1951年一盏酥油灯引发的大火使其损毁严重。2016年，为庆祝小王子（gyelsay）出生，这里开始进行大规模修缮，维修工作将持续数年，意味着宗堡内部如今已经禁止探访。

在宗堡重新开放之前，似乎没有必要专程前往，不过步行参观宗堡的外墙也别有一番乐趣。在宗堡漫步时，你会经过左手边的一座小殿，右手边有一座佛塔，然后就是高塔遗迹和引水渠遗迹，这条水渠曾经在宗堡遭遇长时间围困时用于从山下取水。如果你继续沿宗堡背后前行，你会看到另一条引水渠和一座瞭望塔。

回到村里，你可以用5分钟的时间步行上山到小巧的**Choedu Goemba**（见93页地图），里面供奉着一尊当地蓝脸保护神Gyeb Dole的塑像。位置就在小村射箭场的上方。

前往宗堡的公路中途经过Jetshaphu村、几座军营以及安缦度假村。在天空晴朗的日子里，一路上能看到珠穆拉里的锥形雪峰，因此这也是一条不错的骑行线路。

帕罗东南

有两条公路从帕罗向南前往邦迪，一条位于河流和机场之间的新主路即将开通。从邦迪出发，公路向西直抵哈阿，向东南通往距离帕罗24公里、距离邦迪18公里的曲佐姆（Chhuzom）河口。

帕罗至邦迪

6公里/10分钟

帕罗南部的西岸公路经过机场上方和Khangkhu村直抵邦迪，邦迪位于机场东南方向，横跨帕罗曲两岸。在一些分岔路上可以欣赏飞机在机场起降的风景。

经过前往其列拉山口的岔道后，在帕罗曲西岸有一座400年历史的**邦迪拉康**（Bondey Lhakhang；见84页地图）。在帕罗曲东岸靠近Bondey Zam的主路边上，有一座由汤东杰布建造的迷人而与众不同的**塔格拉康**（Tago Lhakhang；见84页地图）。一座圆形佛堂占据了上层楼，如果看门人不在，可以找隔壁Tharpala General Shop的店主拿钥匙进门参观。从塔格拉康开始一段15分钟的上山步行路程（驾车只需几分钟），可以到达小巧的**巴瑞寺**（Pelri Goemba；见84页地图），这是一座罕见的宁玛派佛殿。这个流派在与占主导地位的噶举派发生矛盾后，影响力已大不如前。

其列拉山口（Cheli La）

如果你没有时间造访哈阿山谷，那么可以从帕罗驾车35公里前往海拔3810米的其列拉山口，来一段趣味盎然的一日游。这里也是前往包括旗拉庵（Kila Nunnery）在内的多条单日徒步游的起点。在天空晴朗的时候，在山口能清晰地看到珠穆拉里的雄姿，也能俯瞰哈阿山谷的美丽风景。了解沿途更多详情，可参见99页。

帕罗至廷布

从帕罗到廷布驾车需要2个小时，如果中途停车游玩，时间会更长一些。

邦迪至曲佐姆

18公里/30分钟

从机场出发，首先会经过有着美丽传统民居和佛堂的邦迪。

距离邦迪1公里处就是家庭经营的**岑登香厂**（Tshenden Incense Factory；☎08-271352；www.tshendenschool.bt；⊙周一至周六 8:30~13:00和14:00~17:00），你可以在此欣赏制香的煮沸、

值得一游

DZONGDRAKHA寺

外观气派十足，却游客罕至的崖畔隐修所**Dzongdrakha寺**是莲花生大士在当地降妖伏魔的诸多地点之一，从帕罗前往其列拉山口时，值得你用一点时间绕道前往游览。寺内的四座佛殿和一座佛塔矗立于悬崖峭壁边。前往参观，需预留一个小时。

你遇到的第一座建筑是私人佛殿**Jongsarbu Lhakhang**。它由静修大师Gyam Dorje于18世纪建立，殿前有一株可爱的柑橘树。殿中主位神像是释迦牟尼觉沃佛像，旁边由当地保护神Tsethsho Chen和错满拱卫。

Tshering Lhakhang供奉的是祥寿佛母。从这里爬上木梯前往洞穴状的Droley Lhakhang，里面供奉着在当地节庆时使用的混凝纸浆塑像。刚刚生育儿子的父母也会来到这座佛殿还愿。旁边就是**古鲁拉康**，看门人会向你讲述当地神灵、飞行圣人和魔法咒语的故事，并且指出附近石头里的金刚杵印痕。主位佛像背后有一座隐藏的佛塔，据说把塔围在此地是为了防止它脱逃；守门人会打开一扇后面的小门，让你看到塔身的一部分。最后的建筑是小巧的Lhamey Lhakhang。

染色、挤压和干燥等全部过程，请导游预约。

继续前行2公里，在Shaba有两处悬崖上的景点。从军营旁的一条不长但陡峭的徒步小道出发，经过艾美酒店之后，走一小段距离就到了山崖边的**黑悬崖**（Drak Ngagpo）隐修处。

继续前行一小段，经过Shaba的小桥后，沿着起伏不平的道路继续向上走20分钟，经过Yutok Goemba之后就到了更高处的**白悬崖**（Drak Kharpo），莲花生大士曾在这座悬崖峭壁上的寺庙里禅修数月之后才御风飞往山谷对面的Dzongdrakha寺。在这里不妨用20分钟来游览由步道和小山洞组成的转经道，你可以跟着朝圣的民众，穿梭于一系列幽暗的神圣隧道内（记得带上一只手电筒）。寺庙主殿围绕莲花生大士冥想的洞窟而建，你可以看到他用法力建造这个洞窟时，在岩石上留下的神奇指印。从主路到这里游览全程往返需要约2.5小时。

在距离邦迪12公里、距曲佐姆8公里的Isuna，一座桥将道路引向帕罗曲南岸。

在距离曲佐姆还有5公里的地方，道路经过**唐秋拉康**（Tamchhog Lhakhang），这座私人寺庙位于河对岸，其所有者是著名的藏族桥梁建造师汤东杰布的后裔。这里的传统风格铁桥于2005年重建，使用了汤东杰布在不丹东部建造Duksum桥用过的一些铁链原件。桥梁上方的一个小山洞，以及在蛇一般蜿蜒而上的山坡顶部，据说就是汤东杰布的铁矿所在地。前往拉康是一段10分钟的上坡路。

在进入有600年历史的寺庙时，你几乎可以感觉到时间在这里放慢了脚步。一条转经（kora）道路围绕内殿而设，殿内绘有肤色黝黑的汤东杰布及其儿子德瓦赞布（Dewa Tsangpo）的壁画。楼上贡康的门框上围着骷髅头和犀鸟喙，殿内供奉的是当地保护神Maza Damsum（这里通常都禁止参观）。

曲佐姆（Chhuzom），众所周知是“河流交汇处”，位于帕罗曲和旺曲（“chhu”意思是“河”，“zom”意思是“交汇”）交汇之处。由于不丹传统认为河流交汇处是不吉利的地方，因此这里建有3座**佛塔**来镇压当地的邪灵。这三座佛塔分别采用三种建筑风格：不丹式、中国藏式和尼泊尔式。

曲佐姆也是一个重要的陆上交通枢纽，向西南可至哈阿（79公里）、向南可达边境小镇庞措林（141公里）、朝东北可前往廷布（31公里）。当地农民坐在马路边，出售蔬菜、苹果和干酪。

曲佐姆至廷布

31公里 / 1小时

道路沿着旺曲谷盘旋而上，山坡开始

铁桥建筑师

汤东杰布（1385~1464年）是建造了无数奇观的中国西藏圣人，据说也是首位在建造悬索桥过程中使用重型铁链的工程师。他在中国西藏和不丹各地共建造了108座桥，赢得了“铁桥喇嘛”（Lama Chakzampa）的美誉。

1433年，他首次来到不丹寻找铁矿石，在帕罗和塔希冈等偏远之地建造了8座桥。在帕罗的国家博物馆和帕罗山谷的祈楚拉康，你还能看到一些用来建桥的铁链原件。遗憾的是，唯一有幸留存至今的汤东杰布桥——位于不丹东部前往塔希央奇道路上的Duksum，于2004年被洪水冲毁。

使这位中世纪堪比文艺复兴时期巨匠流芳的，不止工程方面的成就，他还创造了许多传唱至今的民歌，人们在扬麦或建房夯土时还会高声唱起，此外他还是拉姆藏戏（Lhamo）的创始人。他同时也是一位重要的宁玛派伏藏师（找到被莲花生大士封藏的神圣经文和法器的人），并享有“大魔术师”（Drubthob）的头衔。在帕罗，他建造了奇妙的佛塔形杜泽拉康。他的后裔至今仍负责维护附近的唐秋拉康。

汤东杰布的雕像将其塑造为身材矮壮、上身赤膊、留有胡须、卷发结顶、手持一节铁链的形象。

出人意料地变得荒芜。在经过曲佐姆之后3公里，有一条崎岖的小路通往Geynikha（Geynizampa）以及达嘎拉千湖徒步路线（Dagala Thousand Lakes trek）的起点。

在经过前往Kharibje的路口以及从前的Khasadrapchhu水电站后，峡谷在小村**郎色林**（Namseling）变得豁然开朗。道路上方有许多苹果园。其中许多水果都远销国外，尤其是孟加拉国。到秋天时，人们都会在路边临时搭建的摊位上叫卖苹果和蘑菇。

廷布"高速公路"渐渐降入谷底，从南部进入廷布。还有一条年头久远的公路经由Babesa和辛托卡前往廷布，你可以在途中参观辛托卡宗堡，或者完全绕过廷布前往普那卡。

哈阿宗（HAA DZONGKHAG）

与世隔绝的哈阿山谷位于帕罗山谷西南，隐匿于高耸的其列拉山口背后。除了能方便地前往中国西藏，这座偏远的山谷一直游离在主要商路之外和蓬勃兴起的旅游业边缘。哈阿山谷是多杰家族的源起之地，如今的格桑·旺楚克太皇太后就出自这一家族。

在前往不丹的游客中，只有不到10%的人会探访哈阿，但这里的确是处充满诗情画意的山谷，尤其适合山地自行车骑行和徒步，而且这里为你提供了众多"不走寻常路"的机会。山谷里至少有10多座佛寺。也许探索这里的最佳方式是用一天的时间，骑行前往附近的景点。

有两条路前往哈阿。一条从帕罗出发爬升，经海拔3810米的其列拉山口到达。另一条则是在廷布—庞措林公路（Thimbu-Phuentsholing）上的曲佐姆处转弯，然后南行，沿着旺曲前行，然后转弯进入哈阿山谷。

你需要自备交通工具来探访哈阿山谷，不过哈阿镇上也可以找到出租车。哈阿镇和廷布与帕罗之间有小巴往返。

帕罗经其列拉山口至哈阿

68公里 / 2.5小时

在帕罗南边的邦迪拐上岔路，可经由不丹海拔最高的可通行车道——其列拉山口，用2.5小时抵达哈阿。从邦迪出发5公里后，公路开始爬升，左手边有条岔路通往2公里外Dzongdrakha寺（见97页），寺内众多殿堂都坐落于悬崖边缘，令人叹为观止。这里是莲花生大士降妖伏魔的几处圣地之一，值得绕行探访。

随着你向山口爬升，可以注意看路边的泉水（drub chuu），附近还有莲花生大士及两位明妃的岩画。从Dzongdrakha寺路口前行约20公里有一条非常容易错过的岔道（可以在这里野餐），一条土路由此通往**旗拉庵**（Kila Nunnery），这是一座建于公元9世纪的隐修所，据说是不丹历史最悠久的尼庵。约50名尼姑在这座佛学院崖壁边的诸多佛殿里修行。前往此处的最佳途径是从其列拉山口徒步60分钟，沿途经过佛塔、经幡和怡人的森林，一路风景如画。

当你最终登上其列拉山口时，不妨像不丹人一样发自肺腑地高声喊出"愿神明得胜！"（lha-gey lu!）。有一块公告牌标明山口的海拔为3998米；但是真实数字其实是3810米，不过这也丝毫无损于其作为不丹海拔最高铺设道路的威名。如果帕罗在下雨，那么这里很可能会下雪——即便是在4月末。在10月和11月天气澄明的日子里，你可以在小道上步行1.5小时，登上山脊饱览壮观的珠穆拉里山景。从这里沿着山脊出发，可以开始为期两天的前往萨嘎拉山口的徒步路程。

在沿着蜿蜒曲折的道路下行26公里，从山口前往哈阿时，你很快就能看到哈阿宗堡的金顶。

哈阿（Haa）

海拔：2670米

哈阿城镇沿着哈阿曲两岸分布，形成了两个截然不同的区域。南岸大部分都被印度军事训练营（IMTRAT；还有一座高尔夫球场）和不丹陆军训练营占据。不远处还有小宗堡和白色大殿。北面的中心市集是主要商店和当地餐馆所在地。

镇南的三座小山以佛教三怙主命名，分别是仙乃日（观音菩萨）、夏诺多吉（金刚手菩萨）和央迈勇（文殊菩萨）；它们同时也被认为是峡谷内三位保护神的化身。

沿着风景如画的道路继续一路向北，经过塔伦山谷（Talung valley）和春杜拉康，最后在离哈阿城镇15公里的Damthang画上句号。劝你还是在见到一处大型不丹军事基地的大门之前赶紧掉头回去吧。

景点

白色拉康 佛教寺院

（Lhakhang Kharpo；☎守殿人 77265955）由50位僧人组成的僧团并不在宗堡（城堡寺院）内，而是在宗堡南边的白色拉康。风格独特的主殿内供奉着三怙主，以及一尊当地保护神App Chhundu的神像。

黑色拉康（Lhakhang Nagpo） 佛教寺院

从白色拉康出发，朝寺后步行10分钟或乘车很短一段距离，很快能到达黑色拉康，这是山谷内历史最悠久的寺庙之一。据说当年藏王松赞干布在为两座新寺庙寻找风水宝地时，派出了一只黑鸽子和一只白鸽子；黑鸽子就飞到这里，白鸽子则飞到了现在白色拉康所在的地方。

内殿有一尊佩戴着精致头冠和珠宝的释迦牟尼觉沃佛像。外殿则供奉着红脸的保护神Drakdu Tsen，旁边是一处通往地下错满（人鱼外形的神灵）池的陷阱门。在殿外可以看到用黏土制作的塑像，代表了当地的三座圣山。

Shelkar Drak 佛教寺院

从白色拉康出发，向后面的山谷上方前行，很快就来到Shelkar Drak（水晶悬崖），这是一座屹立于石灰岩峭壁上、小巧迷人的静修中心。沿着未经铺设的土路经过Domcho村边的黑色拉康，继续沿山腰前往新近装修的山顶佛寺Takchu Goemba（8公里）。从Lungsukha村的小寺庙和白塔步行15分钟，到达一座地方不大但充满魅力的佛堂，这里由一位喇嘛和一名僧人值守。

寺内主殿供奉的是当地保护神Dorji Zebar，以及佛堂创建人萨迦丹增（Sakya Tenzin）的照片。崇佛者可以跟随僧人们沿着一条10分钟的山路前往山上的冥想石窟，密宗女性大师玛吉拉尊（Machig Labdrom）曾在此修行。返程时，可以从佛堂走到土路上，然后沿土路下山；或者继续沿小路走到黑色大殿。

旺楚罗宗堡（Wangchuck Lo Dzong） 宗堡

哈阿的旺楚罗宗堡是不丹最年轻的宗堡之一，建于1915年，用来替代此前较小的另一座宗堡。如今它位于印度陆军营院内（一座醒目的佛塔标志着营院入口处），宗堡内设有几间印度陆军办公室以及一间供给商店。这里没有太多值得观光之处。

节日和活动

每年不丹历八月初八和初九（公历10月），**哈阿戒楚节**都会在白色大殿的下方庭院举办，初十则会在附近的旺楚罗宗堡晒唐卡。

每年7月的第一周会举办面向游客的**哈阿夏季节庆**，地点就在镇上的中心节庆广场。庆祝活动包括传统歌舞和射箭表演，还有无数哈阿特色饺子。

住宿

Ugyen Homestay 民宿 $

（☎17111116；www.haavalleyhomestay.com；标单/双 Nu850/1000）老板Ugyen和Bedar欢迎客人入住他们位于Domcho村的舒适民居，位置就在白色大殿以南约100米处。老板们热情好客，床垫厚实怡人，厕所为西式风格。如果你想要感受家庭和村庄风情而不是常见的现代设施，那么这里绝对是不错的选择。可提供热石浴。

★Lechuna Heritage Lodge 精品酒店 $$

（☎17347984；www.bhutanlhl.com；Lechu；标单/双 Nu3660/4235；📶）这个美丽的度假屋由经过复建的农舍构成，共有7间客房、3间公共浴室和4间独立厕所。当然，它其实比听上去要舒服得多，因为装修工作成功地将现代化的舒适设施与原有的传统风格紧密结合到一起。

楼下有一间惬意的酒吧，公共区域提供滴滤咖啡和茶，酒店有一座花园庭院，独立的厨房内还有一张公用餐桌。这座客栈地处哈阿镇以北10公里，位于风景如画的Lechu村内，沿一条小路下行500米，也是开展短程或远途徒步的理想落脚地。

Risum Lodge 酒店 $$

(☎08-375350; risumresort@yahoo.com; Wantsa; 标单/双 Nu2400/2640,套Nu3600~4200; 📶)这里有干净舒适的标准住宿,房间采用松木镶板装饰,带有热水浴室、加热器,楼上的房间还有阳台。新楼内的14间套房提供更加奢华的选择和时尚的卫浴设施。这座酒店位于连接城镇两区的道路东侧,因此是哈阿地理位置最便利的住宿选择。

餐厅内的相册里有许多附近寺庙的信息,包括离此不远、步行可至的Wantsa Goemba。

就餐

大部分游客都在住处享用晚餐,但是镇上至少有一家不错的餐厅可以吃午餐。一定要试试当地风味的荞麦(hoentey)饺子。

Pelden Restaurant 多种风味 $$

(☎17687230; 套餐 Nu400)这家干净明亮的餐馆是哈阿最佳就餐选择,也是唯一能定期接待旅行团的餐馆。柴炉取暖器在寒冬里带来了丝丝温暖。

哈阿山谷周边

许多佛教寺庙和传统村落散落于哈阿山谷,峡谷边缘也不乏精彩的徒步和登山路线,因此不妨在这里预留一整天,尤其是如果你喜欢另辟蹊径地游览。

Juneydrak

在哈阿以北约1公里处,Doley Penson Restaurant和医院附近的主桥前,有条铺装公路向东1公里可抵达卡措村(Katsho),从这里你可以愉快地步行40分钟前往Juneydrak隐修所(也被称为Juneydrag)。这座悬崖边的隐修所有一处玛吉拉尊(Machig Labdrom; 1055~1132年)的足印,她是著名的密宗修行者,据说习得了施身法(chöd ritual),即在禅定练习中,想象切割自己的身体,布施给一切众生。

从卡措村出发,有一条小路沿着小溪经过一处玛尼墙15分钟后,到达"两条腿"的拱门佛塔(被称为"khonying")。过桥后,沿小路向上穿过一片杜鹃林。在看到一块用宗卡语书写的红色标牌后,选择左边的小道,向上爬直至一座佛塔,你就到了隐修所的山门前了。先在附近的民居里找到看门人,才能进入佛殿。然后手攀绳索、脚蹬木梯,到达一处石头山门,旁边由已经褪色的绿面魔鬼岩画守护。

在隐修所下面,一条崎岖的小路在裸露的断崖上沿着山腰蜿蜒前行。如果你恐高或是遇到下雨天,不要尝试这条线路,还是选择从Juneydrak原路返回。小路最终通往卡措寺(Katsho Goemba),在这里能饱览卡措村的美丽风光。此外寺内精致的古老唐卡也值得看一看。你可以让车辆在此等候。

扬唐寺 (Yangthong Goemba)

在经过前往卡措村路口之后,主路自哈阿北边过河来到南岸,再向山谷延伸,途中经过几座村庄。从哈阿出发5公里,一条小路向右过河经过扬唐村(Yangthong),前往塔伦山谷和几座地处偏僻的佛寺,其中就有扬唐寺,它们都值得你进行一番探索。

道路蜿蜒进入侧谷,随后将经过Chhundu Pang祭祀地,直到前些年都还每年在此用牦牛祭祀当地神灵App Chhundu。

在Makha Zampa桥边沿着右边的岔路前行1.5公里到达山脊上的扬唐寺。这座寺院迷人的上殿壁画描绘了桑东巴瑞(莲花生大士的天国居所)以及据说居于寺外池内的错满(人鱼外形的神灵)。

回到桥边,沿左边的道路向峡谷深处前行2公里到达塔伦村(Talung)和Tsenkha Goemba(标牌为Changkha)。意志坚定、身体强壮的好游者可以从这里的支路前行2公里,绕行至Jangtey Goemba。用时2天的萨嘎拉山口徒步路线(见182页)从塔伦村出发,继续沿着峡谷上行,翻越萨嘎拉山口,第二天到达杜克耶宗堡(见96页)。

春杜拉康 (Chhundu Lhakhang)

从扬唐寺沿着主路向北前行3公里(距哈阿11公里)就到了春杜拉康(又名Gechuka Lhakhang; ☎看门人 77210520),这是供奉山谷保护神的几座殿堂之一。在本书调研期间,这座在此前地震中受损的寺庙正在进行全面重

寻找蓝花绿绒蒿

如果你想要一睹著名的喜马拉雅蓝花绿绒蒿（蓝罂粟；不丹的国花），哈阿就是探索之旅的最佳起点。从6月中旬至7月底，种类各异的绿绒蒿在哈阿周边的高山垭口附近争奇斗艳。其列拉山口和Tsungsikha是最佳观赏地。

不丹共有5种喜马拉雅蓝花绿绒蒿，此外还有红色、黄色和白色的花。爱花者还会寻找较大的奶白色绿绒蒿，这是哈阿本地特有花种。夏季也是其他高山花朵竞相绽放的季节，但是铁杆观花迷需要带齐雨具，还要小心蚂蟥！

建。从Chenpa村（Lechuna）沿一条水泥路向下步行5分钟，经过Yakchu Zam桥后，就到了新建的大殿。如果寺庙关门，可以打电话给看门人。蓝脸保护神App Chhundu和他红脸的表亲Jowya怒目而视，分立于主佛坛两边的玻璃柜里。

App Chhundu是一位爱惹麻烦的神，他先是与廷布的保护神Gyenyen不睦，被夏宗法王流放到哈阿后，又与帕罗的吉楚扎杰（Jichu Drakey）发生争执，导致帕罗的保护神偷走了哈阿所有的水——据说这就是哈阿无法种植水稻的原因。至今，附近的扬唐村每年都会举行祭祀App Chhundu的仪式，这也向外界展示了在佛教到来之前，本土万物有灵信仰就已深深扎根于这片土地上。

哈阿至曲佐姆

79公里/2小时

从哈阿至曲佐姆的道路使你在返回帕罗时不用走翻越其列拉山口的回头路，如果是直接从哈阿到廷布或庞措林，这条路距离也更近。沿途还有许多游客罕至的景点可供探访。

从哈阿镇出发，前行6公里到达Karnag（又名“Karna”），继续前行2公里到达Jyenkana，然后再走19公里到达Nago，这里的流水转经筒令人陶醉。接着往前走几公里就是**Bietakha**，这座小宗堡在2009年和2011年地震后显得摇摇欲坠。在40公里处，距离Gyeshina不远的地方，可以在公路下方找找非常上镜的**Gurugang Goemba**。

在河流上方，高高的道路盘旋转入一个深阔的支流河谷内，从苏萨那村（Susana）下方经过，前往蒙德冈（Mendegang）。在Tshongkha的民居和朴素的饭馆附近，有一条路上行15分钟通抵Phundup Pedma Yoeling Shedra。道路在多座侧谷进进出出，中途经过**多布吉宗堡**（Dobji Dzong），这里从1976年开始曾是不丹的中央监狱，如今则是一座有着22位僧人的小型宗教学校（古老的监牢摇身变为教室！）。传说米拉日巴曾经在此过夜。

道路继续下行至旺曲河谷，在曲佐姆与主路交会。从曲佐姆前行24公里（45分钟）到达帕罗，或者31公里（1小时）前往廷布。

如果你是向南前往印度边境，有一条正在施工的近道，在楚卡/Wanakha附近汇入廷布至庞措林的主干道。在2018年通车后，这条路将比取道曲佐姆更加方便快捷。

普那卡宗
（PUNAKHA DZONGKHAG）

普那卡地区地形千变万化，从高耸的多楚拉山口到亚热带气候的河畔普那卡寺。一些旅行团会将普那卡作为从廷布出发的漫长一日游，但是最好能在这里找个地方过夜，尤其是近年来的住宿选择大为改善。

在普那卡，有许多景点和活动都会让你闲不下来。这里的河上漂流和山地自行车等活动在不丹首屈一指，附近的加萨宗堡也是多条徒步路线的起点/终点。

普那卡比廷布或帕罗更暖和，也使其成为非常棒的早春旅游目的地。

廷布至普那卡

76公里/2.75小时

从廷布驱车前往普那卡，沿着国家公路（National Hwy）翻越多楚拉山口，从海拔较高、气温更低的廷布直下到温暖怡人、郁郁葱葱的普那卡山谷。

廷布至多楚拉山口

23公里/45分钟

从廷布出发，在通往帕罗的公路上有条向东走的分叉小路，顺着这条小路盘山前行，就到了东西走向的国家公路。在经过路口约1公里处，是观赏辛托卡宗堡的绝佳地点。公路逐渐爬升，穿越片片苹果园和乔松林，到达海拔2890米的**Hongtsho村**，这里有一个出入境检查站，负责前往不丹东部的所有人员管控。你的导游会出示已办理好的禁区旅行许可证，而你则有机会和路边卖核桃、苹果以及干奶酪的小贩们讨价还价。

公路渐渐爬升至海拔3140米的**多楚拉山口**（Dochu La），最醒目的标记是风中飞扬的无数经幡，以及108座佛塔。在天气晴好的时候（只有在10月至次年2月之间最可能），站在山口能看到壮丽的不丹喜马拉雅全景——一些旅行团会特意开展黎明之旅，上山来这里观赏日出时的喜马拉雅胜景。这些佛塔纪念碑修建于2005年，以纪念在不丹南部驱逐阿萨姆武装分子的战斗中牺牲的将士们。你可以自带经幡到这里悬挂起来。

大部分旅行团都会停下来在这里的**Druk Wangyal Cafe**（☎17533317；早餐/午餐Nu430/480；⏲6:00~19:00）喝一杯热饮，这里有浓缩咖啡和一台热乎乎的柴炉。如果提前致电预约，员工们还可为清晨赶早出发登上山口观赏群峰的游客准备自助早餐。附近的一张全景山峰图片标明了远方高峰的诸峰（名称拼写和标示海拔与本书不大一样）。其中岗卡彭森峰（Gangkhar Puensum；海拔7541米）是完全在不丹境内的最高峰。

附近的**楚克旺耶拉康**（Druk Wangyal Lhakhang）值得探访，参观卡通风格的现代壁画。其中的图画包括第四任国王与印度叛乱者在丛林中作战、僧人使用笔记本电脑、一架不丹皇家航空公司的客机，以及这个王国的一段现代史。这是21世纪和15世纪不丹典型场景的大杂烩。每年12月13日，拉康附近都会举办王室赞助的**多楚拉旺耶节**（Dochu La Wangyal Festival），届时壮观的群峰就成为天然的舞台背景。

佛塔上方山头上的美丽杜鹃林，是占地47平方公里的**皇家植物园**的一部分。如果你是在3月中旬至4月底之间来这里，不妨花点时间在林中漫步，欣赏锦绣繁花。这一带也是观鸟的好去处。

山口下方的山上是**多楚拉生态度假村**（Dochu La Eco Resort；☎17671418；www.nangkor.bt；标单/双 Nu2040/3120起，套 Nu2400~3480），在景色清丽的10月和11月，一些旅行团会下榻此处。这里还有一部双筒望远镜，它是京都大学登山俱乐部（Kyoto University Alpine Club）队员在1985年首次成功登顶马桑冈峰（Masang Gang；海拔7165米）之后留下的纪念品。通过这部望远镜，你也许还能看见加萨宗堡，它是位于北边50公里外的一个白色小斑点。

山口附近据说多为邪灵栖身之所，其中包括一个吃人的女魔。“癫圣”竹巴衮烈喇嘛在普那卡山谷建造了切米拉康，以镇住这些邪灵恶魔。

多楚拉山口至梅钦那

42公里/1.5小时

山口植被发生着层次鲜明的剧烈变化，从橡木、枫木和乔松，到杜鹃、桤木、柏木、铁杉和冷杉等湿润山地森林。这里还生长着大量的瑞香，这种灌木的皮可以用来制作传统纸张。因该路段事故发生率较高，山口下方几公里处修建了白色大佛塔，以佑众生平安。

位于山口下方11公里处的兰佩里（Lamperi），是进入**皇家植物园**（Royal Botanical Park；不丹/外国人 Nu50/100；⏲9:00~17:00）的入口，每年4月至6月，你可以在植物园里观赏不丹46种杜鹃花中的38种，或者220种禽鸟中的一部分。

植物园下方是人气极旺的午餐餐厅**Menchuna Restaurant**（☎17124506；午餐套餐Nu480）。这里的老板同时兼营刺绣唐卡生意，包括戒楚节上的一些大型唐卡都出自这里，现场还有间颇具规模的礼品商店。

接下来是漫长而曲折的下山弯路，经由鲁密沙瓦（Lumitsawa）前往**Thinleygang**，空气渐渐变热，植被越来越富有热带气息，可见到仙人掌、橙子和竹子等。每年11月（不丹历十月初一），杰堪布和扎仓（dratshang；

多楚拉山口徒步

多楚拉山口附近有几条不错的徒步小道。春季来此，你会看到漫山遍野的杜鹃怒放。

如果你只是想从车上下来一两个小时活动腿脚，从山口出发有几条向东的下山小路。多楚拉自然小道（Dochu La Nature Trail；1.2公里，1小时）从佛塔群附近出发，终点位于兰佩里的公路。鲁密沙瓦古道（Lumitsawa Ancient Trail；4.7公里，2小时）从这里继续下山，在鲁密沙瓦汇入公路。这两条小道都是廷布和普那卡之间早期通路的组成部分。

伦楚泽寺（LUNGCHUTSE GOEMBA）

当地最佳步行路线当属全长7公里、往返3小时的多楚拉山口至山顶伦楚泽寺小路，沿途能饱览不丹喜马拉雅的瑰丽风景。从多楚拉山口的108座佛塔出发，步行小道穿过杜鹃林渐渐爬升，耗时大约80分钟，途中不乏陡峭路段，最后来到一处岔路口，左边是去伦楚泽寺的路（右边的路通往塔希冈寺）。这座18世纪的寺庙由伏藏师扎达多吉（Drakda Doji）创建，寺内供奉的是当地保护神Tashi Barwa。不妨将这段徒步行程与多楚拉山口的黎明观景结合到一起，组成精彩的半日游行程。

塔希冈寺（TRASHIGANG GOEMBA）

塔希冈寺（海拔3200米）非常适合与伦楚泽寺搭配组成精彩的半日游徒步行程。从伦楚泽寺向山下轻松步行60分钟即可到达；沿着小路边的高压输电塔一路前行，中途会经过一个冥想隐修所。塔希冈寺由12世杰堪布建立于1782年，是一处重要的冥想中心，约60位僧人和一些尼姑在此修行。在主殿内，可以向住寺僧人询问能否欣赏一尊小佛塔，里面有用22世杰堪布的一颗牙齿雕制的小佛像。各佛殿内有十几位历年来曾在此冥想的杰堪布的塑像。据说底层贡康内坛保存着吉祥天母的不腐肉身像！

要注意这里极具攻击性的狗；带上一根棍子，确保它们都被拴起来再靠近。从塔希冈寺出发，沿着陡峭的山路直接下行1小时，即可到达廷布－普那卡公路上的Hongtsho，你可以让车辆在此等候。避开路程远得多的土路。

中央僧团）在从廷布的夏季驻锡之地迁往普那卡的冬季居所的两天路程期间，都会在山下的拉康过夜。

附近的山上很快开始出现各种寺庙；其中比较著名的有达累寺和塔洛寺。公路还会经过一座圣水（drub chhu）流过的佛塔，据说水源是最上方的高山湖。

道路继续盘旋下降，在侧谷内绕行进出，直至梅钦那（Metshina）的路口和加油站，然后进入左边岔道离开国家公路前往普那卡。如果你想要去8公里外的旺杜波德朗，就保持在主路上继续前行。

梅钦那至普那卡

11公里/30分钟

通往普那卡的山道千回百转，经过Sopsokha的餐厅、民居和度假村，你可以从这里前去探访切米拉康。在Drubchuu Resort外面，道路正中间的石塔就是明证在不丹精神信仰比道路安全更重要的依据。

从Sopsokha出发，道路越过Teop Rong Chhu小河，绕着山脊盘旋进入普那克藏曲（Punak Tsang Chhu）河谷。山谷另一头静谧的柏油公路，为山地车骑行提供了不错的条件。

继续前行约2公里，公路在沃拉卡村（Wolakha）分岔，沿左边的道路向上前往Meri Phuensom酒店和桑东巴瑞酒店以及几座趣味盎然的寺庙。酒店上方是第四任国王的岳丈出资修建的尼姑庵Sangchen Dorji Lhendrub Choling（外国人 Nu50；⌚6:00~17:00），它是120位驻庵尼姑修行的佛学院。在多楚拉山口至梅钦那的途中可以遥望尼姑庵高踞山脊的尼泊尔风格大佛塔。

在半山腰，这条路继续盘旋上升15公里直抵塔洛寺（Talo Goemba）。塔洛寺通常不对外籍游客开放，不过值得前往寺庙附近的诺布岗（Norbugang；意为“珠宝山”）村，从村里可以远眺壮观的喜马拉雅全景。村中的Laptshaka Lhakhang是一座迷人的佛学院。诺布岗也是第四任国王的四位王后(四姐妹)的娘家，如今在山坡上的村庄里还有她们的旧居。

如果从路口继续向山上前行，在到达塔洛寺之前5公里处，左边有条1公里长的分岔路通往达累寺(Dalay Goemba)，这是一座佛学院，有150位驻寺僧人，以及一位年轻的转世活佛。这座寺院由九世杰堪布创建，通常被称为“那烂陀”(Nalanda)，得名于位于巴特那的著名印度佛教大学。这里供奉的当地保护神包括竹巴衮烈的明妃Pelzom Gyelmo。

回到主路上，从路口前行不到2公里，在距离梅钦那6.5公里的地方，有一座尘土飞扬的新建小镇库鲁唐(Khuruthang)。1999年，普那卡的所有商店都被搬迁到这个毫无吸引力的水泥世界里。这里有几家餐厅、本地酒店以及一个周六菜市。

道路一侧是年头不长的库鲁唐寺(Khuruthang Goemba)，它由太皇太后出资建造并于2005年开光。寺内主殿桑东巴瑞拉康天花板上绘有精美的坛城。远处墙上的壁画描绘的是夏宗法王及其建立的各座宗堡。这里的尼泊尔风格大佛塔由印度上师纳吉仁钦(Nagi Rinchen)建造，据说供奉着被尊为“Guru Sungzheme”的莲花生大士传法像。

继续前行3公里到达一所中学，这里还有一个带有很棒的观景台的小花园，可以欣赏普那卡宗堡。接着往前1公里就到了停车场，以及横跨母曲(Mo Chhu)的人行桥，对面就是华丽的普那卡宗堡。

切米拉康(Chimi Lhakhang)

在梅钦那下方峡谷中心的小山丘上，坐落着黄色屋顶的切米拉康(Pana村)。为了纪念竹巴衮烈喇嘛用“大神通霹雳”降伏附近多楚拉山口的魔女，这位喇嘛的堂兄于1499年修建了这座拉康。一道木制的霹雳雕像如今仍保存在拉康内，求子的女性会到这座寺庙来向这位圣人祈福(wang)。新生儿也会被带到这里来取名，所有孩子都会在切米(Chimi)或衮烈(Kunley)中选一个作为他们生活中的两个常用名之一。

大多数游客都会用20分钟时间，从Sopsokha的路边经由小道穿过田野前往寺

“癫圣”竹巴衮烈

竹巴衮烈喇嘛(1455~1529年)是最受不丹人尊敬的圣人之一，也是“大智若癫”的一个好例子。他出生于中国西藏，负笈拉隆寺(Ralung Monastery)，是白玛林巴的同时代人和弟子。他在不丹和中国西藏游历，进行瑜伽士(neljrpa)修行，用歌曲、幽默和出格的行为将他的教义传授给民众，赢得了“癫圣”的称号。他认为，宗教和世俗的条条框框是阻碍人们习得佛祖真正教义的障碍。

他的放浪形骸(通常伴着淫秽色彩)和性噱头是促使人们放弃成见的另类方式。丹戈寺为持有一幅唐卡(绘制或刺绣的宗教画像)而自豪——这位喇嘛在这上面撒过尿！人们还相信是他将山羊头放在牛身上，创造出不丹最奇怪的动物——羚牛。

他的性能力早已成为传奇，你在民宅外墙上看到的飞天阳具图案以及屋檐下悬吊的阳具模型，都是这位“癫圣”喇嘛的象征。竹巴衮烈用性能力征服的人物甚至包括众多资助者的妻子。一次在接受一条本该挂到脖子上的哈达时，他居然将其缠在阳具上，并宣称希望这样能让他交上更多的桃花运。

村庄里随处可见、惊世骇俗的阳具图案，其实有着多种意义——保持家庭繁育、象征竹巴衮烈打破传统的癫狂智慧，或者如同一块讲解牌上描述的那样：“象征直面真实时社会所表现出的不适”。

了解竹巴衮烈的生平，以及他所创作的歌、诗和推杯换盏间的奇闻逸事，可以阅读凯斯·岛曼(Keith Dowman)的《癫圣：竹巴衮烈的崇高生活和歌曲》(*The Divine Madman: The Sublime Life and Songs of Drukpa Kunley*)一书。

庙（戴上帽子，做好防风、防尘或防泥的准备）。小路穿越稻田一路下到Yoaka（意思是“在排水沟里”），随后到达名为Pana的小村落（意思是“田野”）。道路随后经过一座果园，接着向上攀爬一小段距离抵达切米拉康。也可直接从Pana村步行前往。

切米拉康有几名僧人，周围环绕着一圈转经筒以及一些漂亮的石板雕刻。人们认为这里的菩提树来自菩提伽耶。你会在中心神殿中看到这位喇嘛和他的小狗Sachi的塑像，以及夏宗法王、释迦牟尼、千手观音的神像。右边的神像是竹巴衮烈的堂兄。捐一点功德，你就会收到来自这位喇嘛的木制和骨雕阳具以及铁箭的灌顶赐福。求子的妇女会拜送子观音，准妈妈则会从若干竹签中选出未来宝宝的名字。

殿内右边的壁画讲述了竹巴衮烈多姿多彩的一生；窗户上方的壁画描绘了多楚拉山口的三个魔鬼。佛殿内还描绘了包括多楚拉多姆（Dochula Dom）在内的当地保护神，相传竹巴衮烈就是在殿外将其降伏，人们如今竖起了一座黑、白、红三色的佛塔来纪念这一壮举。

安排游览计划时，给自己预留一些时间购物。这里的店铺经营者中有许多都是从廷布的国家手工艺学院毕业，他们销售的商品包括种类繁多的木雕、唐卡和编织品。也许还会有一些出其不意的木制阳具等纪念品选择，从含蓄的钱包大小，到夸张的豹纹品种，一应俱全。

位于Sopsokha的**Chimi Lhakhang Cafeteria**（☎17679501；套餐 Nu420）经营有方，是吃午饭或喝茶的好地方，靠窗的桌子可以欣赏到Yoaka和Pana等村落的田园风光。旁边现代风格的**Rinchenling Cafeteria**（☎17100999；Sopsokha；套餐 Nu420；📶）是另一处不错的午餐选择。附近客栈风格的**Village Restaurant**（☎02-376066；Sopsokha；套餐 Nu420；📶）也差不多，但是看不到风景，不过有一些舒适的房间适合接待小型旅行团。

普那卡和库鲁唐（Punakha & Khuruthang）

☎02 / 海拔：1250米

普那卡位于一个湿热、富饶且美丽的山谷内，地处母曲（Mo Chhu）和父曲（Pho Chhu）交汇之处。守望着汇流处的建筑就是璀璨的普那卡宗堡，它也许是不丹让人印象最为深刻的建筑。

普那卡山谷的低海拔，使这里每年能种两季水稻，而且盛产橙子和香蕉等水果。观鸟爱好者到这里来观赏濒危的白腹鹭，在普那卡不时能发现他们的踪迹。这种鸟类现在全球仅存200只，其中34只生活在不丹。

普那卡的所有商店和便利设施都设在南边4公里处毫无吸引力的库鲁唐新镇上。

普那卡曾经在300多年的时间里是不丹的国都。首任国王于1907年在此加冕，第三任国王于1952年在这里召开首次不丹国民大会。2008年，如今在位的第五任国王在普那卡宗堡内举行了秘密仪式，接过了渡鸦皇冠，随后才在廷布举行正式的加冕典礼。

👁 景点

从普那卡出发步行不远，在上普那卡山谷（见110页）内还有更多有趣的景点。

★普那卡宗堡 宗堡

（Punakha Dzong；🕗6月至11月中旬 9:00~17:00；11月中旬至次年5月 11:00~13:00和15:00~17:00）普那卡宗堡据称是不丹国内最美丽的宗堡，尤其是在春天，紫色的蓝花楹树为宗堡的白色高墙增添了几分郁郁葱葱之感。这座宗堡是不丹修建的第二座宗堡，在20世纪50年代中期之前，这里一直是不丹首都和世俗政府所在地。所有不丹国王都是在这里举行加冕仪式。如今宗堡依然是扎仓的冬季驻锡之地。

莲花生大士曾经预言普那卡宗堡的建立，他说：“……某个名为朗杰的人将来到一座外形似大象的山边。”当夏宗法王到访普那卡时，他选择在沉睡大象的象鼻尖上，即母曲和父曲交汇处，建起了这座宗堡。

早在1326年，这里就建有一座供奉有佛祖像的小宗堡（Dzong Chug）；如今的宗堡于1637年兴建，第二年建成时这里被命名为彭唐德钦颇章（Pungthang Dechen Phodrang；大幸福宫）。后来增建的建筑包括一座纪念1639年击败入侵者的佛堂。那次战役中缴获的武器仍被保留在宗堡里。夏宗法王在

普那卡多楚节

普那卡多楚节于2月或3月举行，是对于17世纪战争场面的戏剧化庆祝活动。1639年，一支敌对势力的西藏军队入侵不丹，想要抢夺最珍贵的佛宝——仙乃日（观世音菩萨）的自生像（Rangjung Kharsapani）。夏宗法王想出了偷天换日之策，在一场精心炮制的仪式上假装将佛像投入母曲中，从而使入侵者悻悻而归。

如今，在为期五天的多楚节结束当日（不丹历一月初九），由136人组成的队伍，身着战士（pazap）服装，在中心庭院表演舞蹈，然后一边走下宗堡前的台阶，一边大声喊叫或吹口哨。接下来，由杰堪布率领的一队僧人伴着铜钹、鼓和小号声前往河边。在河边，杰堪布抛出一把橙子，象征着将观音自生像抛入河中。这既是夏宗法王计谋的场景再现，也是向河神纳迦（naga；宗卡语为lu）的献祭。歌唱和欢呼的战士们随后抬着将军回到宗堡，烟花爆竹也呼啸冲天。面具舞者随后庆祝夏宗法王修建了宗堡。为期三天的普那卡戒楚节紧随多楚节之后举行，人们会跳起查姆舞来纪念莲花生大士，节庆最后一天会展出以夏宗法王为主题的巨幅唐卡。这是不丹最别开生面的节庆活动之一。

这里建立了一个僧团，其中有600名来自杰里寺的僧人。

普那卡宗堡长180米，宽72米，中央乌策高达6层。乌策的金色穹顶由当地统治者杰西·丹增立杰（Gyalse Tenzin Rabgye）于1676年修建。宗堡内的多座特色建筑都是第13任第悉（世俗统治者）喜饶·旺楚克（Sherab Wangchuk）在位的1744~1763年间修建。他出资打造的另一珍品是巨幅唐卡，描绘的是夏宗法王。这幅大唐卡在每年戒楚节期间向公众展示。宗堡的黄铜屋顶是来自七世达赖喇嘛格桑嘉措（Kelzang Gyatso）的礼物。

频发的火灾（最近一次是在1986年）使宗堡屡次受损，此外1897年的地震也让这座宗堡遭到重创。1994年，一座冰川湖的溃决导致父曲水位猛涨，最终造成宗堡损坏，从那时起宗堡一直在进行各种修缮。

通往宗堡的入口在Bazam桥对面，这座桥于2008年重建，河上原有的17世纪古桥在1958年的洪水中被冲毁。桥头上方的空间里有介绍历次重建和不丹铁索桥建筑的展板。

除了位居汇流处的重要战略地位之外，宗堡还依靠其他一些别出心裁的设计来抵挡敌人的进攻。陡峭的木制门楼梯采用可拉起设计，厚重的木门直到如今仍会在夜间关闭。

这座宗堡的另外一个与众不同之处在于，堡内有三座**庭院**（dochey），而非通常的两座。第一座（北边的）庭院用于世俗行政部门办公，院里有一座白色大佛塔和菩提树。在最左边的角落里有许多石头以及供奉蛇神纳迦的配偶措勤（Tsochen）的神龛，纳迦的形象在旁边。第二座庭院内是寺庙区，乌策将其与第一个庭院相隔。在庭院里有两座大殿，其中一座是后来成为第一任国王的乌颜·旺楚克于1905年接受约翰·克劳德·怀特授予的印度帝国爵级司令勋章（Order of Knight Commander）的地方。

最南边的庭院是供奉伏藏师（terton）白玛林巴以及夏宗·阿旺朗杰遗体的庙宇。夏宗法王在普那卡宗堡内圆寂，其遗体仍保存在1995年重建的**Machey Lhakhang**（"machey"意思是"经过防腐处理的神圣躯体"）。棺材为密封状态，且不能打开。除了两位守卫喇嘛外，只有国王和杰堪布能进入这个房间里。这两位都在就任职位前到这里来接受赐福。

最南边是**"百柱"礼堂**（事实上只有54根柱子）。由第二任不丹第悉下令制作的精彩绝伦的壁画，讲述了佛祖的生平。佛祖、莲花生大士和夏宗法王的高大金像可追溯至18世纪中叶，柱子上还有一些精美的金饰板。殿内精心涂饰的金色、红色和黑色木雕也平添了几丝艺术气息，与宗堡的大气磅礴形成了鲜明对比。

不丹最珍贵的财富是**观音自生像**（Rangjung Kharsapani），这是一尊保存在普那卡宗堡乌策内Tse Lhakhang里的观世音神像。它由夏宗法王从中国西藏带到不丹，在普那卡著名的多楚节上会接受盛大朝觐。平日不对公众开放。

从北门离开宗堡后，你可以参观小宗堡，向一尊有求必应的释迦牟尼像请求赐福。这座建筑现在位置是最原始的宗堡所在之处。宗堡北面是一个火化场，立着一座大佛塔，东边则是座王宫。

活动

山地自行车

普那卡的山地自行车小路提供了摆脱越野车的最佳机会，但是你必须自带自行车，因为当地没有自行车出租。

一条比较轻松的路线是从安缦酒店的桥下行至母曲东岸，然后沿着柏油路前往普那卡宗堡附近的小桥。

另有一条27公里的环线，从库鲁唐出发，过桥后从山谷东侧上山，沿着分支路线骑行14公里到达萨丁卡（Samdingkha），然后顺着一条小路骑行7.5公里抵达普那卡宗堡，最后沿着柏油路下坡回到库鲁唐。

除此之外，还有一条更长的40公里环线，从旺杜波德朗以北建成不久的小镇巴霍（Bajo）出发，顺着山谷东侧上坡骑到Jangsabu（14公里），然后是一段需要施展骑行技巧的小道（有些地方需要扛车通过），到达Olodama和Tschochagsa（9.5公里）。从这里你可以绕行前往Lingmukha或下坡10公里直抵Aumthekha路口，在切米拉康过到河对岸，然后骑回巴霍和旺杜波德朗。

漂流

普那卡也是不丹最热门的漂流胜地。父曲漂流之旅首先是一段穿过森林和农田的河岸徒步，然后到达位于萨丁卡的漂流起点。漂流途中会遭遇几段三级激流，最后通过普那卡宗堡附近的“愤怒佛陀”（Wrathful Buddha）激流。

普那卡宗堡上游6公里处的卡姆沙耶里纳耶佛塔（Khamsum Yuelley Namgyal Chorten）大桥，是沿着母曲开展休闲漂流和皮划艇漂流的起点。这是一段充满诗情画意的轻松观景漂流，适合各种水平的漂流者，也是新手们绝佳的入门体验。全长2小时的漂流，旅行社对小型旅行团的收费约为每人US$75。在河流流经开阔的峡谷时，一路上会经过王后的冬季宅邸、国王的周末隐修所以及片片美丽的农田，最后在普那卡宗堡下方靠岸。

节日

每年2月，为期三天的普那卡多楚节（Punakha Drubchen）——有时也被称为Punakha Dromchoe，是不丹最有趣的节庆之一，旨在纪念当地保护神大黑天，届时人们身着盛装扮成古时战士，跳起各种仪式舞蹈。紧随其后的是为期三天的普那卡戒楚节，丰富多彩的活动使这段时间成为不容错过的节庆周。

住宿

许多人从廷布出发来普那卡作一日游，但是山谷内也有一些不错的住宿。大部分都位于沃拉卡村（Wolakha），距离普那卡10分钟车程，在Sopsokha或Lobesa也有一些酒店，两地分别距普那卡有20~25分钟车程。旺杜波德朗附近的几家酒店，可以作为继续东游的落脚点。

★ Hotel Lobesa 酒店 $

（☎17612672；p_druk@hotmail.com；Lobesa；房间 Nu2160；📶）经济实惠的价格让这里成为热门的住宿选择。酒店有14个宽敞的房间，一间明亮通风的餐厅，以及用石头和木材装饰的休息区。新楼内的房间设有全景阳台，可观赏到美丽的山谷风光。总而言之，这里是非常棒的选择，要是Wi-Fi信号能强一些就更好了。

★ Meri Puensum Resort 酒店 $$

（☎02-584195；www.meripuensum.bt；Wolakha；房间 Nu2640，豪华房间 Nu2880~3240；📶）这家温馨的酒店位于普那卡以南6公里，沿着通往塔洛寺的小路上行1.2公里。舒适惬意的房间散布于陡峭山坡上的小屋里，从房间里能够俯瞰普那卡山谷里的水稻梯田。花园凉亭（有Wi-Fi）是个好地方，可以享用早餐，或在漫长的一天观光后坐下来轻松享受一杯啤酒。

Hotel Y.T.
酒店 $$

（☎02-376014；hotelyt@yahoo.com；Lobesa；标单/双 Nu2520/3120；豪华房间 Nu4320；📶）这个热情友好的家庭经营酒店地处普那卡和旺杜波德朗之间，于1991年开始营业，如今仍然住客盈门。酒店装修略显过时，房间从新楼内宽敞的双人间到旧楼内拥挤的单人间（避开这些房间），不一而足。充满魅力的老板曾经当过护林员，园艺爱好者一定愿意和他聊聊中央庭院里随处可见的杧果树、牛油果树、番石榴和木瓜树。

酒店位于Lobesa的公路局大楼上方，从梅钦那前往旺杜波德朗1.5公里处。

桑东巴瑞酒店
酒店 $$

（Hotel Zangto Pelri；☎02-584125；hotzang@druknet.bt；Wolakha；标单/双 Nu2400/2880起，套 Nu4800~6600；📶）以莲花生大士的天国居所为名，这家酒店在中心建筑和周围的小屋里共有45间客房。半数房间都带有美丽的阳台风景，但是如果没有订到阳台房也无须着急，因为赏心悦目的庭院和阳光明媚的露台都提供了开阔的活动空间。宽敞的豪华房间物超所值，但是较小的小屋房间更加私密。

★Dhensa
豪华酒店 $$$

（☎02-584434；www.dhensa.com；Wolakha；双 含早餐 US$324；❄📶）首屈一指的高端选择，将干净整洁的现代风格与古老传统的不丹建筑元素完美结合到一起。安静的房间带有阳台，以及你可以想到的所有设施，包括一间宁静的阅览室和一间瑜伽房。试试舒适的柴炉热水木盆浴（30分钟US$20）或者无比惬意的双人水疗按摩。

这家不丹—新加坡合资企业计划在帕罗和岗提（Gangte）开设类似的酒店，合作伙伴是廷布的珠穆拉里酒店。

Drubchhu Resort
度假村 $$$

（☎02-376237；www.drubchhu.com；Sopsokha；标单/双 Nu5400/6000起；📶）这家舒适的三星级度假村，原址曾经是一处谷仓，旁边就是一座圣泉（drubchhu），坐拥周围稻田的田园牧歌风光。酒店内设27个极其宽敞的房间，其中两间可供轮椅出入，酒店餐厅拥有自己的有机菜园，自己烘焙面包，还有一个迷人的露台。

Zhingkam Resort
度假村 $$$

（☎02-584722；www.bhutanhotels.com.bt；标单/双 Nu4800/5400，套 Nu6000/6600；📶）BTCL于2016年开设了这家大型度假村，位置就在普那卡村上方，俯瞰普那卡宗堡的旖旎风景。酒店的40个房间仍然飘着刚刚装修完的味道，所有房间都带有阳台，会让住客饱览壮美山色。楼上酒吧里的太阳椅非常适合享用午后啤酒或咖啡。Zhingkam的意思是“天堂”。

★普那卡乌玛酒店
豪华酒店 $$$

（Uma Punakha；☎02-584688；www.comohotels.com/uma/bhutan；双 US$840~1620；📶）沿着母曲河谷溯流而上，在距离普那卡14公里处，这家豪华酒店位于卡姆沙耶里纳耶佛塔北边葱郁的乡野中，是只有11间豪华客房的高档场所。从落地窗看到的田园风光、小河淌水以及圣洁佛塔无与伦比。

房费含双人早晚餐，普那卡多楚节期间会额外加收费用。

安缦酒店
豪华酒店 $$$

（Amankora；☎02-584222；www.amanresorts.com；全膳宿 标单/双 US$1740/1860；❄📶）这大概是安缦集团旗下最温馨的超豪华度假村，3座建筑内仅有8套客房。主要的农舍（如今是餐厅和阅览室）是皇太后曾经的居所，配有传统的佛堂。水疗中心接待处位于古老的农舍厨房内，户外的就餐区被稻田和果园所环绕。

将车停在帕罗以北6公里处、母曲上的一座铁索桥边，然后换乘高尔夫球车前往度假村。

Six Senses Punakha
豪华度假村 $$$

（www.sixsenses.com）拥有25个房间的Six Senses Punakha豪华度假村已经开业，位置就在快到普那卡乌玛酒店的山坡上。

RKPO Green Resort
度假村 $$$

（☎02-376231；www.rkpogreenresort.com；Sopsokha；房间 Nu9600起；📶）这里并没有太多的“绿色”，除了水泥上涂抹的色彩，而且也不像普那卡其他豪华住所那么时尚，但是

这座位于Sapsokha上方的全新大型度假村设施齐全，有一些舒适的露台休闲区（但是没有阳台），可俯瞰切米拉康。宾客们可以租借山地车，在导游带领下骑行游览山谷各地。

与众不同的酒店名称来自四位老板名字的首字母组合。

Kunzang Zhing Resort 豪华酒店 $$$

（☎02-584705；www.kunzangzhingresortbhutan.com；Wolakha；房间 Nu17,400，套Nu22,440起；📶）这家四星级酒店采用醒目的石墙建筑，位于Meri Puenum Resort附近。所有房间都设有现代化的浴室和独立休闲区，套房则带有专属中庭。大堂内设有商务中心和阅览室，户外露台有一处篝火台和一间酒吧。总体而言，这里的房价有点过高。

就餐

★Phuenzhi Diner 不丹菜 $$

（☎02-584145；Dungkhar Lam，Kuruthang；午餐套餐 Nu400）这家名为“吉祥四瑞”的餐厅显然是库鲁唐的最佳就餐地，在许多旅行指南上都赫赫有名。食物美味可靠（而且有暖心的空调），内部装饰舒适惬意，如果你足够幸运，菜单上还会出现布姆唐风味的薄烤饼。如果你不在这里就餐，那么导游很可能会在某家旅游酒店的餐厅预订午饭。

实用信息

不丹银行（Khuruthang；⏲周一至周五 9:00~13:00和14:00~15:30，周六 9:00~12:00）可以兑换现金，设有一台自动柜员机。

上普那卡山谷（Upper Punakha Valley）

沿母曲河谷西侧上行的公路中途会经过几座不丹贵族的田园宅邸，其中包括彭措巴瑞宫（Phuntsho Pelri），即王室的夏宫。第四任国王的岳父在谷内建立了多座拉康，并且拥有包括Damchen Resort在内的几座酒店。

另辟蹊径

加萨宗堡和温泉

沿着母曲河谷前行的道路在离开普那卡后一路向北，最后到达**加萨宗**（Gasa Dzongkhag）和**吉格梅·多吉国家公园**（Jigme Dorji National Park）。直至不久前，这条线路的大部分路段都需要徒步前往，虽然路况正在稳固改善，但它仍然是一段粗犷、艰难的驾车之旅。回程从普那卡到加萨（从卡姆沙耶里纳耶佛塔出发往返路程约为133公里）驾车需要一整天。当然作为回报，你会获得充满诗情画意的风景、无与伦比的观鸟体验，也会看到巍峨高耸的宗堡。另外，这里的温泉是病人和老人舒缓身心的好地方。这里是几条徒步路线的终点，包括非常热门的拉亚至加萨徒步路线（见190页）。

从卡姆沙佛塔出发，19公里后就到了**塔西唐村**（Tashitang）。从这里开始，道路沿母曲旖旎前行，穿过鸟儿歌唱的葱茏森林。停下车，在路边静静走一段，观赏有着绚烂羽毛的太阳鸟、天蓝色的鹟鸟和嘤嘤成韵的画眉鸟。即使不是鸟类爱好者，也会为这里别具一格的飞禽秀感到心旷神怡。

继续在森林、梯田和村庄中穿行47公里，到达加萨的**扎西唐孟宗堡**（Trashi Thongmoen Dzong），这是一座栖身于莽莽群山间的雄伟却偏远的17世纪要塞。虽然在历史上因为火灾而屡次受损，但这座宗堡的珍贵文物仍供奉在昌卓拉康（Chanzho Lhakhang）：跟随夏宗从中国西藏拉砻寺前来不丹的绵羊的骨架，以及装在金属箱中保存完好的夏宗的马鞍。每年3月，这里都会举行为期五天的戒楚节。

前往**加萨温泉**（Gasa tsachhu）的陡峭下坡小道会让膝盖遭罪，正好到4座公共浴池中最烫的那座来缓解关节酸痛。另外浴池据说有助于治疗其他疾病。浴池上方的“蒸汽水疗”（vapour spa）是一个散发着臭味的石窟，硫黄烟雾从用塑料瓶改装并塞入岩壁中的漏斗里喷涌而出。对治疗鼻窦炎有显著疗效！

在道路的左侧，距离普那卡4.5公里之外，有一座Dho Jhaga Lama Lhakhang，美丽的花园围着一块奇迹般分成两半的巨石而建。传说印度的神奇上师纳吉仁钦（Nagi Rinchen）用霹雳和冰雹将这块岩石一分为二，以解救出被困其中的母亲。大殿内供奉着这位上师的塑像（在最右边），其顶髻上有清晰可辨的经文。仁钦上师在河对岸的一个洞内冥思（在第三任国王曾经的王宫Sona Gasa后面），在此的形象为一名长头发的隐修术士（drubthob）。大殿最左边是身骑雪狮的当地女保护神Chobdra的塑像。

在普那卡以北7公里处的Yambesa，巨大的卡姆沙耶里纳耶佛塔（Khamsum Yuelley Namgyal Chorten）矗立于河对岸的小山上。这座30米高的佛塔（也被称为Nyzergang Lhakhang）用了8年时间建造完成，于1999年开光。佛塔旨在为第五任国王祈福以保护全国，因此佛塔内可谓集不丹传说逸闻中的神鬼形象之大成；其中一些为鸦头或象首，其他一些则骑着雪狮或迦楼罗（大鹏金翅鸟），大部分都被火焰图案所环绕。在底楼的楼梯间里有一骑着多毛的棕色雪人（migoi）的保护神像。登上塔顶可以饱览峡谷美景。

前往佛塔的山路起点在一座小桥边，从这里开始需要吃力地爬上45分钟。最好是在上午出发，以避开热辣的亚热带阳光。可以让导游指给你看气味迷人的花椒树，这些树生长在辣椒和豌豆田边的小道旁。

在经过佛塔后，道路继续爬升，经Kabesa村和普那卡乌玛度假村直到塔西唐村（Tashithang），然后继续通往加萨宗堡，以及拉亚至加萨徒步路线的终点。

旺杜波德朗宗（WANGDUE PHODRANG DZONGKHAG）

风景优美的旺杜波德朗宗以宏伟的宗堡曾经屹立之处为中心，向帕勒拉山口（Pele La）和富毕卡山谷（Phobjikha valley）延伸。在“旺迪”（Wangdi；当地人对这里的简称）以南直到齐朗（Tsirang）地区南部，是印度出资建设的大型水电项目——普那藏曲（Punatsangchuu）水电站。

普那卡至旺杜波德朗

21公里 / 30分钟

从普那卡驾车半小时即可抵达旺杜波德朗。沿公路回到梅钦那，沿着普那藏曲前行1.5公里至Lobesa。位于河流上方山脊末端的旺杜波德朗宗堡焦黑的断壁残垣很快就映入眼帘。

横跨普那藏曲的现代桥梁建成之前，河上原来是一座建于17世纪的悬索木桥，1968年被洪水冲毁。

旺杜波德朗（Wangdue Phodrang）

☎02 / 人口：7500/ 海拔：1240米

传说夏宗·阿旺朗杰在云游四方时，于普那藏曲岸边沙滩上看到一个名叫旺迪的小男孩在玩耍，于是福至心灵，将新宗堡命名为“旺迪”——后来变为“旺杜”波德朗（意思是“旺迪的宫殿”）。这座城镇如今仍被人们称为“旺迪”。

通往宗堡的公路两旁分布的沧桑小镇，如今已迁往北边4公里外，形成了千篇一律的水泥新城镇巴霍。

景点

旺杜波德朗宗堡 宗堡

（Wangdue Phodrang Dzong；⏲关闭）旺杜波德朗宗堡由夏宗法王于1638年建造，位于普那藏曲和当曲（Dang Chhu）之间的山脊上，选择这里的原因是这里可以将下方的河谷尽收眼底。旺杜波德朗在不丹历史上占据重要地位，因为很久以前这里曾是不丹的第二国都。遗憾的是，2012年6月24日的一场大火袭击了宗堡，除了下方的墙壁外，其他结构基本化为灰烬。庞大的重建工程计划将持续至2021年。

传说在人们寻找修建宗堡的地点时，有四只渡鸦分别朝四个方向飞。这被视为一种吉祥的征兆，代表着佛法弘扬四方。在通萨宗堡于1644年建成后，旺杜波德朗佩罗成为权势排行第三的统治者，仅次于帕罗和通萨的佩罗。宗堡重要的战略地位使佩罗得以控制前往通萨、普那卡、达加纳（Dagana）和廷

Wangdue Phodrang 旺杜波德朗

布的贸易路线。

截至2016年，三层高的礼堂已经重建完成，但尚未向游客开放参观。

★ Radak Neykhang 佛教庙宇

地区法院高大的柏树掩映着的，就是这座古老的寺庙。该寺建于17世纪，旨在纪念古时候一位能征善战的国王。前殿里摆满了头盔、刀和盾牌。殿内有当地保护神Radrap的五个化身，其中一个（Terdak Chenpo）是当地警察、军人和王室卫队的保护神。最右边是一尊当地错满的塑像。摇动签筒，随后可以找寺里的僧人帮你解签，占卜未来吉凶。

节日和活动

每年秋季**旺德戒楚节**的高潮是第三天和最后一天的清晨，描述莲花生大士的莲师八相巨幅唐卡都会在这里展晒。在宗堡重建期间，戒楚节的各项活动将会在附近的**陆军训练中心**（Army Training Centre）场地里举行。

住宿

旺杜波德朗的游客住宿需求量不大，尤其是宗堡目前仍在闭门重建期间。一些人把这里的酒店作为探访普那卡（驾车30分钟）的落脚点，或者继续驱车前往岗提、通萨或布姆唐的歇脚处。但是，在秋季的戒楚节期间，镇上会人山人海，房价也会随之飞涨。

Wangdue Ecolodge 度假屋 $$

（☎02-223232; www.bhutanecolodge.com; Dhamina village, Ngashigaykha上方, Rubesa district; 双 Nu3600~4800）这家由四栋小屋组成的乡村隐修所，从用来烹饪晚餐的沼气到餐厅里供应的有机食材等，随处可见绿色可持续理念。8个房间都有全景阳台和一个露台，配以老板拍摄的绝美图片作品。从旺杜波德朗出发前往这片乡野地带是一段15分钟的崎岖车程，因此需要预留一些时间。

Kichu Resort 酒店 $$

（☎17464120; www.intrektour.com; 房间 Nu3054~3335, 套 Nu5750）位于旺杜波德朗以东9公里处的曲佐姆萨（Chhuzomsa），这座安静的度假村有一座美丽的景观花园，可俯瞰奔涌的当曲。记得要一间带河景阳台的房间，并且带上驱蚊水以赶走讨厌的沙蝇（4月至6月）。在一天观光行程结束后，可以到新的河畔酒吧点一瓶冰啤酒放松身心。

老板的儿子是一位仁波切，因此餐厅仅供应素食。

Punatsangchhu Cottages 酒店 $$

（☎02-481942; www.punacottages.bt; 标单/双 Nu2645/3220, 豪华 标单/双 Nu3795/4370, 套 Nu5175; 📶）又被称为“Puna Cottages”，这是一个不错的住宿选择，位于距离旺杜波德

朗5公里的道路下方，紧邻河流。现代化的房间大小各不相同，其中一些位于主楼内，其他一些则在小屋里，豪华房间带有阳台，可以俯瞰河景。餐厅还不错，温暖的午后在草坪上享用一瓶冰啤酒，一切都那么完美。

Dragon's Nest Resort 酒店 $$

（☎02-48 0521；www.hhlbhutan.com；标单/双 Nu2860/4285起，豪华 房间 Nu5000；📶）这个靠谱的地方位于河流西岸，在旺杜波德朗下方4公里，与斜对面的巴霍镇隔河相望。宽敞的房间和葱郁的庭院可遥望河水（每个房间都带有阳台），内饰清新现代，让人心旷神怡的现代风格酒吧尤甚。

ℹ 实用信息

不丹银行（Bajo；⏲周一至周五 10:15~13:00和14:00~16:30，周六 10:15~12:00）可兑换现金和旅行支票。这家银行在旺杜波德朗以北2.5公里处的巴霍镇。

不丹国家银行（Bajo；⏲周一至周五 9:00~16:00，周六 9:00~11:00）兑换现金，偶尔还可兑换旅行支票，位于巴霍镇低处的蔬菜市场旁边。

旺杜波德朗至帕勒拉山口

61公里/1.75小时

这段风光旖旎的驾车行程，从旺杜波德朗一路向东通往帕勒拉山口（Pele La），带你进入不丹中部和富毕卡山谷，后者以到此越冬的黑颈鹤而享有盛名。这个垭口让你能够翻越黑山（Black Mountains），这座大山是不丹西部和中部的实际分水岭。

从旺杜波德朗出发，道路在当曲上方光秃秃的山坡来回穿梭。道路下方河畔的大型建筑是一座用来关押无期徒刑犯的监狱。

在抵达距旺杜波德朗9公里、地处帕曲和当曲交汇处的**曲佐姆萨**（Chhuzomsa）时，道路开始和河流齐平（“曲佐姆萨”的意思是“两河交汇处”）。小村下方是风景如画的河畔酒店Kichu Resort。

从曲佐姆萨前行4公里就到了**Tikke Zampa**，道路进入当曲南岸，然后逐渐爬升至帕勒拉山口，中途经过新近翻修的Wachey Lhakhang。继续前行10公里，你将看到一座位置卓绝的私人拉康矗立于左边的山冈上。随着向谷顶爬升，道路坡度越来越大。在许多地方道路都是贴着宛如刀砍斧劈的悬崖延伸，下方就是峡谷内的幽密森林。

道路在支流河谷绕进绕出，中途经过**Kalekha**村（或者拼写为“Khelaykha”），这里是从富毕卡山谷出发的沙斯拉山口（Shasi La）徒步路线的终点。从这里前行12公里就到了Nobding村（海拔2640米），村庄上方热情好客的**Kuenphen Restaurant**（☎17630091；午饭套餐 Nu440）是停下来吃午饭的好地方。

继续前行7公里，就到了Dungdung Nyelsa，那是前往帕勒拉山口老路（已废弃）的岔道口。沿老路下行500米，有一个观景台，在晴朗无云的日子里（这种气象环境在当地极为罕见），能够清晰地看到珠穆拉里峰（海拔7314米）、吉楚扎杰峰（海拔6989米）和Kang Bum峰（海拔6526米）的雄伟身姿。**Khandu Hotel**（☎77777123；主菜 Nu170~190）是非常不错的就餐选择，甚至还为到访的高官和王室成员预留了一间贵宾房。

接下来，主路以极其陡峭的坡度上升5公里，直至一处岔道口，支路通往富毕卡山谷内的岗提。在春天，山坡高处开满红色、白色和粉色的杜鹃花。

从前往岗提的岔道口出发，最后行驶3公里，穿越森林后即到了山顶的帕勒拉山口（海拔3420米），这里矗立着一座佛塔，五彩经幡迎风飘扬，可惜在山口处看不到任何山景。帕勒拉山口是吉格梅·辛格·旺楚克（过去叫“黑山”）国家公园的西部边界，也是通往不丹中部的门户。

富毕卡山谷（Phobjikha Valley）

☎02/海拔：2900米

富毕卡山谷是位于黑山西坡的一座碗状冰川峡谷，也是吉格梅·辛格·旺楚克国家公园（Jigme Singye Wangchuck National Park）的西部边界。由于成群的黑颈鹤到此越冬，这里也成为不丹国内最重要的野生动物保护区之一。除了黑颈鹤，周围群山里还栖息

着山羌（赤麂）、野猪、水鹿、鬣羚、喜马拉雅黑熊、花豹和赤狐。纳吉曲（Nakey Chhu）流经谷内湿地，最终汇入普那藏曲下游。有些人将整个地区称为岗提（Gangte或Gangtey），这个名称来自峡谷山脊上那座著名的寺庙。

在到达帕勒拉山口之前3公里处前往富毕卡的道路开始分岔。从岔路口出发，驱车1.5公里，穿越森林后到达海拔3360米的洛瓦拉山口（Lowa La），一座佛塔就是山口的标志，在这里你可能会遇到一些四处游荡的牦牛。翻越山口后，树木消失无踪，植被景观摇身变为低矮的竹子，道路也慢慢下降至岗提村和岗提寺。从寺庙路口出发，道路蜿蜒下行，经过前往安缦度假村的路口，直抵谷底，中途会经过广阔的赤褐色土豆田。岗提土豆是该地区最主要的经济作物，也是不丹向印度出口的重要产品之一。当地居民被称为岗提人（Gangtep），使用一种名为Henke语的当地方言。

下游美丽的冰川山谷散布着村庄、徒步路线、拉康，如果你到访恰逢其时（11月至次年3月中旬），还能看到黑颈鹤。这里非常适合徒步和骑山地车探访，如果你打算开展类似户外活动，一定要在行程中预留半天时间。

富毕卡山谷在冬季会大雪封山，谷内包括僧人在内的4700名居民中的大多数人，每年12月至次年1月都会迁往旺杜波德朗的冬季住宅，此时黑颈鹤就会如约而至占据这里。即使在冬季之外的季节，下午或者没有阳光的时候，气温也会骤降，因此记得带上保暖衣物。

景点

★岗提寺（Gangte Goemba） 佛教寺院

岗提寺占据了谷内的黄金位置，地处植被茂密的山头，可俯瞰整个富毕卡山谷无尽的绿意。庞大的建筑群包括中心佛寺、僧舍、一座小客舍以及边远的禅修中心。这座佛寺有450年历史，其内外的许多木质构件在2001~2008年都因为虫蛀而进行了更换。

15世纪的伏藏师白玛林巴在造访富毕卡山谷时曾经预言，一座名为岗滕（gang-teng；山顶）的佛寺将会在这里拔地而起，他的教义也会从这里开始传遍四海。他的孙子同时也是白玛林巴转世的白玛廷莱（Pema Thingley），于1613年在这里修建了一座宁玛派寺庙，规模较大的寺庙是由二世转世活佛丹增·勒佩·登珠（Tenzing Legpey Dhendup）修建。目前的岗提寺活佛昆赞·白玛·朗杰（Kunzang Pema Namgyal）是白玛林巴的第九世“肉身”转世。

措康（tshokhang；法堂）采用藏式风格修建，内有18根大柱围绕一座非同寻常的三层佛坛，是不丹最大的佛殿之一。内部的佛坛设有寺庙创建者丹增·勒佩·登珠的灵塔。佛寺为期三天的戒楚节（公历9月/10月）都会以最后一天悬挂巨幅唐卡来收官；其他时间里，巨大的唐卡存放于内殿中的一个铁盒里。

楼上是六世岗提活佛的灵塔。僧人们会讲述这位活佛圆寂时，其身体如何缩小到婴儿大小，不久后又缩小到花生大小。

佛寺北边山上的长形白色建筑是**昆赞曲林**（Kuenzang Chholing），这是一座佛学

观鹤之旅

富毕卡山谷中心的湿地意味着最好不要步行前往，但这里却是450只（10年前这个数字还是212）稀有濒危黑颈鹤的完美越冬地，它们每年深秋从青藏高原飞往不丹，通常会在10月最后一周抵达。不丹人非常尊敬这些“天堂的鸟儿”（本地人称其为“thrung thrung kam”），吟诵黑颈鹤的歌曲在当地民众中颇为流行。在2月中旬至3月中旬，这些黑颈鹤会绕着岗提寺转圈飞行，然后飞越喜马拉雅山脉，返回它们在中国西藏的夏季繁殖地。富毕卡山谷最流行的一首民谣会在黑颈鹤飞离山谷时被所有当地人唱响。

观赏黑颈鹤的最佳月份是10月下旬至次年3月，其中最好的时候是11月和次年1月之间。最佳观赏时间是黎明或黄昏，谷内所有的鸟儿都会聚在一起过夜。你可以在黑颈鹤信息中心观鸟区、岗提自然步道的隐蔽点乃至路边来观赏这些鸟儿。记得穿暗色衣服，保持距离，拍照时不要用闪光灯。

Phobjikha Valley
富毕卡山谷

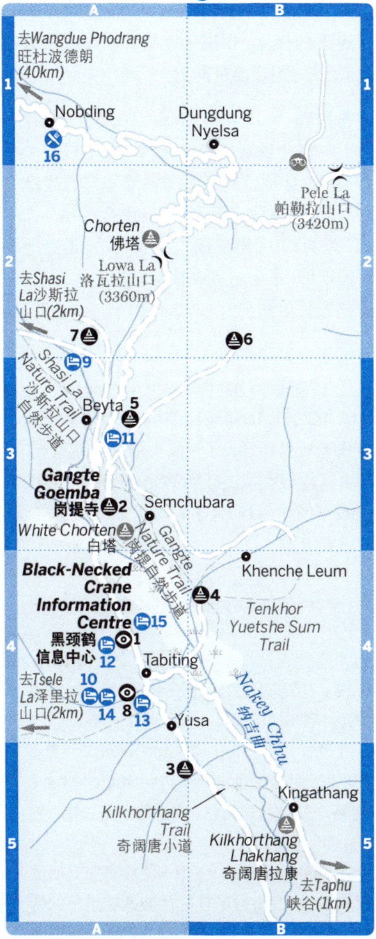

院。有300名僧人在此修行。

★ 黑颈鹤信息中心 信息中心

（Black-Necked Crane Information Centre；☎1767330；学生/南亚区域合作联盟国家公民/其他成人 Nu50/100/120；⏲9:00~17:00）你在富比卡山谷的第一站会是皇家自然保护学会（Royal Society for Protection of Nature，简称RSPN）设立的这座信息中心，这里有关于黑颈鹤和山谷环境的信息展示。你可以使用该中心非常实用的单筒望远镜，然后用自己的观察所得与这里的小册子《野鹤习性图鉴》（*Field Guide to Crane Behaviour*）相互对照。这里也是谷内刚刚起步的生态旅游活动的中心，它可以帮助你安排山地车租赁（每天Nu700）、徒步导游（Nu500），以及在当地家庭寄宿等。

如果天气阴晴不定，你可以参观阅览室和手工艺品商店，还可观赏一段15分钟的视频。

Phobjikha Valley
富毕卡山谷

◎ 重要景点

1 黑颈鹤信息中心 A4
2 岗提寺 A3

◎ 景点

3 多楚寺 A5
4 克旺寺 B4
5 昆赞曲林 A3
6 库布拉康 B2
7 Nyelung Dechenling A2
8 旺姆手编地毯厂 A4

住宿

9 岗提安缦酒店 A3
10 Dewachen Hotel A4
11 Gangtey Lodge A3
12 Hotel Gakiling A4
13 Phuntshocholing Farm House A4
14 Six Senses A4
15 Wangchuk Lodge A4
Yue-Loki Guest House .... （见8）

就餐

16 Kuenphen Restaurant A1

Nyelung Dechenling 佛教庙宇

想要许愿祈福的旅行者都会前往这座毫不起眼的小佛堂，这是由宁玛派大圆满法王龙钦冉江（龙钦巴）于14世纪创立的八座居所（ling）之一。这里的内部装饰虽然平淡无奇，但驻寺僧人会展示一些非凡的遗迹，并且用极具吸引力的方式来讲述一些关于圣人和奇迹的光怪陆离的故事。

不妨礼貌地询问一下，看门人会用一幅古旧的唐卡来为你灌顶赐福，据说唐卡背面的手印是龙钦巴用自己的鼻血所印。此外，其他圣物还包括龙钦巴自己制作的自塑像、一个象牙化石，以及一口由白玛林巴制作的铁锅，上面还有他的拇指印。你的导游会激动万分。隔壁的佛殿供奉的是大圆满保护神Dza（Rahula），其九头身上遍布法眼，下半身蛇形。碗中的圣水来自附近的一眼清泉，据说可以治疗癫痫和瘫痪。

看门人会带着你继续步行10分钟，前往一棵百年树龄的巨大柏树，据说这棵树是从龙钦巴的手杖上发芽长出。在回程路上，你可以在山脚的两眼圣泉处稍作停歇，看看朝圣者用泉水（drub chhu）装满他们的水瓶。从岗提安缦度假村上方的分岔路前行即可抵达这座拉康。

克旺寺（Khewang Lhakhang） 佛教庙宇

在富比卡山谷东边，Tabiting村正对面，就是15世纪始建的克旺寺，里面供奉着三尊两层楼高的过去、现在和未来佛像。不丹历九月初三这里都会举办戒楚节，届时本地男子（而非僧人）会跳起舞蹈，庆祝古时一场击败当地恶魔的胜利。拉康后面有一间小制香工坊。

多楚寺（Damchen Lhakhang） 佛教庙宇

在Tabiting村南边，顺富比卡山谷西侧向下延伸的土路蜿蜒经过Yusa村，来到这座小巧迷人的佛堂。据说该寺是谷中最古老的佛殿，历史可追溯至14世纪。

库布拉康（Kumbhu Lhakhang） 佛教庙宇

一条土路从昆赞曲林佛学院上行前往库布拉康，这是一座保护神佛殿和冥想静修中心，供奉着古代本教神灵Sipey Gyalmo。“库布”意为“10万尊佛像”。下雨之后，道路通常泥泞不堪，也无法借助其他交通工具，只有步行45分钟前往。

旺姆手编地毯厂 地毯厂

（Wangmo Hand-Woven Carpet Factory；☎02-442553；Tabiting）在Yue-Loki客栈下方，客栈老板另外开设了一家小型手编地毯厂。工厂由当地妇女多杰旺姆（Dorji Wangmo）于1992年创立，目前处于关闭状态，不过不久后会重新开放。

另辟蹊径

富毕卡山谷徒步和骑行

富比卡山谷有为数众多的徒步或山地骑行路线。农田道路的快速拓展，限制了谷内步道数量，但也意味着如今骑山地车探索的可能性大为增加。

谷内最佳和最热门的短程徒步路线当属**岗提自然步道**（Gangte Nature Trail；历时1.5小时），从岗提寺北边的玛尼墙出发，下山前往克旺寺。沿着这条小路下行至Semchubara村，然后在佛塔处右转进入森林边缘，接着下坡走到一处峡谷观景台、观鹤隐蔽点，最后到达拉康。

难度略高的3~4小时**沙斯拉山口自然步道**（Shashi La Nature Trail）从岗提安缦酒店后面上坡穿越山谷。这是岗提寺转世活佛和当地农民离开山谷前往旺杜波德朗过冬的传统路线。小路在一个变电器路口离开土路，缓慢爬升至一处玛尼墙，然后沿着牦牛牧场侧谷蜿蜒前行，慢慢上行到达沙斯拉山口的白塔和经幡处。这里的石椅曾经是岗提寺活佛翻越山口的歇息处。接下来是一段漫长陡峭的下行小路，经过古老的森林抵达旺杜波德朗主道旁的Kalekha，可以安排车辆在此等候。这段下行路是观鸟者的天堂，沿途能看到各种野鸡，包括美丽的黑头角雉。

一条山地车路线是从岗提寺出发，沿着岗提自然步道上方的土路出发，前往克旺寺后面的峡谷，探访Gophu村后，下行至克旺寺附近的主山谷。

另一条徒步或山地自行车选择是**奇阔唐小道**（Kilkhorthang Trail），从Kingathang拉康极具现代风情的大尼姑庵出发，穿越峡谷前往Tabiting以南的Damchoe Lhakhang。河上架有几座木桥，其中一座就在拉康下方，另一座就在附近的奇阔唐村北边。

或者，从Kingathang开车继续向南进入迷人的Taphu侧谷，从这里开始骑行之旅，由峡谷一侧上山，然后至另一侧下山。

节日和活动

不丹历八月初八至初十（公历9月/10月），岗提寺都会举办为期三天的**戒楚节**，人们跳起查姆舞（宗教舞蹈），最后一天还会晒出巨幅唐卡。

皇家自然保护学会（RSPN）发起并主办每年11月12日的**黑颈鹤节**（Black-Necked Crane Festival）。节日的主要目的是向富毕卡山谷的居民宣传环保，同时也欢迎游客前来观赏，主要节目多是学校孩子们表演的民间舞蹈。

住宿

山谷已经通电，大部分基础设施都建在地下，以保持山谷的风景如画，吸引黑颈鹤继续前来，但电力供应并不十分稳定。

谷里有几家酒店正在兴建中，包括有九个房间的**Six Senses**（www.sixsenses.com），这座度假村就在Hotel Gakyiling旁边，因此未来这里将有更多住宿选择。

谷内散布着一些简易的民宿；如果感兴趣，提前让你的旅行社代为安排。了解详情，可浏览网站www.communitytourism.bt。

Wangchuk Lodge 度假屋 $

（☎17134500；www.wangchukhotel.com）由廷布的Wangchuk Hotel经营的这家小屋共有8个房间，位置就在Tabiting主路下方，靠近黑颈鹤信息中心。

Phuntshocholing Farm House 客栈 $

（☎17669676；标单/双 Nu1320/1870）这座属于岗提寺活佛之妹的传统农舍于1994年摇身变为一家酒店。这里有吱嘎作响的木地板、一间舒适的餐厅和位于二楼的佛坛，但是房间本身相对于价格而言略显简单，客栈里有公用卫生间和淋浴间。

如果你更重视体验而非现代化设施，那么住在这里是近距离接触不丹传统乡村民居的好机会。

★ **Dewachen Hotel** 酒店 $$

（☎17162204；www.dewachenhotel.com；Tabiting；标单/双 Nu3960/4560）这座醒目的木石结构建筑是大多数旅行者的首选。房间宽敞时尚（转角房间最棒），不错的餐厅有暖洋洋的柴炉和大型落地窗，在这里可以饱览秀美的峡谷风光。Wi-Fi和热石浴已经列入规划。酒店名称是阿弥陀佛的“西方净土”。

点一杯“龙暖”（dragon warmer），这是由热朗姆酒、苹果汁和布姆唐蜂蜜调制的招牌鸡尾酒。

Yue-Loki Guest House 客栈 $$

（☎17874116；标单/双 Nu2200/2700）这间家庭小客栈的餐厅和松木客房采用柴炉取暖，使舒适氛围变得更加浓郁。新房间面积较小，但是更暖和，带有大窗户和更舒适的卫生间。老板多杰旺姆是一位手艺熟练的编织工。

Hotel Gakiling 酒店 $$

（☎02-442540；hotelgakiling77@gmail.com；标单/双 Nu2700/3000）这家由当地人经营的酒店就在黑颈鹤信息中心后面。新建的水泥建筑里有16间实木装饰的客房，可提供舒适温暖的落脚之地。从由柴炉供暖的餐厅里可以看到美丽的山谷风景。

Gangtey Lodge 豪华酒店 $$$

（☎02-340943；www.easternsafaris.com；标单/双 含早晚餐 US$ 800/850；）这家拥有12间套房的酒店将无度的奢华与迷人的不丹内饰、厚重的农舍风格木梁结合到一起，配以淳朴的棕黑和米色色调。所有房间都能坐享山谷风光——即使浴室也拥有如画景致。这家公司在缅甸经营一个热气球项目，并计划将类似项目引入富毕卡山谷（只在黑颈鹤飞离这里前往中国西藏后才运营升空）。

在活动方面，酒店为住客准备了山地自行车和徒步导览游，如果你想休息一下，不妨试试这里的水疗以及在风景如画的露台上饱览山色。淡季折扣高达50%。

岗提安缦酒店 豪华酒店 $$$

（Amankora Gangtey；☎02-442235；www.amanresorts.com；全膳宿 标单/双 US$ 1740/1860；）从岗提寺下方的一个岔路口前行1公里，即可抵达这座顶级酒店。这里的8套客房奢华而时尚，风景怡人的落地窗、舒适的水疗按摩和无懈可击的服务绝不会让你失望。

楚卡宗（CHHUKHA DZONGKHAG）

除非要从陆路出入印度，否则大部分西方旅行者都会对楚卡宗敬而远之。对于那些坚持陆路前往的人而言，该地区的盘山公路曲折多弯，在崇山峻岭间穿越不丹南部的茂密热带山麓，直至边境线上的新兴小镇庞措林；国境线另一侧则是印度小镇Jaigaon。这是一场颇富戏剧性的公路之旅，将赋予你乘坐飞机前往帕罗所无法感受到的地理连续性。一路上，你会看到路边有许多宛如“失落的世界”里的巨大蕨类植物，以及数十座白链高悬的瀑布，从层层叠叠的高崖飞流直下，散发出氤氲水雾。

这条公路大部分都为盘山路段，多为非常危险的1.5车道（比双向单车道更窄），但近年来的路况改善使这段路程变得轻松（快捷）。

廷布至庞措林

172公里/5小时

从廷布到庞措林的下坡路，沿着1962年由印度边境公路公司Dantak修建的不丹第一条公路前行。它如今依然是国内最重要的道路，长年累月地进行拓宽和修缮。查普查（Chapcha）附近正在修建的一条支路，在2017年完工后可以将车程缩短1小时。当年道路尚未修建时，两地间的行程需耗时10天。一条新路将把这条支路与哈阿连接起来，开通后将直达山谷。

这条路线的第一段是从廷布至曲佐姆（见98页；31公里，40分钟）。帕罗至庞措林则是相对较短的160公里路程。

曲佐姆至楚卡

57公里/1.5小时

宽敞的双车道高速公路从廷布延伸至Watsa，后者距查普查还有13公里的路程。这条路沿着叿曲河谷逶迤南行，沿途你可以看到前往哈阿的道路在山谷另一侧爬升。公路随后经过高踞河道上方山头的**多布吉宗堡**（Dobji Dzong）下方，以及海拔2020米的Hebji Damchu村。

查普查的支路在本书写作时仍在建设中，起点就在这附近。在你读到这段文字时，最后的桥梁有望架设完毕，将使全程缩短1小时，在楚卡水利站附近重新汇入老路。

新支路在旺曲上的Thegchen Zam（意思是“坚固的高桥”）汇入查普查老路。这里是廷布和庞措林的中间点，距离两地都是95公里。

楚卡至格都

38公里/1小时

道路向上爬升至一个能够俯瞰楚卡水利站的观景台，后面就是通往装机容量1020兆瓦的**塔拉水电站**（Tala hydroelectric project）众多道路中的第一条，水流在此通过22公里长的隧洞。在观景台上，你能将变电站和传输站尽收眼底，配送站旁边就是黄色屋顶的桑东巴瑞拉康和旧楚卡宗堡。这两个水电项目满足了整个不丹西部的电力需求，多余电力则出口至印度。

旺卡（Wangkha）有几家餐厅，提供了停车吃午饭的理想选择。**D2K Hotel**（☎77209043；Wangkha；主菜Nu160，套餐Nu400）服务热情，食物可口，旁边的**大坝景观餐厅**（Dam View Restaurant；☎17643976；主菜Nu150）有一间游客和贵宾室（Tourist & VIP Room），除了尽享山谷美景，还可品尝印度风味菜肴。

剩下的爬升路段都沿山脊延伸。这座山脊是旺曲河谷和托尔萨曲湿地的分水岭。注意观赏东边峡谷对面壮观的高山瀑布。前方的小桥下面是曾经声势磅礴的Toktokachhu瀑布（Takti Chhu），其中大部分水流都因一场洪水导致巨石被冲落而减小了。

在海拔2020米的Lachugang山脊上，有一处售卖各种印度美食的Dantak餐厅，食物品种包括马沙拉卷饼（masaladosa；Nu40）以及香甜奶茶等。这还设有公共厕所（右手边的“仅供官员使用”）。道路随后会经过Asinabari（即“冰雹场”）和小村庄Chasilakha（lakha意思是“牧场”）。这里的**Chasilkha Lhakhang**是一座新建的宁玛派寺庙，供奉着本寺监督者、岗提寺活佛的宝座。不妨找找当地神灵Tsanglhep和Ngasungma的塑像。

道路继续上行至格都（Gedu），这是一个规模较大的路边城镇，有王室出资建立的一所大型商学院和几间小餐厅。镇南的

另辟蹊径

前往楚卡的老路

当查普查支路通车(计划2017年)之后,高处的老路将为旅行者提供一段独辟蹊径的行程,并且为骑行者提供一条没有车辆烦扰的路线。如果你前往游览时支路尚未建成,那么就只能走老路,探访下面提到的这些景点。

从支路的路口出发,老路蜿蜒上山,沿崇山峻岭前行,经过一处经幡摇曳的观景台,进入Tanalung Chhu河谷。道路继续前行,左边是陡峭的岩壁,右边是深邃的河谷,最后缓慢下行至查普查(海拔2450米)的Dantak道路施工营地。

从查普查乘车出发,你可以看到雄踞于远方右手边高崖岩壁上的**Thadra Ney Lhakhang**。如果想靠近一点,可以在中途转上一条田间路,经过查普查宗堡的断壁残垣,然后步行15分钟,但佛殿通常都是大门紧闭。查普查附近的诸多田间道路意味着探访这里的最佳方式莫过于骑辆山地自行车。

道路在森林中千回百转,不断下行,直至Tachhong Zam(意思是"最佳高桥")和Tanalung(Tanalum)的检查站。继续上行10公里就到了海拔2270米的Bunagu,这里的**Tourist Hotel Bunagu**(☎17663123;套餐 Nu350)可为预订的旅行者提供餐饮,而且有怡人的阳台座位。在支路建成通车后,这家餐厅计划迁往岔路口。

从Bunakha出发,经过一座经幡飘摇的美丽的瀑布和一座加油站后,到达小巧的**Chhukha Rabdey**寺。

继续前行2公里,在Tsimasham(也作Tsimakothi;海拔2210米)较低的地方,是新建的**楚卡宗堡**(Chhukha Dzong),它于2012年由杰堪布开光,成为Ngoedrup-tse宗堡。新宗堡和旧宗堡一样都有着引人注目的雄姿;但其设计十分独特,外立面采用半环行结构,有座中央乌策和后方开阔的广场。与大多数宗堡不同,外墙用大窗户取代了狭窄的箭垛。

道路随后盘山下降至楚卡水电站(Chhukha hydroelectric project),在Thegchen Zam大桥汇入支路。

Laptshakha Lhakhang有一些新壁画。

经过格都之后,有一条下行分支路前往Mirching和塔拉水电站,之后在仁钦丁以北与前往庞措林的道路交会。这条路可供车辆通行,但路途较绕远,因此通常只在主路因山体滑坡或道路作业封闭时才作为替代道路使用。

格都至仁钦丁

41公里/1.25小时

离开格都后不久就到了海拔2050米的**Jumja**村。一个急弯过后,就是巨大的Jumja滑坡带,在雨季时,这里经常发生塌方导致道路中断数天。在Kamji村经过Kuenga Chholing Lhakhang后,道路转一个弯,然后一路下坡直至平原地带。

在**Sorchen**,一座道路施工营地里居住着常年在此进行山体滑坡抢险的工人。从这里出发,前行7公里,到达新建的**Mila Seykhar Guthog**,这是11世纪的圣人米拉日巴在中国西藏南部建造的著名七层高塔的复制品。了解更多关于高塔的信息,可浏览www.sml-foundation.org。

继续前行5公里,抵达仁钦丁(Rinchending)的边检站。印度旅行者见在这里加盖入境或出境章。在检查站上方就是Peling Resort(见121页),在尘土飞扬的庞措林住宿之外,这里是另一种安静的选择。

仁钦丁至庞措林

5公里/15分钟

如果你是从这里进入不丹,那么仁钦丁上方的路边摊是你购买便宜亚热带水果的最后地点。请相信,之后的价格会与海拔高度成正比增长。

仁钦丁正下方是小小的**卡邦地寺**(Kharbandi Goemba),它是已故的太皇太后平措·曲卓太后(Ashi Phuentso Choedron)于1967年修建的,她在此地另有一处冬季居所。这座现代化的寺庙供奉有释迦牟尼佛、夏宗法王和莲花生大士巨大佛像。在植被茂盛的庭院里，伫立着8座不同风格的藏式佛塔。

在卡邦地（Kharbandi）下方，道路盘山下降至庞措林，沿途可以观赏托尔萨曲河谷向平原一路延伸的秀美风光。

庞措林（Phuentsholing）

☎05 / 人口：21,000 / 海拔：300米

庞措林是一座小巧而闷热的边境小镇，与规模大得多的印度集镇Jaigaon形成鲜明对比。两座城镇之间被一道脆弱的栅栏和不丹风格的"国门"隔开——很多人在这里拍照。这是一个拥挤嘈杂的小镇，到处都是商人、安保人员和外来务工者。但是，如果是从印度入境，你会感到市政清洁和秩序瞬间得到改善。

除非是别无选择要在此过夜，否则你绝不会找到任何在庞措林逗留的理由，除了办理边检手续外。这里的空气中弥漫着汽车尾气，夏天有时非常炎热潮湿。尽管如此，这里也有几个景点，可以用一两个小时来游览；逛逛后街市集也不乏乐趣。

景点

Palden Tashi Chholing Shedra 佛教庙宇

2014年开光的这座佛学院位于镇西，为约70名学生提供教学，他们的年龄都在6~25岁。新建的中心佛殿（tsuglhakhang）有一些精美的壁画。如果佛寺还没有让你厌倦，不妨花点时间到此一游。

桑东巴瑞拉康 佛教庙宇

（Zangto Pelri Lhakhang；⏰黎明至黄昏）充满现代气息的桑东巴瑞拉康仿照莲花生大士的天国居所铜色吉祥山而建（但是我们猜想原始版本的天堂绝对不是用水泥建造的！）。这里没有太多可供欣赏的亮点，但是周围的花园非常怡人，转动经筒的信众也是摄影的好素材。

鳄鱼繁育中心 动物园

（Crocodile Breeding Centre；南亚区域合作联盟国家公民/其他成人 Nu20/50；⏰9:00~17:00）有一个小时的时间要消磨掉？不妨前往鳄鱼繁育中心去看看这些凶残的大家伙。从汽车站向北步行10分钟可达。这里会在隔天中午喂鳄鱼。

住宿

庞措林有四五家旅游酒店，以及无数当地小旅馆，其中只有数量有限的空调房。两种类型的住宿很快就会住满印度商人、学生群体和旅行者。

Centennial Hotel 2008 酒店 $

（☎05-251663；www.centennialhotel.bt；Lower Market，Phuensum Lam；标准/豪华 房间 Nu1450/1650，套 Nu2500；❄📶）这家酒店定位于当地经济酒店和旅游酒店之间，住客主要为印度游客。房间简单但宽敞、铺设了瓷砖，整洁干净，各国风味的餐吧装修得体，热情好客。电梯在需要时会启用。这是相对理想的经济型选择。

Hotel Namgay 酒店 $

（☎05-252374；hotel_namgay@yahoo.com；Tharpai Lam；标准/豪华 房间 Nu1495/1725，套 Nu2243；❄📶）可俯瞰桑东巴瑞拉康，这家酒店采用旧式风格装修，在游客酒店中处于中下水平，床垫单薄，窗框寒酸，不过房内配有空调，大堂里摆有热带植物，还可提供货币兑换服务，位置也相当便利。

★ **Hotel Druk** 酒店 $$

（☎05-252426；www.drukhotels.com；Zhung Lam；标单/双 Nu3600/4200起，套 Nu9240；❄📶）这是镇上最好的酒店，拥有舒适和品味高雅的房间，中间是一片修剪整齐的宽敞草坪。它地处海关和边检站后面，远离闹市，绝无尘嚣之扰。各国风味的餐厅供应可口的印度食物（主菜Nu180~400）。

Park Hotel 精品酒店 $$

（☎05-252986；www.parkhotelbhutan.com；Tharpai Lam；房间 Nu2875~5750）这家经营良好、地处中心的小酒店设有时尚的大堂和露台座位。房间非常宽敞，但采光不尽如人意；尽量选一间更安静的背街房间，以避开卡车的刹车声。

Lhaki Hotel 酒店 $$

（☎05-257111；lhakihotel@druknet.bt；Pelkhil Lam；标单/双 Nu2645/3450起；📶）一家富有现代气息的酒店，提供干净宽敞的房间，大堂明亮通风。酒店大门位于小镇上半段的

Phuentsholing 庞措林

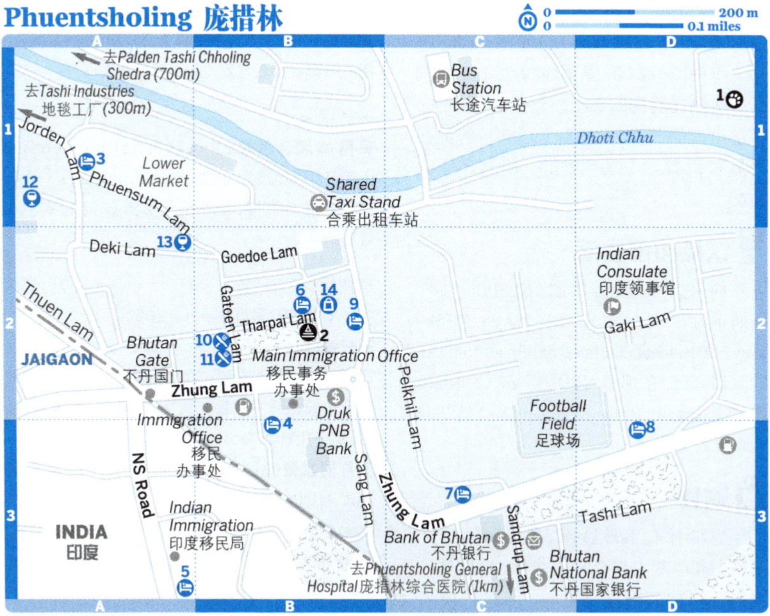

Phuentsholing 庞措林

景点

1 鳄鱼繁育中心……D1
2 桑东巴瑞拉康……B2

住宿

3 Centennial Hotel 2008……A1
4 Hotel Druk……B3
5 Hotel Kasturi……A3
6 Hotel Namgay……B2
7 Lhaki Hotel……C3
8 Orchid Hotel……D3
9 Park Hotel……B2

就餐

10 Kizom Cafe……B2
11 Zen Restaurant……B2

饮品和夜生活

12 Hotel Green Valley……A1
13 Hotel Sinchula……A2

购物

14 Bhimraj Stores……B2

一条小巷旁，但是后面的房间正对嘈杂的主街。记得要一间无烟房。最好预订，因为许多旅行社会安排旅行团下榻此处。

Orchid Hotel 酒店 $$

（☎05-254290；www.theorchid.bt；Zhung Lam；标单/双 Nu4200/4800，套 Nu5400~6000；❄📶）这家三星级现代酒店的28间客房大都十分宽敞，其中一些还有落地窗阳台。

Peling Resort 酒店 $$

（☎77100865；www.pelingresort.com；Rinchending；标单/双/标三 Nu2300/2875/3450，套 Nu4025；❄📶）这家现代化的度假村位于一座俯瞰卡邦地、林木葱郁的小山上，距离尘土飞扬的庞措林有5公里，提供了另一种宁静的住宿选择。房间非常宽敞，其中一些还带有阳台，露台更是可以远眺印度平原。尽量避免在周五和周六入住，迪斯科音乐的声音会持续到次日1:30。

就餐

Zen Restaurant 中国菜 $$

（☎05-251194；Gatoem Lam；主菜 Nu250~500）这里的中国菜相当地道，辅以一些不丹菜和泰国菜，性价比超高。时尚的现代装饰精美异常，氛围十分宁静。

Kizom Cafe
咖啡馆 $$

（Gatoen Lam；咖啡 Nu100，主菜 Nu100～300；⏰9:00～22:00；❄📶）吹着惬意的空调，品一杯热气腾腾的咖啡，这家现代风格的咖啡馆供应奶昔和冰咖啡，以及可口的蛋糕、甜品和说得过去的比萨饼，楼上有舒适的沙发。

饮品和夜生活

如果想喝一瓶冰啤酒（Nu100～140），不妨前往**Hotel Sinchula**（☎05-252589；www.hotelsinchulabhutan.com；Phuensum Lam）的屋顶露台，在那里可以仰望星空，也可以在**Hotel Green Valley**（Jorden Lam）的花园酒吧享受片刻宁静。

购物

庞措林有不丹最便宜的消费品，许多不丹人和印度人都会来此购物。这也是以最低的价格裁制帼或旗拉——不丹传统男女装——的好地方。

Bhimraj Stores
布料

位于市集上，在这里你能以每米Nu200～320的价格购买种类繁多的布料；制作帼或旗拉大约需要4米。量身定制的费用为Nu500～1000。成品帼的零售价在Nu1500～2500。

Tashi Industries地毯工厂
地毯厂

（Tashi Industries Carpet Factory；☎77191046；Jorden Lam）任何对挂毯感兴趣的人都可以来参观隐匿于镇北的这处手工毯编织厂。每平方英尺打结49个，采用印度羊毛编织、合成染料上色。这里的挂毯并非高端产品，但是价格经济实惠，1米宽2米长的挂毯售价为Nu7000。

工厂主要生产批量订单，不丹许多寺庙都是这里的客户。此外还供应用来制作帼的mathra手织布料，每平方米价格为Nu250。

实用信息

入境事务

移民事务办事处（Main Immigration Office；Zhung Lam；⏰8:00～19:00）印度公民需要在这里获取入境许可（与其他国家公民在不丹国门处的检查站获取入境许可不同），需要出示护照或边民证，提交一张护照规格照片和护照首页复印件。

医疗服务

庞措林综合医院（Phuentsholing General Hospital；☎05-254825；Samdrup Lam）一个有50张床位的医院，配有现代实验室、手术室和急救室。

现金

印度卢比可以在不丹自由使用。

不丹银行（Samdrup Lam；⏰周一至周五 9:00～13:00和14:00～16:30，周六 9:00～12:00）兑换外币现钞或旅行支票最佳选择。设有一台自动柜员机，可使用Visa、MasterCard和Cirrus信用卡。

不丹国家银行（Samdrup Lam；⏰周一至周五 9:00～16:00，周六 9:00～11:00）兑换外国货币和Amex的旅行支票。

Druk PNB Bank（Zhung Lam；⏰周一至周五 9:00～13:15和14:00～15:00，周六 9:00～12:00）提供现金兑换以及有限的自动柜员机服务，接受MasterCard或Maestro信用卡。别无他法的时候再来这里。

邮政

邮局（Samdrup Lam；⏰周一至周五 9:00～17:00，周六 9:00～13:00）位于不丹银行旁，在镇上的山上。

到达和离开

各家客运公司，如Dhug、Metho、Pelyab和Sernya都有Coaster小巴频繁从汽车站发往廷布（Nu240，6小时），早上有班车开往帕罗（Nu230，6小时），每天或每两天都有一班长途车开往哈阿（Nu250，9小时）、旺杜波德朗和普那卡（价格都为Nu320，10小时）。

合乘出租车从河边的一个站点发车。前往廷布的费用为每座Bolero吉普车Nu500、四座小汽车Nu700。前往帕罗车费约为每座Nu500。一辆四驱出租车前往印度西里古里（Siliguri）费用为Nu4500，前往廷布费用为Nu4800。

每天清晨有小巴发往西里古里（Nu140，4小时），但这些巴士其实并非为外国人士开通，因为你还得设法说服司机在途中的印度边境检查站停车。

不丹中部

包括 ➡

最佳景致

- 通萨宗堡（见126页）
- 通萨塔皇家历史博物馆（见127页）
- 贾卡尔宗堡（见131页）
- 佩策林寺（见142页）
- 衮藏卓寺（见142页）

最佳徒步

- 纳布吉徒步路线（见206页）
- 皇家玛纳斯国家公园（见148页）
- 芒德步道（见126页）
- 辛卡哈（见145页）
- 鲁格罗维寺（见139页）

为何去

不丹中部青翠常绿的群山和耕田遍布的山谷，再加上国内最古老、最重要的神庙和佛寺，共同构筑了这个国家的文化腹地。众多让人大开眼界的节庆传统，以及数十条心旷神怡的一日徒步游线路，都让这里异彩纷呈。

翻越海拔3420米的帕勒拉山口和黑山，你会看到宏伟雄壮且在历史上具有重要地位的通萨宗堡，它扼守着3条道路交会之要冲。从通萨出发，驾车沿着陡峭的道路爬升没多远，翻越海拔3425米的永同拉山口，接下来就是布姆唐的4座山谷，在这片神奇的土地上，到处都流传着圣人和寻宝者、降妖伏魔和璀璨奇迹的传说，遍布莲花生大士和白玛林巴造访后留下的丰富遗迹、隐修所和圣地。

相比不丹西部而言，前往不丹中部的游客数量一直相对较少，但是如今布姆唐机场使人们能轻松方便地前往。如果真的想另辟蹊径，可以一路向南去探访偏远村庄里的拉康，以及皇家玛纳斯国家公园丛林内的各种野生动植物。

何时去

不丹中部，尤其是阳光明媚的布姆唐山谷，四季游玩皆宜：夏季让人愉悦，春秋两季亦十分理想（春季杜鹃花开，山口附近一派繁花似锦的景象）。冬季气温较低，在布姆唐尤甚，但是白天通常阳光灿烂，而且基本没有游客踪影——记得带上保暖衣物，如果山口因降雪而封闭一两天，也不用感到惊讶。

最好选在一个多彩迷人的节日期间造访，至少碰上一个节日也好，例如乌拉、通萨宗堡、简培拉康或古杰拉康的节日盛会等。

不丹中部亮点

❶ **通萨**（见126页）探游巍峨高耸的宗堡和通萨塔皇家历史博物馆。

❷ **布姆唐山谷**（见142页）选一条徒步路线舒展筋骨。

❸ **古杰拉康**（见139页）在莲花生大士留下的建筑遗产徜徉。

❹ **简培拉康**（见137页）探访不丹最古老和最重要寺庙之一。

❺ **塔姆辛寺**（见141页）身披白玛林巴打造的链甲绕寺一周。

❻ **成德布吉佛塔**（见125页）在仿照加德满都斯瓦扬布纳特寺修建的这座佛塔旁停车野餐。

❼ **邬金曲林宫**（见144页）绕道前往唐谷参观这座有百年历史的超凡博物馆。

历史

不丹中部被认为是不丹最早有人居住的地区，在布姆唐的乌拉山谷和Khyeng（谢姆冈周边）南部的史前定居点就是最好的证明。这些地区和其他一些山谷都曾是由独立国王所统治的公国。这些国王中最重要的一位，是8世纪印度信度（Sindhu）的布姆唐王公，他后来在莲花生大士的指点下皈依佛教。布姆唐则一直是一个独立王国，统治者在贾卡尔（Jakar）发号施令，直到17世纪夏宗·阿旺朗杰一统天下。

在首任第悉（世俗统治者）丹增珠杰（Tenzin Drugyey）统治期间，不丹东部所有地区都在普那卡的竹巴政府控制之下。秋贾·敏珠·丹巴（Chhogyel Mingyur Tenpa）将不丹中部和东部划为8个省，即Shachho Khorlo Tsegay。随后他被擢升为通萨佩罗（行政长官）。

由于通萨宗堡的重要战略位置，通萨佩罗在整个国家都具有举足轻重的地位。第一任国王的父亲晋美朗杰（Jigme Namgyal），正是从通萨开始逐渐掌权的。

在第一任和第二任国王统治期间，布姆唐保持了其政治上的重要地位，这两位国王都将办公地设在贾卡尔的旺迪曲林宫。本地区依然留存了许多令人瞩目的王室居所以及乡村宅邸，其中包括Kuenga Rabten、Eundu Chholing和邬金曲林等。

通萨宗
（TRONGSA DZONGKHAG）

帕勒拉山口至通萨

68公里 / 2.25小时

不丹西部多风小镇旺杜波德朗和通萨之间的道路，经由海拔3420米的帕勒拉山口（Pele La）翻越黑山，然后进入开阔、广泛开垦的芒德曲（Mangde Chhu）河谷。

在帕勒拉山口附近，你也许可以看到牦牛在路边吃草。

了解旺杜波德朗和帕勒拉山口之间路段详情，参见113页。

帕勒拉山口至成德布吉

27公里 / 1小时

从帕勒拉山口开始，道路从漫山遍野奇形怪状的名为“cham”的矮竹丛里穿过。这种竹子永远也长不大，没有任何实用价值，但它们较为低矮时却是牦牛和马匹最喜欢的食物。

随后道路下降至Longte山谷的常绿森林内，从高坡上的Longte村下方经过。在过了山口之后9公里，舒适惬意的Tushita Cafe（☎17600287; Kemepokto village; 早/午套餐Nu340/470; ⌚8:00~20:00）坐拥优美的山谷风景，是停车吃午饭的绝佳选择。

随着道路渐渐深入山谷内部，植被摇身变为色彩斑斓的阔叶树和竹子。道路经过对面的房屋密集的Rukubji村，这里有一所规模较大的学校和佛寺，它们地处一片巨大冲积扇的末端，传说这里曾是一条巨蛇的身体。村庄周围是广袤的芥菜、土豆、大麦和小麦田地。

继续前行1公里，道路进入支流河谷，然后下行至Sephu（海拔2610米），这里也被称为Chazam，附近就是横跨尼卡曲（Nikka Chhu）的公路桥。这是穿越偏远的卢纳纳（Lunana）地区24天史诗级“雪人徒步路线”的终点。你可以停下来看看这里出售的竹席和竹篮，但是大部分都是日常生活用品（而非纪念品）。较大的竹篮（名为“zhim”）用来绑在马鞍上运输货物。度假屋风格的Norbu Yangphel Restaurant（☎02-441844, 17616813; 午饭套餐Nu480; ⌚8:00~21:00）就在村庄上方，是一个很好的午饭打尖处，在这里还可以品尝一些当地特色的河苔汤（juru jaju）。

道路沿着尼卡曲前行，直至这条河与尼亚拉曲（Nyala Chhu）交汇处附近的两座佛塔。道路随后蜿蜒穿过杜鹃、乔松、云杉、橡树和矮竹林，直至成德布吉村（Chendebji），这里的标志物就是密集的传统民居和河对岸黄色屋顶的拉康。在第二任国王统治时期，这里曾是马帮的过夜之地。

从成德布吉村继续前行2公里，就到了位于汇流处的成德布吉佛塔（Chendebji Chorten）。这座白色大佛塔仿照加德满都的斯瓦扬布纳特寺（Swayambhunath；猴庙）佛塔，于19世纪由来自中国西藏的悉达喇嘛建造，用来震慑在这里被除掉邪灵的残魂。这座佛塔的正式名称是Chorten Charo Kasho；这是早期“佛塔之路”佛教徒弘法路线的最西端标志物。附近的不丹风格佛塔建于1982年。

经过佛塔之后500米就到了**Chendebji Resort**（☎16241080，17331082；标单/双Nu1500/3000，早/中/晚套餐Nu420/480/480），这里是一个很受欢迎的午餐地，食物可口，河畔景色宜人。逛逛这里货品丰富的特产商店，几间河畔客房非常适合小型旅行团以及山地自行车或摩托车骑行者入住。

成德布吉至通萨

41公里/1.25小时

过成德布吉佛塔之后，道路经过一些农场，越过山涧，然后再次爬升至一道山脊上，从Tangsibi村上方山坡经过。山谷豁然开朗，道路转过一个弯，进入开阔的芒德曲河谷。道路两边长有可以用来造纸的结香属灌木。在这个路段你还可能看到阿萨姆猕猴。

在Tashiling村，你会看到**塔希曲林拉康**（Tashichholing Lhakhang），这里是格拉工艺品培训学校（Gayrab Artsand Crafts Training Institute）所在地。殿内供奉着一尊9米高、雄伟的千手观音像（Chaktong Chentong）。壁画繁复精美，出自在此学习六年制传统寺院艺术课程的40位僧人之手。

继续沿路前行，你会看到附近美丽的Tsangkha村，这里颇具规模的佛学院专门研究星相。

当公路蜿蜒进出了一座座支流河谷后，终于可以遥望通萨，远方气势磅礴的白色宗堡看上去如同高悬在谷口的空中。路中间一座小佛塔旁的**观景台**是一个拍照的好地方，还可以在**Viewpoint Restaurant**（☎17629194；早餐/午餐 Nu300/420；⏲7:00~19:00）享用一杯茶。宗堡看上去仿佛近在咫尺，但其实仍有14公里车程。不过你可以从这里出发经过**芒德步道**（Mangdue Foot Trail）步行前往宗堡，这段路用时2小时，先是沿陡峭的下坡路至芒德曲上的一座传统铁索桥，然后从同样陡峭的上坡路至宗堡的西门。你的司机需要提前驾车前往宗堡等候，确保你到那里时西门开了。

继续前往通萨，你需要绕行一长段距离前往芒德曲河谷上段，在Bjee Zam检查站过桥到波涛汹涌的河流对岸，接着在北岸继续爬升，经过一座瀑布和Yangkhil Resort，然后进城。

通萨（Trongsa）

☎03/人口：2085/海拔：2180米

通萨位于不丹国土的中心，地处前往普那卡、布姆唐和盖莱普的交通要冲，但崇山峻岭又形成一道道天然屏障，将其与东部和西部隔开。宗堡与周围的城镇位于峡谷上方，向西南可以遥望黑山山脉的美丽风景。这是一座静谧而宜人的小镇，路旁布满传统白色外墙、盆栽植物装点的商店。这个小镇在20世纪50年代末至60年代初接纳了大批涌入境内的藏族移民，因此这里的大部分店铺都由成为不丹人的藏族后裔在经营。

景点

贯穿东西的公路在宗堡上方绕行而过，途经小型周末**蔬菜市场**和小小的**Thruepang Palace**（谢绝参观），第三任国王吉格梅·多吉·旺楚克于1928年在此出生。镇中心的环岛连接着向南前往盖莱普（Gelephu）的道路。沿着这条路步行一小段，即可观赏到壮丽的宗堡景观。

★通萨宗堡 佛教宗堡

（Trongsa Dzong；☎03-521220；⏲6:00~17:00，冬季 至16:00）这座威风凛凛的宗堡居高临下，俯瞰着汹涌奔腾的芒德曲。它算得上是不丹选址最引人瞩目的建筑，建筑南面陡峭险绝，常常隐藏在云雾深处。宗堡小道自山脊而下，穿行于布局散乱的各式建筑中，并由一连串小巷似的门廊、宽阔的石头台阶和美丽的铺石庭院连到一起。宗堡最南面的佛塔拉康（Chorten Lhakhang）是1543年第一座隐修所的所在地。

这里的第一座建筑由纳吉·旺楚克（Ngagi Wangchuck；1517~1554年）下令建造，他是夏宗·阿旺朗杰的曾祖父。他于1541

年来到通萨，在发现保护神吉祥天母坐骑显现的马蹄印后，于此地建造了一座小禅修所（tshamkhang）。"通萨"（在当地方言中是"新村"之意）得名于随后很快在禅修所周边拔地而起的隐修所、寺庙和隐士居所。目前的宗堡建筑于1644年由秋贾·敏珠·丹巴修建，这位官员当时受夏宗法王指派，试图将不丹东部纳入中央政府统治范围。17世纪末，时任第悉丹增立杰（Tenzin Rabgye）对宗堡进行了扩建。它的正式名称是Chhoekhor Raptentse Dzong，更广为人知的是缩写的Choetse Dzong。这座宗堡在1897年大地震中严重受损，时任通萨佩罗晋美朗杰——不丹第一任国王之父——对宗堡进行了维修。

通萨宗堡与王室家庭密切相关。第一任国王和第二任国王都在这里统治全国，如今的不丹王室仍沿袭了王储在即位前担任通萨佩罗的传统。

宗堡的战略位置使其在不丹中部发挥着不容忽视的巨大作用。不丹东部和西部之间的唯一道路仍旧穿越通萨而过，过去更是直接穿越宗堡内部。这使通萨佩罗能卓有成效地控制东西贸易，获取源源不断的税收。如今大部分游客都从东面的大门进入宗堡，但是体力充沛的旅行者可以尝试从观景台开始的"芒德步道"徒步，这段陡峭的步行线路终点是宗堡的西门，这也是最为传统的造访方式。

通萨地区的僧团会在冬季（通萨）和夏季（布姆唐）的驻锡之地往返迁移，这一点与扎仓在廷布和普那卡间迁移颇为相似。

宗堡内有23座彼此独立的拉康，但是你能进入哪些建筑里面就得凭运气了。大部分现存的精美装饰都在第一任国王乌颜·旺楚克在位期间设计制作。

值得造访的房间包括别具氛围的北部法堂和南部的Mithrub Lhakhang，后者内部供奉有宗堡最初创建者纳吉·旺楚克的灵塔。不妨感受木地板上由众多虔诚的朝圣者留下的足印凹痕。

每年12月或1月，为期5天的通萨戒楚节都会在北边的庭院里举行，节日的高潮是晒大佛（展示巨幅唐卡）。宗堡旁边是射箭场和现任国王（当时的王储）于2004年获封佩罗的仪式举办地。

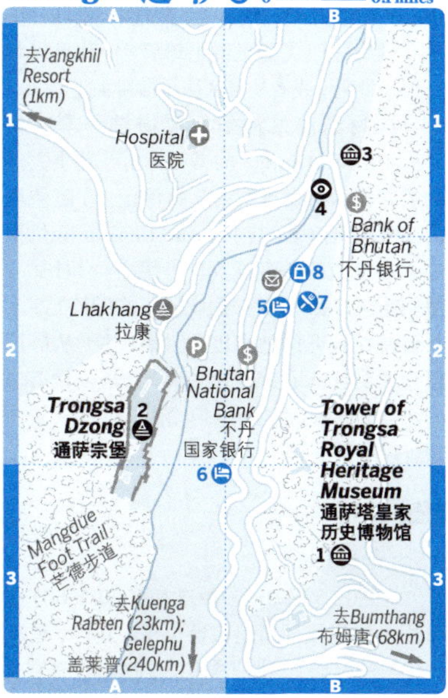

Trongsa 通 萨

◎ **重要景点**

1 通萨塔皇家历史博物馆 B3
2 通萨宗堡 A2

◎ **景点**

3 Thruepang Palace B1
4 蔬菜市场 B1

住宿

5 Norling Hotel B2
6 Tashi Ninjay Guest House A3

就餐

7 Oyster House B2

购物

8 Phuntsho Wangmo Bakery & General Shop B2

★通萨塔皇家历史博物馆 博物馆

（Tower of Trongsa Royal Heritage Museum；☎03 521220；门票 Nu200；⏲4月至5月 周一至周六 9:00~17:00，11月至次年3月 10:00~16:00）这座俯瞰宗堡的瞭望塔（Ta Dzong）如今已被改建成一座高品质的博物馆。五层展厅主要

展示了佛教艺术和王室纪念品，包括有着500年历史的纳吉·旺楚克的外衣，以及第四任国王在青少年时代穿过的足球鞋等。你可以驾车前来此处，或者从市区徒步拾阶而上。

博物馆内最神圣的宝物是一本叫作"Padma Kathang"的书——由莲花生大士的明妃益西措嘉撰写的莲师传记。在瞭望塔内还有两座拉康；其中Gesar Lhakhang供奉的是19世纪的通萨佩罗晋美朗杰。在杜瓦战争（Duar War）期间，据说被俘的两名英军士兵就是在这儿的地牢里被囚禁数月。从塔顶可以看到让人心醉神迷的风光，塔内设有一间纪念品商店，底层的咖啡馆供应茶点（预约还可以准备午餐）。

住宿

Norling Hotel 经济酒店 $

（☎03-521171；标单/双 Nu1920/2160）这家用水泥砌成的当地旅馆位于市场内，是享用午餐的好地方，供应冰爽的小熊猫牌啤酒。楼上的9间客房环境优雅，铺有木地板，带独立浴室，深受当地人和到访的非政府组织工作人员的青睐。

Puenzhi Guest House 酒店 $$

（☎17627156，03-521197；puenzhiguesthouse@gmail.com；标单/双 Nu3360/4560，豪华Nu3840/5400；📶）向城镇上方驱车前行4公里就到了由前任通萨行政官员经营的这座酒店。豪华房品质最优——通风、宽敞而且可以将瞭望塔、通萨宗堡和黑山尽收眼底。年头较久的房间面积较小，但仍不失舒适，阳台风景同样出色。

露台餐厅很适合在日落时享用一杯啤酒，精力充沛的住客可以沿着酒店下方的小道直接步行前往瞭望塔。

Yangkhil Resort 酒店 $$

（☎03-521417；www.yangkhil.bt；标单/双 Nu3334/3636，豪华 Nu4338/4738；📶）这座度假酒店位于镇西1.5公里处，是一个不错的选择，5栋楼里共设21间客房，建在山坡上，面朝宗堡。所有房间都宽敞整洁，有供暖设备、阳台和极为舒适的床。花园、风景和不错的餐厅使这里成为放松身心的理想场所，因此在安排行程时不妨早一点到达，或者晚一点离开。

值得一提的还有，在存酒丰富的酒吧里可以喝到美味的浓缩咖啡（Nu180）。房间里没有电视。

Tashi Ninjay Guest House 酒店 $$

（☎03-521531；tashininjay@gmail.com；标单 Nu2875，标双 Nu3105~3600；📶）从这座旅馆可以看到雄奇的宗堡，因此一定要入住带有阳台的楼上房间。房间十分舒适，菜肴非常可口，员工超级友好，这是市内唯一一家旅游级酒店。

就餐

Oyster House 不丹菜 $

（☎03-521413；主菜 Nu80~180；⏲8:00~22:00）这家热门的餐厅拥有舒适的沙发座和阳光灿烂的露台，可以看到主街风景，菜单上每周供应不同的菜肴：藏面（thukpa）、藏饺（momos）、菠菜奶酪（saag datse）等。这里的特色还有全尺寸的斯诺克球桌，吸引了通萨的青少年到此游乐。

购物

Phuntsho Wangmo Bakery & General Shop 手工艺品

（⏲8:00~19:00）这个商店有一些手工纺织品、面具和首饰，以及其他一些平淡无奇的烘焙食品。

实用信息

不丹银行（⏲周一至周五 9:00~15:00，周六 9:00~11:00）有一台ATM机。

不丹国家银行（⏲周一至周五 9:00~15:00，周六 9:00~11:00）有一台ATM机。

医院位于城镇西北。

邮局（⏲周一至周五 8:30~17:00，周六 8:30~13:00）

Kuenga Rabten

不丹第二任国王吉格梅·旺楚克（Jigme Wangchuck）的冬宫位于通萨以南23公里（车程1小时）。这是一段趣味盎然的驾车之旅，道路从Takse Goemba（约17公里处）山下经过，还路过几座巨大的瀑布以及芒德曲河谷

下段的肥沃稻田。从通萨出发，这是一段非常不错的半天或大半天游览路线，如果你可以安排车辆在Kuenga Rabten等待会合，这还会是一条无与伦比的骑行线路。路上车辆不多，而且从通萨开始一路下坡！

这座宫殿香烟缭绕的佛殿极为古朴。建筑如今由国家文化事务委员会（National Commission for Cultural Affairs，简称NCCA）负责管理，因此你无须办理特别许可证即可入内参观。如今有约40位年轻僧人在此修行，其中年龄最大的只有15岁。在过去，U形建筑的首层用来存储粮食；二层是王室侍从和卫队的住所；三层则是王室居所以及国王的私人佛堂。这一层的部分区域现已改建为图书馆，里面保存有来自国家图书馆的一些书籍。国王和王后的房间之间是Sangye Lhakhang，里面供奉着释迦牟尼佛、夏宗法王和莲花生大士像。

步行15分钟或驾车上山，即可到达Karma Drubdey Nunnery，在勤劳的尼姑（anim）的操持下，尼姑庵正在扩建当中。

继续向谷内前行25公里即可抵达Eundu Chholing，这是第一任国王乌颜·旺楚克的冬宫。从Kuenga Rabten出发，道路沿着壮观的盘山路逐渐下降，经过Refey村到达河边以及Yourmu的修路工营地，接着前行2公里后，一条土路从主路分岔前往宫殿。这座建筑属于一位当地贵族（Dasho），但是由宗堡的行政长官（dzongpen）打理，通常都允许游客参观。二楼的贡康（仅男士可进入）里面有一座备受尊崇的白玛林巴佛塔，以及让人目不暇接的各种武器和可爱的不丹鲁特琴。入口大殿内有一些你所见到的最美丽的壁画，诠释了桑东巴瑞和佛教净土（Sukhavati）等天国世界。

塔培寺（Taphey Goemba）

如果你在通萨能多待一天或真的希望另辟蹊径，不妨考虑造访通萨北部的山峦。从通萨出发，沿着农场道路向北前往Yuling村和拉康，开始一段一日游冒险，步行前往塔培寺的禅修所。继续向山上步行一小时，可以到达山脊线上，从这里向北遥望壮丽的喜马拉雅风光，偶尔还可见到高耸云天的岗卡彭森峰（Gangkhar Puensum；海拔7541米）。

布姆唐宗（BUMTHANG DZONGKHAG）

布姆唐地区主要由四座山谷构成，分别是：卓霍（Chokhor）、唐（Tang）、乌拉（Ura）和曲梅（Chhume）。由于宗堡和最重要的寺庙都位于面积较大的卓霍山谷，因此这里通常被称为布姆唐山谷。

布姆唐这个名字的来源有两种版本。一种说法是这座山谷形状看上去像是一个宝瓶（bumpa），一种常见于拉康佛坛上装圣水的容器。“Thang”的意思是“田野”或“平地”。不太严肃的解释为这个名字源自生活于此的倾城女子——“bum”的意思是“女孩”。

通萨至贾卡尔

68公里/2.5小时

通萨前往布姆唐主要城镇贾卡尔的道路蜿蜒穿过曲梅山谷，沿途经过数不清的村庄和佛寺，是不丹较为轻松有趣的驾车路线之一。中途可以停车游玩，这一天将会变得格外丰富有趣。

通萨至永同拉山口

28公里/1小时

道路在通萨上方的山脊上曲折前行，在经过Puenzhi Guest House和Dorji Goemba的火葬场后以极为陡峭的坡度向上爬升，抵达峪口。最后道路爬过谷顶，到达永同拉山口（Yotong La；海拔3425米），你会看到一座藏式佛塔和许多经幡。在翻越山口时，通向不丹东部的贸易古道与现代公路齐头并行。

永同拉山口至尊尼村

24公里/1小时

从山口出发下山，沿途的植被由冷杉向乔松过渡，最后变成竹子。公路进入曲梅山谷的上部，标志是Gaytsa路边一座小小的Chuchi Lhakhang。在Gaytsa以北数百米处的山峦上，坐落着宁玛派的布里拉康(Buli Lhakhang),创建者是多杰林巴(Dorji Lingpa; 1346~1405年)之子Tukse Chhoying,如今寺庙在美国喜马拉雅基金会的协助下进行修缮。目前约有40位年轻僧人在此修行。寺庙底层是觉沃拉康(Jowo Lhakhang),里面有一尊笑容可掬的强巴佛(弥勒佛)坐像和几根令人印象深刻的12面柱子(kachen)。楼上则是Sangye Lhakhang,得名于过去、现在和未来三世佛像。三尊主佛像旁边是莲花生大士和多杰林巴像。窗户边的壁画同样描绘了多杰林巴。在沿着楼梯登上楼时,注意看看刻有当地保护神Yoebar Drakpo的石板。2月举行的布里戒楚节(Buli tsechu)以一场夜间的篝火庆典(mewang)拉开序幕——这是一种可追溯至佛教传入之前的仪式,整个节日为期3天。几只黑颈鹤会到村子东北的田地里过冬。

视线越过东北悬崖边的树顶,**塔巴林寺**(Tharpaling Goemba)的红色屋顶即映入眼帘。藏传佛教宁玛派哲学家和圣人龙钦巴(Longchen Rabjampa; 1308~1363年)建立了塔巴林寺,使其与8座周边寺庙(ling)融为一体,并在此居住多年,育有两子。附近的几所寺庙和建筑里有100多位僧人,他们在附属的佛学院求学。可以沿一条土路(在雨雪天无法通行)驾车10公里穿越田园风情的乡村,或者从贾卡尔徒步翻山越岭前往参观这座佛寺。下山路非常适合山地自行车骑行,也可以经由Samtengling Goemba步行下山至主干道上。

在塔巴林之上,海拔约3800米的地方,是白色的隐居修行地**Choedrak**,它由两座古老的佛堂组成,中间隔着一座佛塔和一眼圣泉。右边Thukje Lhakhang的中央供奉着一尊千手观音像。而Lorepa Lhakhang得名于12世纪时修建这座佛堂的藏人,里面有莲花生大士的一个石头足印,以及空行母的石头颅骨。继续向上攀登到达**Zhambhala Lhakhang**,它得名于广受欢迎的财富之神。朝圣者会到拉康后面岩石上的一组圆形凹槽处祈福,拉康内有一座气势宏大的纽舒堪(Nyoshul Khen)仁波切的灵塔,他是一位重要的藏族喇嘛,于1999年圆寂。白玛林巴曾在这些佛寺附近发现了一些伏藏(神圣的经文和法器)。

回到主路上,在经过塔巴林路口后,一座桥横跨Gaytsa Chhu河,沿着一条标示清楚的砂石路前行1公里可到达**Chumey Nature Resort**(☎17114836; www.chumeynatureresort.com; 标单/双 Nu2472/3300,套 Nu4620; 📶),这是一处轻松惬意的乡村度假酒店,内设14间小屋客房,周围被田野和森林所环绕,几条步行小道纵横交错,其中一条可通往多姆卡塔希曲林宗堡(Domkhar Tashichholing Dzong; 30分钟)。度假酒店甚至还建有自己的拉康,为希望了解佛教的游客提供方便。可以租一辆山地自行车(每天US$12)开展峡谷骑行。

主路继续下行深入Gaytsa Chhu河谷,前行2公里至多姆卡(Domkhar)。一条土路向南通往1公里外的**多姆卡塔希曲林宗堡**(Domkhar Tashichholing Dzong),这里是第二任国王的夏宫。它建成于1937年,仿照Kuenga Rabten修建。后来第二任国王的王后曾在此居住数年,如今是王室宾馆,因此内部不对游客开放(你可以参观庭院)。南边的佛学院由噶玛噶举派的前任噶玛巴活佛于1968年修建。

经过多姆卡村和Hurjee之后,就到了**曲梅**(Chhume),规模较大的两所学校沿着500米的直路排列,也许这是不丹山区最长的直路。路上设有减速带,以确保司机不会利用这段直路来赶时间。

到达尊尼村(Zungney)之前,在Yamthrak有一条柏油岔路,前行3.5公里可到达**尼玛朗寺**(Nimalung Goemba),这是一座重要的宁玛派佛寺和佛学院,它由道灵活佛(Dorling Trulku)于1935年创建。底层内殿里有一尊护身符内的神圣的度母像,据说这一护身符是被从中国西藏带来此处的。在佛坛后面可以看到有许多黑色帽子,这是在不丹历五月初十(公历7月前后)举行戒楚节时使用的。佛坛前有一个装有巨幅唐卡的大金属箱,这幅唐卡描绘的是莲师八相。楼上是一座贡康。你在殿外可以看到僧人们在玩khuru,这是一种飞镖和射箭相结合的运动。如果你想要舒展下筋骨,可以从主殿前的一排大佛塔出发,走15分钟的小路下山去普拉卡寺。

回到主路上，从Yamthrak路口出发步行500米可到达**Chorten Nyingpo Lhakhang**，这是一座充满沧桑感的16世纪佛堂，里面的主要圣物是夏宗父亲丹巴尼玛（Tenpa Nyima；1567~1619年）的塑像。在院子里可以找找白色的法座，据说丹巴曾在这里讲经3年。继续沿主路前行，在到达尊尼村前，你将经过装机容量1.7兆瓦的曲梅小水电厂，它多年来一直为通萨和布姆唐供电，如今正在进行维护和升级。

继续前行5分钟，在尊尼村的两家工艺品商店前面停车，实地参观织工和染工的工作。**Thokmed Yeshe Handicraft & Yathra Production Centre**（☎03-641124；Zungney；⊙6:00~20:00）旁边是规模不大的**尊尼拉康**（Zungney Lhakhang），据当地人讲由藏王松赞干布修建，是用来震慑妖女的寺庙之一。在离开尊尼时，注意看看右边不同寻常的双层转经筒。

尊尼村至贾卡尔

16公里 / 30分钟

普拉卡寺（Prakhar Goemba）位于尊尼村以东河对岸的一处岬角上。步行10分钟可抵达这座佛寺，寺庙有3层，由著名伏藏师白玛林巴之子达瓦贾珍（Dawa Gyaltshen）建造居住。底层供奉的是由尼泊尔工匠制作的释迦牟尼佛像。中间一层供奉的是莲师八相造像。最上面一层有9座小佛塔，以及历史和寺庙一样久远的壁画。普拉卡多楚节于不丹历九月中旬（公历10月或11月）与简培拉康竹巴节在同时段举行。“普拉卡”的意思是“白猴”。

道路沿着山谷蜿蜒下行，经过Nangar的片片苹果园，进入乔松森林。从这里分出一条新修的支路直接通往乌拉。道路爬升不久后到达齐齐拉山口（Kiki La），海拔2860米的垭口处有一座佛塔，经幡招展。翻过侧岭后，道路下行进入卓霍山谷（Chokhor valley）。

贾卡尔（Jakar）

☎03 / 人口：4829 / 海拔：2580米

贾卡尔（也叫Chamkhar）位于卓霍山谷谷底附近，是该地区最主要的商贸中心。在你探访周围山谷的几天里，这里也许将成为你的大本营。

贾卡尔本身是一座有两条街道的繁华市镇，值得逛一逛，2010年的三场大火令小镇受损严重，但这里的大部分店铺已获重建，店面都比较新。与不丹的其他城镇一样，贾卡尔计划搬迁至赛拉康（Sey Lhakhang）以北的新城镇Dekyiling。新城镇的道路已经完工，但大规模搬迁的最后日期尚未确定。布姆唐的巴斯帕拉唐机场（Bathpalathang Airport）位于昌卡曲（Chamkhar Chhu）东岸。

每天下午都会从南边刮起强劲的谷风，使得贾卡尔的夜晚颇为寒冷。

景点

交通环岛和建于14世纪的**贾卡尔拉康**（Jakar Lhakhang）标志着镇中心所在。

主街道从镇中心出发东行，直至昌卡曲上的桥边。在你准备过河离开城镇之前，可以看看附近的一座小**佛塔**，这里埋葬着一名西藏将领的头颅，他在17世纪率军入侵不丹时兵败身亡。

★贾卡尔宗堡（Jakar Dzong） 佛教宗堡

目前的建筑修建于1667年，所在的地方风景如画，可俯瞰卓霍山谷。宗堡正式名称是Yuelay Namgyal Dzong，用于纪念不丹在与17世纪的西藏地区统治者Phuntsho Namgyal所率部队的一场决战中大获全胜。这座宗堡非比寻常的一个特点是乌策建于外墙之上，因此无法绕行转经。

根据传说，1549年当喇嘛们聚在一起为修建佛寺选址时，一只巨大的白鸟突然腾空而起，然后落在一座小山脊上。这被认为是一种吉祥的征兆，于是这座小山就被选为贾卡尔宗堡的修建地点，宗堡的名字翻译过来就是“白鸟城堡”。夏宗的曾祖父纳吉·旺楚克（Ngagi Wangchuck）是这座寺院的创建者。

这座令人印象深刻的宗堡周长超过1500米，前往宗堡需要沿一条石头路步行。大门内是一座狭窄的庭院，周边是行政办公楼。乌策位于庭院东边，后面是僧舍。宗堡西侧是一个略大的庭院，周围也是行政办公楼。在这个院子后面，是一座半圆形的瞭望塔。一条有围墙

Jakar 贾卡尔

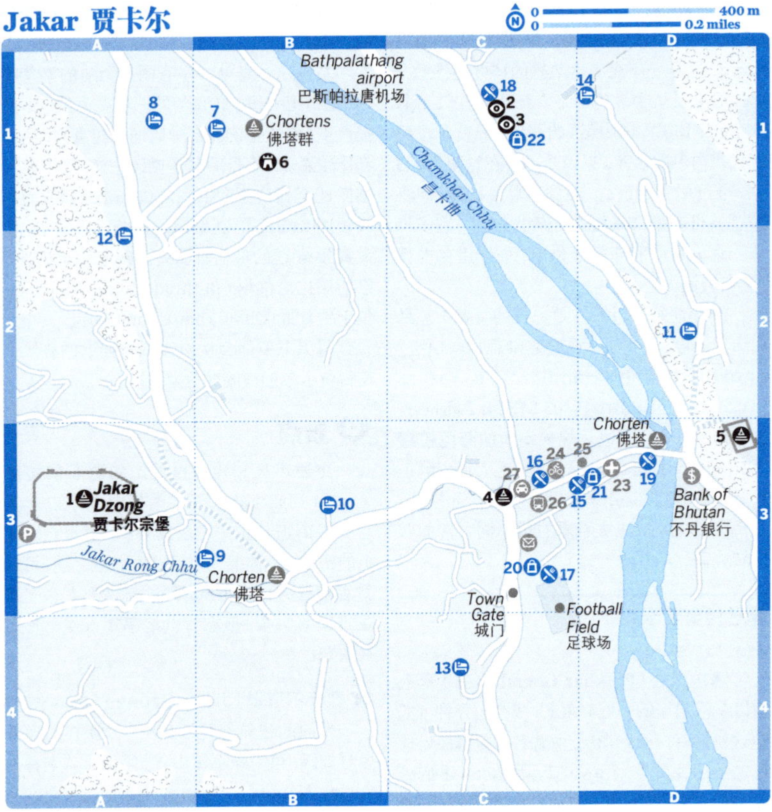

Jakar 贾卡尔

重要景点
1 贾卡尔宗堡 A3

景点
2 布姆唐啤酒厂 C1
3 奶酪工厂 C1
4 贾卡尔拉康 C3
5 洛卓卡珠寺 D3
6 旺迪曲林宫 B1

住宿
7 安缦酒店 B1
8 Hotel Ugyen Ling A1
9 Jakar Village Lodge B3
10 Kaila Guest House B3
11 Mipham Guest House D2
12 Mountain Resort A2
13 River Lodge C4
14 Swiss Guest House D1

就餐
15 Bumthang Pizza C3
16 Cafe Perk C3
17 Himalayan Pizza C3
18 Panda Beer Garden C1
19 Sunny Restaurant D3

购物
20 Bumthang Handicraft Shop C3
Dragon Handicrafts .... （见16）
21 Gongkhar Handicrafts D3
22 Yoser Lhamo Shop C1

实用信息
23 Pema Yangzom Pharmacy D3

交通
24 Dragon Ride C3
25 不丹皇家航空公司 D3
26 Metho Transport C3
27 出租车站 C3

的通道从宗堡一路向下通往附近的泉水——这种设计是为了在长期被围困的情况下保证供水。

即便所有宗堡内殿堂都闭门谢客，也值得登上这里，从前院远眺卓霍山谷的美丽风景。

旺迪曲林宫（Wangdichholing Palace） 宫殿

旺迪曲林宫建于1857年，这里曾经是通萨佩罗晋美朗杰的一座兵营旧址。这是不丹第一座没有采用堡垒设计的宫殿。这座建筑气势恢宏但没得到足够的重视，如今被当作一座寺院学校（lobdra）使用；不过不丹基金会（Bhutan Foundation；www.bhutan-found.org）计划将它改造成一座博物馆。

晋美朗杰之子——第一任国王乌颜·旺楚克，就在旺迪曲林宫出生，并将这里作为主要寝宫。过去，每年冬天，整个王室都会从这里迁往Kuenga Rabten，路上需要用时3天。旺迪曲林还曾经是第三任国王的居所，后来他于1952年将王室迁往普那卡。

北边的方形佛塔内有5个巨大的转经筒。隔壁的现代风格建筑是奢华的安缦酒店度假村。

洛卓卡珠寺（Lhodrak Kharchu Goemba） 佛教寺院

贾卡尔东边的山上，坐落着这座占地广阔的宁玛派佛寺。它于20世纪70年代由南开宁波（Namkhai Nyingpo）仁波切修建，寺内有约400名僧人。新修建的措康供奉着莲花生大士、观音菩萨和释迦牟尼佛的大塑像。

如果你在16:30~18:00（4月至11月）来这里，可以在主寺后面佛学院的院子里观看声势浩荡的辩经，僧人们通过跺脚、拍掌等动作进一步阐述自己的佛学观点。不要为了拍照而打扰僧人们的辩论。

节日和活动

布姆唐有许多节日，其中最重要的是不丹历九月（公历10月或11月）的**简培拉康竹巴节**（Jampey Lhakhang Drup）。为期3天的**贾卡尔戒楚节**则在此前一周举行，届时宗堡内会上演面具舞。塔姆辛寺、天鹅拉康和乌拉寺等佛寺在一年中的其他时间都会举办异彩纷呈的大型节庆。

住宿

布姆唐的大部分酒店和客栈都采用如出一辙的设计，松木镶板的房间、独立的餐厅，并且大部分都由家庭经营。近年来，许多廷布的旅行社和酒店经营者纷纷在这里建起富丽堂皇的大型酒店，提供奢华享受，却不如客栈那么接地气。大部分客栈和酒店都有柴炉给房间供暖。如果你觉得冷，可以要求服务员点燃炉子——他们会“轰”的一声引燃一勺煤油！这种柴炉能迅速加热房间，但是烧不了太长时间。

贾卡尔

★ Jakar Village Lodge 酒店 $$

（☎03-631242；www.bhutanlodge.com；标单/双 Nu3600/4080，豪华 Nu4200/4800；📶）这家酒店坐落在宗堡下方一条宁静的村庄巷道旁。店主以前担任过宗长（dzongdag）一职，伴着茶的芬芳和咖啡的香醇，这位老人会向你讲述历史长河中的种种逸闻。这里的房间干净舒适，在阳光明媚的露台可饱览山谷瑰丽风情，抬头即可仰望宗堡。

酒店的食物在布姆唐数一数二，厨房员工竭力烹制出种类丰富的可口食物，包括早餐时段供应的美味荞麦薄饼。提供自行车租赁服务。

Mountain Resort 酒店 $$

（☎17670668；www.bhutanmountainresort.com；标单/双 Nu3163/3393；📶）这家酒店翻修后变得颇为时尚，新的前台和用餐区试图用传统石头和木头来诠释现代风情，此外还增建了一处新的住宿翼楼。尽量预订典雅的新楼房间，屋里设有很棒的山谷景观窗、取暖柴炉以及独立卫浴。

Yu-Gharling Resort 酒店 $$

（☎631948；www.yugharling.com；标准/豪华 房间 Nu3100/3790，套 Nu5520起；📶）这家大胆的传统风格酒店雄踞山谷之上，占地面积大，环境奢华。房间较为宽敞，景致极其壮观，尤其是从我们极其推荐的小屋（带阳台）望出去。虽然房间里没有电视机，但酒店设施

完善，包括一间摆有台球桌的宽敞酒吧，以及提供按摩、极可意按摩浴缸和热石浴的水疗中心。

Swiss Guest House

酒店 $$

（☎17111926，03-631145；www.swissguesthouse.bt；标单/双 Nu3096/3120；📶）木屋位于山峦之上，四周苹果园和梨园环绕，可以俯瞰山谷，没有比这更具田园风情的地方了。1983年，这里是布姆唐的第一座客栈，之后历经修缮升级。新配楼中的房间宽敞温暖，有舒适的床和干净的浴室。

气氛欢快的酒吧也是不丹为数不多的能喝到桶装小熊猫牌啤酒的地方，而且口感绝对鲜醇，因为啤酒厂就在附近。

Kaila Guest House

酒店 $$

（☎17815583；kailaguesthouse94@gmail.com；标单/双 Nu2640/2760；📶）这家好客的酒店有一个阳光明媚的庭院和一栋新配楼，楼内房间挂有精致藏毯和带有雨淋花洒的浴室。酒店老板曾经担任Swiss Guest House的主厨多年，因此这里的食物非常可口，职员也极为热情好客，服务真诚。

这里广受非政府组织工作人员的青睐，他们入住可享20%折扣。酒吧是打听布姆唐新鲜事的好地方，尤其是这里还供应桶装的小熊猫牌啤酒。

River Lodge

酒店 $$

（☎03-631287；www.bumthangriverlodge.com；标单/双 Nu2700/3000，豪华 Nu3360/3480起；📶）这家非常受欢迎的酒店拥有可俯瞰镇南山谷风景的多种房型。老板热情友善、无所不知。酒店内设一间提供按摩和热石浴的小型水疗室，以及一间坐拥雄奇山谷风景的明亮餐厅——提供可口的食物和温暖的柴炉。试试自制的有机野草莓酱或李子果酱。

酒店老板还经营着唐谷（Tang valley）里充满乡村风情的Mesithang River Lodge Farmhouse。

Hotel Ugyen Ling

酒店 $$

（☎631369；www.bhutanhotels.com.bt；标单/双 Nu3000/3360；📶）由不丹规模数一数二的旅行社经营，这个带有院墙的院落离旺迪曲林宫很近，拥有超越普通住宿的服务、多种口味的餐厅和舒适的酒吧。标准房几乎都是套间，有独立的起居区，采用柴炉供暖，还带有独立阳台。但是，狭小的卫生间与酒店的奢华风格似乎格格不入。

Mipham Guest House

客栈 $$

（☎03-631738；房间 标准/豪华 Nu4200/4800；📶）这座隐秘的客栈位于洛卓卡珠寺下面，使其成为清晨前往朝拜的佛教信徒的最佳落脚点。老房间非常舒适，采用柴炉取暖；新一点的房间设有电暖器，也更加宽敞，而且可以看到壮观的宗堡和城镇风景。

安缦酒店

豪华酒店 $$$

（Amankora；☎02-331333；www.amanresorts.com；全膳宿 双/标三 US$1860/2220；📶）布姆唐最豪华的酒店，没有之一。时尚的安缦酒店如同宗堡般坐落于旺迪曲林宫旁边的果园里，四周布满苹果树和梨树。房间宽敞，配有特大号的床、挑高天花板和位于中央的豪华浴缸。房费含全餐以及各种活动。

卓霍山谷

Gongkhar Guest House

酒店 $$

（☎1767035，03-631288；tsheringgong@yahoo.com；标单/双 Nu2394/2706，豪华 Nu4266/4554；📶）这家很棒的酒店位于贾卡尔东南1.5公里处，有着宽敞、温馨和舒适的客房，房间用柴炉加热，带有重新装修的浴室。从这里可以清楚地欣赏宗堡，花园中的座椅周围是争奇斗艳的玫瑰，服务热情周到，食物的品质和品种在谷内首屈一指。豪华房极为舒适。

Wangdicholing Resort

酒店 $$

（☎17670399，03-631452；wangdicholingresort@gmail.com；Chamkhar；标单/双 Nu3060/3180，套 Nu4200；📶）这家经营有道的度假酒店坐拥俯瞰镇南山谷的卓越位置，供应可口食物的厨房也是有口皆碑。酒店的亮点是繁花似锦的露台，从这里可以欣赏到美丽的风景。房间略显陈旧，但非常舒适；宽敞的转角套间设有大号双人床，品质一流。

Valley Resort

酒店 $$

（☎17774466；valleyresortbumthang@gmail.com；Jalikhar；房间 Nu3360；📶）山谷内亮

布姆唐奶酪和啤酒

布姆唐著名的**瑞士农场**(Swiss Farm)是由在不丹工作的首位瑞士人弗里茨·毛雷尔(Fritz Maurer)建立的成熟开发项目。这个项目包括向谷地引入奶酪制作、酿酒、农耕机械和高效柴炉,此外还建立了山谷内第一座旅游客栈。

这个项目最重要的财富之一,就是不丹最可口的佳酿,采用先进微酿酒厂理念打造的**小熊猫**(Red Panda)牌啤酒。你可以参观**布姆唐啤酒厂**(Bumthang Brewery; ☎17123713, 17110150; US$5; ⏰周一到周五 需预约),了解瑞士风味的未过滤白啤酒的酿造过程,然后在旁边的**Panda Beer Garden**品尝最终产品。门票费用包含一瓶小熊猫牌啤酒。

瑞士专家还成立了不丹唯一的商业化**奶酪工厂**(☎17607239; US$5; ⏰周一至周五 需预约),游客可以到这里参观(门票含免费品尝)。如果你想购买一些奶酪和啤酒以享用丰盛的布姆唐野餐,可以直接前往隔壁的**Yoser Lhamo Shop**(见136页),这里是两家企业的主要销售网点。

相不久的这家初来者仅有9个舒适的房间,每个都带有阳光充裕的阳台,现代风格的卫生间里使用干净的泉水。餐厅和酒吧光线明亮,采用常见的松木镶板装饰。我们希望天井式取暖器只是临时措施。

Yozerling Lodge 酒店 $$

(☎03-631846; www.yozerling.com.bt; 标单/双 Nu2280/2400, 豪华 Nu3000/3360; 📶)这个热情友善、家庭经营的酒店距离镇上2.5公里,外形并不宏伟,可以稍加涂漆,但是松木镶板的房间非常舒适,在新的豪华楼房内有能看到山谷风景的房间。大型餐厅里的舒适沙发成为晚餐前后喝一杯的惬意地方。

Hotel Pelling 酒店 $$

(☎03-631222; www.hotelpeling.com.bt; Tamzhing; 标单/双 Nu2645/2875, 套 Nu4140; 📶)这家外表豪华的酒店有着宽敞的房间,带有宽敞的阳台和美丽的风景。房间采用传统柴炉取暖,可根据需要提供电视机,Wi-Fi在前台之外的地方信号不佳。酒店设有热石浴。

Rinchenling Lodge 酒店 $$

(☎03-631147; rinchenlinglodge@gmail.com; Tashigatsel; 标单/双 Nu2160/2520, 豪华房间 Nu4200, 套 Nu6600; 📶)这家酒店由和蔼可亲的Dasho Jampel Ngedup及其家人经营。这里有宽敞的房间、舒适的床垫以及一流的餐厅。标准房位于苹果树中间(不要选择背面的房间),豪华房间拥有现代化的浴室和阳光明媚的阳台。采用独创加热方法的热石浴值得一试。

Leki Guest House 酒店 $$

(☎03-631231; lekilodge@druknet.bt; 标单/双 Nu3360/3840; 📶)Leki是谷内最古老的酒店之一,15间客房位于一栋传统风格的建筑里。餐厅里用自制的编织品装饰,编织品可供出售(老板是一位编织高手),纺织迷们可以观看传统染色演示(每团队US$280)。可提供热石浴。

Hotel Jakar View 酒店 $$$

(☎17637241, 03-631779; hoteljakarview@druknet.bt; Jalikhar; 标单/双 Nu4800/5400; 📶)位于城镇外围,拥有非凡的山谷风光。这家色彩明艳的酒店仅有12间面积宽敞、装饰传统、实木镶板的豪华客房,都带有现代化的卫生间。酒店内设舒适的酒吧、柴炉取暖的餐厅以及带有火塘的大露台。

就餐

布姆唐的酒店为住客提供品质一流的当地菜和欧陆菜,酒店之间在餐饮方面进行良性竞争。由于海拔原因,荞麦是布姆唐最主要的粮食,荞麦面(puta)和荞麦薄饼(khule)都是当地特色。昌卡曲(Chamkhar Chhu)的鳟鱼也赫赫有名,虽然佛教禁止杀生,但有时候酒店餐桌上也会出现一些鱼类菜肴。

★ **Cafe Perk** 各国风味 $

(☎17739217; 浓缩咖啡 Nu60; ⏰9:00~

21:00）如果你在寻找浓缩咖啡，这里绝对让你心满意足。除了咖啡，这里还有奶昔、冰咖啡和印度奶茶。黑板上的菜单包括香蕉饼和荞麦薄饼、意面、烤三明治配薯条以及其他受欢迎的简餐。

Bumthang Pizza 比萨 $

（☎17624149；比萨 Nu240～310；⏰9:00～21:30）这家楼下临街比萨店供应三种规格的素食和非素食比萨，此外还有一个酒吧。不丹特色品种包括牛肉蘑菇比萨等，如果你说加点辣椒，厨师一定会非常慷慨。

Sunny Restaurant 不丹菜 $

（☎17254212；主菜 Nu55～150；⏰8:00～21:00）贾卡尔的主街两边有许多小酒吧和当地餐厅，但是最明亮和最干净的当属这家供应不丹菜和中国菜的餐厅，掌勺的是安缦酒店的前任主厨。拿手好菜包括奶酪/牛肉藏饺（Nu55/70）和辣鸡饭（Nu150）。

Himalayan Pizza 比萨 $

（☎17725819；比萨 Nu60/块；⏰9:00～22:00）如果你想从酒店自助餐换换口味，那么在镇南的这家餐厅可提供还过得去的奶酪和番茄比萨，以及搭配浓郁胡萝卜、番茄和辣椒酱的牛肉或奶酪藏饺。

Panda Beer Garden 各国风味 $$

（☎17110150；套餐 午餐/晚餐 Nu400/450，比萨 Nu260～280，干酪火锅 Nu700，拉克莱特干酪 Nu800；⏰需预约）布姆唐啤酒厂内的啤酒花园餐厅。这家舒适的餐厅可供应肉类和素食比萨饼、瑞士风味的干酪火锅和拉克莱特干酪菜肴，以及各种自助午餐和晚餐等。

🔒购物

与不丹的大多数城镇一样，贾卡尔的店铺如同各种货物的大杂烩，从鞋子、笔、钉子和肥皂到玩具车、鱼干、经幡和手机充值卡，一应俱全。主街上有几家专营手工艺品的商店，可以稍稍砍砍价。贾卡尔最常见的产品是干酪（chugo）。除非你想硌掉牙齿，不然就先将干酪含在嘴里一段时间，然后再咀嚼。

Yoser Lhamo Shop 食品

（☎03-631929；⏰6:00～19:00）这是瑞士农场旗下公司最主要的销售点。这家商店销售小熊猫牌啤酒、苹果汁、桃子白兰地和苹果或蜂蜜葡萄酒，以及Gouda软酪或Emmental硬酪，价格为每公斤Nu600。这种奶酪可直接削着吃，不像不丹的软酪只能用作沙司酱。

Dragon Handicrafts 手工艺品

（☎17120032；⏰7:00～21:00）镇上最有名的纪念品商店，出售书籍、面具等琳琅满目的商品。可使用信用卡付款，还提供山地自行车出租。陈列的展品中包括一套不丹首任国王穿过的帼（传统男装）。

Gongkhar Handicrafts 手工艺品

（⏰8:00～21:00）出售各种书籍、DVD和纺织品；在这里还可以给你的台球厅买一座全尺寸牦牛模型。

Bumthang Handicraft Shop 手工艺品

（⏰9:00～18:00）市集上的这家商店出售众多来自不丹东部的纺织品。

亚特拉

饰有布姆唐地区独有图案的手纺和手织羊毛布条被称为“亚特拉”（yathra）。它们大多呈现几何图案，有时带有边框。三块这样的布料可以拼接到一起，制成一件毯状的雨披，即“charkep”。

在很久以前，亚特拉通常被用作披肩或雨衣，以抵御布姆唐冬日的严寒。它们曾经用来自中国西藏的羊毛织造；如今一些羊毛是从新西兰进口的，另一些则来自附近澳大利亚资助的养羊项目。

由于不丹没有中国西藏那样的地毯编织传统，亚特拉经常被当作藏毯使用。如今流行将亚特拉制成toego，这是一种女性在天冷时穿在旗拉（女子传统着装）外面的短外套。

实用信息

不丹银行（⌚周一至周五 9:00~13:00和14:00~16:00，周六 9:00~12:00）在Gongkhor Handicrafts后面设有一台ATM机。

不丹国家银行（⌚周一至周五 9:00~16:00，周六 9:00~11:00）

Pema Yangzom Pharmacy（☎17670906；⌚7:00~13:00和14:00~19:30）购买医药用品。

警察局（☎03-361113，报警电话113；Jakar）位于贾卡尔宗堡底层。

邮局（⌚周一至周五 9:00~17:00，周六 9:00~13:00）位于中心路口南边。

到达和离开

贾卡尔的巴斯帕拉唐机场（Bathpalathang Airport）每周有三趟不丹皇家航空公司的航班飞往帕罗（每半个月有一班经停盖莱普）。当前的单程票价约为177美元。**不丹皇家航空公司**（Druk Air；☎03-631739；⌚周一至周五 9:00~17:00，周六和周日 9:00~13:00）在贾卡尔设有办事处。

Metho Transport（☎17605131；Jakar）有Coaster中巴从贾卡尔开往廷布（Nu371，11小时），发车时间为7:00。出租车都聚集在贾卡尔拉康附近。

Dragon Ride（☎17120032；每天 Nu1800）设在Dragon Handicrafts纪念品商店的柜台有山地自行车出租。骑行是游览谷内主要景点的最佳方式。

卓霍山谷（Chokhor Valley）

对大多数人而言，卓霍山谷就是布姆唐，卓霍山谷也经常被称为布姆唐山谷，或者简称为布姆唐。你可以在上午造访简培拉康和古杰拉康，之后到河对岸的Do Zam享用自带午餐，然后在下午参观塔姆辛寺。如果你想要参观谷内景点，再开展一段徒步游，那么你需要计划在此停留3~4天。

山谷西侧

沿山谷西侧上行的道路将若干座有趣的寺庙连到一起，这些寺庙都或多或少与莲花生大士在746年到访布姆唐有点渊源。租辆山地自行车能使你来去自如地探访这些佛寺，并继续前往东岸游玩，你也可以从简培拉康经由Do Zam桥步行前往。

赛拉康（Sey Lhakhang）

贾卡尔以北有一家医院，在它的远处有一座**赛拉康**（Sey的意思是“金色”）。它的正式名称是Lhodrak Seykhar Dratshang，是一座建于1963年的佛学院。拉康中供奉着噶举派著名上师和译经师马尔巴译师（Marpa Lotsawa）。

简培拉康（Jampey Lhakhang）

经过赛拉康之后继续上行1.5公里，一条距离不长的支路直接通往这处气势恢宏的**庙宇**。据说这座寺庙由藏王松赞干布修建于公元659年，与帕罗的祈楚拉康在同一天建成，以镇住一个妖女。这座寺庙据说是用来镇住妖女的左膝。

在造访布姆唐期间，莲花生大士拜访了简培拉康。信度王公在莲师的帮助下起死回生后，发愿对这座寺庙进行了重修。这是谷中最为古旧的地点之一。

在简培拉康主寺内，有三层石头台阶，代表了三个时代。第一个代表过去，即释迦牟尼佛的时代，这层台阶下行至地面，上面被一块木板遮盖。下一个时代是现世，其台阶与地面齐平。最高的台阶代表一个新时代。人们相信，一旦代表现世的台阶下陷到地面高度时，神灵就会下凡，现世将会终结。

古老的内殿里供奉着**强巴佛**，他是未来佛，双脚置于象背之上。这是不丹最古老的寺庙里最古老的殿堂。殿堂入口由一套白玛林巴打造的铁甲拱卫。抬头仰望入口上方的凹壁，可以看到一尊莲花生大士的塑像。他曾在这处凹室内冥想，留下了一个足印。据说在拉康下面有一座湖，里面有莲花生大士留下的一些伏藏（神圣的经文和文物）。

殿堂里面的转经道（kora）边上布满了古老的千佛像壁画。中庭有着更精美的壁画。木制影壁右侧是一幅家宅女神Kim-lha的画像。

在庭院北侧是**Kalachakra Temple**（Dukhor Lhakhang），这是乌颜·旺楚克在担任佩罗时修建的建筑。墙壁上绘制的拥有兽首人身的神灵是在“头七”至“七七”的中阴期间（bardo；从去世到转世之间的状态），亡者需要面对的牛鬼蛇神。后来，贾卡尔宗堡的宗长Chimi Dorji，在庭院南边增建了古鲁

Chokhor Valley
卓霍山谷

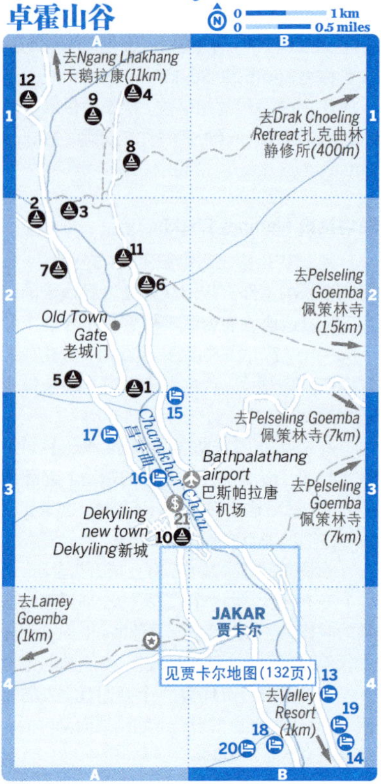

Chokhor Valley 卓霍山谷

景点

1 查卡拉康……A2
2 迪沃塘寺……A2
3 Do Zam……A2
4 Dorji Bi Lhakhang……A1
5 简培拉康……A2
6 Konchogsum Lhakhang……A2
7 古杰拉康……A2
8 Pema Sambhava Lhakhang……A1
9 岩画……A1
10 赛拉康……A3
11 塔姆辛寺……A2
12 丹碧寺……A1

住宿

13 Gongkhar Guest House……B4
14 Hotel Jakar View……B4
15 Hotel Pelling……A3
16 Leki Guest House……A3
17 Rinchenling Lodge……A3
18 Wangdicholing Resort……B4
19 Yozerling Lodge……B4
20 Yu-Gharling Resort……B4

实用信息

21 不丹国家银行……A3

拉康，里面供奉着莲花生大士、无量寿佛和观音菩萨像。多年来，进进出出的信众将庭院入口两侧的木板磨得极为光滑。

主寺后面是两座石制大**佛塔**；一座是为了纪念第二任国王的弟弟，另一座则是为了第一任和第二任不丹国王的上师彭增堪布喇嘛（Lama Pentsen Khenpo）修建。院落的四角还有其他四座佛塔，颜色分别为黄色、红色、白色和蓝色。

寺前停车场的玛尼堆（刻有六字大明咒的石头）被称为"thos"，代表了四方守护神。

每年10月，不丹最壮观的节庆之一——**简培拉康竹巴节**将在此举行。节日场地和贵宾看台位于殿堂左边（南面）。在晚上，喇嘛舞结束后，寺院将举办一场mewang（祈求风调雨顺的燃火仪式），朝圣者们会穿过一道燃烧的拱门。另一个深夜仪式是tercham（财富之舞），跳舞的人们赤身裸体，仪式通常在午夜举行。

查卡拉康 (CHAKHAR LHAKHANG)

在主路旁边，离简培拉康不远处，就是**查卡拉康**（铁堡寺）。尽管很容易将该寺误认为是一座民宅，但它的确是一座趣味盎然的寺庙，值得到此稍作游览。这里曾是印度的一位国王Sendha Gyab（即信度王公）的宫殿，最初正是他邀请莲花生大士来到布姆唐。原来的宫殿用铁建造，因此命名为"查卡"（Chakhar）；传说这里以前有9层楼，尽藏天下珍宝。

如今的建筑是由14世纪的圣人多杰林巴所建。大殿内供奉的是莲花生大士，还有数十件面具和黑帽，是简培拉康竹巴节期间使用的舞蹈道具。莲花生大士将信度王公的公主塔西曲登（Tashi Khewdoen）娶为明妃——你可以在佛坛左侧看到她的塑像（由小象牙拱卫），还有一张她的石头足印照片，这是这座拉康最珍贵的文物之一。

古杰拉康 (Kurjey Lhakhang)

这座占地广阔、香火旺盛、地位重要的寺院以莲花生大士的身(kur)印(jey)命名。这个身印如今就在构成寺院的三座建筑中最古老的洞窟内。古杰拉康位于柏油路尽头,距查卡拉康约2.5公里。

三座庙宇中的第一座——古鲁拉康(Guru Lhakhang),是最古老的建筑,由时任通萨佩罗的敏珠丹巴(Mingyur Tenpa)于1652年建造。卷檐下面是雪狮和迦楼罗图案,象征着莲花生大士(化身为迦楼罗)和当地魔鬼Shelging Kharpo(化身为雪狮)之间的那场名闻四海的斗法。

底层的Sangay Lhakhang入口处是一条仅供爬行通过的岩石小道;不丹人相信爬过这样一条狭窄通道后,就会将罪恶留在身后。在三尊佛像后面是一条秘密通道,据说这条通道曾经可以通往塔巴林寺。

楼上的圣所是寺院里最神圣的地方。左边墙上整齐分布着千尊小型莲花生大士像,还有莲师、白玛林巴和度母造像。圣所内供奉的主像依然是莲师,旁边是他的八个化身和八座佛塔。这座佛像后面就是禅修洞,他将身印留在此地。远处的墙上有莲师及其化身、25位门徒,以及与莲师有关的其他人物的画像。拉康后面的大柏树,据说是从莲师的手杖中萌芽而生的。

不丹第一任国王乌颜·旺楚克,于1900年在这里建造了第二座寺庙——Sampa Lhundrup Lhakhang,当时他还是通萨佩罗。入口门廊上有四方守护神和其他追随莲师皈依佛教的本地神灵图案。门廊右上方,身骑白马的鬼神形象就是Shelging Kharpo;此外还绘有本地保护神,如Yakdu Nagpo(身骑黑牦牛)和Kyebu Lungten(骑着红马)等。寺庙内是一座10米高的莲花生大士巨型造像,两旁是他的八大化身。一座莲师的小型塑像正对着入口处安然端坐。

院内的第三座建筑是由第三任国王的王后格桑·旺楚克王后(Ashi Kesang Wangchuck)于1984年在顶果钦哲(Dilgo Khyentse)仁波切的指点下修建。她还为三座寺庙前的庭院铺上了石板,并且建造了108座佛塔围住整个寺院。在寺庙前面的门廊上有一个巨大的生命之轮。在它下面,你可以看到一个人正接受审判,黑色和白色石头分别代表他的善举和恶行。对面的墙上有一个神秘的螺旋形坛城。室内的壁画列出了各种规章制度,包括严格的着装规范等。

繁复精美的桑东巴瑞拉康(Zangto Pelri Lhakhang)位于古杰拉康南面不远处,其中最著名的是一幅略显匠气的莲花生大士居住的天国铜色吉祥山的立体复原图,还有一幅旺楚克王后在西方极乐世界(Dewachen)安享生活的壁画。底层有一座极其可爱的小佛塔神龛(tashi gomang)。

沿着山坡向上走5分钟,在靠近入口处有一眼古杰泉(Kurjey Drupchhu),僧人们会到这眼圣泉来洗袜子。

热闹的古杰戒楚节(Kurjey tsechu)于每年6月举行,庆典包括生动再现莲花生大士击败Shelging Kharpo的面具舞。清晨,一幅名为"莲师八变大唐卡"(Guru Tshengye Thondrol)的巨幅唐卡将铺展开来,随后由来自通萨的僧人们进行舞蹈表演。

迪沃塘寺 (DEOTHANG GOEMBA)

这座鲜为人知但充满魅力的私人庙宇迪沃塘寺(又名Dawathang,意思是"月光田野")坐落于古杰拉康以北,其历史可追溯至1949年。气势恢宏的大殿有一座莲花生大士的巨型造像,旁边还有12座同样有趣的金属塑像。一尊汤东杰布的灰色小雕像矗立于左边的神龛之上。

鲁格罗维寺 (LUEGE ROWE)

这座美丽且游客罕至的寺庙位于山谷最北端,是开展半日徒步游的好去处。从古杰拉康出发,驱车沿着杜尔曲(Duer Chhu)前行,经过Taktu Zampa和Menchugang村到达Jusbi村。这里有条小路沿着林木茂盛的山侧上行,有时需要踏着木板穿越泥泞的竹林。2小时后,沿一条岔路左行,30分钟后你会到达一座佛塔入口处,从这里你可以看到坐落于崇山峻岭之中的寺庙。

这座神殿被命名为"绵羊角"(sheepshorns),因为洞顶有神圣的羊角印和蹄印。朝圣者在洞顶的九座坛城下方转经,并在此许下心愿。当看门人不在时,这座建筑会大门紧闭,不过这里仍不失为一处迷人之地。

另辟蹊径

NANGSIPHEL

这座迷人的村庄位于山谷高处，在游客群体中名声渐起。它的另一个名字是Chhokhortoe，这座繁荣村庄的财富得益于与中国西藏悠久的马帮贸易，以及近年来炙手可热的虫草生意。

每年2月的第3个周末都会在这里举办**牧民节**（Nomad' s Festival），为期两天，届时会举行一系列传统体育活动，例如推铅球、摔跤、射箭、拔河甚至踩桩枕头战，当然还有面具舞。当地人会支起小摊，销售从荞麦产品到发酵奶酪的一切物品。

这座村庄有望成为前往旺楚克百年纪念公园（Wangchuck Centennial Park）新徒步路线的起点，因此村里正在兴建一座游客中心。徒步需5小时的鸦喙（Orochhoto）小道穿过乔松和铁杉林，以及村庄上的悬崖峭壁，是条潜在的趣味一日游徒步路线。

在Nangsiphel和附近的Shabjithang村以及Dorjung村都有民宿，可以通过社区经营的**Alpine Organic Homestays**（☎17670870，17292177；标单/双 Nu1155/1375，餐 Nu314）来预订。近20间民宿条件简单，但都有室内厕所和热石浴。

从前往天鹅拉康的路口向北4公里可到达Nangsiphel，行进2公里时会经过迷人的Shabjithang Lhakhang。从贾卡尔驾车到这里大约需要1小时。

回到路口，继续前行40分钟来到牦牛牧场，有一条小路从这里向左转上一条难度更高的徒步路线，翻越山脊前往Shugdrak。在前后步行4个小时后，到达一处挂满经幡的地方，在这里可以看到布姆唐山谷的壮观风景。从这里出发，只需不到1小时就可下山到达丹碧寺。

丹碧寺 (THANGBI GOEMBA)

黄色屋顶的**丹碧寺**由Shamar仁波切创建于1470年，后来经过一场纷争，最终归属白玛林巴。从白玛林巴另一件著名的铁甲下方可以进入供三宝佛（Dusum Sangay；过去佛、现在佛和未来佛）主殿。寺里生活着约20位贡千（gomchen；俗家或已婚僧人），不丹历八月中旬（10月）这里会举办一场节庆活动（mani）和篝火仪式。

从古杰拉康北边沿一条土路驱车3.5公里，从Toktu Zampa沿支路过河后即可抵达。在主路两侧，你会看到类似邮箱的装置，它们其实是"奶箱"，当地牧民每天都会将鲜奶放置其中，由专车收集运往贾卡尔。

从这里出发的步行线路可前往天鹅拉康和鲁格罗维寺。如果去天鹅拉康，可以沿着大路前往一条较小的khonying（传统佛塔式通道），参观附近的岩画和传统水磨坊，然后从Kharsa村过桥到昌卡曲对岸。

SHUGDRAK

如想独辟蹊径，还可以选择10分钟的短程徒步上山前往这座神圣的莲花生大士**洞**，它位于丹碧寺后方2公里处。一些梯子引导朝圣者经过一座美丽的酥油灯神龛，来到一座岩壁神殿前，僧人会向你指明莲师在石头上留下的脚印、手印和靴印。朝圣者在岩壁的缝隙中塞进了无数的努扎姆纸币。

若要到此处洞穴，可以选择左边的土路，经过Goling和Kharsa村，然后驱车1公里到停车场，向上步行10分钟。

天鹅拉康 (NGANG LHAKHANG)

从丹碧寺出发，沿着卓霍山谷的颠簸土路驱车上行10公里，就到了一小片被称为天鹅域（Ngang-yul）的区域。莲花生大士曾经造访这里，但是如今的**天鹅拉康**由与白玛林巴同时代的南卡桑珠喇嘛（Lama Namkha Samdrup）于15世纪修建。

除了新近翻修的外观，寺庙内部也有一些迷人的塑像和绘画。这里供奉的主要佛像是莲花生大士，两侧是早期的佛教法师寂护大师（Shantarakshita）和藏王赤松德赞（Trisong Detsen）。正对着佛坛的侧墙上有一幅夏宗法王的壁画，以及一幅莲花生大士端坐莲座像，莲座两侧立两座天鹅像（像鸭子）。

上层神殿内是一座贡康，供奉着“长寿三尊”（Tsela Nam Sun）像，分别是无量寿佛、尊胜佛母和白度母，观世音像立于左侧。右边的莲花生大士像由白玛林巴亲自建造。保护神雕像隐于阴影之中。大椽上悬着的是在为期三天的Ngang Bi Rabney时使用的面具。这个节日于不丹历十月中旬由村里的两大氏族共同举办，旨在纪念寺庙的创建者。

你可以选择在寺庙旁边的农家院Balakha Farmhouse（☎17292062；标单/双 Nu1430/1650，套餐 Nu495）过夜。住宿条件相对简单，但你可享受到铺在地板上的舒适床垫，与店主家人共进有机餐，还能使用干净的西式马桶。热情友好的店主世代都负责看护这座寺庙。

昌卡曲大桥意味着可以直接驱车前往拉康，不过从丹碧寺沿着左侧河岸步行前往寺庙（2小时）是更不错的选择。沿途你可以绕道探索建于17世纪的丹普宗堡（Draphe Dzong；也叫Drapham Dzong或Damphel Dzong）的遗址，从天鹅拉康出发往山上走30分钟即可到达。

翻越菲比拉山口（Phephe La；标牌上是“Febila”）前往邬金曲林宫的漫长一日游之旅也是从这里启程，如今这条线路被称为“布姆唐文化徒步路线”（见199页）。

山谷东侧

探访卓霍山谷东侧的最佳方式是从古杰拉康向北步行数百米，然后沿着一条小道向东，经过一座挂有经幡的人行桥到河对岸。在桥上你可以看到自然形成的Do Zam，据说这曾是一位希望与莲花生大士相会的女神所建的石桥，后来被一个魔鬼破坏，如今只剩下残垣。

从这里出发，你可以沿着东岸的小路南行30分钟前往塔姆辛寺。一段更加有趣的45分钟绕行路程要在过桥之后左转，前行10分钟后到达一座由第二任国王的亲戚建造的庄园。在这里左转，向前行进3分钟，可以看到一幅令人印象深刻的岩画，画上是莲师骑着老虎的忿怒金刚形象。

回到庄园处，上山后可来到有着白色大佛塔的Dorji Bi Lhakhang。从这里出发，经过前往Pema Sambhava Lhakhang的路口后，沿一条土路下行至塔姆辛寺。你可以在Dorji Bi或塔姆辛寺与等待的车辆会合。

对山谷这一侧的寺庙影响最大的人是白玛林巴——16世纪最伟大的伏藏师（找到被莲师封藏的神圣经文和法器的人）。

塔姆辛寺（TAMSHING GOEMBA）

这座寺庙的正式名称是Tamshing Lhendup Chholing（吉讯寺），距贾卡尔约有5公里。它由白玛林巴于1501年修建，是不丹最重要的宁玛派佛寺。白玛林巴在空行母的帮助下，亲自建造了这些非同寻常的建筑，空行母则制造了这里的众多塑像。据说内壁上是未经修复的白玛林巴绘制的原作，但其实下面还有更加古老的绘画。

经过一座拥有众多僧舍的内院后便是拉康入口。左边是建于1914年的小巧Mani Dungkhor Lhakhang，用来安放一个巨大的经筒。

主殿采用了非同寻常的设计，最重要的殿堂与礼堂中间隔开，感觉更像是座独立的建筑。殿内有为白玛林巴三种形态（身、语、意）准备的三个宝座。在举行重要仪式时，三位转世活佛在此就座，如果某位转世活佛因故不能出席，则在宝座上放上一幅照片。

内殿中的主要佛像是莲花生大士，其两侧是强巴佛（弥勒佛，未来佛）和释迦牟尼佛。这尊像非常重要，因为其出自空行母之手。佛像目光略向上方，追随着空中飞舞的天神；这尊塑像的另一个特征是莲师赤着双脚。佛坛上方有两只神话中的鳄鱼（maksara）和一个迦楼罗（garuda）。墙壁上描绘着莲师八相，每侧有4个化身形象。殿堂前面有一座纪念白玛林巴的小佛塔，被置于玻璃罩内。

楼上形成了一圈围绕诵经殿的阳台。白玛林巴个子不高，传说他按照自己的身高建立了天花板低矮的阳台。外部环绕着10万幅古老的释迦牟尼佛绘画。二层殿堂里供奉着一尊无量寿佛，以及许多舞蹈时使用的面具。同样在这里（但是不对游客开放），还有一尊白玛林巴的自塑像。

从塔姆辛寺背后可以欣赏到河对岸古杰拉康的雄伟身姿。

KONCHOGSUM LHAKHANG

在塔姆辛寺下方400米处，高耸着这座新近建成、颜色鲜亮的建筑，里面是原来寺庙断壁残垣经过修复之后的样子。内部的小寺庙，大部分都可追溯至15世纪，当时由白玛林巴进行重建。2010年酥油灯引发的一场大火让这座寺庙几乎成为废墟。部分原有藏式风格建筑的历史可追溯至6世纪或7世纪。

古老的拉康中供奉的中心神像是毗卢遮那佛（又称大日如来，为五方佛之一）。毗卢遮那佛像右侧是观音菩萨和龙钦巴（塔巴林寺创建者），左侧则是莲花生大士和白玛林巴（据说其本人就是龙钦巴转世）像。原来的拉康前院里有一个基座，曾经在寺外经受风吹雨淋，如今则被纳入新拉康的高墙内。这个基座上曾经有一座巨大的古钟，据称其洪亮的钟声可以一直传到遥远的拉萨。根据传说，17世纪时曾有敌对势力的军队想要偷走大钟，但是它实在太重，他们不得不将其丢弃并毁坏。古钟的一片残骸被安置在新建筑上面的Kudung Chorten Lhakhang内。

现代建筑非常宏伟。颜色鲜亮的巨柱支撑起彩绘天花板。周边夹层里安放着白玛林

徒步游览布姆唐山谷

布姆唐地区有众多的一日徒步游路线，其中大部分都将地处偏远的名胜古迹、开阔的山谷风景和心旷神怡的野餐地点结合到一起。

最佳短程徒步线路是从古杰拉康经由Do Zam前往塔姆辛寺和附近的忿怒金刚岩画。你可以在这条路线中加入从简培拉康步行前往古杰拉康的15分钟路程。

下面是主要的一日游徒步路线：

佩策林寺（Pelseling Goemba）从贾卡尔的Swiss Guest House前往规模庞大的“莲花丛”佛寺的半日游路程是一段上坡路（2.5小时），海拔上升800米，但这确实是一段让人大呼过瘾的不寻常旅程，途中会穿越森林、草甸和村庄。如今有一条11公里的盘山土路通往这座寺庙，因此可以让司机在那里接你。除此之外，还可以沿另一条路下山走到塔姆辛寺，总共约需4个小时。

衮藏卓寺（Kunzangdrak Goemba）如果想体验更偏远的徒步路线，可以乘车到佩策林，然后徒步翻越山脊，绕过侧谷步行前往位于唐谷的这处静修之地。让司机把车开到这里接你，再去游览谷内其他景点。

塔巴林寺（Tharpaling Goemba）一条热门的单程徒步路线，从Lamey Goemba翻越山岭前往曲梅山谷的塔巴林，然后坐上在此等你的汽车。小路在经过Lamey Goemba寺1公里后，有一条伐木岔道，这座寺庙建于19世纪初，曾经是乌颜·旺楚克国王的居所，如今则是政府办公地。路程的前两个小时是一段艰难而陡峭的上山路，途中会穿越杜鹃林和竹林，最后翻过一座山口，接着从曲梅山谷光秃秃的山坡往下走至Zhambhala Lhakhang、Choedrak隐修所，最终抵达塔巴林寺。这条路线在景观方面不尽如人意，但中途会经过几处圣地，充满朝圣之感。在这条路线徒步时要小心蜱虫侵扰。

丹碧寺至天鹅拉康 一段让人心旷神怡的徒步路线，大部分路段为平地，耗时2~3小时，走昌卡曲南岸的小道经丹普宗堡遗址前往天鹅拉康，避开了原本颠簸的驾车路程。

扎克曲林隐修所（Drak Choeling Retreat）一段90分钟的上坡步行路，从Pema Sambhava Lhakhang出发，一路穿越森林上行至白悬崖上的这处静修中心（不要打扰在此修行的隐士），从一处经幡招展的观景台能看到布姆唐山谷的壮丽风景。

鲁格罗维寺 一段迷人的半日徒步路程，前往鲜为人知、地处偏远的拉康，在这座寺院里时光仿佛定格在从前。继续沿着这条线路前往丹碧寺或进行更加雄心壮志的一日徒步，翻越山岭前往Shugdrak。

巴各种转世（身、语、意）的坐像，基本上所有地方都饰有精美的壁画和图案。在拉康的两侧，不断增建的僧舍象征着这里正在经历涅槃重生，使之成为一个充满活力的佛教研习中心。

PEMA SAMBHAVA LHAKHANG

沿着塔姆辛寺北侧的土路继续前行，沿着谷底陡峭的道路上行一小段，可以到达小小的Pema Sambhava Lhakhang。最初的拉康由白玛林巴于1490年修建，选址在莲花生大士曾经禅修并化身为莲花生形象的洞窟附近。后来，第一任国王的父亲晋美朗杰对拉康进行扩建，20世纪70年代又进行过修复。

这里还有几幅岩画，以及当地保护神Terda Norbu Zangpo的形象，他藏身于门后皮鞭旁的角落里，洞窟本身被漆成多种颜色。可以看看主要的法物——传说中从Do Zam飞到这里的一件法螺。拉康后面有一条陡峭的小路，沿着这条路向山上步行90分钟，可以到达扎克曲林隐修所的白色悬崖。

唐谷（Tang Valley）

唐谷是布姆唐最偏远的山谷。它的海拔比卓霍山谷高，因此这里的农业并不发达，但是在土地肥沃适合耕种的地方，田园牧歌般的场景会让你感觉如诗如画。

从贾卡尔出发，沿着向北前往唐谷的土路前行11公里。这条路向上经过到蒙巴错（从路口前行1.3公里）的小路路口和Pema Tekchok Choeling Shedra。后者是一座大型尼姑庵。接下来是通往衮藏卓寺徒步路线起点的路口。道路随后向上攀升至河流上方。下行一小段后，道路回到河边，前行3公里到达Mesithang的一所学校，继续前行1公里抵达Tang Rimochen Lhakhang。贾卡尔River Lodge的老板在这里经营着一个有8间客房的乡村酒店，名字是Mesithang River Lodge（riverlodge@druknet.bt; ☎03-631287; 标单/双Nu1700/1990），那些想要体验正宗不丹乡村生活，又希望条件能比普通民宿好一些的人，可以选择入住这里。

在快到距离路口22公里处的Kizum（Ki Zam）桥边时，路况变得更差，一条土路过桥后直抵邬金曲林。

蒙巴错（Membartsho）

从道路转弯处的停车场步行5分钟，即可抵达唐曲（Tang Chhu）上一座诗情画意的大水塘，周边绿树浓荫，这就是被称为“火湖”的蒙巴错。白玛林巴在27岁那年，于此地发现了许多莲花生大士所埋下的伏藏。这是一个美丽的地方（除了让人稍感不安），自然、宗教和神话浑然一体。

一座木桥架于布满经幡的峡谷两侧，是居高临下观赏“湖景”的好地方。只有有缘人才能看到深不见底的湖水中隐藏的寺庙。各种岩龛里摆满数不清的名为tshatsha的小黏土贡品，越发让此地显得神圣不可侵犯。

在一座岩石龛里，释迦牟尼佛和白玛林巴像分列莲花生大士像的两旁，底部有一个洞穴，行善积德者可以爬行通过，无论他们身形如何。请注意：这个洞很小，而且布满灰尘。另外，不要为了追求拍照的角度而太过靠近山涧边缘。繁茂的植被遮住了岩壁边缘，并且与下方河流有巨大的落差。不幸的是，这里水流湍急，曾经发生过几起溺水事故。

衮藏卓寺（Kunzangdrak Goemba）

沿着山坡从Drangchel村往上艰难行进45分钟，便到达了与白玛林巴相关的最重要圣地之一。白玛林巴于1488年开始建造这座佛寺，他所发现的许多最重要的圣物都保存在这里。

第一座大殿是Wangkhang Lhakhang，有一条环绕四周的转经道，大殿仿佛悬浮在半空中，里面供奉着观音菩萨、莲花生大士以及他的弟子南开宁波（Namkhai Nyingpo）。绕行至建筑后方，看到仿佛脱离地心引力的空行母拉康（Khandroma Lhakhang），这是益西措嘉的禅修洞窟，引人注目地雄踞于渗出圣水的岩壁之上。可以看看带有白玛林巴足印的木板和石砧。最后走到小桥的另一边，经过悬崖上一道被火熏黑的裂缝，然后到达贡康。

这条路线往返需要2.5小时。有一条路况极差的道路通往寺庙，但这没有影响人们步行前往的热情（因为步行是更舒适的选择）。

火湖

白玛林巴最重要的两次伏藏发现都是在火湖蒙巴错。

第一次发现起源于一个梦，梦中他被引到一处地方，河流在那里形成一个大水池，看上去如湖泊一般。不久后，他站在一块巨岩上，看到一座有着许多门的寺庙，其中只有一扇门是打开的。他脱光衣服一头扎入湖中，游入一个大洞窟，洞内有个宝座，宝座上有尊真人大小的佛祖像以及许多大盒子。一位独眼妇人递给他一个箱子，随后他突然就发现自己已站在湖边的巨岩上，手捧珍宝。

白玛林巴的第二次探宝之旅更是让他名满天下。他之前获得的伏藏指引他回到湖边，但是当他来到湖边时，许多人都聚到这里观看这一盛事，当时持怀疑态度的佩罗（行政长官）指控他欺诈。白玛林巴顶着巨大的压力要证明自己，他拿了一盏点亮的灯，然后宣称："如果我就是真正的伏藏师，那么我带着伏藏回来，灯也不会熄灭；如果我心怀邪念，那么我会永远消失在水中。"他跃入湖中，很长一段时间过去了，就在怀疑他的人都认为自己的想法正确时，白玛林巴突然就出现在巨岩上，灯盏仍在燃烧，他手中拿着一尊佛像和一个宝箱。于是这座湖被人们称为蒙巴错（火湖）。

Ta Rimochen Lhakhang

Ta Rimochen Lhakhang由白玛林巴于14世纪修建，以纪念莲花生大士曾经打坐修行的圣地。拉康最初的名字"Tag（Tak）Rimochen"（意思是老虎斑纹）源自建筑后面岩石峭壁上的黄色条纹。

岩壁表面留有莲花生大士及其明妃益西措嘉的手印和脚印，周围还有一些许愿石、神圣符号甚至隐藏的门廊。在通往寺庙的台阶上还有更多足印。主殿内可以看到当地保护神Lhamo Remaley的画像。

拉康下方的两块大岩石代表雄性和雌性迦楼罗。在路边，你可以看到莲师的路边浴池，以及益西措嘉的臀部印记，据说这是密宗双修的印记。

邬金曲林宫（Ogyen Chholing Palace）

从Kizum桥出发，上行3公里可抵达这座位于山顶的16世纪naktshang（供奉护法神的寺庙），最初由曾任通萨佩罗的Deb Tsokye Dorji建造，他也是伏藏师多杰林巴的后裔。现存的建筑，包括主寺（tshuglhakhang）、乌策、舞场（chamkhang）、居住区（shagkor）和客舍（nubgothang），都于1897年地震之后重新建造。

邬金曲林的主人家族将这座建筑群的一部分变成一座**博物馆**（☎17641464；www.oling.bt；Tang Valley；Nu200）以传承其历史。引人入胜且保存良好的展品，使参观者得以真正深入了解不丹贵族家庭的生活方式。展览亮点包括一本占卜书、一套由骨头制作的空行母舞蹈服装，以及硬化牦牛粪可以制造不丹火药这一事实。尤为有趣的是介绍一度十分兴旺的与中国西藏进行贸易的内容，描述了不丹商人将烟草、英国布料、稻米、纸张和靛蓝染料运往洛札等地，换回中国茶砖、金沙、食盐和硼砂（酥油茶材料之一）的过程。记得带上手电筒。有一本不错的博物馆手册（Nu350）出售。

在本书调研期间，主人所住的生活区（见145页）正在进行装修。当你阅读本书的时候，这里应当已经有14间传统风格的舒适客房可以入住，它们将原真性与现代舒适性完美融合。所得盈利都转入管理宫殿、博物馆和庭院的基金会。你的旅行社还可以帮你安排在附近的农舍里过夜。

如果不想走回头路，那么不妨考虑步行1小时下山前往Kizum桥，中途会经过迷人的**曲贾姆拉康**（Choejam Lhakhang），里面有转经道和挂满节日面具的房间。沿途还会经过环绕一座神圣洞窟修建的**那鲁特拉康**[Narut（Pelphug）Lhakhang]，洞内留有莲花生大士的足印，以及供奉当地保护神Garap Wangchu的神龛。

Thowadrak隐修所

偏远的Thowadrak（Thowa Drak）隐修

所依附在唐谷北端最高的岩石上。据说这里由曼达拉娃（Mandarava）修建，她是莲花生大士的印度明妃，而且莲师本人也被认为曾在此禅修。寺庙由多杰林巴建造。上方的山坡上有无数小型隐修所（不要去打扰隐士们），可以俯瞰峡谷的壮观风景。经文上曾记录，在上峡谷里藏有一道通往不丹秘境（bey-yul）的封印大门。周围唯一的声音是哗哗的流水声和沙沙的竹林摇曳声。

这趟徒步往返需6小时，最好从Ogyen Chholing Guest House（☎03-631221; www.oling.bt; Tang Valley; 房间 Nu3000起，套餐 Nu550起）出发，进行一日游。

贾卡尔至乌拉山谷

48公里 / 1.5小时

前往乌拉村的道路过桥后到达贾卡尔东部，然后沿着昌卡曲东岸一路向南，在经过通往唐谷的路口后，沿着山脊蜿蜒而行。随着道路爬升，回头可以看到卓霍山谷和曲梅山谷的壮丽风景。

道路爬升至一座佛塔处，然后翻越希尔唐拉山口（Shertang La; 海拔3590米），这里也被称为乌拉山口（Ura La）。在翻越山口前，你可以远眺西北方的岗卡彭森峰（Gangkhar Puensum; 海拔7541米），以及山下辛卡哈村中的黄顶拉康。

随后是一长段下坡路进入乌拉山谷。如果从山口开始截弯取直，步行或骑山地车，可在风光旖旎的1小时旅程后到达乌拉村。在到达公路下方乌拉村前几公里的路口，有一条通往辛卡哈村的岔路。

辛卡哈（Shingkhar）

人口: 250 / 海拔: 3400米

传统小村辛卡哈，仅由35户民居组成，位于一段9公里的碎石小路尽头，与乌拉相隔一道山脊。

山谷内有几条不错的徒步路线。最轻松的是前往悬崖峭壁上Shamsul Lhakhang的往返2小时步行之旅，途中可以俯瞰美丽的山谷风景。小路起点是辛卡哈上方3公里外的土路。另一条较长的徒步线路通往新米拉山口（Singmi La），这里曾经是前往伦奇的商路要道，更长的多日徒步路线从这里继续前行，穿越Phrumsingla国家公园（Phrumsingla National Park），前往伦奇山谷内的Songme。

在返回乌拉的路上，可以在迷人的Somtrang Lhakhang稍事停留，拉康里的庭院有几块巨石，村落上方的悬崖上还有一座禅修所。这里有条步行小道可以直接下行至乌拉村。在不丹历九月底（公历11月），为期3天的kangsoe节庆让这个地方变得欢腾起来。

景点

位于村落上方山头上的Rinchen Jugney Lhakhang，由宁玛派大师龙钦巴（1308~1363年）修建。

村落中心的德钦曲林寺（Dechen Chholing Goemba）由辛卡哈喇嘛担任住持，其前任曾在Karma Ura的不丹小说《千眼英雄》（*Hero with the Thousand Eyes*）中担纲重要角色。中央拉康的地板暴露在外，以展示龙钦巴刻在石头上的布道宝座。这里的保护神面目凶狠，却也恰到好处，除了看上去略显狼狈、戴着猩猩面具的Rahulla。

辛卡哈节（Shingkhar Rabney）于不丹历九月（公历10月）在德钦曲林寺举行，特色节目包括一种非同寻常的牦牛舞，节日期间也没有乌拉村外那样人山人海的旅行团。

住宿

Shingkhar Retreat 客栈 $$

（☎17603971, 03-323206; masagang@druknet.bt; 标单/双 Nu2160/2760）Shingkhar Retreat是探索村落风情的绝佳大本营。房间陈设简单，采用泥墙和太阳能供电装置，但是依然舒适。可提供餐食。

乌拉（Ura）

海拔: 3100米

乌拉是不丹最有趣的村落之一。约40间紧凑的民居排列于鹅卵石街道两侧，主要的乌拉拉康（Ura Lhakhang）是村子里最重要的建筑，让这里充满了中世纪风情。在天气较冷的季节里，乌拉的妇女们会身披羊皮披肩，披肩同时还可以当作毯子和靠垫用。

经过酒店Hotel Araya Zamlha（朝蒙加尔方向）之后再前行数百米，就是乌拉至格赞曲步道（Ura-Geyzamchu Walking Trail）的起点，这是一段9公里长、需时5小时的步行之旅，中间会翻越旺塘拉山口（Wangthang La），在格赞曲附近与主路汇合。这是一条难度较大，但非常值得一游的路线，中途会沿着古老的商道穿越杜鹃林、乔松林和高山草甸。了解相关信息，或雇请当地导游，可以访问Phrumsing La国家公园游客中心（Phrumseng La National Park Visitor Centre；☎77192125；chieftnp@yahoo.com；⏲周一至周五9:00~17:00）。

节日和活动

一年一度的乌拉村雅楚节（Ura Yakchoe）的日期是出了名的飘忽不定，经常会在最后一刻更改，从而使行程紧凑的游客失望而归。如果你希望参加这一节庆（通常是在5月），明智的选择是在行程中留出一两天的机动时间。

为期3天的面具舞表演通常从不丹历三月十二开始，届时众人会将附近Gaden Lhakhang中的一尊夏诺多吉（金刚手菩萨）神像请到主寺里。节庆前夜可以看到疯狂的sinchhang（一种用小米、小麦或大米蒸馏的酒精饮品）酿造过程，以及深夜的驱魔仪式。即使碰不上节庆，从Gaden Lhakhang下山前往乌拉村的15分钟也会让人感到心旷神怡。

乌拉是不丹的松茸中心（宗卡语为"sangay shamu"），每年8月的松茸节（Matsutake Festival）都会涌现各种食谱、当地摊位，以及其他与菌类有关的各种有趣活动。

住宿

在乌拉节庆期间，即使是露营地也会变得非常抢手；有些旅行团干脆住在90分钟车程之外的贾卡尔。其他时段，乌拉村通常都有民宿可供住宿。

Hotel Araya Zamlha 酒店 $

（☎17732699；azherbal05@yahoo.com；Ura；标单/双 Nu1980/2760）在乌拉村上方的主路旁，这家酒店有六间陈设简单的实木装饰客房，带有柴炉和独立卫生间。其中两个房间可以看到山谷风景。路对面的小饭馆可以供应简餐，不过需要预订。

南部诸宗（SOUTHERN DZONGKHAGS）

谢姆冈（Zhemgang）和沙潘（Sarpang）这两宗位于不丹中部地区的南方边境线上。该地区已经向旅游业敞开大门，盖莱普镇有定期航班往返帕罗，不过依然罕有游客前往。盖莱普也提供了进出不丹和印度阿萨姆邦的偏远通道。谢姆冈周围地区曾经是一些小公国，统称为Khyeng，在17世纪时被纳入不丹版图。

对于旅行者而言，这里的精彩亮点包括超凡的观鸟活动、路边就能观赏金叶猴，以及皇家玛纳斯国家公园，园内的生物多样性极为丰富，为野生动物爱好者提供了令人惊叹的探索体验。

通萨至谢姆冈

106公里 / 4小时

在Eundu Chholing以南，道路继续经过Lungtel和Taksila等村落（后者有一座拉康在公路上方），然后下行至Tangtongphey的桥边，这里是纳布吉徒步路线（见206页）的起点或终点。经过Koshela和Pangzum两村后，道路在地质情况不稳的Riotola悬崖滑坡区蜿蜒前行，河对岸侧谷的纳布吉和Korphu等村的风景一览无余。

在短暂的绕行支流河谷后，道路经过Wangdueggang路口（距离通萨86公里处），在那里谢姆冈支路继续前行，直接通往盖莱普（114公里）。进入纳布吉徒步路线南部终点的连接道路也在这里分岔。左边的岔路通往谢姆冈（20公里），陡峭的道路沿着支流河谷蜿蜒向上，经过一座mithun养牛中心后，下行直抵谢姆冈。

人们一般会在沉寂的宗中心谢姆冈过夜。这座壮观的宗堡的历史可追溯至12世纪，目前有约70位僧人，寺内供奉着山谷保护神Dorji Rabten多尊塑像。在每年3月，这里会举办戒楚节，其高潮是展晒一幅莲花生大士为主题的巨幅唐卡。风景如画的老镇，依然保留了最初的名字Trong，值得一游。你可以沿着狭窄的中央柏油道徜徉于石屋之间，然后去探访迷人的拉康。

周围一个有趣的住宿地（但是陈设较为简单）是当卡尔社区旅游项目（Dangkhar Community Tourism project；☎77251765；Dangkhar；标单/双 Nu950/1500，餐 Nu200~350）。这里有三处简单的小屋以及几座外部公共厕所。几位村民轮流值守这里，因此可能要打好几通电话才能安排好住宿！当卡尔（Dangkhar）位于谢姆冈中心下方3公里处，非常难找——朝着低坡处的中学走。这里风景如画的村庄拉康供奉着当地神灵Kiba Luntse的神像，他将自己的冬季居所设在山谷内。如果你时间充裕，可以考虑前往参观Dongbi村和拉康，往返大概2小时。

在谢姆冈镇上，Bajay Guesthouse（☎03-741183；Zhemgang；标单/双 Nu800/1500）是一处氛围独特的当地午餐地，附楼中有几间客房。当代混凝土风格的Hotel Valley View（☎17938181，03-741187；Zhemgang；标单 Nu500，双 Nu1000~1200，餐 250~350）是最好的住宿选择，但住处本身并无特色。条件一般的卫生间里供应热水。旁边有台不丹银行的ATM机。

谢姆冈至盖莱普

131公里/5小时

在离开谢姆冈之后，公路迅速转弯进入一座侧谷中，经过Dueduel Namgyel Chorten到达Dakpa的岔路口，这条路通往偏远但具有重要历史意义的Buli Lhakhang和Dali Lhakhang。在这段路上可以碰碰运气看看能否遭遇金叶猴。

通往谢姆冈的岔路在跨越芒德曲的桥附近与主路会合。过桥后前行1公里，经过Tingtibi新镇后（一些地图仍将这里称为芒德曲），就到了前往Gomphu的岔路口，以及前往皇家玛纳斯国家公园北区的道路和徒步入口。Tingtibi是一个不错的午餐选择，还可以在T-Wang Hotel（☎17761427，03-790004；Tingtibi；房间 Nu1500，套餐 Nu300~500）住上一晚，这里有简单的房间和蹲厕，经常被观鸟旅行团用作探访皇家玛纳斯国家公园的落脚点。附近的一座大型水电项目无疑将在未来几年推动Tangtibi的发展。这里距谢姆冈22公里，到盖莱普还有98公里。

接下来，道路向南开始一段长长的上坡，在塔玛（Tama）村下方的尼泊尔风格佛塔绕行经过。这个村子上方是规模不大但颇具氛围的天母拉康（Lhamo Lhakhang）。更古老且更具重要意义的塔玛拉康（Tama Lhakhang）由白玛林巴修建，位于向山口方向驱车10分钟的路边，需要下车步行一小段距离。

道路在塔玛拉山口（Tama La）达到最高点，车辆在这里围着白色佛塔顺时针转一圈。在下坡时记得关上车窗，可以在另一边找找查普查（Chapcha）上方悬崖上的野蜂窝。Lungsilgang附近的宝塔既是一处观景台，也是野餐的好地方。道路向下直至Samkhar Zam桥，然后向上爬升至Surey村，许多柑橘园、豆蔻田以及一座拉康就位于村庄后方的山坡上。这里的Gurung Hotel是一处不错的茶馆。Surey的官方宗卡语名字是晋美曲林（Jigme Choling），但是大部分本地人都使用当地的尼泊尔语村名。

道路继续向上爬升，经过一片滑坡区，右边是让人胆战心惊的1000米悬崖，随后到达一座白色佛塔，标志着通往Shershong tsachhu（温泉）的路口。距离不远但是颇为陡峭的下坡路，通往三处温馨干净的温泉池——这是从长途坐车中恢复精力，并结识一些不丹朋友的好地方。

主干道进入河滩，在Pasang Zam桥边有一处出入境检查站，旁边有一条小路通往山顶的Sershong Lhakhang和寺庙重要的火葬场。从这里出发，接下来是一段距离较近且一马平川的路程，最后直抵盖莱普。

盖莱普（Gelephu）

☎06/海拔：280米

边境线上的重镇盖莱普规模很大，但却不太繁华，是通往不丹中南部的门户。这是一座怡人的城镇，但是平心而论，它只适合作为离开不丹之前或进入不丹之后的一个过夜地。

如果你想消磨时间，可以去趟周末市

场、转动足球场旁边佛像处的转经筒，或者参观由军队福利部门经营的大型酿酒厂。位于北边1公里处的尼玛伦扎仓（Nyimalung Tratsang）是曲梅山谷中尼玛伦寺僧人们的冬季居所。

住宿

★ Tshendhen Hotel 酒店 $

（☎17636547；06-251536；bees@druknet.bt；标单 Nu825~880，双 Nu1045~1815；❄📶）这家由家庭经营的酒店毫无疑问是镇上的最佳选择，有着鲜花装点的迷人门廊以及怡人的阳台座位。宽敞、干净、贴着瓷砖的房间带有热水浴室。酒店以不丹的国树（柏树）命名，友善的老板可以帮你筹划接下来前往印度的行程。

Hotel Khamsang 酒店 $

（☎06-252051；房间 Nu1000~1800；❄）位于城镇中心的一家经济型酒店，有格局不同但还算干净的双床间。

Hotel Chorten 酒店 $

（☎06-251252；标单/双 Nu920/1150）一家位于商业区边缘的经济型酒店，一切都中规中矩。

Hotel Kuku 酒店 $$

（☎17611121，06-251435；标单/双 Nu2500/3300；❄）位置便利，拥有宽敞的豪华房，带有靠谱的热水、空调、舒适的床垫以及温馨的餐厅。

实用信息

不丹银行（⏲周一至周五 9:00~13:00和14:00~15:30，周六 9:00~12:00）在足球场对面；可兑换现金，不能兑换旅行支票。在Hotel Kuku设有一台ATM机。

不丹国家银行（⏲周一至周五 9:00~13:00和14:00~15:30，周六 9:00~11:00）有一台ATM机。只能兑换现金。

到达和离开

不丹皇家航空公司（☎17611040；www.drukair.com.bt；⏲周一至周五 9:00~17:00）每周有三个航班从帕罗（直飞或经停贾卡尔）飞往镇西的盖莱普机场。柏油路一路向北，经由谢姆冈或直接前往通萨，或者向西北经过沙潘和Damphu前往旺杜波德朗。

除非你已经安排好搭乘不丹车辆前往古瓦哈蒂（印度；5小时），否则唯一靠谱的交通方式，是找一辆印度出租车（Rs5500~7000），你的导游会帮助安排。从边境前往Bongigaon的路途中，开始路段的路况很差，但是目前正在进行升级改造。无论是离开或是入境印度，千万别忘了在距离不丹边境10公里、极容易错过的Deosiri外国人登记站（Foreigners' Registration Post）盖上印度移民局的印章。在本书撰写期间，阿萨姆邦频繁的突发交通罢工（bandh）会给旅行计划带来重大变动。边境移民检查官员很少提前接到通知，因此你可能只有在到达国门时才发现大门紧闭。唯一的办法就是返回盖莱普。大部分罢工都会持续12小时，但有时也会长达48小时。

皇家玛纳斯国家公园（Royal Manas National Park）

在出于安全考虑被关闭多年后，这座偏远而诱人的国家公园已然向游客敞开大门。即使是对于廷布的旅行社而言，这座公园和参观注意事项也鲜为人知，设施相当有限，2014年总共只有39位外国人到此徒步挑战盖勒普到Panbang的“生态步道”。

公园里的森林是多种野生动物的栖息地，其中包括大象、水牛、豹、30到50只老虎、云豹、麝猫、犀牛和360余种鸟类。这座公园与印度阿萨姆邦的玛纳斯国家公园彼此为邻，从而形成一个跨国保护区。

11月至次年3月是最佳游览季节。该地区在不丹历十月（公历11月）会举办多项戒楚节活动。

活动

这里的旅游业仍处于起步阶段。不丹旅行社可以通过**River Guides of Panbang**（☎17584221；kinlaydorji@gmail.com）接洽漂流、徒步、野生动物观赏向导以及社区木屋等事宜。这个当地机构还可安排文化展演以及村落探访，以体验当地的Khenpa文化，包括各种本教节庆。除了一日游漂流以及Panbang和玛纳斯营地之间的玛纳斯曲乘船观光，还

可以安排三天的河上远征。另外，虽然不太靠谱但是偶尔也可成行的还有从中央玛纳斯营地护林员办公室出发的四驱车和大象巡游。

公园内有几条道路，包括一条沿着此前的四日Panbang徒步路线修建的道路。目前体验这座公园的最佳方式是驱车从Gomphu（海拔1460米）前往Panbang，中途可以停车体验古道风情和森林景致。

食宿

沿社区修建的生态步道徒步，中途会在社区管理的Pangtang（海拔240米）、Shillingtoe（海拔420米）、Changzam桥和Pangbang河口（海拔160米）等露营地扎营过夜。所有营地都有厕所、饮水和双人小木屋等设施。

游览玛纳斯期间的食物需要交由你的旅行社来安排。

到达和离开

Gomphu离谢姆冈3小时车程，距离Tingtibi也有约2小时。一条新路沿着徒步路线而建，一路前往Panbang。

前往Pangbang村的另一条路是从印度Mathanguri出发，它与不丹境内的玛纳斯营地仅一河之隔。一条基本无人使用的25公里道路从盖莱普通往公园西南角的Kanamakra，从东部的Nganglam也有一条路可通往公园。根据行程安排不同，你也许需要准备两次入境的印度和不丹签证，因此事先要向旅行社确认具体情况。

不丹东部

包括 ➡

最佳佛教建筑

- 伦奇宗堡（见157页）
- 贡寇拉（见165页）
- 德钦颇章（见168页）
- 塔希冈宗堡（见162页）
- 塔希央奇宗堡（见166页）

另辟蹊径

- 蒙加尔周边徒步（见156页）
- 邓卡尔（见158页）
- 邦德林野生动物保护区（见168页）
- 雍寇拉附近观鸟（见153页）

为何去

相比不丹西部而言，狂野崎岖的不丹东部堪称游客罕至，这足以构成让人前往一游的理由。无畏探索深入东部的旅行者能看到没有旅行团打扰的宗堡和寺庙、美丽的丝绸和刺绣，以及郁郁葱葱、鸟儿啁啾的森林。餐饮和住宿可能非常简单朴素，毕竟这里荒远偏僻。不过虽然地处偏远，但东部地区人口却出人意料的稠密。大部分人口都居住在偏远的村落；路边深山上或孤绝山谷内的那些隐秘地点，其中一些是人口不足1000人的少数民族定居点。

东部地区正向旅游业敞开大门，但目前仍是不丹探险之旅的最前沿。雍布拉的新机场尚未成为可靠的交通门户，但新酒店和山地徒步路线正在日益增加，贯穿东西的公路也在进行拓宽。如果你想要独辟蹊径，这里会让你一见倾心。

何时去

较低的海拔意味着这里的春末和夏天较为湿热，而且有许多蚊虫，但此时也是到茂密的阔叶林中观鸟的最佳季节。5月至8月是季风降雨季节，在陡峭山体上开凿出的道路经常会被滑坡破坏，因此在暴雨过后你的行程可能会被延迟。2月末至3月中旬气候舒适，是造访这里的好时间，游客稀少，有着趣味盎然的节日和春日怒放的繁花。

冬季降雪可能导致高山垭口的道路受阻。

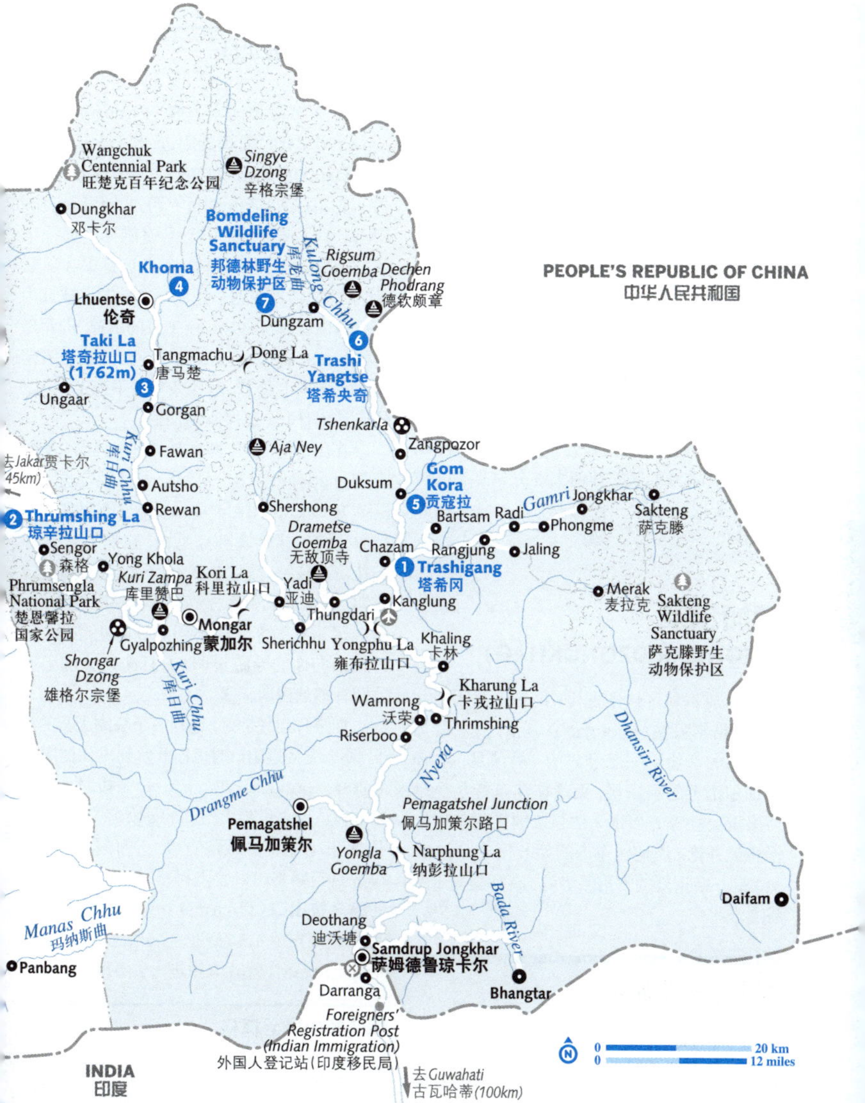

不丹东部亮点

❶ **塔希冈**（见161页）在狭窄的街道上游逛，这是不丹最具吸引力和活力的小镇之一。

❷ **琼辛拉山口**（见152页）体验在悬崖峭壁上开凿的险路，翻越海拔3750米的山口。

❸ **塔奇拉山口**（见157页）前往伦奇途中，绕道去欣赏45米高的莲花生大士像。

❹ **Khoma**（见158页）在偏远的纺织小村观赏不丹最精致的布料编织过程。

❺ **贡寇拉**（见165页）在神秘的朝圣地检验自己的恶业轻重。

❻ **塔希央奇**（见166页）围绕宁静的寇拉佛塔转经，亲身体验传统手工艺。

❼ **邦德林野生动物保护区**（见168页）探索偏远的保护区，这是观看黑颈鹤的最佳地点之一。

历史

很久以前，不丹东部被许多独立分散的小王国所统治，它曾是印度和中国之间重要的贸易通道。货物源源不断地经由如今不丹伦奇地区的辛格宗堡（Singye Dzong）运往中国西藏城镇洛札。

该地区最重要的历史人物是秋贾·敏珠·丹巴（Chhogyel Mingyur Tenpa）。在担任通萨佩罗（地方行政长官）期间，他率领军队征战不丹东部，平息布姆唐、伦奇、塔希冈、蒙加尔和谢姆冈等地的叛乱。他的东征将不丹东部纳入第悉（不丹世俗统治者）的统治之下，并且为这个国家最终的统一铺平了道路。敏珠·丹巴主持修建了通萨的宗堡，以及不丹中部和东部的其他大部分宗堡。1668年，他被推选为第三任第悉，并一直统治到1680年。

蒙加尔宗（MONGAR DZONGKHAG）

蒙加尔地区位于古代Khyeng地区的北部。雄格尔宗堡（Shongar Dzong）——蒙加尔最初的宗堡——已经成为一片废墟。如今蒙加尔镇上的新宗堡，无论在建筑特色还是历史重要性等方面都无法与该地区的其他宗堡相提并论。该地区东部的无敌顶寺（见160页）是一座重要的宁玛派寺院，高高矗立于山谷之上。

贾卡尔至蒙加尔

193公里/7小时

贾卡尔（Jakar）与蒙加尔之间相隔7小时车程。沿这条路前往的大部分旅行者都会邂逅茂密的森林和奔涌的瀑布；一些带上双筒望远镜的观鸟迷还有可能瞥见棕颈犀鸟或五子雀（鸸属的美丽小鸟）。全程需要翻越两座山口，经历无数次急下坡，在84公里距离内海拔下降3200米，是不丹国内最壮观的驾车路线之一。冬季，琼辛拉山口时不时会因为大雪封山而导致道路中断一两天。

乌拉至琼辛拉山口

36公里/1.25小时

在楚恩馨拉国家公园（Phrumsengla National Park）管理处附近，经过Nangar至乌拉（Ura）的支路的岔道口之后不远处，主路从一座名为Liri Zam的桥上跨过小河Lirgang Chhu，进入国家公园内。沿途能见到摇摇欲坠的峭壁和挺拔的杉树，多半被笼罩在氤氲雾气之中，随后翻越一座在某些地图上被标为旺唐拉山口（Wangthang La）的山脊，进而降至Geyzam Chhu河谷，经过一处修路工人营地后再次向上爬升。地质条件并不稳定，道路仿佛是山脊上一道裸露的伤疤。

在山口前面3公里处有一座小公园，里面有超过20种杜鹃花。可以沿着**杜鹃花园**（In Situ Rhododendron Garden）中的小路，步行40分钟，穿越森林登抵山口。如果你对杜鹃花情有独钟，而且是在3月下旬至5月间造访公园，通常可以和森林巡逻人员一同徒步，他们会很乐意为你介绍不同的杜鹃花品种；记得提前向你的导游说明，并且向乌拉的国家公园管理处咨询。

如果你运气够好，遇到一个晴朗无云的日子，那么在接近山口时可以欣赏到雄伟的岗卡彭森峰（Gangkhar Puensum；海拔7541米，通常被认为是世界上最高的处女峰）。一堵玛尼墙（佛教信徒垒成的石墙，上面刻有经文）和猎猎经幡将山口装点得格外圣洁。这里就是**琼辛拉山口**（Thrumshing La；海拔3750米），距离贾卡尔85公里，位于蒙加尔宗的边界线上；现在你就算真正进入了不丹东部。

琼辛拉山口至森格

22公里/1小时

在翻越山口进入不丹东部后，你会发现山口东侧的路途要坎坷得多。公路穿过冷杉林盘旋而下。在海拔约3000米处、距离山口20公里的地方，公路穿林而出，进入森格山谷的牧场。**森格**（Sengor）村靠近路边有几座民宅，但村落主体其实位于谷底中心，约由20座房屋构成。路边的**Kuenzang Hotel & Bar**（☎17866423；Sengor；套餐 Nu450；⏰6:00~22:00）面向游客供应午饭套餐或本地特色的辣椒奶酪（ema datse）。

值得一游

在楚恩馨拉国家公园徒步和观鸟

琼辛拉山口和雄格尔宗堡之间的原始地带，为森林探险徒步提供了大量机会。尤其是深度观鸟爱好者一定会爱上从琼辛拉山口下行至森格的3小时徒步之旅，中途会穿越美丽的原始森林。从森格到雍寇拉的两日徒步会穿越不丹的最佳观鸟地点之一（这里有360种鸟类），许多观鸟旅行团会在雍寇拉落脚或在雍寇拉前方约5公里处的Norbugang露营地安营扎寨。

另一条风景怡人的一日徒步观鸟游是沿陡峭的小径，从拉同拉山口下降至Mengchugang村，中途经过Saling和雄格尔。一般情况下，9月至11月以及次年2月至3月是在该地区徒步旅行的最佳时间。

想要了解关于这些路线以及其他路线的信息，或者聘请当地向导（很有必要），可向位于乌拉的楚恩馨拉国家公园管理处生态游部门咨询。

森格至库里赞巴

62公里/1.75小时

下一段路堪称不丹最惊心动魄的路段。在经过森格山谷之后5公里，道路开始陡降至库日曲（Kuri Chhu）河谷。这段路开凿于悬崖峭壁之上，因此有无数小溪和瀑布水花溅至路面上。不期而至的云雾使你很难看清公路下方的风景——不过这一切都无所谓，因为即使风和日丽，你也会发现下面什么都没有。

经过森格10公里后，道路盘旋前行，随后经过拉同拉山口（Latong La）的一座佛塔和电信塔。继续前行3公里，有一个岔道口可欣赏到**南木林瀑布**（Namling Waterfall），瀑布从公路下方飞流直下，在季风降雨后更加壮观。这段路上还有几座佛塔——纪念为修筑这条公路而殉难的近300名印度和尼泊尔合同工。当乘车沿开凿在绝壁上的狭窄道路前进时，你一定会提心吊胆，随时担心可能会出事。路边的祈祷牌和湿婆神三叉戟或多或少提供了一些精神安慰。除了距离森格20公里外的**南木林**（Namling）护路工人营地，该路段没有任何居民点。这些工人为防止山体滑坡在此辛勤工作。

从南木林继续前行17公里，经过峭壁上的一段长长的下坡，道路到达相对安全的地方，也标志着告别楚恩馨拉国家公园。在**雍寇拉**（Yong Khola），公路进入开阔的库日曲河谷上游，这里是一片拥有茂密竹林、蕨类植物和水蛭的亚热带土地（也是绝佳的观鸟场所）。路边的**Trogon Villa**（www.bhutanheritage.com; Yong Khola; 标单/双 Nu2760/3360）是一家新建的游客酒店，吸引来自世界各地的观鸟爱好者入住。12间宽敞的客房都用不同的鸟类命名，里面挂着超凡的鸟儿照片。最佳观鸟季节是4月以及10月至11月。你会经过玉米地，沿着建成不久的Ti-dangbi Lhakhang下到谷底，这条道路仿佛扭麻花一般弯弯绕。水稻梯田和杧果、菠萝等热带水果树在此进入你的眼帘。

在河对岸的小山顶上，靠近Mengchugang村的Km 123处，就是只剩下废墟的**雄格尔宗堡**（Shongar Dzong）所在地。这里可供游览的东西所剩无几——仅有几堵隐藏于山顶树林间的石墙，但据说它曾是不丹建立时间最早、规模最大的宗堡之一，其建成时间可上溯至公元1100年。与通萨类似，雄格尔的底气来自这座宗堡得天独厚的地理位置，扼守着不丹东西要道的咽喉。旧宗堡于1899年毁于火灾后，人们在蒙加尔镇修建了新的宗堡。你可以选择步行20分钟左右前往宗堡，这条徒步路线有一定难度，但沿途可以看到很多鸟儿。

沿路继续前行几公里，在距离森格57公里的**凌美塘**（Lingmethang; 海拔650米），有四座彼此相邻的路边酒店，均供应热饮、冰啤酒和时令水果。

库日曲河谷的路口处有一座佛塔，道路从这里开始向北延伸。在库里赞巴（Kuri Zampa; 海拔570米），你最终可到达河谷最底部，从山口一路下来海拔下降3200米。终于可以下车休息，呼吸湿润的空气，然后脱掉三层保暖衣物。在经幡飘扬的公路桥东侧，有一座按照尼泊尔的博德纳佛塔建造的大型水泥**佛塔**，据说里面供奉着原雄格尔宗堡的旧物。桥边是一片废弃的厂房，这里曾经用当地盛产的野生香茅制作精油。

另外有一条次级公路沿河向下游延伸，通往新镇Gyalpozhing和库日曲发电厂。过了电厂，有条新修的公路一直延伸至库日曲下游，直抵印度边境上的Nanglam。

库里赞巴至蒙加尔

25公里 / 45分钟

前往蒙加尔的道路爬升穿行于库日曲河谷东坡的松林间。向北望，你会看到一条翻越山坡的道路，这条路通往伦奇，它在离蒙加尔还有12公里处的Gangola与通往蒙加尔的路分开，继续前行65公里到达伦奇。

通往蒙加尔的道路继续往上爬坡，穿行于麦田之间，朝着山顶上的几座房屋延伸，通过最后一段之字形路后到达蒙加尔。

蒙加尔（Mongar）

☎04 / 人口 3502 / 海拔 1600米

在不丹东部，包括蒙加尔在内的大部分城镇都位于山顶或山脊上，这一点与不丹西部的城镇大都坐落于山谷内截然不同。

蒙加尔其实并没有太多真正的看点，但是许多人都会在这里住上一晚，第二天再出发前往塔希冈。从贾卡尔至塔希冈驾车需要11个小时，这通常意味着要开夜车，对于如此有趣的田园风光而言绝对是一种浪费。

景点

令人愉悦的主街值得逛逛。街道两边都是传统彩绘石头建筑，其木质外墙上点缀着色彩缤纷的盆景，门廊上有转经筒。略显冷清的城镇广场周边有一些更加现代的建筑，每栋楼下面都有一间综合商店，风格如出一辙。弓箭手们会在午后来到足球场，磨炼自己的技术。

钟楼附近有一个巨大的**转经筒**，吸引虔诚的老人到这里来拉家常。

蒙加尔宗堡（Mongar Dzong） 佛教宗堡

蒙加尔宗堡修建于1930年，以取代原来的雄格尔宗堡，但是这里的乌策年代更早。这座宗堡与众不同之处在于，它有两个入口。乌策内有四座拉康，其中包括一座贡康（供奉当地保护神的殿堂）和一座Sangay Lhakhang。

为期一周的蒙加尔戒楚节（Mongar tsechu）于11月（不丹历十月初七至初十）在此举行。

Yakgang Lhakhang 佛教庙宇

从城镇驾车西行一小段就到了这座游客罕至但趣味盎然的拉康，它由白玛林巴之子于16世纪修建。在进入主殿时，不妨看看远处墙上的原出入口是如何处理的，该出入口在道路修通后就被封砌了（出于安全原因），因而留下了新旧壁画共存的场景。

看门人是一位贡千，他从事这一职位乃是世代相传。应游客要求，他经常会打开隔壁房屋的拉康，里面陈列着主要的文物。可以看看木雕块、鲁特琴以及当地保护神Gelong Daksen和Penchen Tsam的木偶。角落里的手书经文来自中国西藏。查姆舞面具由白玛林巴之子制作，至今仍在每年不丹历五月初十的戒楚节上使用，节日当天还会展示部分最珍贵的文物。要前往本寺，可驱车经过蒙加尔汽车站和传统建筑风格的法院后，朝Sherub Reldri私立中学方向前行即可。

住宿

★ Wangchuk Hotel 酒店 $$

（☎04-641522；www.wangchukhotel.com；标单/双 Nu4220/4800，豪华 Nu5400；📶）这家令人印象深刻的酒店凭借32间宽敞的客房、可口的食物和怡人的环境，一直称霸蒙加尔酒店业。铺设地毯的大房间有舒适的床铺、电视、房内保险柜和电扇，从房间窗户可以看到市镇风景或林木茂密的秀丽山色，而且酒店内还设有按摩房。去餐厅露台点杯好酒，一边回想着从布姆唐驱车而来的漫漫旅程，真是再惬意不过的了。

Druk Zhongar Hotel 酒店 $$

（☎17111684，04-641587；drukzhongar@druknet.com；标单/双 Nu3000/3480起，套Nu4200；📶）这是家经营有方、热情友好的酒店，房间中规中矩，配有电视和风扇，部分

Mongar 蒙加尔

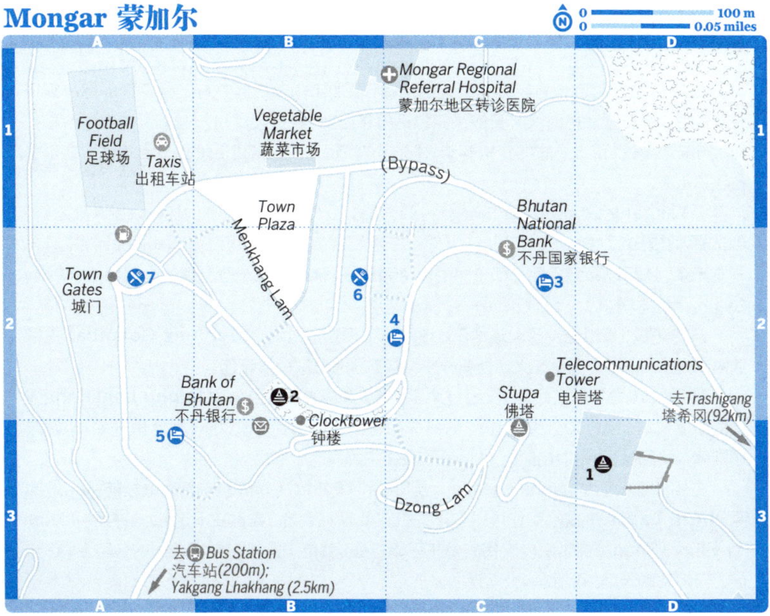

房间带有阳台。餐厅也不错，就是光线有点暗淡，食物令人惊艳。千万不要选择地下室房间，套房虽然宽敞但是设施难称豪华。

Hotel Druk Zom

酒店 $$

（☎04-641206；hoteldrukzom@yahoo.com；标单/双 Nu2160/3600）一家光线明亮且热情好客的精品酒店，这里的房间规格配置各异，看似十分随意。所有房间都有吊扇、电视和电话，但是床垫非常硬实，卫生间大小各不相同。多国风味的餐厅提供简餐，光线明亮，可以看到市镇风景。

就餐

几乎所有人都在入住的酒店用餐，但是如果你想要享用简餐，例如藏饺，可以试试位于主街两侧的当地酒店的餐厅。在蒙加尔的烘焙店里能找到蛋糕，但是如果想要喝杯浓缩咖啡，可能就要失望而归了。

Lotus Pond Restaurant

各国风味 $

（☎04-641387；主菜 Nu80~200；⏲8:00~21:00）如果想要换换口味，不妨前往这家令人耳目一新的当地餐厅。这里堪称雄心勃勃，菜品囊括了不丹菜、中餐（包括藏式菜品）、印度菜以及西餐等。我们推荐辣子鸡和藏饺。你还可以在这里买一瓶店主自制的芳香四溢的香茅精油。

Mongar 蒙加尔

景点

1 蒙加尔宗堡 D3
2 转经筒 B2

住宿

3 Druk Zhongar Hotel C2
4 Hotel Druk Zom C2
5 Wangchuk Hotel A3

就餐

6 Lotus Pond Restaurant B2
7 Puensom Confectionery & Bakery A2

Phuensom Confectionery & Bakery

面包房

（☎04-641143；比萨 每角 Nu50，蛋糕 Nu40~150；⏲7:00~21:00）这家面包房里供应比萨饼、甜甜圈、苹果派、奶豆腐小丸子（rasgulla）和巧克力手指饼，味道还行。最稳妥的选择是购买当日新鲜出炉的美味。

另辟蹊径

蒙加尔周边徒步

如果你的行程表上有半天或全天的闲暇，蒙加尔南部山区中有一些不错的另辟蹊径徒步路线。下面这些历时大半天的线路包括山脊徒步、峡谷风景和一些偏远的隐修所和拉康。如果想要进行2.5小时的轻松徒步，不妨反其道而行之，从Phurji Laptsa出发，在彭楚拉山口上车。

从**Yakgang Lhakhang**驾车或步行45分钟上山（经由穿越塔林的捷径以避开土路），到达**彭楚拉山口**（Phongchu La）山脊上的迷人佛寺。从这里可以俯瞰库日曲河谷，风光一览无余，还可以看到南部郁郁葱葱的Kheng地区，佛寺内有一些有趣的当地保护神Dorji Gyeltsen的木偶。

从彭楚拉山口出发，经过连续25分钟的下山路到达小小的**Senlung Goemba**。主殿通常都是大门紧闭，但是在入口处有一座与众不同的私家禅修帐篷。

随后是40分钟的陡峭爬升，经过两座佛塔，穿越森林直至山顶**Jaiphu Lhakhang**周边的断壁残垣。绕行10分钟下山后，等待你的是迷人的Jaiphu禅修所。从这里开始，小路连续陡降，直至Kadam村和拉康，然后就是蒙加尔。

主路沿着山顶从Jaiphu Lhakhang至Shami（Sainu）Goemba，然后继续前行20分钟至**Phurji Laptsa**的路口。你可以安排司机在此等待会合，或者往下走40分钟至Kilikhar（Kyilhor）Shedra佛学院内宏伟的桑东巴瑞拉康，就位于蒙加尔至塔希冈的公路上。在与僧人们喝茶聊天后，可驱车4公里返回蒙加尔。

实用信息

医疗服务

蒙加尔地区转诊医院（Mongar Regional Referral Hospital; ☎641112）就在蔬菜市场下方。

现金

不丹银行（⏲周一至周五 9:00~13:00，周六 9:00~11:00）

不丹国家银行（⏲周一至周五 9:00~16:00，周六 9:00~11:00）

邮政服务

邮局（⏲周一至周五 8:30~17:00，周六 8:30~13:00）

到达和离开

镇西的汽车站除周日外每天都有班车发往塔希冈（Nu100，每天6:30发车），每天有班车发往伦奇（Nu100，7:30），以及除周一外每天有班车开往廷布（Nu640，6:00；在布姆唐过夜）和萨姆德鲁琼卡尔（Samdrup Jongkhar; Nu380，6:30）。也可以选择**合乘出租车**前往塔希冈，费用为每座Nu550。足球场附近有间**加油站**。

伦奇宗（LHUENTSE DZONGKHAG）

原名Kurtoe，与世隔绝的伦奇宗是不丹王室的祖籍地。虽然地理位置上处于不丹东部，但伦奇在文化特色方面与不丹中部并无差异，过去，在通往蒙加尔的道路修通之前，翻越罗当拉山口（Rodang La）的高山路线曾是主要的商路。许多伦奇妇女家里都有织布机，Khoma村更是因为织锦（kushutara）织造而远近闻名。

蒙加尔至伦奇

77公里 / 3小时

伦奇距离Gangola路口63公里，从蒙加尔驱车至此需3小时。这是一段异彩纷呈的旅程，道路贴着河谷上方的悬崖峭壁延伸，好在由于一直沿着主要的山谷前行，一路上还是比较顺畅的，只要早前没发生过山体滑坡就好。

蒙加尔至奥错

38公里 / 1.25小时

从蒙加尔下坡12公里，在Gangola（海拔1110米）路口拐上前往伦奇的道路，当地妇女会在路口售卖袋装的玉米片、橙子和花生。道路盘山而行至Chali和Palangphu，然后经过吊桥前往Banjor村（此前在更上游处曾有一座吊桥，在冰川湖溃决导致的洪水肆虐山谷时被冲毁）。随后经过地质灾害频发的Dorji Lung滑坡区（以及祈福佛塔），下降至库日曲河岸和Rewan村仅有的两个商店。

经过有108座小佛塔环绕的一座藏式风格白色砖石大佛塔后，道路穿过开阔的麦田，到达沉寂的河畔小村**奥错**（Autsho；海拔920米）。在河边，你或许能看到阿萨姆猕猴在石堆上嬉戏，戴帽叶猴在树林中游荡，黑色鸬鹚俯冲捕鱼。河畔的**Phayul Resort**（☎1762 4046；Autsho；房间 Nu1440~2160）洋溢着休闲氛围，还有一座怡人的花园。这里也是一个不错的午餐地或乡村过夜之处，有8间带卫生间和热水客房，干净而舒适。

奥错至唐马楚

26公里 / 1小时

道路经过常年云遮雾罩的高崖，继续前往Fawan。随后在河流上方盘旋下降，路程落差达100米，到达路边整洁的小村Gorgan，它正对诺玉岗曲（Noyurgang Chhu）的开阔河谷，该河从西向东流过来。这段在Umling附近的路，据说有Bangtsho Gyalpo在公元前1500年前后建造的古代地下石头城堡的遗迹。

前行不久，库日曲河谷变得开阔起来。在经过一座白色大佛塔后（佛塔就在道路正中），道路沿Thinleypang日本援建的悬索拱桥来到河西。过桥后，对岸有个岔路口；直行前往Khoma和伦奇，左转经过小村**唐马楚**（Tangmachu）后，上行14公里到达**塔奇拉山口**（Taki La；海拔1762米），这里有一尊45米高的巨型**莲花生大士像**，是他的Guru Nangsi Zilnon相。据称这是世界上最高的莲师造像，超过附近印度锡金邦的莲师像，造价超过200万美元。详情可参考www.drukodiyana.org。端坐群山间的佛像令人印象深刻，但似乎与周围环境有些格格不入。

唐马楚至伦奇

13公里 / 30分钟

道路在唐马楚谷底延伸6公里，在Sumpa经过一处修路工棚和一座水电站。转一个弯，就能看见雄踞峪口处的**伦奇宗堡**。一条交叉道路通往横跨河面的公路桥，然后经过一座大佛塔和位于河流交汇处的火葬场，上行到达侧面山谷中的Khoma村。

继续沿主路前行一小段距离，山谷渐渐变窄，道路开始爬升向伦奇方向延伸。在道路经过医院之前，能够将屹立于山巅的宗堡绝佳风景尽收眼底。医院旁边就是通往邓卡尔的岔路。

伦奇（Lhuentse）

☎04 / 人口：1170 / 海拔：1440米

伦奇本身基本没有特别出彩的风景，而且这里也没有实际意义上的村落，但是伦奇宗堡却是不丹最美丽的宗堡之一。宗堡上方是一座佛学院，里面居住着扎仓，山坡上有一些为政府官员修建的宿舍，他们被派遣到这个住房匮乏的偏远之地工作。

你可以坐车前往山上的Royal Guest House观赏宗堡和库日曲河谷的皑皑雪峰。位于客栈西北方向、峪口的雪峰就是Sheri Nyung。

当你告别伦奇前往蒙加尔，可以看看山谷下方数公里处的一座古桥遗迹，它就在快到河湾处。

景点

伦奇宗堡（Lhuentse Dzong） 佛教宗堡

这座宗堡的正式名称是Lhuentse Rinchentse Phodrang Dzong，屹立于高高露出的岩石之上，俯瞰库日曲河谷，四面几乎都是万仞绝壁。宗堡历经修缮，最近一次是对2009年地震造成的破坏进行修缮。为期3天的**戒楚节**会让宗堡陷入欢乐的海洋，举办时间为12月或次年1月。

虽然白玛林巴之子昆噶旺波（Kuenga Wangpo）早在16世纪就在此修建了一座小佛寺，但宗堡本身却是由通萨佩罗敏珠·丹巴于1654年主持建造的。

游客们可以参观这里的7座拉康，只要你能设法找到拿着钥匙的那个人。这里的100名住寺僧人很少见到游客，而且非常友善，这也许就是为何到访此处的游客能欣赏到在不丹其他宗堡无法看到的风景。

食宿

最好是自带午餐到伦奇（可在蒙加尔准备好），否则你只能在本地经济型Shangrila Hotel（04-545123；Lhuentse；主菜Nu90~140；8:00~21:00）吃一点辣椒奶酪，有时也许会有藏饺。

Royal Guest House 客栈 $

（04-545102，17789346；房间 Nu500）这家有10间客房的政府宾馆是伦奇唯一的酒店，坐落于小镇上方100米处的山上。在房间里可以远眺宗堡。旅行社可以在此直接预订，但需要履行一些烦琐的手续——你需要获得副宗长（dzongrab）的许可，他或许会要求查看位于廷布的内政部颁发的许可。

一旦有到访此地的政府人员，你随时可能被拒绝入住。

伦奇周边

从伦奇出发的一段值得推荐的短途游是前往Khoma织布村。有几家不丹旅行社提供前往当地多座织造村庄的三日游，包括Gonpokarpo、Chenling、Shyam、Minje和Nyilamdun（Ngangladun）等村，所有这些地方都由乡间小路连接。

邓卡尔（Dungkhar）

一条未铺装但路况不错的公路从伦奇出发，经过40公里后到达小村邓卡尔。这个小村得名于其所在的形状酷似海螺（dungkhar）的山脊。白玛林巴之子昆噶旺波曾在此居住，通过他不丹王室旺楚克家族的祖籍可追溯至这里的Kurtoe地区。第一任国王的父亲晋美朗杰（Jigme Namgyal）于1825年在此出生，15岁时离家闯荡，最终成为通萨佩罗和第51任第悉。

从伦奇出发，道路爬升至河流上方的Zhamling，然后下降至邓卡尔。伦奇到这里的往返行程至少需要5小时。

经过修复的16世纪Dungkhar Naktshang高耸于村落上方的学校旁，gewog（不丹最低一级的行政机构）政府在此办公。在这里举行的戒楚节时间上与伦奇宗堡戒楚节相同，都是不丹历十月初八至十一。山下其貌不扬的村庄就是晋美朗杰的出生地。更令人瞩目的是Choeje Naktshang宅邸，这是栋有着百年历史的乡村庄园，其主人会非常乐于向游客介绍家里别具魅力的屋顶拉康。

相传莲花生大士曾经在Rinchen Bumpa峰的一处洞窟内打坐冥思，这座山峰位于邓卡尔上方，可通过难度颇大的单日徒步游前往；当地人至今每年仍会花上几天时间转山，拜访这座小拉康。白玛林巴曾多次造访邓

值得一游

KHOMA

如果你对纺织工艺情有独钟（即使不感兴趣也不要错过），可以驱车5公里上山前往这座传统纺织村庄。村里生产不丹最受欢迎且价格昂贵的kushutara纺织品，全村近30户民居都在门廊上摆放了传统的背带式织布机。这些纺织品精美得近乎绣品，通常被用来制作旗拉（妇女传统装束），同时他们也生产袋子和其他物件。村庄相对富裕，大部分家庭都拥有电视和碳纤维弓箭。

村里的桑东巴瑞拉康（Zangto Pelri Lhakhang）坐落于可俯瞰河流交汇处的山坡上。如果你想要打发时间，可以打听前往Sangay Lhodrup Lhakhang的道路，这是一段历时20分钟的前往Khoma上方山坡的徒步之旅。

驱车前往村落时，还可远眺白色的隐修所白悬崖（Drak Kharpo），它位于山谷对面的遥远山崖上。

大多数旅行社都可以安排在村里的民居住宿，例如条件简单但富有传统气息且热情好客的Homestay of Norbu Laden（17700848；Khoma；房间 Nu700，早餐 Nu150，午餐和晚餐 各Nu300）。或者你也可以选择在伦奇过夜。

卡尔地区，并修建了Goeshog Pang Lhakhang，后者从山谷上行2小时可至。

前往邓卡尔途中会路过Thimyul，它距离伦奇9公里，河流远处有一座风景如画的乡间别墅和一座白色大佛塔。如果你想去探索一番，可经一座吊桥步行前往。

辛格宗堡徒步路线 (Singye Dzong Trek)

辛格宗堡位于不丹前往中国西藏洛札地区的古代商道上。莲花生大士曾在此禅修，这里也是不丹人重要的朝圣地，不过目前禁止外国游客来此游览。前往辛格宗堡需要徒步3天。这座宗堡其实是一块大石头，而非实际意义上的宗堡，但这里有一座由莲师的明妃益西措嘉建立的佛寺，莲师曾经在此埋下许多伏藏（神圣的经文和法器）。如果辛格宗堡未来向游客开放，前往此地的徒步路线将从Khoma出发，中途经过Khomagang、Thang Karmo然后到达辛格宗堡，之后还可以继续探索黑湖（Tshonag）和白湖（Tshokhar），最后原路返回Khoma。

塔希冈宗 (TRASHIGANG DZONGKHAG)

塔希冈是不丹东部的核心地带，曾经是与中国西藏进行贸易的重要中心。这里有多座值得探访的佛寺和村庄，但是需要驾车很长时间才能到达这处偏远地区。

蒙加尔至塔希冈

91公里 / 3.5小时

从蒙加尔前往塔希冈的行程要比贾卡尔至蒙加尔路段更为轻松，距离也相对较短，但是你仍需要驱车3.5小时才能走完两座城镇间的91公里，如果去无敌顶寺则还需要2小时。道路从一处较低的山口翻山而过，然后沿着一座河谷，最终爬升至塔希冈。

蒙加尔至科里拉山口

17公里 / 30分钟

在离开蒙加尔后，道路穿过田地前往佛学院和位于Kilikhar的桑东巴瑞拉康（Zangto Pelri Lhakhang）。随后进入侧谷，穿越一片浓密幽深的杜鹃林和兰花丛。

经过Kilikhar之后3公里，沿一条水泥支路下坡2公里前往Wengkhar Lhakhang，它由三世夏宗法王在出生地附近出资修建。夏宗法王的衣物和遗物都于不丹历三月初十在寺内进行展示。

道路随后经过Kitar的一座尼庵，然后在Chompa开始迂回前行。这里有条步道通往山上，步行90分钟左右可抵达风景如画、游客罕至的崖畔隐修所Larjung（Larjab Drakar Choeling）Lhakhang。如果不想原路返回，可以继续徒步前往科里拉山口。小路并不明显，因此最好是提前在Coffee Café安排好一位向导。

继续向前1公里到达科里拉山口（Kori La；海拔2400米），这里经幡猎猎，有一座小玛尼墙，以及供奉了数百盏酥油灯的建筑。如果酥油灯被点亮，进入屋内可以明显感到热气袭来，要小心缺氧。附近的Coffee Café（☎17284451；Kori La；⏲7:00~20:00）供应热腾腾的速溶咖啡或热茶配饼干。山口周围的森林是观鸟的好地方；可以留意令人惊艳的印度犀鸟。

附近是科里拉山口至戈里辛自然徒步路线（Kori La to Golishing Nature Trail）的起点，这是一条长2.75公里（45分钟）的古商道，下山穿过森林，一路风景怡人，终点位于距离主路3公里的支路上，你可以让司机在此等候会合。

科里拉山口至亚迪

21公里 / 1小时

道路从山口下降，进入广袤的玛纳斯曲上游流域，从阔叶林中蜿蜒下行，直抵Naktshang村附近迷人的私人拉康。

道路经过类似栅栏的经幡（相当于不丹版的道路安全护栏），一直延伸至颇具规模的村庄亚迪（Yadi；海拔1480米）。这里的Choden Hotel General Shop Cum Bar & Lodge（☎04-539113；⏲6:00~21:00）位于巨大的转经筒旁，是一个坐下来喝杯马萨拉茶的好去处。乘客们从塔希冈前往蒙加尔、布姆唐和廷布的班车上鱼贯而下，在这里吃早餐。

值得一游

无敌顶寺（DRAMETSE GOEMBA）

无敌顶寺是不丹东部地区规模最大、地位最重要的寺院。从主路旁尘土飞扬的小路驾车18公里可达，大约需要1小时，海拔上升1350米，如果你到这里时正赶上雨天，那么就需要一辆四驱车。

无敌顶寺共有约100名僧人和贡千（gomchen；俗家或已婚的宁玛派僧人）。这座寺庙由白玛林巴的孙女（另一说是白玛林巴的女儿）阿尼·曲登·藏莫（Ani Chhoeten Zangmo）于1511年修建，她将佛寺命名为Drametse，意思是"无敌之顶峰"。

这座寺院因是圣兽之舞（Nga Cham）的发源地而赫赫有名。圣兽之舞是一种在许多戒楚节上都会表演的鼓舞，于2005年被联合国教科文组织评为口头和非物质文化遗产。

这一带是马铃薯的天下，每到秋天马铃薯都会堆积如山，等待卡车运往山下，最终销往印度和孟加拉国。

在主殿里，位居中间的莲花生大士像，右边是曲登·藏莫的金色灵塔，旁边是一尊白玛林巴在梦中为自己建造的塑像（因此这是镜像）。殿内的长箱子里保存着一幅绘有白玛林巴的巨幅唐卡。这幅唐卡会在不丹历十月十五（公历11月）拂晓时分展开晒佛，这一天是每年一度、历时3天的节庆组成部分。Thondrol是一种巨幅唐卡，使信众见（thon）即解脱（drol）。

中层殿内供奉着保护神Palden Lhamo（Sri Devi）和马头金刚（Hyayagriva）。楼上的**大护法神殿**（Goenkhang Chenmo）内摆满了各种武器、一只山猫标本、一只死去的果蝠（看上去像是用脚踏泵充了气的）、突击步枪，以及Pekar、Drametse和Tsong Tsoma三位当地保护神造像。捐一些功德，你会收到一根开光的祈福绳并受到金刚杵（phurba）的赐福，然后摇动签筒，僧人会用古老的卜筮之书帮你解签。

隔壁的**Tseringma Lhakhang**里供奉着祥寿佛母，以及她的五个化身，所有这些神灵都骑着不同的神兽。

最后，**Kanjur Lhakhang**里面有一箱圣物，包括此前所有戒楚节期间使用的铜钹等。

在亚迪下方，一条土路分岔出来通往**Shershong**（Serzhong），两地距离为17公里，这里也是前往**Aja Ney**的朝圣路线的起点，全程需要2~3天时间。地名中的"A"是一个神圣的字符，"ja"意思是"一百"。莲花生大士曾在这里的巨岩上留下100个字符"A"，对信众而言犹如一次精神上的探宝之旅：你看到的字符越多，获得的功德也越大。没有恶业的人通常能看到最多的字符。

亚迪至Thungdari

33公里/1小时

在亚迪之后是一段两侧布满经幡的长路；山下是无数个"之"字形弯道，被人们称为**亚迪弯道**（Yadi Loops）。这段弯道从一片稀疏松树林和香茅丛中穿行而过，在10公里内高度下降350米。路上有一处能看到道路盘旋下降的观景台；从这里拍摄的照片通常会登上各种书籍和宣传册，以展示不丹的山路有多蜿蜒曲折。

在Zalaphangma，有一家社区经营的**Doechog Puensum Restaurant**（☎17596475；Zalaphangma；套餐 Nu600，咖啡 Nu120；⊙8:00~20:00），这里设有怡人的室内和户外座位，可提供套餐（需预约）。这里也是停下来喝杯咖啡的好地方。Zalaphangma翻译过来的意思是"猴子肩膀"；因此这家餐厅此前的名字就是"Monkey Shoulder Cafe"。未铺装的道路由此一路向西，11公里后抵达Chaskhar小村和两座拉康。

在更多迂回弯道后，道路经过一座画有吉祥八宝（Tashi Tagye）符号的桥，然后继续前行10公里至**Sherichhu**（海拔600米）。从Sherichhu山谷穿行而出直到一座佛塔，翻越山梁后来到奔涌的Drangme Chhu河边，这是一条从不丹东部边界流过来的河流。道路继续在几座侧谷内外迂回12公里，之后到达距离蒙加尔71公里的Thungdari，这里有条分岔路通往无敌顶寺。

Thungdari至塔希冈

20公里/45分钟

下山返回主路，你会看到塔希冈宗堡高踞在Drangme Chhu河南岸的山头之上。

经过Rolong的公共工程部（Public Works Department，简称PWD）营地后，道路在Chazam（海拔710米）到达一座90米长的桥边。这个地方以从前的铁索桥命名，据说旧桥是15世纪由中国西藏桥梁建造师汤东杰布建造的（“cha”意思是“铁”，“zam”意思是“桥”）。旧桥的大型桥基经过部分修复，并改建为一座拉康，就在新桥上游不远处。注意看看旧桥上方山脊上的瞭望塔遗址。

桥的南侧是一座出入境检查站，警察会在这里检查旅客的旅行许可证。从这里向北的道路沿着库龙曲（Kulong Chhu）峡谷一路前行，然后爬升至塔希央奇。

道路迂回上行前往塔希冈，中途经过前往萨姆德鲁琼卡尔岔路口，然后继续前行3公里直抵坐落在葱郁山谷中的塔希冈。

塔希冈（Trashigang）

☎04 / 人口：2383 / 海拔：1070米

塔希冈（意即“吉祥山”）是不丹趣味盎然的城镇之一，也是前往塔希央奇、卡林（Khaling）、Radi、Phongme和东部其他地方短途游的大本营。这座诗情画意的小镇位于一座草木繁盛的陡峭山谷底部，流水潺潺的米提当曲（Mithidang Chhu）从谷内穿行而过。塔希冈的镇中心是一个小广场，如今已成为挤满汽车的停车场。

镇上的住宿选择非常有限，但是有各种风味的餐厅，在城镇无数酒吧中，你一定能找到称心如意的畅饮之所。来到塔希冈的游客不多，但是曾经有许多加拿大教师在此工作，因此塔希冈人对外国面孔习以为常。

村民们在朝圣之日来到镇上，分别是不丹历每个月的初一、初十和十五，赶集的同时还会品尝当地的arra（用大米蒸馏而成的酒精饮料）。

Trashigang
塔希冈

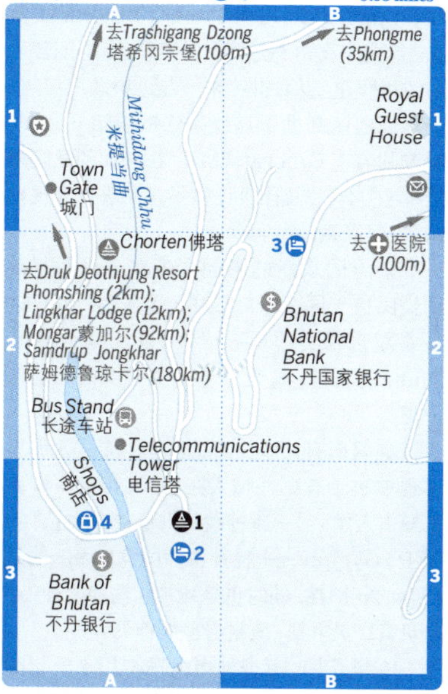

Trashigang 塔希冈

景点

1 转经筒 A3

住宿

2 Druk Deothjung Hotel A3
3 Hotel KC B2

就餐

Druk Deothjung Bakery .... （见2）

购物

Druk Deothjung Eastern Rural Handicraft .... （见2）
4 Pema Bakery & General Tsongkhang A3

景点

广场中心有一座巨型转经筒。有顶棚的经筒底座是等车的村民们最爱的小憩场所，而且在大部分日子里，这里自发形成一个菜市。广场周围有几家酒店、餐馆、酒吧以及一间面包房和手工艺品商店。

塔希冈宗堡（Trashigang Dzong） 佛教宗堡

宗堡位于一片薄薄的岩岬之上，俯瞰着Drangme Chhu河和Gamri Chhu河的汇流点。这座宗堡由不丹第三任第悉敏珠·丹巴于1667年修建。从17世纪末一直到20世纪初，整个东部地区都处于这座宗堡的统治下。一些温顺的岩羊（ghoral；jaru）在外面的庭院里漫步。在本书调研期间，宗堡正在进行大规模修缮，暂停接待游客参观。

塔希冈宗堡的不同之处在于世俗行政和僧团位于同一个庭院内。进入门口时可以看看左边精美的玛尼拉康，以及刻有Seng Doma的石板，这是一位半男半女的当地保护神。

庭院内有几座拉康，但是你能进入哪里参观取决于有哪些僧人在场。一层的贡康有几幅雪人像，另一座神殿则供奉着Choegi（阎罗王）Gyelpo——观音菩萨的忿怒相。他是信念的守护神，同时也是死神和法律之神，还是负责亡灵审判、衡量善恶的神灵。

在塔希冈，有多种喇嘛舞蹈用来安抚阎罗王，尤其是在11月/12月为期3天的**戒楚节**期间，在节庆最后一天还会展示唐卡，以及展示一尊莲花生大士像。

住宿

除了在塔希冈镇上住宿，另一个不错的高端选择是继续向镇西南前行12公里，到位于Lengkhar的Lingkhar Lodge（见169页）住宿，它就在前往萨姆德鲁琼卡尔的路上。

Druk Deothjung Hotel 经济酒店 $

（☎04-521214；drukdeothjung@gmail.com；房间 Nu750）这家有着12间客房的酒店位于中心转经筒附近，是镇中心最好的当地酒店之一。老板同时经营着接待外国游客的Druk Deothjung Resort。不过一些旅行团选择在这里吃午饭以换换环境。

房间内有卫星电视和热水淋浴，从阳台上可俯瞰城镇广场。

★Druk Deothjung Resort Phomshing 酒店 $$

（☎17119909，04-521440；drukdeothjung@gmail.com；Phomshing；标单/双 Nu3540/4260，套 Nu4800起；📶）这家大型酒店位于塔希冈西边几公里处，由两座独立的楼房组成，各楼设有独立的前台和餐厅。酒店共有70个房间，全都可以欣赏到山谷风景。这是塔希冈镇周边最舒适的住宿场所。

Hotel KC 酒店 $$

（☎17131400；标单/双 Nu2640/3240，套 Nu4200）这家风格现代、装饰光鲜的住宿地较为舒适，但缺乏个性，有各种不同的房型，但基本都没有充分利用山谷美丽风光这一独到优势。最好的房间是配有水壶和冰箱的巨大套房。顶层标准间天花板较低，略为逼仄。

就餐

Druk Deothjung Bakery 面包房

（蛋糕 Nu35）位于Druk Deothang Hotel内；跟随香味就可找到。问问当日烘焙食品——可能有甜甜圈、巧克力蛋糕或奶油角。同时供应面包。

购物

Druk Deothjung Eastern Rural Handicraft 手工艺品

（⏲9:00~19:00）这座位于Druk Deothjung Hotel旁边的小商店是你选购传统鞋靴、手绘面具和刺绣织品等手工艺品的好地方。

Pema Bakery & General Tsongkhang 面包房

（☎04-521196）在前往宗堡的道路上，这处吸引人的综合商店出售从品客薯片到咖啡伴侣等各种进口商品。屋里的怪味来自一袋袋鱼干。

实用信息

紧急情况

警察局（☎04-521128）位于镇西城门处。

现金

不丹银行（⏲周一至周五 9:00~13:00和14:00~16:00，周六 9:00~12:00）兑换现金和旅行支票。

不丹国家银行（⏲周一至周五 9:00~16:00，周六 9:00~11:00）仅兑换现金。

邮政

邮局（⏲周一至周五 9:00~17:00，周六 9:00~

13:00）在镇中心上方，靠近高中。

到达和离开

从塔希冈前往布姆唐全程280公里（2天），到通萨为350公里，至廷布为550公里（3天）。

雍布拉的国内机场距离塔希冈车程约1小时，过去曾起降飞往帕罗的航班。但在本书调研期间，该机场没有航班。可通过廷布的旅行社了解最新信息。

每天有当地长途车发往廷布（Nu720，2天，6:00）、萨姆德鲁琼卡尔（Nu250，9小时，7:30和8:00）和蒙加尔（Nu100，13:00）。

塔希冈至萨克滕野生动物保护区

46公里／3小时

大部分前往这里的人都是在两座村庄麦拉克（Merak）和萨克滕（Sakteng）之间徒步（见207页）。这两座小村都是各自隐秘山谷的中心，坐落于面积达741平方公里的萨克滕野生动物保护区（Sakteng Wildlife Sanctuary）内。它们是半游牧民族布罗克帕人（Brokpa）的聚居地，这个民族以放牧牦牛为生。Katie Hickman曾骑马探访该地区，她在旅行日志《祥龙之梦》（*Dreams of the Peaceful Dragon*）中对此进行了详尽的描述。麦拉克至萨克滕徒步路线以及村庄和民宿最好通过徒步前往，但是目前正在开展的道路建设将徒步时间缩短至数日之内。

从1995年至2010年，麦拉克和萨克滕都对外国游客关上了大门，以保护该地区传统文化免受全球化浪潮的冲击。如今禁令已然松动，已经有几条道路通往该地区。这里也不再像从前那样隐秘。如今你可以乘车从塔希冈直抵麦拉克，很快还可以坐车前往萨克滕。尽管道路将徒步路线缩短，但这并不意味着该地区的徒步活动陷入低谷，也不是不去该地区的理由。麦拉克至萨克滕徒步路线一直以来都是重要的文化之旅：沿途可以在布罗克帕人世代生活的土地上近距离体验乡村生活，而这依然是探访此地的主要原因。此外还可安排一些一日徒步游和顺便游，前往多座拉康和寺庙，布罗克帕人还会举行纪念本族保护神Aum Jomo的各种节庆，可谓异彩纷呈。

除了布罗克帕人，保护区最著名的居民是雪人，据说这片保护区就是为了他们而于2002年建立的。

塔希冈至Rangjung

16公里／45分钟

从塔希冈开始，道路逐渐下行，在侧谷中迂回进出，直至海拔820米的Gamri Chhu河岸。一条分岔路从这里渡河，沿着坡陡弯急的盘山道上行19公里，到达Bartsam的Chador Lhakhang和佛学院，这里最著名的文物是一尊拇指大小的夏诺多吉（金刚手菩萨）神像。

Rangjung主路沿着河流南岸而行，穿过一片受泛洪影响的平坦地区（泛洪平原中部的佛塔旨在保佑该地区免受洪水侵袭）。之后不久就是Lungtenzampa村。

在穿越田野前行6公里，经过Buna的大型职业培训学院后，道路跨越Kharti Chhu

MIGOI——不丹的雪人

雪人在不丹被称为migoi（意思是“强人”），他们被认为生活在北部和东北部，尤其是萨克滕野生动物保护区。

雪人毛发丛生，颜色可能从红棕色到黑色，但是脸上无毛，基本上和人类差不多。他们与尼泊尔和中国西藏的雪人颇为类似，据说雌性胸部大而下垂，而且无论雌雄都散发出极其难闻的气味。但是不丹的雪人较为特殊，因为据说他们能够隐形，这也是几乎没有人能见到他们的原因。另一个有助于他们隐藏踪迹的特点，是他们的脚掌或许是倒着长的，这能有效迷惑追踪者。

由昆桑曲登（Kunzang Choden）编写的《不丹雪人故事集》（*Bhutanese Tales of the Yeti*）是根据不丹曾经见过雪人的村民口述或者他人转述的故事编写而成的精彩故事集。

小河，在较短的距离内爬升至海拔1120米的Rangjung。在经过中学之后，一座精美的佛塔占据了迷人的城镇中心位置，这一带值得你步行游览一番。

在小镇上方是Rangjung Yoesel Chholing Monastery，这是由贾鲁布仁波切（Garub Rinpoche）于1990年创建的一座大型宁玛派佛寺。寺内供奉的主佛像是Gelog Choksum，他是莲花生大士、印度住持寂护大师和藏王赤松德赞的三合一化身。朵玛（青稞和酥油捏制的礼糕）代表了五识——眼耳鼻舌身。在不丹历十二月（公历1月）为期10天的drupchen节庆上还会有查姆舞表演。

寺院在山上建有一座不错的客舍（☎预订 17246076；房间 Nu3000，早餐/午餐/晚餐 Nu350/480/490），经常有游客预订入住，尤其是佛教团体。这里的24间客房都带有独立的卫生间，并有美丽的寺院风景相伴，但是必须预订。

Rangjung至Phongme

17公里/1小时

土路继续向东，从大片水稻梯田和玉米地里穿行而过，爬升8公里到达Radi。

在经过Rangjung之后1.5公里就是Pema Lhundup Handicrafts（☎16461124），这是一家由私人民宅改建的织造中心，销售附近村庄（包括Tzangkhar）的妇女用生丝（bura）或者绢丝（sechu）制作的精美刺绣布匹、披肩和围巾。旗拉（Kira）的价格为Nu10,000~60,000，丝巾的价格约为Nu16,000。知识渊博的店主Peden可提供有关纺纱和织造的技术展示。

纺织爱好者还可以从快到Radi前（23公里处）U形弯道处的岔路前往探访Tzangkhar。这里的许多妇女都是织造高手，你可以直接从她们手里购买丝绸制品。

在经过Radi（海拔1570米）之后，道路沿着梯级山脊爬升3公里，穿越占地颇广的现代风格尼庵Thekchok Kunzang Choeden Nunnery。在Khardung村，有条道路往东南方向延伸翻越Mon La山口（海拔3278米）前往麦拉克。5公里之后就到了商铺云集的Phongme（海拔1840米），另有条路通往东南方向的Mon La山口和麦拉克。

在快到村庄前的山峦上，坐落着历史超过150年的Phongme Lhakhang。殿内供奉的中央佛像是十一面千手观音像。一幅卷起来的巨幅唐卡（房屋般大小）悬于椽上，查姆舞戏服保存于佛像脚下的箱子里，准备在不丹历八月十五（公历9月）举行的年度节庆期间展晒或使用。

Phongme至萨克滕野生动物保护区

16公里/1小时

从Phongme出发，逶迤向前的公路和步行小道向东面和南面延伸，通往偏远的村庄麦拉克和萨克滕。在本书调研期间，前往麦拉克的道路已经修通，另一条车道从Gamri Chhu北岸通往Thakthri，从那里再步行几个小时就可到达萨克滕。公路穿过Phongme后到达Gamri Chhu南岸的Jongkhar附近，下车

邂逅布罗克帕人

在麦拉克和萨克滕的约6000名布罗克帕人（Brokpas），其祖先来自中国西藏山南地区的错那，如今已在不丹世代生活了数百年。他们的文化习俗与附近的少数民族截然不同，具体反映在他们独特的装束上；最引人注意的是shamo——一种贝雷帽形状的黑色帽子，用牦牛胸毛制成，帽子边缘有蜘蛛腿般的坠饰来排出雨水。妇女身着红色和白色条纹的丝绸连身裙（shingkha），男人则身穿红色羊毛外套（tshokhan chuba）。大部分人都过着游牧生活，和他们的牦牛一起，在夏季的高原和冬季的低海拔牧场之间往返迁徙。

布罗克帕人仍然奉行以物易物，在冬季会前往Phongme、Radi和塔希冈，用他们储藏的发酵奶酪（chora）、酥油和干肉交换盐、茶和谷物。大多数家庭都拥有牲畜，一些人在寒冷季节会留守在村庄。随着旅游业的开发，有生意头脑的布罗克帕人开始经营民宿，并提供装具租赁服务。

步行六七个小时即可到达萨克滕。萨克滕野生动物保护区管理处位于Phongme以东1公里处。如果你要在这里过夜，不丹旅行社将会在官方露营地安排全套露营设施（包括厨房、帐篷等），或者你也可以在布罗克帕人村庄的民宿里过夜。

塔希央奇宗（TRASHI YANGTSE DZONGKHAG）

塔希央奇原是塔希冈宗的一个drungkhag（下属行政区），于1993年成为一个完全独立的宗（行政区），它与中国接壤。不丹东西部之间的古老商道从塔希央奇出发，穿过群山直至伦奇，然后翻越罗当拉山口（海拔4200米）至布姆唐，如今这条路线已成为一条徒步路线。塔希央奇地区位于库龙曲上游，之前被称为库龙（Kulong）。

塔希冈至贡寇拉

53公里/1.75小时

从塔希冈驱车前往塔希央奇大约需要1.75小时，但是你要为途中造访贡寇拉留出额外时间。沿途有许多景点，这段旅程是从塔希冈出发的理想一日游线路。即使你没有时间探访寇拉佛塔（Chorten Kora），并在塔希央奇开展全程游览，也最好能安排时间前往贡寇拉进行短途旅行。

塔希冈至Chazam

9公里/15分钟

从塔希冈出发直至Chazam，可沿之字形弯路下至Chazam桥边。经过Chazam后，一条未铺装的小路陡峭上山，直至Gangthung村和佛寺以及Yangnyer——这里有一座建于2009年的菩提伽耶佛塔的复制品。路上方不远处能见到一座监狱。

Chazam至贡寇拉

13公里/30分钟

从Chazam出发，公路水平穿越Drangme Chhu河西岸上方略显稀疏的森林直至贡寇拉。到达贡寇拉之前数公里处，在公路边缘有一处圣地（ney），这里有一座被锥形tsha-tsha（黏土制模的小型供品）覆盖的石头神殿和三怙主的铜像——仙乃日（观音菩萨）、央迈勇（文殊菩萨）和夏诺多吉（金刚手菩萨）的合称。此外这里还有一座自然形成的佛塔，由于屹立在道路中间，所以被非常明智地漆成了白色。

贡寇拉（Gom Kora）

贡寇拉是位于Chazam以北13公里处的一座非常美丽的寺庙。郁郁葱葱的绿色田野，红色长袍的僧侣以及寺庙的黄色屋顶，再加上色彩缤纷的佛教雕刻和奔涌的河水，构成一道充满诗情画意的风景。

这个地方真正的名字是Gomphu Kora。“Gomphu”表示这里是莲花生大士的禅修圣地，“kora”意思是“转经”。莲师在此禅修，并在一块岩石上留下了身印，这与布姆唐的古杰拉康颇为类似。

寺内供奉的中心神像是莲花生大士。右边是千手观音像。最右边则是蛇神Ganggan Yonga Choephel的神像，其右手握有一面金色镜子。最右边墙上的壁画的历史据说可追溯至15世纪。

一个紧锁的玻璃柜内放置着许多圣物，其中有些是奇迹般出现在这里的，另外一些则是由莲师带来。最大的圣物是一个迦楼罗蛋，这是一块非常重、形状完美的蛋形石头。其他珍贵的文物还有莲师的传统靴印、莲师明妃益西措嘉（8岁时）的脚印、莲师大马坐骑的蹄印，以及一块属于白玛林巴的阳具状的石头。

贡寇拉的镇寺之宝当属一幅古老的巨幅唐卡，它的独特之处在于采用绘画而非贴花工艺制作而成，平常保管在寺里的箱子中或是寇拉佛塔内——具体要看你究竟听信哪边了。贡寇拉有一幅“新”巨幅唐卡，会在不丹历二月初十（公历3月/4月）的戒楚节进行展晒。这个节日与多数地方的戒楚节截然不同，信众们整晚都会围绕佛寺和圣石转经。

佛寺后面是一座如梦似幻的巨大黑岩。据说莲花生大士在岩石下方的小洞里禅修，这时一个魔鬼化身眼镜蛇突然出现。莲师立刻警觉，迅速起身将自己的法帽印记留在岩石上，然后摇身变为一只金翅鸟（迦楼罗），将翅膀的印记留在附近。随后莲师与恶魔达成协议，后者在莲师静修期间要远离此地。这份协议用拇指印作为见证，如今在岩石上还可看到印记。这条蛇也留下了一个浅色印记，它的颈部皮褶印留在岩石顶部。

一条狭窄的恶业测试通道从洞中通往岩石侧面的出口处——一位成功通过的亲身实践者向我们讲述说，你必须像蛇一样蠕动身体才能通过这条通道。人们还试着从侧面攀登岩石，以测试恶业轻重和攀岩技巧（这条路线被称为“空行母阶梯”）——只有行善者才能完成这一任务。在一些吉日，据说是莲师永生甘露的圣水，会从岩石中一处缝隙里潺潺流下，朝圣者排着队，等待将圣水舀入瓶中。你还会看到女子抱着一块沉重的圣石围着转经道转，来祈求怀孕。

贡寇拉至塔希央奇

28公里 / 1.25小时

从贡寇拉到塔希央奇的沿途风景让人心旷神怡，道路大部分时间都沿着库龙曲旖旎而行，一路都能看到赏心悦目的河景和对岸丰富多样的植被。每逢春天，紫荆花树的紫色和白色花朵漫山遍野迎风怒放。注意看路边成群结队的戴帽叶猴。

从贡寇拉出发，行进2公里后就到了静谧的小村**Duksum**（海拔860米），这里是通往山谷更高处多座大村庄的起点。几家商店（推荐Dondup Tsongkhag）销售由当地妇女用背带式织布机编织的多彩图案布料和腰带。Duksum的铁索桥，据说曾是汤东杰布所造桥梁中现存的最后一座，于2004年被毁。原桥的部分铁链被用在唐秋拉康（Tamchhog Lhakhang）附近桥梁的重建工程中，其他则在贡寇拉展出。

路转向西北，沿着库龙曲河谷前往塔希央奇。河流东部分支发源于中国的藏南地区，被称为达旺曲（Dawung Chhu）。如今库龙曲上游正在建造一个水电项目。

在库龙曲河谷高处，道路在Zangpozor路口与另一条柏油路相交。喜欢探古访幽者可以沿着后者驱车9公里上山前往**Tshenkarla宗堡**的断壁残垣。这座宗堡由藏王赤松德赞的长子仓玛（Tsangma）于公元9世纪上半叶建造。这位王子被逐出中国西藏后，将不丹东部作为自己的根据地。这座小镇原来的名字叫Rangthang Woong。废墟位于学校上方一片野生香茅地里。继续往前则是较新的桑东巴瑞拉康，它是一个野餐的好去处，甚至可以在这里远眺中国藏南地区。

回到主路上，随着山谷变得更加陡峭，而且越来越不适合农耕，民居分布得也越来越稀疏。峪口的雪峰不断进出视线里。在穿过一片岩石峭壁后，一座醒目的建筑突兀地出现在一片岬角上，支流小溪Dongdi Chhu在此汇入山谷。这就是最初的**塔希央奇宗堡**（Trashi Yangtse Dzong,），由白玛林巴主持修建于从前的商道上，如今这里有300名僧人。佛学院有着壮观的主殿以及乌策，后者内部藏有宗堡最珍贵的文物——从中国西藏拉萨飞来此地的一尊观世音菩萨像。沿岔路上行1.5公里即可抵达宗堡，中途经过一座美丽的传统铁索桥。从布姆唐出发的古代商道在这里戛然而止，现代小道同样在此终止：这就是历时6~8天的罗当拉山口徒步路线。

塔希央奇（Trashi Yangtse）

☎04 / 人口：2735 / 海拔：1700米

在距离旧宗堡3公里处，井然有序的小镇塔希央奇就坐落在贡寇拉上方。新宗堡和城镇在距离廷布550公里开外，占据了这个王国最偏远角落里的一大片碗形谷地。

公路从南边进入市镇，先经过巨大的寇拉佛塔，然后进入一片安静的市集区，附近有一座装饰精美的不丹风格佛塔。从这里出发，一条路笔直通往邦德林野生动物保护区（Bomdeling Wildlife Sanctuary）的总部和游客中心，另一条向右的分岔路则通往城镇上方130米山脊处的新宗堡和行政办公区。这座宗堡于1997年落成，并无太大的历史或建筑意义，但是宗堡脚下的射箭场值得一游——如果这里正在进行一场比赛的话。

塔希央奇优质的木杯和木碗（dapa）远近闻名，原材料为杜鹃木、鳄梨木和枫木，一小部分手工匠人仍采用流水驱动和脚踏车床制作；大部分工匠使用电动车床。塔希央奇同时也是瑞香木造纸中心，使用竹框tsasho工艺制造带有独特图案的纸张。

景点

寇拉佛塔(Chorten Kora) 佛塔

寇拉佛塔体型庞大,但比起它的仿造对象——尼泊尔的博德纳佛塔,仍有一定差距。这座佛塔由阿旺洛戴喇嘛(Lama Ngawang Loday)建于1740年,旨在纪念其叔叔琼树配桑(Jungshu Phesan)并镇住当地邪灵。

佛塔前是一个自然生成的石塔sertho,从前曾屹立于佛塔之上,人们奉其为圣物。这里还有座小寺。大受欢迎的不丹电影《寇拉佛塔》(*Chorten Kora*)就是在此拍摄。

佛塔背后有着动人的故事。据说阿旺洛戴喇嘛前往尼泊尔,带回了用萝卜刻成的博德纳佛塔模型。他在这里进行了复建,使人们不必再艰难跋涉前往尼泊尔就可在此朝拜佛塔。由于回程时萝卜缩水导致模型走样,因此寇拉佛塔未能完美地复制博德纳佛塔。

每逢不丹历一月,这里都会举办盛大的**转经**仪式,信众绕着主佛塔及其内部转经道转就会获得功德。该仪式分为不同的两天进行(分别是阴历一月十五和三十)。十五那天(Dakpa Kora)主要是来自中国藏南地区Dakpa族人们的仪式,他们在此进行3天的朝圣,以纪念一位8岁小女孩,当年她被供奉在佛塔中以祭祀一个恶魔。三十号那天(Drukpa Kora)则是不丹人的仪式,朝圣者来自不丹东部各地,包括麦拉克和萨克滕地区,他们会参加当地市集,并通过观看晒大佛来积累功德。数十处摊档使朝圣者同时可以购物和唠唠家长里短。节庆之前一个月,人们会将佛塔重新漆白,修葺资金来自佛塔周围田地种植水稻的收入。

国家手工艺学院 艺术学校

(National Institute for Zorig Chusum; ☎04-781141; ⏲周一至周五 9:00~12:00和13:00~15:30,周六 9:00~12:30)这座位于镇南的工艺品学院建于1997年,旨在为未能参加高等教育的人们提供职业培训的机会。这里可教授10种手工艺(十三门传统手艺),其中包括唐卡绘制、刺绣、雕刻、金属制品和木材车削等。你可以参观学校,观看学生工作并拍照,但是这里出售的工艺品让人倍感失望。

12月至次年3月以及7月有两周是学校的放假时间。

住宿

Karmaling Hotel 酒店 $

(☎17731140, 04-781113; 标单/双 Nu1800/2160)这是镇上最主要的旅游酒店,带有独立的西式浴室,有热水锅炉,但没有淋浴或浴缸——只有借助水桶。楼上的五间客房品质最优,中间是一处舒适的休息区,有柴炉供暖。本书调研时,新的豪华房间正在建造中。

年迈的老板曾经担任第二任和第三任国王的私人文员。

Bomdeling Wildlife Sanctuary Guest House 客栈 $

(☎04-781155; 房间 Nu600~1000)位于塔希央奇西北的保护区游客中心楼房内,有四间陈设简单的客房,带有独立卫生间和阳台,最好的房间在楼上。但是地理位置略显偏僻,需要自备食物。你和向导可以象征性地付点费用来使用这里的厨房。

购物

Wood Turning & Laquering Cluster 手工艺品

(⏲9:00~17:00,周二歇业)当地木工合作社在宗堡附近的小商店里销售各种抛光木艺品。采用杜鹃木(和其他木材)制作的木碗价格为Nu800~20,000。店后有一架脚踏车床用来向顾客展示传统木头车削工艺。

Thinley Dendup General Shop & Handicraft 手工艺品

(⏲7:00~19:00)这座时尚的当地商店位于镇中心路口处,销售纺织品、木碗、双簧管、黄铜酥油灯和其他宗教用具。

塔希央奇周边

如果时间充裕,游客罕至的塔希央奇是非常理想的独辟蹊径之地。此地为了促进旅游业振兴,徒步小道、山地自行车路线、露营地和民宿都进行了一定发展,但仍处于起步阶段。你需要通过不丹旅行社了解相关情况,他们应该能顺利地安排行程线路。

我们的建议就是将德钦颇章和邦德林

野生动物保护区内Dongzom村的行程结合到一起，途中经过神圣的三怙主拉康（Rigsum Goenpa Lhakhang），当晚在民宿或露营地过夜。根据到访季节不同，你可能看到各种珍稀鸟类，例如黑颈鹤等，以及美丽的本地蝴蝶品种。

东部地区还有无数一日游徒步路线以及拓展徒步路线；不丹旅行社都有自己拿手的行程。无论去哪里，在这里你都会发现自己仿佛来到远离尘嚣的世外桃源。

德钦颇章（Dechen Phodrang）

在塔希央奇镇上方的一座侧谷里，隐匿着这处独具魅力却游客罕至的朝圣地。如今的殿堂可追溯至18世纪，以莲花生大士的身印（kurjey）为中心而建立。朝圣者会到这里举起身印前两块石头中的一块，以祈求生男或生女。高耸的柏树、神圣的石头和雕刻的祷文，使这个地方充满一种如梦似幻的沧桑感。

前往这里最简单的路径，是沿着崎岖不平的12公里支线路段前往Womenang（也被称为Do Nakpo）的学校，从那里出发轻松步行45分钟至Solamang村。徒步小径继续经由Bumdir村和Birting村前行，最终可抵达Dongzom村（3.5小时），或者经由巴瑞寺（Pelri Goemba）到达三怙主拉康（4小时）。

邦德林野生动物保护区（Bomdeling Wildlife Sanctuary）

邦德林位于塔希央奇以北，从镇北端经老桥驱车40分钟可抵达。这里是约100只黑颈鹤的冬季（11月至次年3月初）栖息地。其他到此越冬的鸟类还有斑头雁等。这个保护区也是戴帽叶猴、小熊猫、老虎和雪豹的栖息地。2012年，邦德林凭借生态重要性成为拉姆萨尔国际湿地公约保护区。

保护区的游客中心（☎04-781155；bws@druknet.bt；⏲周一至周五 9:00~17:00）位于塔希央奇镇东北，内设的小博物馆有一些还算有趣的展览，介绍这片占地1520平方公里保护区的地质和自然演变历史。虽然密封的野生动物标本看上去十分业余，但馆内友好的职员可提供关于保护区徒步和民宿的信息。如今的邦德林，其每年的游客数量只有不到100人次。

在距离塔希央奇9公里之外的Dongzom村有一座鹤类信息中心和自助餐厅，工作人员可在黎明和黄昏时带你观赏在此栖息的黑颈鹤。在到达Dongzom前约3公里处是造纸厂Phenday Paper Factory，你可以在厂里参观用当地瑞香木造纸的传统工艺。

此外还有一些从Dongzom出发前往德钦颇章和三怙主拉康等佛教圣地的徒步路线，其中后者可以安排为一整天的远程徒步或轻松的过夜徒步。你还可以将这三条线路结合成一段休闲的两至三天环峡谷徒步游，许多旅行社将这条线路称为“兰花徒步路线”（Orchid Trek）。

萨姆德鲁琼卡尔宗（SAMDRUP JONGKHAR DZONGKHAG）

驾车辛苦绕弯路进入不丹东南部的唯一原因，就是为了从与印度接壤的萨姆德鲁琼卡尔离开这里。从这个边境站入境使你能快速从印度的阿萨姆邦进入不丹东部地区，但由于阿萨姆邦政治局势紧张、罢工频发，其可行的交通方式充满不确定性。不丹旅行社可以了解到当前的局势，但是你也要做好因突发情况而导致行程临时延迟的准备。

塔希冈至萨姆德鲁琼卡尔

174公里 / 6小时

从塔希冈前往萨姆德鲁琼卡尔的多弯道路，驾车行驶至少需要6小时。

塔希冈至康伦

22公里 / 45分钟

从塔希冈市集出发3公里后，偏南的那条公路与蒙加尔公路分开，向上爬升并经过镇上的加油站。

道路越过一座山岭向南延伸，途中经过Pam定居区，它的主要村落和拉康都在上方山坡上。从这里出发的狭窄土路上行通往Rangshikhar Goemba，还有一座有两层楼高的释迦牟尼佛的苦行像，这样的佛像不太常见且有些俗丽。据当地人说，从这里翻山越岭，徒步3小时即可到达塔希冈。

道路经过条件很不错的**Lingkhar Lodge**（☎77116767, 17111722；www.lingkhar.com；标单/双 Nu2160/3000，豪华 标单/双 Nu3600/4200，套 Nu5400；📶），这是一片被花园和果树环绕的精品别墅。旅馆管理得当，安静平和，值得推荐。

道路下行到一座侧谷里，渡过小溪，然后从水稻梯田之间爬升，到达距离塔希冈17公里的繁荣农业社区**Rongthung**。之后的道路继续爬升，翻过山梁，进入海拔1870米的**康伦**（Kanglung），你可以看到钟楼入口附近的桑东巴瑞拉康和**舍鲁布泽学院**（Sherubtse College）的广袤校园。

已故耶稣会教士威廉·麦基神父（Father William Mackey）在20世纪70年代末推动建设了不丹当时唯一的高校舍鲁布泽（意即"知识的巅峰"）学院。大部分外国人通过阅读Jamie Zeppa的《超越天地》（*Beyond the Sky and the Earth*）了解这所学院。作者在书中讲述了她作为加拿大志愿者在此支教的经历。钟楼和绿草坪让这座小镇看上去如同一处喜马拉雅山里的避暑山庄。

康伦至卡林

32公里 / 1小时

道路在玉米田和土豆田间不断爬升，然后在排成一排的8座佛塔旁迂回前行。沿途可以俯瞰学院风景，还可远眺山谷另一边远处的无敌顶寺。道路上方的山岭中，在一个看似根本不可能的山顶位置，修建了**雍布拉机场**（Yongphula airport；☎17170022），曾经每周有1趟或2趟航班飞往帕罗，但在本书调研期间没有起降航班。

接下来的道路翻越海拔2190米的**雍布拉山口**（Yongphu La），在这里你可以与喜马拉雅群峰告别。随后将经过巴雄山谷上方的巴雄拉康（Barshong Lhakhang），以及壮观的**Karma Thegsum Dechenling Goemba**，这是一座新建的大型噶举派寺庙，首座为八世殊利仁波切（Zuri Rinpoche）。

在盘山地形中拐了几道弯之后，道路进入**卡林**（Khaling），这座小村分布在开阔的Drangme Chhu河谷上方。河谷山坡上还有一座小拉康。卡林下方的河谷中部坐落着**国家视觉障碍研究所**（National Institute for the Visually Impaired）。这个秩序井然的机构通过提供特殊资源和培训，致力于帮助来自不丹各地因为眼疾或其他原因致残的学生融入当地教育体制。该学会最大的成就之一是开发了一种宗卡语版的盲文。

经过卡林之后继续驱车前行3公里，就到了由不丹全国妇女联合会（National Women's Association of Bhutan，简称NWAB）经营的**国家手纺发展计划**（National Handloom Development Project；☎04-581140；⏲4月至12月 周一至周五 8:00~12:00和13:00~17:00，周六 8:00~12:00）。该项目与200位村民签订了纺织协议，管理方提供棉纱信贷，村民们交回成品后在这里或廷布的手工艺品商场进行出售。

最有趣的是用于生产天然染料的植物样本，包括杜鹃花（淡黄色）、一种名为"lac"（紫胶虫）的昆虫分泌物（紫色）和藤蔓茜草植物的茎（浅粉色）。工坊和设计样式绝对禁止拍摄。一块织造布匹的价格为Nu1000~20,000，这里有披肩可供出售。大部分基棉都从印度加尔各答进口。

卡林至沃荣

27公里 / 45分钟

在经过卡林之后，道路蜿蜒向上经过分布较为稀疏的民居和麦田，然后爬升至开满杜鹃花的山谷口，接下来翻越海拔2350米的**卡戎拉山口**（Kharung La）。随后沿着碎石小山下降一小段路，然后再次爬升翻越另一处海拔2430米的山口。

道路随后绕着山谷下降，经过一条前往Thrimshing的岔路，然后沿着**桑东巴瑞拉康**（Zangto Pelri Lhakhang）转弯。这或许将是你一路上看到的最后一座不丹风格的佛寺，因此不妨停车进入寺内，参观精致的壁画和天花板上的坛城。拉康下方2公里处是怡人的小镇**沃荣**（Wamrong；海拔2130米），你可以在这里找一家当地风味的餐厅用午餐。沃荣是一个drungkhag（下属行政区划），因此这里有一座小宗堡。

沃荣至佩马加策尔路口

20公里 / 45分钟

道路在这里下行6公里抵达Riserboo,

这里有一座挪威出资修建的医院。随着道路在侧谷绕进绕出，可以俯瞰开阔的山谷美景，接下来将经过塔希冈和萨姆德鲁琼卡尔中间的小村Moshi。在道路77公里的转弯处，你就能看到山下的阿萨姆平原了。

不久后，你将到达前往佩马加策尔(Pemagatshel)的路口，这个名字的意思是"莲花赐福之地"。这个偏远的宗是不丹最小的行政区。当地政府正策划创建一条环村落的多日徒步路线，中途在当地民宿过夜。

Yongla Goemba坐落在前往佩马加策尔村的路上，是不丹东部最神圣的庙宇之一。它由Kheydup Jigme Kuenduel始建于18世纪。当时伟大的伏藏师日钦·晋美·林巴(Rigzin Jigme Lingpa)告诉他在一座形似金刚杵(phurba；祭祀匕首)的山上建立一座能够俯瞰广袤印度平原的佛寺。在不久之后的1865年，与英国进行杜瓦战争期间，这座佛寺被通萨佩罗晋美朗杰(Jigme Namgyal)用作宗教仪式场所。

佩马加策尔路口至迪沃塘

55公里/1.75小时

在路口下方是这一天最惊心动魄的路段Menlong Brak(brak，或者brag，在夏却普语里是悬崖的意思)，高悬于上Bada山谷上方。充满危险的公路经过经幡、经板和佛塔，到达边境公路组织的丹托计划(Dantak)出资修建的印度教神坛Krishnagiri，你乘坐的车辆(以及车上的乘客)会接受驻此的尼泊尔族babu(圣人或苦行僧)赐予的提卡(tika；在前额上点上一个红点作为赐福)。这是一段让人紧张不已的下坡路，陡峭的坡度使你担心可能随时会与湿婆神相见。

从有两条路的小村纳彭(Narphung；都是单向车道！)出发，道路随后翻越海拔1698米的纳彭拉山口(Narphung La)。它越过一道山梁，然后爬升至海拔1920米的高度，接着是抵达平原之前的最后下坡路段。

道路盘旋下降，随后到达Morong的PWD营地(海拔1600米)，这里的工人负责喷涂印度风格的道路警示标语，例如"超速很刺激，死神在等你"(Speed thrills but kills)、"司机一杯酒，亲人两行泪"(After whisky driving is risky)，以及我们最爱的"开车非比赛，慢享好风景"(It is not a rally, enjoy the valley)。

确吉嘉措高级佛学院(Choekyi Gyatso Institute for Advanced Buddhist Philosophy)屹立于海拔850米的迪沃塘(Deothang)近郊。由著名的仁波切兼电影导演和作家宗萨蒋扬钦哲仁波切(Jamyang Khyentse Norbu)主持修建，这个学院将所有垃圾都回收再利用，以实现零垃圾社区的目标。这个小镇原来的名字是Dewangiri，曾是不丹和英国在1865年的战场。以史为鉴，这座小镇如今有一座规模颇大的皇家不丹陆军(RBA)军营，南边则是一座刻有所有为筑路而献出生命者名字的纪念塔。

迪沃塘至萨姆德鲁琼卡尔

18公里/30分钟

道路最后降入谷底，一块绘有莲花生大士像的岩画标志着喜马拉雅山麓地区的终点。道路盘旋穿过大陆碰撞带的褶皱地形，经过狄更斯不丹化学实业公司(Dickensian Bhutan Chemical Industries)，到达Pinchinang简陋的检查站，这里距离萨姆德鲁琼卡尔只有4公里。

萨姆德鲁琼卡尔 (Samdrup Jongkhar)

☎07/人口：5952/海拔：170米

公路从北边进入市镇，经过充满现代气息的小宗堡，宗堡内有一座佛寺和传统风格的法院。主路经过不丹银行和一座桥后，左转进入紧凑的市集区，这里有酒店、商店和餐馆。如果你直行而不是左转，将会直抵边境线。

这个闷热的边陲小镇没有任何地方能让你逗留。街道上挤满了"塔塔"牌卡车，每天上午和下午都会有潮水般的印度工人经过边境进入镇上工作。如果你要打发时间，可以造访宗堡后面现代风格的Rabdey Dratshang佛学院，或者继续前行探访位于足球场旁边的桑东巴瑞拉康。

一座装饰有龙和金翅鸟的不丹风格大门，将是你告别不丹的地方。在这里，等护照盖上出境章，你就可以穿过边界进入炎热混乱的印度。

住宿

Hotel Mountain 酒店 $

（☎07-251178；ab_hina82@yahoo.co.uk；房间 Nu2400；❄）从楼梯再上一层，到这座现代风格的酒店。这里有宽敞的房间，带有卫星电视和独立卫生间，以及一间明亮、通风的多国风味餐厅兼酒吧。但这里会有一些马路噪音。

★ **Tashi Gasel Lodge** 酒店 $$

（☎07-251553；tashigasel@gmail.com；标单/双 Nu2400/3000；❄📶）也许是萨姆德鲁琼卡尔最好的选择，这家酒店位于镇北3.5公里处的Pinchigang检查站旁。这里的9间客房有通风的阳台和露台，可俯瞰下方的城镇。酒店里有一家不错的餐厅兼酒吧，也使这里成为你庆祝旅程结束的好地方。

Hotel Menjong 酒店 $$

（☎07-251094；标单/双 Nu3420/3780起，套 Nu4800；❄📶）这家酒店有干净宽敞的当代风格房间、舒适的床垫和平板电视。酒店内设有一间多种风味餐厅和酒吧，但服务人员常常身影难觅。

TLT Guesthouse 酒店 $$

（Tashi Longched Trokhang Hotel；☎07-251470；传真 07-251188；房间 带/不带空调 Nu3000/2640；❄）这家经营有方的酒店紧邻中央市场区，是一个不错的选择，房间带有干净的独立卫生间和卫星电视。但是床垫和卫生间却各不相同，因此多看几个房间再入住。楼下有一间不错的多国风味餐厅，供应可口的印度菜肴。

实用信息

不丹银行（☎07-251149；⏲周一至周五 9:00~13:00和14:00~16:00，周六 9:00~11:00）可以凭兑换单据原件、护照复印件和申请表将不丹努扎姆兑换成印度卢比，但是无法将美元兑换成印度卢比。如果数额不大，不妨试试和导游进行兑换。

移民局办事处（Immigration Office；⏲6:00~20:30）你的导游需要在位于边境大门警察站附近的这个办事处为你盖入境或出境章。

到达和离开

不丹司机可以将你送到古瓦哈蒂（Guwahati），这个最简单轻松的办法，前提是阿萨姆邦没有任何影响不丹车辆通行的政治风波。另一个（更加便宜的）前往古瓦哈蒂的办法是请你入住的酒店安排一辆印度出租车；100公里（3小时）的车费为最低Nu3500。先询问清楚你的不丹旅行社是否会支付该笔款项。长途车每天6:30和14:00从印度小镇Darranga出发前往古瓦哈蒂。小镇位于边境另一侧，步行10分钟或乘坐三轮车可以到达。

你需要在距离边境5公里处桥边的印度外国人登记站（理论上24小时工作）加盖印度入境章（如果是前往不丹，则加盖印度出境章）。记得带上印度签证和护照信息页的复印件。

要时刻牢记，阿萨姆的罢工可能导致边境关闭，并且影响阿萨姆的交通，而且毫无征兆，有时甚至会持续数天。

出于安全考虑，所有不丹牌照的车辆都必须组成车队直到Rangiya（车队在除周四或周日之外的每天8:00启程），这座小镇位于边境另一侧的49公里处。印度车辆不受此限。

山地徒步

包括 ➡

徒步线路上最佳风光

➡ 姜戈唐，珠穆拉里徒步路线（见186页）

➡ 切比萨，拉亚至加萨徒步路线（见190页）

徒步线路上最佳文化景点

➡ Khaine Lhakhang，罗当拉山口徒步路线（见205页）

为何去

不丹有几乎三分之二的土地仍然不通公路。这些地区包括直冲云霄的喜马拉雅群峰、高山垭口、原始森林、碧蓝湖泊、连绵的牦牛牧场、传统村落以及生态良好的异域风情野生动物保护区（有犀鸟及雪豹等），这也许是世界上保存最完好（而且最少有人涉足）的地貌之一。

不丹提供了异彩纷呈的徒步选择，从前往喜马拉雅雪山脚下大本营的艰苦高海拔远征，到在亚热带森林之间的社区村落间悠然徒步，都各具特色。这些路线从两天到一个月不等，每个人都能找到适合自己的路线。

也许其中最让人称心如意的事情，就是你可以将所有能想象到的露营杂物都托付给旅行社、向导和厨师，从而使自己能尽情放松享受徒步乐趣，沉浸在无与伦比的瑰丽风景中。这确确实实就是世外桃源。

重要提示

➡ 如果你拥有强壮的体魄，将能更深入地体验山地徒步的乐趣，因此你需要提前一个月或更长时间来进行徒步训练、磨合徒步鞋靴。

➡ 在白天徒步时，你不会有机会接近大行李“探囊取物”，因此记得在随身背包中装进如下物品：太阳帽、防雨外套、替换的T恤衫、相机、MP3播放器、抓绒衣、水壶和净化剂，以及能量棒。

➡ 同样，你也要记得随身携带下列应急物品：厕纸、水泡贴、防晒霜、急救包、止痛药、乙酰唑胺（Diamox利尿剂）、应急哨和手电。

➡ 在进行长途跋涉时，你不会找到太多充电的地方，因此不妨考虑带上一部太阳能充电装置，例如Solio（www.solio.com）。在特别寒冷的晚上，要将电池放在睡袋中，以防止它们因为温度过低而无法使用。

徒步路线

不丹旅游局（Tourism Council of Bhutan，简称TCB）在全国各地规划了20余条正式徒步路线。更多新路线和变化路线如雨后春笋般不断涌现。如果后勤保障允许的话，许多路线也可以反向穿越。

近年来，道路建设对徒步路线造成一定影响，此前一些路线，例如岗提徒步路线和萨腾冈（Samtengang）冬季徒步路线已经不再推荐。你需要提前与旅行社进行沟通，以了解道路建设对你打算要走的路线有何影响，以及有哪些新路线已经完全开通。

路线说明

一些沿古代商路行进的路线如今已很少有人使用。由于沿途通常找不到可以指路的人，你需要紧跟向导或马夫，以确保自己不会迷路。

每日行程

路线说明中会介绍每日行进的行程，并预计每段徒步路线需要几天完成。每段单日行程的终点营地都是不丹旅游局指定的露营地，根据规定你必须在这些地方扎营，尽管有时也能找到其他营地。

在启程前，确保你提前获得包括休息日在内的详细行程安排。在与随行人员商讨徒步路线时，确保每个人都对所选的露营地没有异议。过去曾有马夫动身前往比预定行程更远的露营地，结果把徒步客困在荒野中过夜的情况。此外，有些不丹徒步游随行人员对时间安排比较随意，上午较晚出发的情况也十分常见——这通常会导致天黑后才能到达预定的露营地。

时间和距离

路线说明中根据个人经验和不丹旅游局提供的信息，列出了每天步行的大致时间。这些预估时间为“游客所需时间”，是按照休闲的节奏，将大量休息和观光的时间包括在内的。不丹马夫和精力充沛的徒步客可以将徒步时间大幅缩短。距离数据来自不丹旅游局公布的信息。这些都是预估数据，没有经过其他更具体的实地测量方式进行确认。

休息日

路线说明是基于完成徒步旅行所需的合理天数预估的。如果你能增加一些时间来休息、适应海拔或探寻周围，则能够更好地享受徒步游的乐趣——即使每天会额外增加250美元的成本。

我们的地图

我们的地图参照的是每个地区可获得的最佳地图。为了让它们更清晰易读，只标注了有用的村庄和地标。图中仅标注了雪峰和垭口的海拔高度。小路和公路沿地图中指示的大体方向行进。没有标注较短的盘山路和急弯道。

海拔测量

海拔高度数据来自多方数据汇总，基于用高度计或GPS测量的数字，并与相关地图进行了比对。不丹没有权威的山峰和垭口海

害羞的猛兽

濒临灭绝的雪豹被当地人称为“chen”，这是一种生活在林木线以上的多岩山谷中、神出鬼没的独居动物，在冬季会到海拔较低的地方活动。白色的皮毛是在冰雪栖息地的绝妙伪装，而且雪豹在高海拔地区身手敏捷，可以在三英尺厚的雪地中来去自如。它们依靠捕食岩羊和偶尔捕到的牦牛犊为生，有时也闯入人类居住地寻找食物。但是，雪豹与人类直接冲突的情况很少发生。

作为所有野生动物摄影师和制片人梦寐以求的目标，雪豹依然是最受追捧的野生动物之一，然而目前几乎没有对这种动物形象的准确描述。如果你能在徒步时邂逅它们，那就说明你人品大爆发了。

Treks 徒步路线

0 40 km
0 20 miles

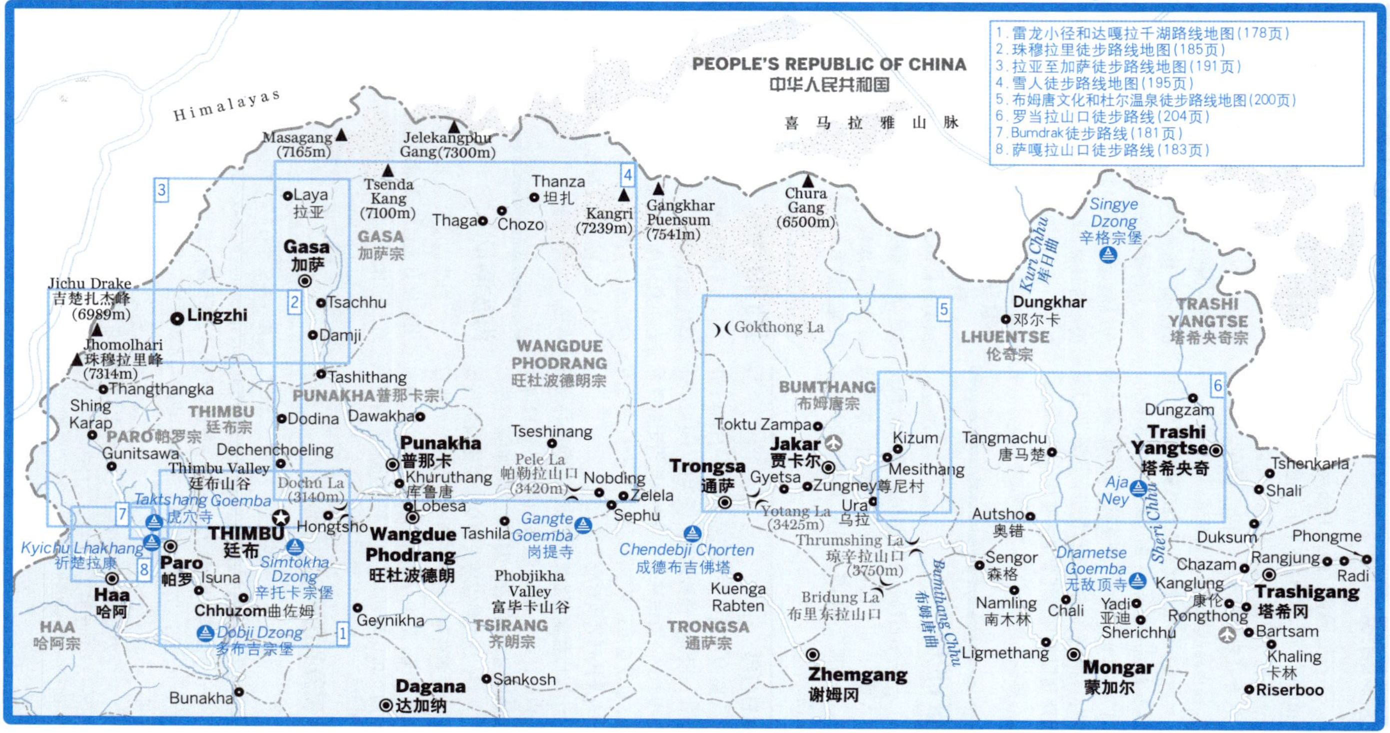

拔和名称数据，不同的地图和出版物对同一目标的描述也大相径庭。在大部分情况下，本书中山峰海拔高度都采用了英国高山俱乐部（Alpine Club）制作的山岳数据库的数据。其他海拔高度都以10米为单位进行四舍五入计算。

方向和地名

不丹宛如由复杂的山谷和河流组成的迷宫，拥有无数出人意料的弯道和转角。因此很难在某条河流的某一个特定地点确认准确的罗盘方向。所以我们没有采用“河流北岸”或“南岸”这样的用语，而是用更好掌握的“河流右侧”或“河流左侧”。这是指河流流向的右方或左方，并不一定就是你行进的方向。在路线说明中，在提到河流时所说的右侧和左侧，通常是指“河流右侧”或“河流左侧”。

本书路线说明中的某些山峦和地点的名称可能与其他说明或地图对相同位置的描述不一致。出现这种差别的原因在于大部分地图的出版时间在宗卡语发展委员会（Dzongkha Development Commission）制定宗卡语的罗马字母拼写法则之前。我们使用宗卡语的罗马字母拼写法则来标注不丹的全部地名。

健康和安全

在不丹徒步包括无数上升和下降，随着海拔升高，更加耗费体力。如果你在出发之前进行身体锻炼，那么就能更好地享受徒步游的乐趣。例如，尽可能地沿着山路或斜坡上上下下，在此过程中使徒步靴与脚完成磨合。在快走或慢跑时背上背包，以增加训练负荷，提高身体适应能力。

有一件事情需要格外注意，就是徒步下山的过程中膝盖反复受到轻微磨损会引发疼痛或炎症。消炎药会有所帮助，还可以带上登山杖和专门的护膝。

记得带上一副偏光太阳镜，以防在通过积雪的垭口时出现雪盲症。此外可带上两个水壶以防止身体缺水。

超过45岁的徒步客通常会担心高原反应和潜在的心脏病危险。别紧张，没有迹象表明海拔升高会诱发此前未诊断出的心脏疾病。如果你在家中能最大限度地进行训练，那么在徒步时也不会有更大的风险。但是，如果你已经确诊患有心脏疾病，而且由于病症在海拔较低的地方也只能进行有限的锻炼，那么徒步前应先咨询经验丰富的医师。

在前往不丹前最好能进行一次牙科检查。带上抗生素和止疼药，以防在徒步过程中遇到牙齿感染的情况。

在徒步小路上，遇到牦牛和骡子时要让它们先通过。让路时要站在地势高或靠山的一侧。徒步者被倔强乱窜的驮骡挤下岩脊的情况屡见不鲜。

迷路

由于你是由轻车熟路的持证向导带领，因此在群山间迷路的可能性不大。但是，过去的确发生过徒步客迷路的情况，因此还是需要谨慎对待。永远不要离开你的团队，在徒步过程中要注意沿途标记。可以找找其他徒步者留下的脚印或者小路上刻的箭头，以及导游在岩石上做的标记。蹄印和驮畜粪便可以让你确认自己行走在正确的道路上。在主要的徒步路线上，小路通常都有明确的标记，但是中途也会遇到一些让人迷惑的捷径。如果你在小路应当上升时却发现自己在下行，或者小路消失了，又或者你突然发现自己走到团队其他人的前面了，这时应当停下来等待其他徒步客和向导。如果你意识到刚才走过的小路路口不太对劲时，可以顺着自己的足迹原路返回，试着找出自己在哪里走错了。

救援

徒步游具有一定的风险，总有可能遭遇中途生病或受伤的情况。但是，不要惊慌，否则只会火上浇油。先清醒地判断事情的严重性，然后再做出决定，千万不要匆忙下结论。疑似骨折可能只是挫伤，发烧可能会在第二天消退，一个头昏眼花的人几个小时后可能就会安然无恙。在大部分地区，都可以找到马匹或牦牛来帮助运送生病或者受伤的徒步客。

但是，有时情况严重，可能需要立刻运送就医。在这种情况下，唯一的选择是请求直升机支援，因为陆路医疗转运几乎绝无可能。幸好这个流程还算简单，但是一旦你请求直升机转运，费用可能会高达每小时10,000美元，具体金额取决于天气情况、你所在地点以及直升机的尝试救援次数。你的向导和旅行社会安排相关事宜。总部设于帕罗机场的不丹皇家直升机服务公司（见297页）如今可提供紧急医疗运送，还开展观光飞行服务，因此现在已经无须从印度派遣直升机。

不丹电信（Bhutan Telecom；☎1600；www.telecom.net.bt）也提供使用Thuraya系统的卫星电话，可以在不丹境内任何地方进行呼叫，即使是在徒步路线上。徒步者也可从一些旅行社租用卫星电话，但是费用极为昂贵。

雷龙小径徒步路线（DRUK PATH TREK）

“雷龙小径”是不丹最热门的徒步路线，每年会迎来约1200名徒步客。沿途最大的吸引力在于众多佛寺、高山风景、不算太长的距离，以及在帕罗和廷布这两个不丹最热门目的地之间徒步的成就感等。

这条徒步路线可在2月下旬至5月以及9月至12月通行，但是晚秋和早春偶尔会因大雪封山而导致线路中断。4月和5月间下午常有阵雨。白天通常较为温暖，但是夜晚可能会非常冷，而且随时可能下雪。避开7月和8月的雨季。体力充沛者可以将这条线路缩短至5天。如果要采用5天的行程，只需将第4天和第5天的路程在一天内走完。如果你是一个自虐狂，甚至可以尝试在一天内完成这段徒步线路：旧时对不丹战士的惩罚中有一项，就是在一天内急速走完这条线路。

一些旅行社可提供这条徒步路线的简化版，名为“Tsaluna”徒步路线，终点为Tsaluna村，起点可选择Jangchu Lakha（全程4天）或吉米朗错（Jimilang Tsho；全程5天）。部分旅行社提供另一种4天的路线，从吉利宗堡直接前往Tsaluna，然后徒步前往帕久丁和廷布，但是这条线路会错失绝佳的高山风景。

雷龙小径徒步路线速览

历时 6天

最高海拔 4235米

难度 中

季节 2月至5月、9月至12月

起点 帕罗的宗堡瞭望塔

终点 莫提塘

出发城镇 帕罗、廷布

概要 这段热门的徒步路线是一条荒野小道，经过偏远的湖泊和一座著名的隐修所。徒步每日时间较少，但是海拔相对较高，从而使其显得略有难度。

第1天：国家博物馆至吉利宗堡

10公里/3.5~5小时/上升1115米，下降40米

第一天路程不长，但基本上都是上坡路，海拔爬升超过1000米。大部分旅游团都是从海拔2470米的帕罗国家博物馆外的小径起点出发。沿一条土路走30分钟后就会遇上第一条捷径，这里有许多捷径，让你无须绕山而行。40分钟后，经过海拔2650米的Kuenga Choeling Lhakhang。继续上行1小时，到达Damchena（海拔2880米）的石屋和苹果园，再走10分钟到达一个玛尼（刻有经文的石头）墙，以及位于一片林间空地上的Damche Gom露营地（海拔2985米）。

随后是一段漫长而平缓的爬坡路，穿过布满金色苔藓的森林，到达吉利拉山口（Jili La；海拔3540米）前面的一个牧民营地。翻越垭口（标志是石堆和破败的佛塔）下行至一片风景优美的露营地，它位于杜鹃林环绕的草甸之上，就在吉利宗堡（Jili Dzong）下方。

第2天：吉利宗堡至拉巴纳

10公里/3~4小时/上升425米，下降50米

这一天的旅程距离并不太长，是一段怡

人的山脊徒步，全是短距离内的上上下下，因此上午有足够的时间造访吉利宗堡。白天你可能还会看到虹雉，或者听到它们的啼鸣。

从吉利宗堡出发，先是沿着经幡前行，然后穿越杜鹃林下降至海拔3550米的鞍部，随后是一段40分钟的爬坡路，沿途能欣赏到帕罗和Bemang Rong山谷的美丽风光。如果天气晴朗，可以看到远处的珠穆拉里和其他雪峰。

沿小路翻山至山脊东侧，下面就是Gimena村（可以看到规模较大的佛寺）。随后再次爬升，沿着锥形山峦的西侧行进至鞍部（海拔3750米），这里有两块经幡飞扬的空地。继续前行5分钟就到了海拔3760米的牦牛牧场Jangchhu Lakha。从这里，沿一条较低的小路继续前行10分钟，到达常常一片泥泞的营地Tshokam（海拔3770米）。另一个较好的选择是走较高的小路，前行25分钟到达被淡紫色的杜鹃林包围的拉巴纳（Rabana；海拔3890米），这里是牦牛牧民的营地。

吉利宗堡

始建于15世纪的吉利宗堡（也拼写为Jele Dzong）长久以来就是一个重要据点。这里曾是阿旺确吉（Ngawang Chhogyel；1465~1540年）的居所，他是竹巴衮烈喇嘛的表亲。据说夏宗法王曾在此禅修，之后前往帕罗击败了入侵的敌对势力。气势宏伟的主殿中有一尊高达4米的释迦牟尼像。人们一定会想，从前的僧人究竟酿下何等祸端，才会被流放至如此山高偏僻的佛寺！

第3天：拉巴纳至吉米朗错

11公里/4小时/下降375米，上升370米

有两条小路可以通往吉米朗错。大多数旅行团都选择海拔高一点的路线（详见后文），因为沿途风景更美，天气晴朗时能看见珠穆拉里峰和海拔6989米的吉楚扎杰峰（Jichu Drakye），后者是帕罗守护神的化身。海拔低一点的路从Tshokham下降，进入Bemang Rong山谷上段，然后爬升经过Langrithang的牦牛牧场。

从拉巴纳出发，一条马帮古道斜升至山脊，直抵海拔3960米的观景点，此处有一道经幡形单影只。接着步行30分钟到达一片草甸，然后穿越杜鹃林向下，从一座顶部挂有经幡的小山左侧绕行。在距离营地1小时路程的地方，你将翻越狭窄的朗耶嘉拉山口（Langye Ja La；意为“牛驼山口”），这里的海拔是4070米。你可以再爬50米登至小山峰顶上，欣赏蔚为壮观的360度全景风光。

怪石嶙峋的下坡路很难找到立足地，在经过一处悬岩旁的牧民小屋后，向上爬升80米来到一个可以看到珠穆拉里峰的垭口。遥望下方的多楚山谷，你可以看到Chumpu Ney的黄色屋顶，这是一处著名的朝圣地，里面供奉着一尊金刚亥母（Dorje Phagmo）像。继续前行5分钟后，你会看到下方遥远的吉米朗错。下降至一处鞍部吃午餐，然后绕着山岭不断攀升，在海拔4180米的一座佛塔处最后再看一眼珠穆拉里。接下来是一段30分钟的陡峭下山路，直抵吉米朗错（Jimilang Tsho）湖畔，继续前行5分钟，在湖的尽头（海拔3885米）有一处怡人的露营地。

吉米朗错的意思是“沙牛湖”。这个名字来源于湖中出现的一头公牛，这头公牛加入了每逢夏季在此放牧的一家牧民的牛群。这座湖泊里体型巨大的鳟鱼也赫赫有名，它们在20世纪70年代引入该湖。

第4天：吉米朗错至新科扎错

11公里/4小时/上升820米，下降400米

小路从湖泊较低的地方开始爬升，穿过黄色杜鹃林，到达海拔4010米的山脊；翻越山脊后下降至一个单岩遮蔽处。沿着山脊前行，海拔4050米的山顶有一些经幡，下面就是简耶错（Janye Tsho）。随后下行至海拔3880米的湖畔牦牛牧场，然后再次爬升，逐渐转向右侧，到达一座海拔4150米的山脊，这里可以俯瞰新科扎错（Simkotra Tsho）。下降至一处石头废墟，最后到达海拔4100米处的露营地。

确保每个人都清楚这一天扎营的地点。马夫经常会想要继续前往下一个山脊，那里的拉巴纳（Labana；不要和前一个Rabana混淆）有一处更好的露营地和牧场。

Druk Path & Dagala Thousand Lakes Treks
雷龙小径徒步路线和达嘎拉千湖徒步路线

第5天：新科扎错至帕久丁

10公里 / 3~4小时 / 上升130米，下降680米

首先是一条较长的上坡路，经过3座小山头，然后小路下降至海拔4110米的**拉巴纳**露营地，它位于石屋旁边，紧邻一片几乎干涸的湖泊。然后是最后一段略长的上坡路，直到海拔4235米的**拉巴纳拉山口**（Labana La）的石堆群。小路上方的小山是处极少使用的天葬台。接下来是一段较缓的下坡路，穿过海拔4210米处的一个小山口。这段路上能远眺多楚拉山口和珠穆拉里峰。

从这里开始，小路下降至此行的最后一个垭口，位于海拔4090米处，有一座佛塔。下面就是整个廷布山谷。如果天气晴好，可以看到岗卡彭森峰（Gangkhar Puensum）和其他喜马拉雅山峰。主路沿东北方向下降至帕久丁寺，但是10分钟后，在快到帕久丁之前，不妨沿着一条岔路向东南方向下行20分钟抵达Thujidrak Goemba，这是一座偏远的禅修中心，雄踞于海拔3950米的陡峭崖壁之上。

帕久丁寺（见75页）的禅修中心和拉康散布于山坡上。路况不佳的小路如同迷宫般穿越刺柏和杜鹃林，向下直抵海拔3640米的强巴拉康（Jampa Lhakhang；弥勒佛寺）附近的露营地。随着夜幕降临，下方的城市华灯初上，你会感觉如同回到世界边缘。

第6天：帕久丁至莫提塘

4~5公里 / 2.5小时 / 下降1130米

今天的旅程全是穿越森林的下坡路，因此要将鞋带绑紧，将登山杖放在便于取用的地方。宽敞的小路经过海拔3440米处的一座佛塔，继续前行40分钟后会出现一个岔道口。左边的小路经过Chhokhortse Goemba通往Sangaygang的BBS广播通信塔，提供了另一条结束这趟徒步游的有趣路线。

通常的路线是向右转，沿着更为陡峭的小路下降至莫提塘（Motithang）。途中有无数近道，但是最后都殊途同归。在海拔3070米的地方经过另一座佛塔，然后陡峭地下降至一条小河边，在海拔2820米的地方过河。沿着颠簸的道路爬升一小段，然后下行至车辆等候处。

达嘎拉千湖徒步路线（DAGALA THOUSAND LAKES TREK）

这是一条比较生僻的线路；沿途可能不会遇到其他徒步客。该线路走起来并不太费力（除了中途有几段陡峭的上坡），大部分天数里步行距离都比较短。最佳徒步时间是4月和9月下旬至10月。但是，在海拔较高的地区，可能经常因大雪导致道路封闭，令你不得不掉头返回。

从廷布出发，驱车29公里就到了一条土路的交叉口，这条土路蜿蜒上升8公里，到Khoma的基层卫生所（Basic Health Unit，简称BHU），它位于Geynitsang Chhu河上方海拔2850米处。再前行3公里到Geynizampa的吊桥处，这里就是登山步道起点。

达嘎拉千湖徒步路线速览

历时 5天

最高海拔 4520/4720米

难度 中

季节 4月、9月至10月

起点 Geynizampa

终点 Changang

出发城镇 廷布

概要 廷布附近的一条短途徒步路线，途经一些美丽的高山湖（但是数量比这条路线的名字要少得多）。

第1天：Geynizampa至Gur

5公里 / 4小时 / 上升550米，下降60米

穿过Geynizampa的吊桥后，步道转向南面，沿着Geynitsang Chhu河东岸（河流左边）一直走到支流Dolungu Chhu。从小木桥过河，开始顺着路况不佳的小道向上穿越一片橡树林。虽然如今这条小路只有牦牛牧民、伐木工和少数徒步客通行，但它曾经是廷布和达加纳（达加纳宗首府）之间的主要商路。这也是沿途经常能见到护墙、铺砌石阶以及其他设施的原因。

经过长长的上坡后到达一座醒目的瞭望台，这里的海拔为3220米。随后坡度变得平缓，小道爬升至山脊顶部，然后在海拔3350米的地方拐一个U形弯。前往营地的道路是从这条步道分岔而出的一条毫不显眼的小路，向南穿越森林到达海拔3290米的牦牛牧场上的Gur。

第2天：Gur至Labatamba

12公里 / 5小时 / 上升1040米，下降110米

从营地爬坡返回到主道上，然后沿着宽阔的步道渐渐上升至山脊。一条距离较长、路况较差的爬坡路，穿过乔松林到一片多石的岩层，到这里后植被变成云杉、冷杉和落叶松。随后横穿侧谷，跨过一条海拔3870米的小溪，开始一段距离较长、坡度较缓的爬坡，穿越零星分布的桦树和杜鹃树，在侧谷中绕进绕出，中途经过几条小溪。在以石堆为标志的山口Pangalabtsa（海拔4250米）能看到达嘎拉山脉的壮观全景。这是一片上佳的牦牛放牧区，有无数牧民营地散布于广阔的Labatamba山谷间。从山口下行，经过第一座牧人小屋（海拔4170米），在一座小山谷的峪口盘山下降至谷底。沿着小溪爬升至Labatamba——乌错湖（Utsho Lake）附近的一座营地（海拔4300米）。这个美丽的高山湖中生活着数量庞大的金鳟鱼。9月，高山花朵会在湖畔绽放。附近还有许多其他美丽的湖泊，你可以在行程中增加一天去探索一番。

第3天：Labatamba至潘卡

8公里 / 6~7小时 / 上升260米，下降520米

前面有两条可行的路线，驮畜将会选择海拔较低的步道。海拔较高的步行小道没有明确标记（更像是一条荒山野岭的“Z”形山路），沿着达加错湖（Dajatsho Lake）西侧山路爬升至海拔4520米的鞍部，在这里能看到不错的山景。如果你想要视野更开阔，可以登上东边山峰的峰顶（海拔4720米）。从这座山口出发，步道开始下降，经过几座牧民营地后，下降至多查曲（Dochha Chhu）边，然后与较低的那条路在海拔4200米处会合。之后，还要翻越三座山脊，然后下降至海拔4000米的潘卡（Panka）。这里春季十分缺水，因此也许需要再步行20分钟，下降至另一处营地。

第4天：潘卡至塔拉卡

8公里 / 6~7小时 / 上升180米，下降1100米

徒步路线向北经过一座海拔4100米的山峰，这里有几条步道向不同方向延伸。前往塔拉卡的步道沿着陡峭的页岩山坡爬升，至一处房子废墟处。从这出发，沿着漫长的“之”字形山路爬升至海拔4180米的塔勒拉山口（Tale La），这里能看到达嘎拉山脉和遥远北边的廷布。最后是段漫长的下坡路——首先是穿过一座云杉、桦树、杜松和杜鹃混杂的森林，然后经过竹林，来到海拔3080米的塔拉卡寺（Talakha Goemba）。营地就在佛寺附近。

第5天：塔拉卡至Chamgang

6公里 / 3小时 / 下降440米

一条土路从佛寺下方经过，你可以在这里结束此次徒步。但从这里坐车前往辛托卡宗堡一路颇为颠簸不平，因此除非路况有所改善（提前向旅行社咨询），最好还是沿着公路下行约3小时，中途可以抄近路避开“之”字弯道，最后到达海拔2640米的Chamgang，你可以在此上车。还有一条步行小道通往辛托卡，但是道险且陡，路上还会时不时冒出苹果园的栅栏，因此最好不要走这条路。

BUMDRAK徒步路线

这条两日的短途徒步线路非常值得推荐：饱览帕罗山谷美景、欣赏哈阿群山日落、一处充满乐趣的崖畔朝圣地、虎穴寺上方游人罕至的佛堂、壮观的虎穴本身，甚至还可以步行前往天葬台。

Bumdrak的营地住宿在不丹堪称豪华，但不要因此认为这是一条简单轻松的漫步路线。首日徒步基本全是爬坡，次日则都是下坡，最高处达到海拔4000米，因此你必须得身体状况相当不错才能享受其中。

第1天：桑伽哲千佛学院至Bumdrak

7公里 / 4小时 / 上升960米

首先从谷底乘车盘山而上600米，到达这条徒步路线的起点——海拔2900米的桑伽哲千佛学院（见94页）。在参观完此处的佛堂后，沿顺山脊平缓上行的小路前行25分钟，一路上可以欣赏帕罗城镇风景，然后到达日蓬寺（Rinpung Goemba），这是一座桑伽哲千佛寺下属的小寺庙，但经常大门紧闭。

继续上行穿过乔松林来到山脊，然后向北穿过橡树和杜鹃林，直至看到Choe-chotse Lhakhang（海拔3650米），这是段耗时45分钟的陡峭上坡路。徒步者们通常在这座拉康吃午餐，这里可以远眺帕罗山谷的旖旎风光。据说寺内的Denpa神像曾经在麻

BUMDRAK徒步路线速览

历时 2天

最高海拔 3900/4100米

难度 中

季节 2月中旬至5月、9月至11月

起点 桑伽哲千佛学院

终点 Ramthangkha

出发城镇 帕罗

概要 路途不长但沿途坡度较陡的徒步，可以将著名的“龙巢”（Dragon' s Nest）风光尽收眼底。

Bumdrak Trek Bumdrak徒步路线

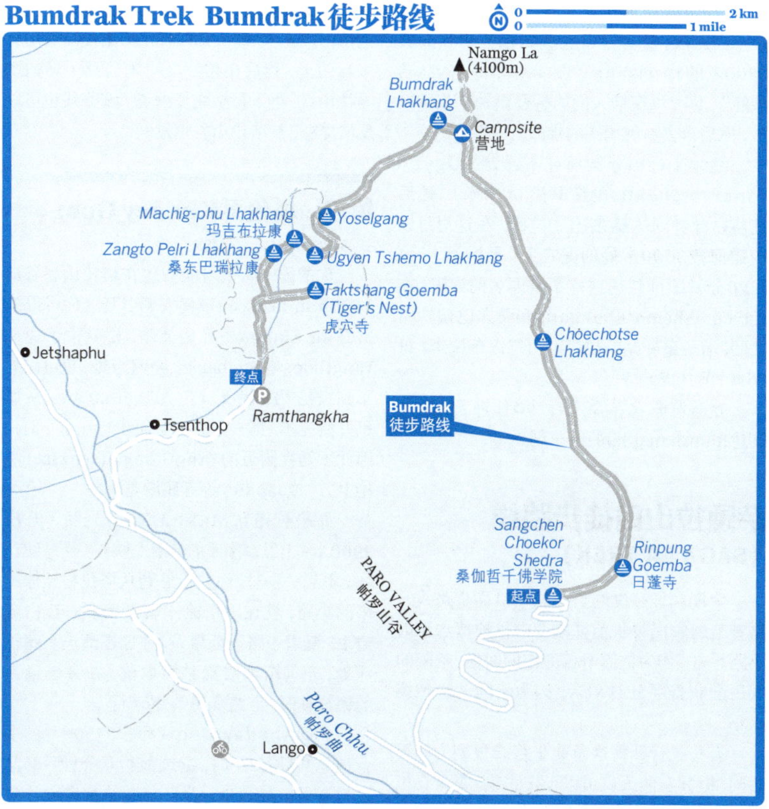

疹暴发疫情中拯救了山谷。看门人称，寺里的壁画已经有700年的历史。

午餐之后继续上路，经短暂爬升到达一片经幡飘摇处，然后是一片位于落叶松、银杉和刺柏森林间的空地。经过森林后，来到一片巨大的草甸，在挂满经幡的小圆丘顶部可以看到海拔3900米的**Bumdrak Lhakhang**。从Choechotse到这里需要约1.25小时。

半永久的**营地**就在Bumdrak下方，这是不丹最豪华的营地，配有太阳椅、燃气供暖和木床。在这里可以欣赏金乌直坠哈阿地区和远处锡金的美景。

悬崖峭壁上的17世纪隐修所位置绝佳，据说此地是十万空行母常来之所（bum意思是“十万”）。这里供奉的主神是金刚亥母，莲花生大士明妃益西措嘉的化身。

如果你有时间和精力，还可以花45分钟前往更高处的**Namgo La**（意为“与天等高的山口”），位置就在Bumdrak后面；前往山口的小路起点就在营地后面。海拔4100米的峰顶经幡猎猎，坐落着一处天葬台（durtoe），夭折的婴孩会被送到这里进行天葬。日落时分，此处极为静谧祥和。

第2天：Bumdrak至虎穴寺停车场

7公里 / 3小时 / 下降1260米

第二天一路下山，这对膝盖是个严峻的挑战。根据旅行社安排的徒步行程，今天你可能需要自己携带装备，因此最好提前和向导确认。在离开营地向山下行进约30分钟后，在道边的座位稍事休息，最后再回头看一眼Bumdrak的雄姿。

从Bumdrak出发，是一段60分钟的持续下山路段，穿过落叶松和银松林来到海拔3300米的Yoselgang（见94页），即“闪亮的顶峰”，你可以在僧人们的折叠躺椅上先歇口气，然后再去参观周围的佛殿。

继续步行10分钟前往不远处的**Ugyen Tshemo Lhakhang**（海拔3300米），然后徒步15分钟到达**桑东巴瑞拉康**，在这里可以俯瞰海拔3000米处的虎穴寺（见94页），再走20分钟即可到达这座举世闻名的寺庙。在Ugyen Tshemo Lhakhang和桑东巴瑞拉康之间，有一条陡峭的捷径经由玛吉布拉康（见96页）前往虎穴寺。

在游览虎穴寺后，步行90分钟下山即可到达Ramthangkha的停车场。

萨嘎拉山口徒步路线（SAGA LA TREK）

为期两日一夜的萨嘎拉山口徒步路线，循着哈阿农民每年前往帕罗山谷种植水稻的小路行进。作为他们辛苦劳作的回报，哈阿的农民会获得部分红稻米，因为哈阿无法种植水稻。

有些旅行社将这条徒步路线规划为三天时间，但其实两天就可以轻松完成。每天真正的行程其实只有半天，因此在出发后或结束前都可以悠闲地进行观光。最重要的事情是在白天尽早登临山口，以便有足够的时间沿着山脊线徒步欣赏壮丽山色。

萨嘎拉山口徒步路线速览

历时 2天

最高海拔 4000米

难度 低

季节 2月中旬至5月、9月至11月

起点 塔伦村/Makha Zampa桥

终点 Balakha

出发城镇 哈阿、帕罗

概要 寺庙、村落和珠穆拉里的无敌美景，这条轻松的徒步路线充满了各色亮点。

这条徒步路线有多个衍生版本，包括其列拉山口徒步，即从其列拉山口出发沿着山脊步行两天，然后在帕罗至哈阿公路上转向萨嘎拉山口，再下行至帕罗山谷。该路线也可以反向穿越，从塔伦山谷出发。

第1天：塔伦至Khadey Gom

5公里/2~3小时/上升425米

你的露营队伍可能会想在塔伦山谷谷口的Chhundu Pang草甸安营扎寨。你可以从Makha Zampa桥开始徒步，桥就位于通往Yangthong Goemba的土路起点处，也可以乘车到**塔伦**（Talung）村（海拔3020米），从那里开始徒步。第一天其实只需步行几个小时，因此不妨在附近的Yangthong、Tsenkha（塔伦上方）或Jangtey等寺庙游览一番。

如果你是从Makha Zampa桥（海拔2900米）出发，沿河左岸攀上峡谷，经过牧马场。不到一小时，你就会见到从塔伦村延伸过来的小路，就在一个流水转经筒和一座白塔边上。随着小路逐渐攀升，你也逐渐进入峡谷深处，草甸渐渐被森林所取代。在穿越迷人的银杉林时，道路变得崎岖难行。

到达**Khadey Gom**（海拔3450米）的主营地总共只需2小时，继续前行几分钟后的岔路口有另一处营地，路口向左的岔道通往中国西藏边境。沿着右边的岔路上行30分钟是第三处营地，就位于萨嘎拉山口下方，但这个营地只有从无雪的晚春时节才能开始使用。

第2天：Khadey Gom经萨嘎拉山口至Balakha

8公里/3~4小时/上升250米，下降1140米

沿着一连路况不佳的马帮小路上行45分钟，到达海拔3700米的**萨嘎拉山口**（Saga La）。越早到达山口，越有可能看到一览无余的壮美风景，所以最好安排尽早吃完早餐上路，或者干脆到山口吃早餐。这里能看到珠穆拉里峰（海拔7314米）和吉楚扎杰峰（海拔6989米），向西可以远眺中国西藏边境，但是如果想看到更美的风景，需要沿着山脊再走上一段。

如果天气晴朗，不妨沿着山脊向南走到

Saga La Trek 萨嘎拉山口徒步路线

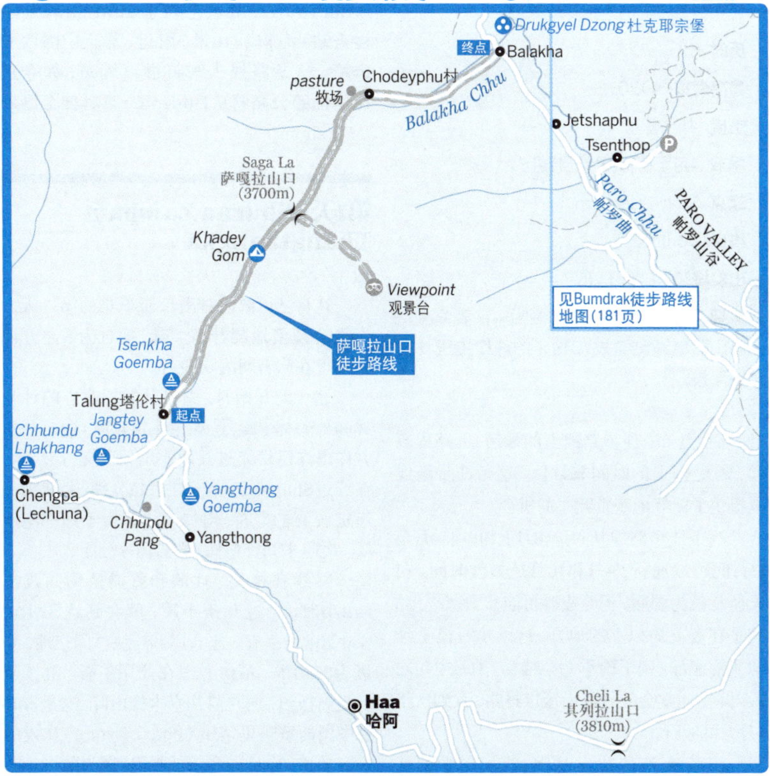

山口右侧。顺着山脊线上行1小时，到达海拔4000米左右的一座山头，你会看到几处**玛尼墙**、几间房子以及一个非常过瘾的**观景台**，从这里就可以返程了。沿着山脊小路继续前行两天就可到达其列拉山口，这条路线也被称为“其列拉山口徒步路线”。

返回萨嘎拉山口后，沿着小路陡降45分钟，到达一处名为**Dongney Tsho**的狭小草甸，这里可以作为一处应急营地。在这段小路上，可以向下远眺谷内的杜克耶宗堡和虎穴寺。这里的森林非常迷人，但是小路可能会泥泞不堪。从最高处下行2小时，你终于到达一处能看到**Chodeyphu村**（海拔2900米）的大草甸，如果行程规划为三天两夜，那么可以在这里露营过夜。你可以绕道前去这座小村庄一探究竟，或者沿着一条伐木土路直接下行，顺着输电线路步行45分钟即可在**Balakha**转上帕罗山谷的主路，杜克耶宗堡就在不远处。

珠穆拉里徒步路线（JHOMOLHARI TREK）

珠穆拉里徒步路线之于不丹，犹如珠穆朗玛峰大本营线路之于尼泊尔：这是一段徒步朝圣之旅。这条路线有两个版本（不丹旅游局将其划为两条不同的徒步路线），是这个国家最受欢迎的路线之一，所有前往不丹的徒步客中，有40%的人会选择其中一个版本。徒步路线的前两天是沿着帕罗曲河谷（Paro Chhu valley）到达姜戈唐，沿着平缓而绵长的山路上山，中途需要数次翻越山脊，爬坡的道路陡峭但并不长。然后通过一处高山垭口，到达偏远的Lingzhi村，接下来翻越另一座垭

珠穆拉里徒步路线速览

历时 8天

最高海拔 4930米

难度 中到高

季节 4月至6月、9月至11月

起点 Sharna Zampa

终点 Dodina

出发城镇 帕罗、廷布

概要 不丹最热门的徒步路线，在姜戈唐高山营地观赏海拔7314米的珠穆拉里壮观风景。

口，前往廷布。徒步路线上的最后4天路程较远，需要行走的时间非常长。这条徒步路线也提供了极好地观赏牦牛的机会。

这条徒步路线从4月至6月上旬以及9月至11月间可以通行；4月和10月是最佳时间。白天通常较为温暖，但是夜晚可能非常寒冷，尤其是在姜戈唐以上的地方。这条步行道上经常非常泥泞，到了雨季尤为糟糕。11月中旬之后，降雪通常会导致高山垭口封路，直到次年4月方可通行。

徒步线路传统上从海拔2580米的杜克耶宗堡废墟处出发，但是如今公路可直通Sharna Zampa，它位于Gunitsawa陆军检查站（海拔2810米）附近，靠近中国西藏边境。这条路线未来将继续缩短，如今正在建设的公路将从Dodina一直延伸至巴雄（Barshong）。

第1天：Sharna Zampa至Thangthangka

22公里 / 7~8小时 / 上升770米，下降10米

让自己勇敢面对漫长而艰难的第一天，你将会频繁地爬升和下降，而且为了避开泥坑还得在岩石间跳跃前行。

这一天开始时，先是从帕罗曲边的针叶林和杜鹃林中爬升。如果水位较高，在某些地方你也许还得爬过几座小山丘以绕行渡河。在经过Sharna Zampa之后15分钟，会遇到一座被废弃的老桥，对岸有一栋房子和一座佛塔。欢迎来到吉格梅·多吉国家公园。

继续在橡树、杜鹃和蕨类植物间跋涉约2小时，经过几条小溪，就会到达**Shing Karap**，这里有一座石屋和一块林间空地，海拔为3110米。不妨考虑在此用午餐。继续前行是石板道，向左前往卓木拉山口。这是古时从中国西藏帕里宗堡（Phari Dzong）出发的通商要道，而且如今依然平坦，因为陆军车队

巅峰传奇

虽然从实际高度上而言，不丹的高山不像尼泊尔和中国西藏那些海拔8000米以上的高峰那样赫赫有名，但它们却粗犷而不失秀美。在珠穆朗玛峰探险早期，珠穆拉里峰就是一个重要的地标。1921年英国珠峰探险队在山脚行进时，乔治·马洛里（George Leigh Mallory）描述其为“令人惊讶和壮观无比”，但却感到“寒冷和恐惧”。F Spencer Chapman和Passang Lama于1937年从中国西藏一侧登顶，1970年另一支印度和不丹联合登山队再次成功登顶。

Michael Ward和Frederic Jackson博士于1964~1965年对不丹的山峰进行了广泛和开拓性的测量。在攀登高度5500米的几座高峰之后，他们将不丹境内的喜马拉雅山分类为山脉。登山者于1983~1994年曾经短暂被允许进入不丹。一支不丹登山队于1983年登上了廷布以北的Thurigang（海拔4900米）。1988年，由道格·斯科特（Doug Scott）率领的一支登山队终于登上了吉楚扎杰峰，而此前已有三组人马冲顶失败。1985年，日本登山队接连登上了Gangri（海拔7239米）、Kari Jang、Kang Bum（海拔6526米）和Masang Gang（海拔7165米）。岗卡彭森峰（海拔7541米）仍是世界上最高的处女峰，20世纪80年代日本和不丹登山队曾进行过尝试而未果。

在不丹，由于宗教信仰和附近村民阻止，6000米以上的山峰随后都被禁止攀登。

Jhomolhari Trek 珠穆拉里徒步路线

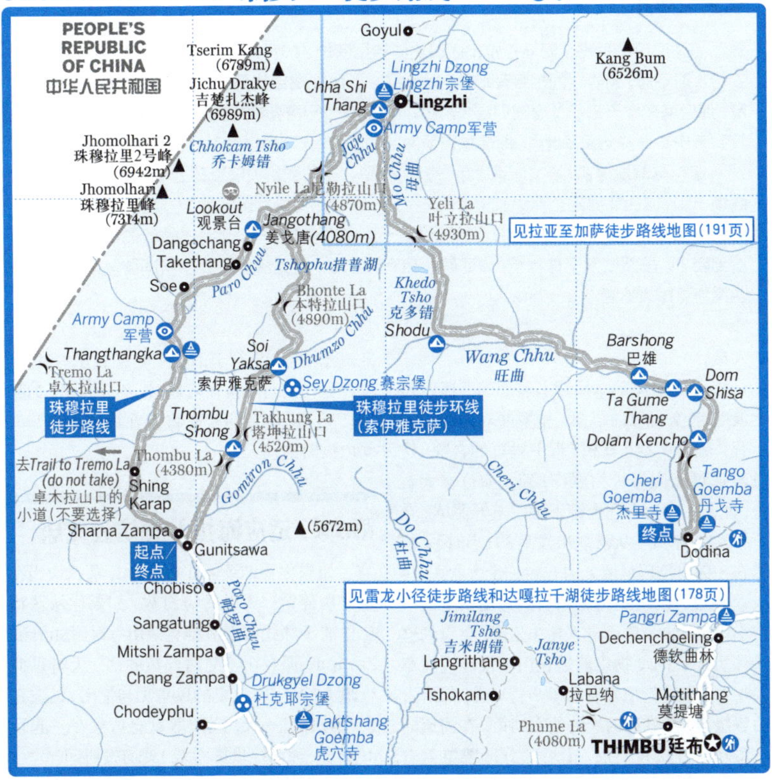

会经过这条路，为边防哨所运送补给。注意：过去曾有许多徒步客沿着这条步道一直前行，走了一段令人精疲力竭的漫长弯路，却一无所获。

在经过路口后，有一座木桥横跨侧流之上。沿着不长的"之"字形山路到一座小山脊，然后下降并渡过帕罗曲，经过一座海拔3230米的木吊桥来到河流左侧。线路随着一条崎岖多石的步道上上下下，穿过白桦林和冷杉林，然后是乔松、枫树和落叶松，接下来经过一处曾经的滑坡地段。

继续前行3个小时，在海拔3560米的地方有一座桥，过桥返回河流右岸。顺步道爬升至能看到河流对岸白色佛塔的地方。这里有一座桥通往河对岸，但是不要过桥，不然你将会沿着Ronse Ghon Chhu上行至索伊雅克萨（Soi Yaksa），那里是珠穆拉里徒步环线第4天的营地。

在河流右岸沿步道前行，翻越一座小山脊，帕罗曲在此有一个明显的转弯。从桥所在处步行15分钟，到达一片美丽的草甸，珠穆拉里峰的庄严身姿屹立于山谷口。这里就是**Thangthangka**（海拔3610米），位于草甸边缘的雪松树丛之间有一处小石屋以及一栋不丹风格的民宅。

第2天：Thangthangka至姜戈唐

19公里 / 5~6小时 / 上升 480米

这不是漫长的一天，但是你会气喘吁吁，这是由于高山地区海拔的大幅提升造成的。

早起以观赏珠穆拉里的优美风景，随着你攀登至营地的远处，这座山峰将消失在山梁后面。前行不到1个小时，在海拔3730米的地方，有一座陆军营地，粗糙的石头营房里驻扎着不丹陆军和印度军事训练营（IMTRAT）

在姜戈唐扎营

姜戈唐可谓是整个喜马拉雅山区最热门的露营地。10月，人头攒动的徒步客会让这里变得水泄不通，向导之间相互开玩笑时也会说：如果你渴望找到失联已久的热爱登山的老友，那么就在秋天来姜戈唐吧！10月下旬举行的为期两天的珠穆拉里节会带来更多人群，但其实节庆本身并无太多看点。即使是在最冷门的季节，营地里也绝不会只有你一个人。

这座露营地得名（姜戈唐意思是“废墟之地”）于一侧谷顶部岩石上一座小堡垒的断壁残垣，山谷向西北绵延至珠穆拉里峰。这里有一个带厨房的社区会堂，方便徒步客，还有几处宽敞的平地可供扎营。帕罗曲河谷东边有一连串雪峰林立于天际，在较低的山坡上还会看到岩羊。虽然坐落于珠穆拉里峰脚下，但有趣的是，姜戈唐从未被任何试图登顶的探险队用作登山大本营。

的人员。

接着从距离陆军兵营不远处的一座木桥上渡过水流湍急的小溪。帕罗曲对面的山坡上有一座只长着几棵树、近乎垂直的岩壁。这段步道可能变得极为泥泞；路上有许多大石头，你需要在岩石间上蹿下跳以避开泥坑。在海拔3770米处（从营地出发后约1小时），步道在一面白色玛尼墙处向右转一个大弯。

经过一段短距离爬坡后到达山梁上的一座小佛塔。如今你已进入牦牛王国，会看到这些体型庞大的动物悠然地在山坡漫步或在草甸吃草。从这里出发有两条步行小道，都沿着山谷绕行，在靠近河岸的地方结束，在河流向右急转之处接近谷底。山坡部分区域覆盖着落叶松，在秋天会变成浅黄色。步道上方是Soe村。直到行进至村落上方你才会看见它，但是在河畔你也许会遇到放牧牦牛的村民。

经过Soe之后继续前行1小时，就到了Takethang，这是在海拔3940米高地上的几座石屋。村民们种植青稞，以及用作牦牛冬季饲料的一种大型多肉植物kashaykoni。

步道在河流上方径直穿过高地，从一座木石结构的桥渡过小溪。对岸有一座白色佛塔、一间医务室和几座房子，这里就是Dangochang。这里的村民饲养牦牛和一些绵羊，有的家庭还会种植土豆、萝卜和小萝卜。每年11月中旬至次年3月末，这个地区都会被大雪覆盖。从这里出发，沿一条小溪缓升上山，直抵海拔4080米的姜戈唐（Jangothang）营地，这里能看到壮丽的珠穆拉里风景。

按照驼畜管理相关规定，你需在Soe将马匹换成牦牛，或者在Dangochang换其他马匹。当马匹卸下行李消失在峡谷下方，将你和堆积如山的行李留在营地时，不要紧张。如果一切顺利，接替的驮畜将会在你预计离开时间内按时出现。

第3天：适应海拔并探访姜戈唐

如果你要继续前往Lingzhi，那么应当在姜戈唐停留一天以适应海拔。如果你从珠穆拉里徒步环线和索伊雅克萨山谷返回Sharna Zampa，那么在姜戈唐停留的这一天将是此行最大的亮点；这里的风景无与伦比。马夫也会在此休息一天，或闲散歇息或聚在一起玩dego（一种传统投掷游戏）来打发时间。

从姜戈唐（也被称为“珠穆拉里大本营”）出发有4条主要的一日游路线可供选择。第一条，也是最棒的一条，是一段4小时的徒步山路，从营地出发北上至山脊。这里没有步道，但它是一片开阔的山坡，因此只要向上攀爬就不会迷路。山脊看似绵延无穷，但经过1小时左右的攀爬后，你就能看到吉楚扎杰峰（Jichu Drakye）的绝佳景色。珠穆拉里峰隐藏在山脊之后，但是只要爬到最高点（海拔4750米），就能够一睹其风采。你或许还能在高处的山坡上遇到吃草的牦牛，偶尔还会有岩羊。

另一条线路可以与攀登山脊的线路结合到一起，那就是沿主山谷步行，经过最后一间房屋，然后继续沿山谷朝向吉楚扎杰峰方向上山。如果之后你决定继续翻越尼勒拉山口（Nyile La）前往Lingzhi，也要走这条路。

第三条徒步路线是冲着珠穆拉里方向朝

峪口攀爬。这里有一条路况糟糕、杂草丛生的山路穿过冰碛和灌木丛，直抵山脚。你无法走出很远，但是山谷上方确实有很不错的风景。

最后一条路线（如果你选择的不是珠穆拉里环线）是前往**措普湖**（Tshophu）的探险，这是东面两个高踞河流对岸的湖泊，湖里有大量褐色鳟鱼。如果想去这两座湖泊，可以沿着步道向北，直至谷内最后的村庄。然后用1个小时来攀爬至山岭上，接下来顺着一条小溪行进30分钟到达湖边。

第4天：姜戈唐至Lingzhi

18公里 / 6~7小时 / 上升 840米，下降 870米

如果你在姜戈唐遭遇高原反应，可以考虑返回。如果一切正常，继续前行经过3座护林员居住的石屋。这是谷内最后的定居处，地方极为偏僻。转过一个弯，能看到极为壮观的吉楚扎杰山景。

步道下降至海拔4160米处，经由一座木桥到帕罗曲左岸，然后开始沿着陡峭的“之”字形小道向河流下游前行。步道在侧谷脚下到达最高点，然后向东延伸。吉楚扎杰峰高耸于帕罗曲河谷之上，很快珠穆拉里的顶峰就会出现在姜戈唐营地的山脊上方。中间的雪峰是珠穆拉里的第二高峰。

在海拔4470米的地方，步道在大岩石群下方呈“之”字形大拐弯，从营地就可以看到。随后步道向左转入一座开阔的东西向冰川峡谷，谷内冰碛遍布。除了一些小的龙胆植物，剩下的就是荒草、苔原和矮小的杜松灌木。你也许会在上面的山坡上看到岩羊，还能看到钻进洞里的旱獭。

在经过一座顶上有石堆的小山峰（海拔4680米）之后，小道沿山脊前行，你可以朝西北方远眺吉楚扎杰峰。随后小道骤然下降，然后再度爬升至一处冰碛，沿途可以欣赏吉楚扎杰峰探出的险峻山脊的壮丽景观。最后的爬升是前往**尼勒拉山口**（Nyile La；海拔4870米）的一道碎石坡，这里距营地约有4小时路程。你可向西北爬升至更高的地方，体验珠穆拉里2号峰和吉楚扎杰高耸在一边，Tserim Kang（海拔6789米）雄踞另一边的独特感受。尼勒拉山口经常有大风，因此尽快沿着碎石山坡下行，前往海拔4450米的谷底小溪处。这里有一些植被，大部分都是荒草、杜松和枸杞，是不错的午餐地。

步行小道现在向北，沿着峡谷上方的山坡旖旎而行。这是一条轻松的路段，有几处小上坡，但是大部分路段都是下坡和平路。下方河畔的一座陆军兵营很快会出现在你眼中；白色塔形的Lingzhi宗堡（Lingzhi Dzong）也渐渐出现在远处。再向前行进一长段距离，到达海拔4360米处的一座观景台，随后小路开始下行进入较大的Jaje Chhu河谷，在杜鹃和桦树林中经过许多“之”字形弯道，到达谷底的一片牦牛牧场。吉楚扎杰峰和Tserim Kang的雄姿出现在峪口，你可以在那些较低的山坡上看到一些明显的冰碛。营地位于一座大型石头社区礼堂（海拔4010米）附近的**Chha Shi Thang**，不丹旅行者和徒步客旅行团都在此过夜。顺着Jaje Chhu对面清晰可见

YAK和JIM

西方人喜欢简单地用“yak”一词来概括所有品种的牦牛，但其实只有牦牛（Bos grunniens）中毛发很长的纯种公牛才能被称为“yak”。在不丹，这个名词发音为“yuck”。这种品种的母牛被称为“jim”，它们生产的乳脂丰富的牛奶极为有名，可用来制作酥油和奶酪。

虽然牦牛看上去体型庞大、身体沉重、行动笨拙，但它们在受到惊吓时的移动速度非常快。如果你是和牦牛一起徒步旅行，最好还是对它们敬而远之，不要在行李中放置任何易碎物品。如果这种动物感觉到危险，就会奔上山头，你的行李可能会在它们尥蹶子和喷鼻时掉落地上并被踩踏，即使赶牛人千方百计想要安抚它们也无济于事。

虽然一些牦牛是与当地母牛杂交的后代，但不丹还有许多纯种的牦牛——这是一种体型巨大、身披厚重毛发、有着醒目尖角的动物。

的小道而行即可抵达Lingzhi。

如果你要在这里休整一天，可以前往乔卡姆错（Chhokam Tsho）游览，这座海拔4340米的高山湖位于吉楚扎杰登山大本营附近。在路上你可能会遇到岩羊和麝鹿。如果你要继续前往廷布山谷，可以在此停留一天。Lingzhi（有时也拼写为Lingshi）的村庄和宗堡都值得一游，而且可以养精蓄锐以待第二天的艰苦跋涉。Lingzhi还是拉亚至加萨徒步路线上的一站（见190页）。

第5天：Lingzhi至Shodu

22公里 / 8~9小时 / 上升 940米，下降 920米

上午早点出发；一条漫长而辛苦的徒步路在前方等待你。爬至营地上方山脊的白色佛塔处，然后向南转入幽深的母曲河谷。小路在河谷西面延伸，穿过无数的小溪，大部分都没有桥。在离开营地3个小时后，渡过母曲。河上没有桥，但是河水在这里分成多股小溪，你不得不在草丛和湿滑的岩间小心翼翼地寻找落脚点。

小路沿着主山谷一侧陡峭上行，进入一座开阔的侧谷，沿着小溪上行。然后是一段让人印象深刻的陡壁上行路段，“之”字形路线穿过岩石到达以一处石堆为标记、海拔4930米的叶立拉山口（Yeli La）。避免与驮畜扎堆行走，因为这段小道是在悬崖峭壁上开凿而成，非常狭窄。如果天气晴朗，在山口可以看到珠穆拉里、Gangchhenta和Tserim Kang等高峰。

在经过海拔4830米的一座小湖后，下行到一处悬谷，小道沿着湖中流出的水流方向延伸，下降至另一个有着较大湖泊克多错（Khedo Tsho；海拔4720米）的开阔峡谷内。沿途可以看到吃草的岩羊。小路随后穿过加拉丁唐曲（Jaradinthang Chhu）上游，然后沿着峡谷一路下行，跟随河流向南，穿过几条侧溪。在海拔4340米穿过木桥返回河东岸后，小路到达海拔4150米的一座佛塔，在这里向东转入上旺曲河谷（Wang Chhu valley）。下行并经由一座木桥来到河南岸（河流右边）之后，小道经过狭窄的沙土坡，到达林木线上的Shodu营地（海拔4080米）。

第6天：Shodu至巴雄

16公里 / 5~6小时 / 上升 250米，下降 670米

离开Shodu后，你过到河流左边，经过废弃的陆军兵营以及一处备用小营地。小道在陡峭的黄色悬崖下“之”字形延伸，沿途有一些在崖壁上凿出的冥思洞，据说夏宗法王曾经在此修行。沿着一段陡峭的石梯下行，小路来到河边，经过一座海拔3870米的木桥过河。

在接下来的3个小时里，小路要来回渡河5次，穿过南坡上泥泞的柏树林，在北坡则沿着陡峭的峡谷岩壁前行，跨越多条较大的侧溪，最终到达北岸（河流左侧）海拔3580米处。

随后小路逐渐爬升1小时至巴雄（Barshong），这里有座破旧的社区会堂和一座小宗堡的遗址。政府指定的营地位于废墟下方海拔3710米处，但营地却在一处湿地草坪上，因此大部分旅行团都选择继续前往距此地1.5小时的营地，那里的条件要更好一些。

第7天：巴雄至Dolam Kencho

15公里 / 4~6小时 / 上升 290米，下降 640米

小路缓慢下降，穿过茂密的杜鹃、桦树和针叶林，然后沿一条岩石步道陡峭下降，直抵旺曲边。步行30分钟穿过落叶松林，到达海拔3370米、名为Ta Gume Thang（意思为“等待马匹”）的林间空地。大部分旅行团都在此扎营，或者可以前行15分钟去Dom Shisa（意思是“熊死之地”）过夜，而不是巴雄。

在河流左侧翻越山脊然后下行，经过多条小溪。从这里开始，徒步路线快速爬升至海拔3340米处。在杜鹃林中穿行30分钟后，有条向右的岔道可下行至Dolam Kencho，这是海拔3320米处一座宜人的营地。如果你的旅行团选择压缩行程，当天继续前往Dodina，可继续走左手边的小道，绕过Dolam Kencho，爬升至海拔3430米的一座山顶。

第8天：Dolam Kencho至Dodina

8公里 / 3~4小时 / 上升 500米，下降 930米

从营地出发，走小道返回主道，抵达一座石堆标记的峰顶，海拔为3430米。小道接着

下降至海拔3060米的小溪畔，然后再次爬升至一座海拔3120米的山口。经过一小段下坡路，然后从穿过竹林爬升至岩石嶙峋的河床，小道下降至旺曲沿岸一条废弃的伐木路，海拔高度2720米。接下来沿着一条石头路向南步行15分钟，到达**Dodina**（海拔2640米）的道路尽头，对面就是前往杰里寺的桥梁。

珠穆拉里徒步环线（索伊雅克萨）[JHOMOLHARI LOOP（SOI YAKSA）TREK]

如果你憧憬近距离观赏珠穆拉里和吉楚扎杰峰的雄姿，但是又不想历尽千辛万苦前往Lingzhi，那么不妨选择这条徒步路线。虽然从姜戈唐可以原路返回Sharna Zampa，但大多数徒步客都会选择这条替代路线，其强度比经典的珠穆拉里徒步路线要小，所需时间较短。虽然相对较为轻松，但要注意的是，这条路线也会到达可能引发高原反应的海拔高度。

这条徒步路线有时也被称为珠穆拉里2号徒步路线或索伊雅克萨徒步路线，后者是以其穿越的山谷命名。

第1~3天：Sharna Zampa至姜戈唐

按照第1天至第3天的珠穆拉里主路线行进（见184页）。

珠穆拉里徒步环线（索伊雅克萨）速览

历时 6天

最高海拔 4890米

难度 中

季节 4月至6月、9月至11月

起点/终点 Sharna Zampa

出发城镇 帕罗

概要 珠穆拉里主要徒步路线的精简版本，前往姜戈唐的珠穆拉里大本营，经由几座高山湖泊和三座山口返回。

第4天：姜戈唐至索伊雅克萨

16公里 / 6~7小时 / 上升810米，下降1090米

从姜戈唐出发，返程小路一开始向北到谷内的最后定居点，然后下行至帕罗曲，从一座小木桥上渡河。在过河之后，你开始慢慢爬升，沿着山坡一系列急弯上升约300米。一路上，你会看到珠穆拉里峰、珠穆拉里2号峰、吉楚扎杰峰和Tserim Kang等的壮丽景色，前提是天气晴朗。从这里出发，有一条相对轻松平坦的步行道，通往坐落于**措普湖**（Tshophu；海拔4380米）旁的大型冰斗。措普湖是一对景色秀丽的高山姊妹湖，栖息着一群赤麻鸭，而且平静的水域里生活着数量庞大的褐鳟。虽然可以在两座湖之间安营扎寨，但大部分徒步者会继续沿小路前行。小路在第一座湖的东部向上攀升，然后经过第二座湖，最后顺着一段乱石斜坡爬升至山脊顶部。从这里，小路下降至一座隐蔽的峡谷，然后迅速向上爬升至**本特拉山口**（Bhonte La；海拔4890米）——这条徒步路线上的最高点。

从本特拉山口下行，徒步路线经过一处碎石坡，然后沿着山脊蜿蜒下降，山脊上有着纵横交错的牦牛牧道。随后，小路呈"之"字形下降至**索伊雅克萨山谷**（Soi Yaksa valley；也被称为"Dhumzo Chhu河谷"），这是一片海拔3800米的美丽营地，周围分布着岩石峭壁、野花草甸、几处游牧定居点以及山谷尽头的一道瀑布。在这一整天时间里，你都可以睁大眼睛寻找各种当地特有的野生动物，例如岩羊、金色土拨鼠和行踪不定的雪豹。

第5天：索伊雅克萨至Thombu Shong

11公里 / 4~5小时 / 上升720米，下降340米

从营地出发，今天的步行路程一开始带你穿过郁郁葱葱的杜鹃花山坡，然后逐渐爬升至林木线之上。沿途你还将经过桦树林和橡树林。沿小道爬升100米后翻越山脊，然后下行至一处分布着佛塔、玛尼墙以及潺潺小溪的草甸。如果你时间充裕，可以前往附近侧谷中的**赛宗堡**（Sey Dzong）遗址匆匆一游。如果时间紧张，你可以从玛尼墙处径直前行，

经一座木桥渡过小溪，沿小路上坡。不久之后，步行小路下降至一座小侧谷内，然后出谷至山脊处。在这里小道开始分岔，这会让人摸不清方向，因为两条小道看上去都差不多。不要左转——这条路线最终会带你到拉伦拉山口（Lalung La），该山口通向一条回到杜克耶宗堡的迂回之路。因此应当选择右边的道路。沿小道首先穿越一片林木区，然后陡峭上行约1小时，经过几座小木屋和佛塔，来到**塔坤拉山口**（Takhung La；海拔4520米）。在这座山口能看到珠穆拉里、吉楚扎杰和Tserim Kang等山峰的壮丽风景，在风和日丽的时候，还能看到雄伟的干城章嘉峰（Kanchenjunga；海拔8586米）出现在西方遥远的地平线上。

从塔坤拉山口出发，沿小路平缓前行一段后，逐渐蜿蜒下降至**Thombu Shong**（海拔4180米）。这是片点缀着三座牦牛牧民木屋的草甸，一般在一年的不同时段被牧民用作营地。

第6天：Thombu Shong至Sharna Zampa

13公里 / 4~5小时 / 上升200米，下降1650米

早晨起来拔营出发，沿着小路穿越一片湿地走出峡谷。从这里，标记清晰的小道海拔陡然升高，你将要沿陡坡上山，爬升高度达200米。这段徒步路线会让人颇感疲惫，尤其是在经历了好几天的辛苦徒步之后，不过你现在应该已经适应了较高的海拔，这足以让人感到欣慰。在路上，你将穿过灿烂的野花丛和杜鹃林，这在春季末和夏季尤为惊艳。在攀登快结束时，你将翻越海拔4380米的**Thombu La**，小路在这里离开峡谷。驻足于此，最后看一眼壮丽的干城章嘉峰和Drakye Gang（海拔5200米）。

在Thombu La的另一侧，步道开始陡峭向下穿越一片高地森林，前面的长距离下坡对你的膝盖会是一种考验。从山口出发，一直到徒步路线结束，海拔高度在3小时路内共下降1800米。下降的第一阶段较为平缓，结束时海拔约为4000米，之后小道开始迅速沿山脊呈"之"字形下降，穿过以雪绒花为主的野花丛，最后到达**Gunitsawa**（海拔2730米）的直升机停机坪。过河后沿河向上游走，到达你第1天的出发点**Sharna Zampa**（海拔2580米）。

拉亚至加萨徒步路线（LAYA-GASA TREK）

这条徒步路线带领你深入偏远而隔绝的高地，体验拉亚人的独特文化，并行经有羚牛（不丹国兽）出没的小路。如果足够幸运，你还会发现奇特的蓝花绿绒蒿，这是不丹的国花。

徒步路线从帕罗山谷出发，直至Lingzhi之前的路线与珠穆拉里徒步路线相同，然后向北进入高地。降雪有时会导致高山垭口无法通过，但4月至6月以及9月中旬至11月中旬通常都可通行。拉亚地区最佳山地徒步月份为4月。

第1~4天：杜克耶宗堡至Lingzhi

与珠穆拉里徒步路线的第1天至第4天相同（见184页）。

第5天：Lingzhi至切比萨

10公里 / 5~6小时 / 上升280米，下降410米

从Chha Shi Thang营地下方的一座木桥渡过小溪，然后从对面爬升至**Lingzhi宗堡**下方佛塔处，这座宗堡坐落于海拔4220米的

拉亚至加萨徒步路线速览

历时 11天

最高海拔 5005米

难度 中到高

季节 4月至6月、9月至11月

起点 Sharna Zampa

终点 加萨

出发城镇 帕罗、普那卡

概要 这条徒步路线是珠穆拉里徒步的延续，在偏远的拉亚村歇脚。沿途可以欣赏多样化的动植物，还有机会看到岩羊。

Laya-Gasa Trek 拉亚至加萨徒步路线

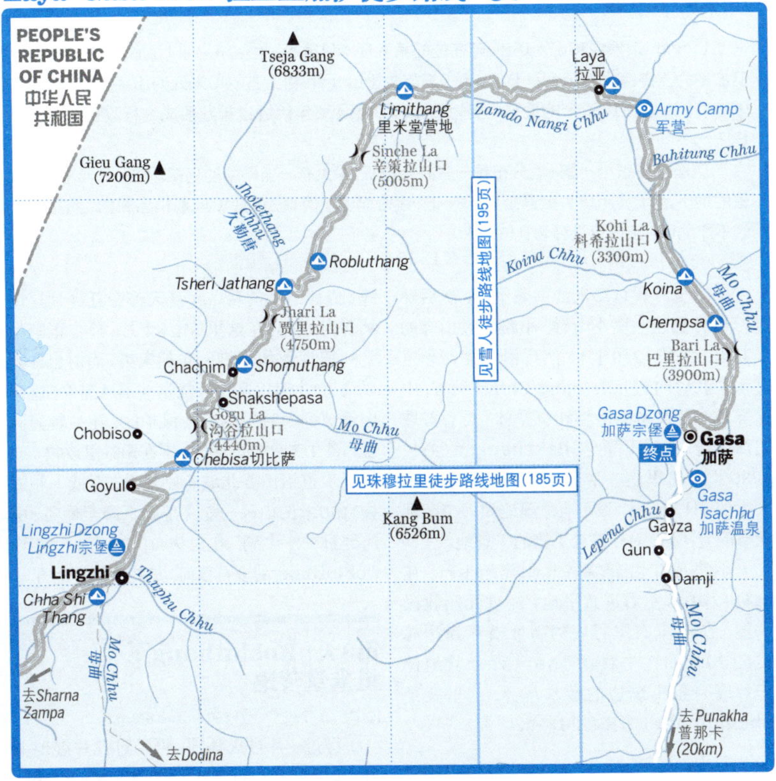

山脊之上，可通过小道的分岔路前往，它同时也被称为**玉杰宗堡**（Yugyel Dzong），其建造目的旨在控制来往Lingzhi La山口的人员，过去这曾是往返普那卡和中国西藏江孜的贸易通道。

从宗堡下行，重新回到通往Lingzhi村的较低处小道上。这座小村隐匿于山岭环抱的峡谷内。小麦和青稞田覆盖了这座侧谷的上部。小路穿过点缀着数幢农舍、一所学校和一座邮局（有部电话）的较低区域，海拔约为4080米。Lingzhi地区生长着多种具有药用价值的草本植物。国家传统医药学院（廷布）在这里进行草药采集和干燥项目。

从Lingzhi出发步行1小时后，小道经过海拔4140米山脊上的石堆和经幡，转入一座侧谷。然后是漫长而平缓的下坡路，行至**Goyul**（海拔3870米），这里有几幢与众不同的石屋分布于小溪畔，上方有险峻的高耸岩壁。离开Goyul后，小道爬升1小时到达一座佛塔。下降一小段距离后到达壮观的切比萨山谷（Chebisa valley），山谷口有座冰瀑。营地位于**切比萨**（Chebisa；海拔3880米）对面的草甸上。营地的上游是**Chobiso**村。

第6天：切比萨至Shomuthang

17公里 / 6~7小时 / 上升 890米，下降 540米

一天的路程从攀登切比萨后面的山脊开始，然后是一段漫长、陡峭、乏善可陈的上坡。上面的岩石间栖息着大群岩羊。时不时还会有胡秃鹫和高山秃鹫在头顶盘旋。在海拔4410米的地方，小道保持相对平缓的坡度，蜿蜒至**沟谷拉山口**（Gogu La；海拔4440米），然后翻越一座山脊，从杜鹃林中穿越至侧谷。

LINGZHI宗堡

Lingzhi宗堡由1667~1680年在位的第三任不丹第悉（世俗统治者）敏珠·丹巴建造，又被称为玉杰宗堡（Yugyel Dzong）。它屹立于Lingzhi村上方200米处的山头上，邻近中国边境。宗堡在1897年的地震中夷为废墟，20世纪50年代经过重建后成为行政管理办公场所。

这座宗堡很小，沿外墙分布着一些办公场所，中央有一座两层的乌策。直到几年前，这里的地下室还被用作关押谋杀犯和寺庙劫犯的牢房。但是，这些设施都相当原始，而且已经不作此用。宗堡里还住着几位僧人。

下降至海拔4170米的一条小溪，然后穿过杉树林翻越一座小山脊。小路经过山脊的最高处（海拔4210米），然后沿着泥泞小道进入久勒唐曲（Jholethang Chhu）河谷，中途穿越一片茂密的冷杉和白桦林。沿着谷坡略微上行，然后下降至Shakshepasa（海拔3980米），这里是一座直升机停机坪，有一个大大的“H”标记。坡下有片湿地和一个杂乱无章的渡溪口，对岸是处不错的午餐地。

小路现在沿着峡谷北侧陡峭上行，在海拔4200米左右进入平地，经过几座牧民木屋，在河流右岸谷底的高处横穿到达海拔4260米的牦牛牧场Chachim。营地位于谷底一条小溪边的灌木丛旁，这里就是Shomuthang（海拔4220米）。

第7天：Shomuthang至Robluthang

18公里 / 6~7小时 / 上升700米，下降760米

小路沿山谷上行，从河流右侧出发，过河到河流左边，然后在海拔4360米处再次渡河回到河流右边。沿途有许多雪绒花；东南方清晰可见的雪峰就是Kang Bum（海拔6526米）。

从荒野之地爬升出山谷到达贾里拉山口（Jhari La；海拔4750米），从营地出发路程约需2小时。在山口北侧，小路盘旋下降至海拔4490米处的一条小溪旁，然后变成崎岖、多石的步道，从小溪左边穿过杜鹃林。沿着小溪平缓地下山，穿过河流左岸的灌木林，逐渐进入主山谷内。随后逐渐下降至海拔3990米处久勒唐曲旁边的一片草甸，然后溯流上行1公里，从一座木桥上渡河。

河边有一处名为Tsheri Jathang的营地。成群结队的羚牛在夏天都会迁徙到这座峡谷内，然后在这里待上4个月。羚牛很容易受到其他动物的惊吓，包括人类。有时也许需要绕道1小时以避免打扰这些不丹国兽。这座山谷被列为特别的羚牛保护区，牦牛牧民同意当羚牛来到谷内期间，不在山谷里放牧。

步道沿山谷北坡急剧攀升，直抵一座海拔4150米的山峰。然后盘旋下降至侧谷，中途经过一座小湖。在海拔4160米有一片叫作Robluthang的多石草甸，是扎营的好地方。

第8天：Robluthang至里米堂营地

19公里 / 6~7小时 / 上升850米，下降870米

穿过一片过火林地，再经过几片湿地上坡。步道蜿蜒而行到达海拔4390米的一块凸出岩架，然后转入另一座巨大的冰川侧谷。沿着小溪行进一会儿，然后经过海拔4470米的结冰木桥到河右岸，随后攀上一块冰碛，接着经过许多土拨鼠地洞。你没准能看到岩羊游荡在北面高高的山坡上，然后小路过河回到溪流左岸。

从这里经过一段颇为艰难的攀登直到海拔5005米的辛策拉山口（Sinche La），经过一座有石堆标记的小山头。沿小道平缓前行一阵，随后到达石堆和经幡标志的山口，这时白雪皑皑的Gangchhenta峰会出现在北边的地平线上。

沿着一条难走的多石山路下行，顺着冰碛来到另一座冰川峡谷。随后你会到达一片终碛下方的Kango Chhu河，这一冰碛是西面另一座山谷的尽头。

从一座海拔4470米的木桥过河到Kango Chhu河左岸。继续前行不远来到一处牦牛牧

场和营地，旁边是块巨大的岩石。但是，最好继续前行至里米堂再安营扎寨。顺着峡谷北行，爬升至小溪上方。经过一座无人居住的石头房屋，陡峭的小道下降至谷底。然后蜿蜒下行，上方是片巨大的终碛，接着从一座海拔4260米的桥过到Kango Chhu对岸。在杜鹃林中爬升一小段后，小路在Zamdo Nangi Chhu河上方的高地变得平缓。然后步行不远，穿过杉树林和几块小草甸，到达里米堂（Limithang；海拔4140米），这是河边开阔草甸上的一处美丽营地。Gangchhenta峰在营地远方赫然屹立。

第9天：里米堂至拉亚

10公里 / 4~5小时 / 上升60米，下降340米

沿小路步行20分钟过河到河流左岸，然后进入一片杉树林深处，跨过几条泥泞的支流。前面有一座牧民小石屋，植被变化为杉树和地衣。

渡过一条从北方流下的大河，然后沿着峡谷山坡上的陡峭岩石下降至海拔3800米的河边，接着经过一座木板铁索桥过河到右岸。前行不久之后再渡河回到左岸，经历一段艰难的攀爬之路。

沿着一条长长的路穿越繁茂林木和无人居住的山谷。下行然后经过一个流经小路的瀑布，接下来的路段起起伏伏，但坡度不大。在一处能看到东边山岭上一座孤零零房屋的地方，有一处不显眼的小道交叉口。较低的小道通往村落较低的区域。如果你选择较高的小路，将会翻越一座山脊，看到下方拉亚（Laya）村的石屋和青稞田，以及上方一些废弃的民居和一座佛寺。

村落西边矗立着Gangchhenta峰的伟岸身影，从一些地方你还能看到Masang Gang（海拔7165米）。在村落中心，有一所社区学校、一间医院、一座射箭场，以及自离开帕罗山谷以来的第一家商店。你可以在学校下方海拔3840米处的田野里扎营。许多旅行团都会在拉亚休整一天。

第10天：拉亚至Koina

19公里 / 6~7小时 / 上升260米，下降1070米

拉亚人的时间观念并不那么强，因此马匹经常会迟到。在村落下方，小道下行返回河流边。随后经过一座带拱门的佛塔（Khonying）出村，在沿泥泞小道下降至溪边的途中，你会经过Taje-kha的另一座佛塔。

在海拔3590米的高地上可以找到另一处备选营地，就在奔涌的Togtsherkhagi Chhu河边。从一座木桥过河，然后爬升至军营的石头建筑。这里有一座广播电台，还有一个会登

拉亚

拉亚位于一处山坡上，靠近中国西藏边界，海拔高度3700米，是不丹海拔最高、地处最偏远的村落之一。这里的地形使其成为不丹主要的牦牛繁育地。村民们种植萝卜和芥菜，每年在冬天前会种一季小麦或青稞。在夏天，人们迁往海拔较高的牧场，居住在用牦牛毛编织的黑色帐篷中。

拉亚人有自己的语言、习俗和独特的服饰。妇女们留长发，头戴圆锥形竹笠，顶部有一根串珠固定的竹签。她们身穿带银色装饰的黑色毛纺外套，以及带有橙色或棕色条纹的毛纺长裙。她们会佩戴许多银饰珠宝，许多妇女还会用银汤匙做装饰。

村里的妇女很乐意举行“文化秀”晚会，节目包括有以传统不丹和拉亚歌曲伴奏的不丹转圈舞。妇女们往往会以200努扎姆的价格出售她们的竹笠帽。但是不要购买那些带珠子的，因为它们通常都是家传之物。拉亚妇女还经常会到徒步营帐来销售珠宝首饰，其中大部分都产自尼泊尔。

夏宗·阿旺朗杰曾经造访过拉亚，在村落下方的一片小草甸上有一座佛塔，就是为了夏宗法王和他所骑骏马留下的脚印而修建的。这个地区被认为是一片隐秘之地（bey-yul），由一座古代的大门把守，经过这道大门才能进入拉亚村。拉亚人每年都会举办节庆，来纪念当地保护神将村庄大门附近的石头和树木都变为战士来迎击入侵的敌军。

记姓名的检查站。

徒步路线沿着母曲下行至塔西唐（Tashithang）。经过陆军检查站30分钟后，到达海拔3340米处一个毫不起眼的小路交叉口，雪人徒步路线就在这里沿着一条小径上行，前往加萨的路线则继续沿着一条泥泞的步道顺流而下。很快，道路拐一个弯后进入侧谷，然后在海拔3290米的地方渡过Bahitung Chhu，这里就是当天吃午饭的地方。

午饭过后，沿着母曲跋涉前行，来到一处高悬的岩石构成的天然洞穴，随后从海拔3240米的铁索桥过河到河流右侧。峡谷近在咫尺，步行小道连续翻越几座侧面山脊，随后开始沿河向下游延伸。之后，经过一段漫长的陡峭爬坡通过另一个大型悬岩构成的洞穴，到达海拔3390米的山脊顶部。随后下行150米抵达一条清澈见底的小溪，小道随后在河流附近上上下下，最后再次爬升，直到海拔3300米的科希拉山口（Kohi La）。

泥泞的小道在高处延伸约30分钟步程，在到达一处石阶后转入侧谷，接着下行到达Koina Chhu河。欢迎来到Koina（海拔3050米），这是一个充满齐脚踝淤泥的泥沼，也是整条徒步路线最糟糕的营地。继续前行2小时，Chempsa（海拔3700米）有一个干燥得多的营地，最好能到那里再扎营。

第11天：Koina至加萨

14公里/6~7小时/上升900米，下降1710米

今日的徒步将见证你翻越这条路线上最后一道屏障——巴里拉山口。

从Koina过桥后开始爬升。步行小道部分路段泥泞不堪，人们不得已将木料铺在地上当作踏板。泥泞的小道穿越一片茂密的杉树森林，大约3小时后到达一处小石堆以及挂满经幡的巴里拉山口（Bari La；海拔3900米）。接下来是一段相对平缓的路段，直至另一座佛塔。

路线随后开始下降，有时坡度极陡，穿过一片竹林来到小溪边。在海拔3080米处，小路拐了一个弯，你终于能见到加萨宗堡（Gasa Dzong），它位于一座开阔且林木茂密的侧谷的另一侧。小道继续下降，经过古老的佛塔，然后翻越山脊进入一座颇具规模的侧谷。小道再继续下降，在海拔2780米处渡过一条宽阔的溪流，然后沿着侧谷前行至海拔2810米山脊上的四座佛塔处。

这些佛塔标志着加萨（Gasa）镇（海拔2770米）的南部边界到了。道路在足球场和射箭场上方蜿蜒而行，经过几家小茶铺，然后穿过加萨的主街。沿路下山至市集，这里有多家店铺以及一个警察检查站。警察会检查许可证，你也可以趁此机会找一家商店坐下来喝一杯软饮或一瓶啤酒。

你可以在城镇附近的野外宿营，或者继续前行1.5小时到附近的温泉（tsachhu）。加萨是公路的尽头，旅行社会安排车辆在此等候接你，然后开车经由Damji和塔西唐下山前往普那卡。

雪人徒步路线（SNOWMAN TREK）

距离、海拔、偏僻和天气相结合，使这段徒步成为一次艰苦卓绝和成本昂贵的旅程。虽然较长的徒步会减免费用，但许多人在24天长途跋涉的高昂成本前望而却步。西方徒步游公司为这段穿越路线的报价是6000美元。据说，登顶珠穆朗玛峰的人数都比完成雪人徒步路线的人数要多。

如果你打算徒步走这条路线，一定要先

雪人徒步路线速览

历时 24天

最高海拔 5320米

难度 高

季节 9月至10月

起点 Sharna Zampa

终点 Upper Sephu

出发城镇 帕罗

概要 雪人徒步路线要穿越偏远的卢纳纳地区，据说这是世界上最艰难的徒步路线之一。在尝试这条路线的徒步客中，只有不到半数能成功完成，许多人都因为高原反应或垭口大雪封山而中途折返。

Snowman Trek 雪人徒步路线

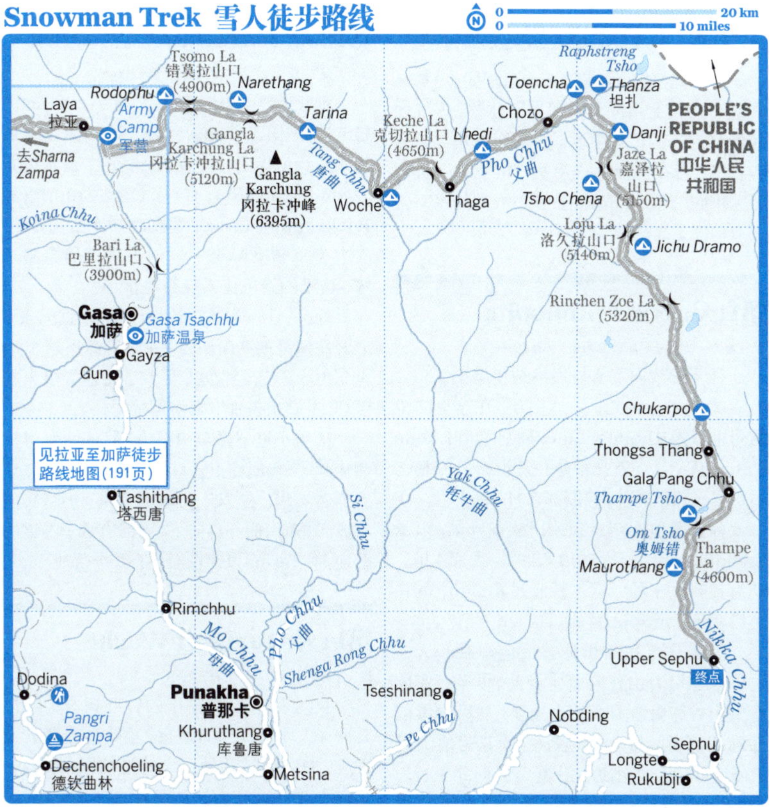

购买紧急医疗撤运保险。如果你进入卢纳纳(Lunana)地区,而且遇到大雪封山,那么离开该地区的唯一方法就是乘坐直升机,这使本已十分昂贵的徒步行程雪上加霜。这条徒步路线上经常出现的其他障碍是,偏远地区的桥梁被洪水冲垮。

雪人徒步路线经常因为降雪而封路,在冬季无法进行徒步。进行这段徒步旅行的最佳季节通常是9月下旬至10月中旬。不要计划在夏天徒步;这里在夏日季风降雨期间情况极为糟糕。

这条经典的徒步路线一开始沿珠穆拉里和拉亚至加萨徒步路线直至拉亚。如果从加萨出发(经由普那卡)可以节省许多徒步天数。从这里可以直接经由巴里拉山口向北徒步。

雪人徒步路线的最后一程有几个不同选择。其中最受欢迎的路线之一是由Danji出发,取道Gophu La山口和杜尔温泉继续向东南方向走,沿途可以欣赏到岗卡彭森峰(Gangkhar Puensum)的优美景色,最后抵达布姆唐山谷的杜尔(从Danji出发需7~8天)。

第1~4天:杜克耶宗堡至Lingzhi

与珠穆拉里徒步路线的第1天至第4天相同(见184页)。

第5~9天:Lingzhi至拉亚

与拉亚至加萨徒步路线的第5天至第9天相同(见190页)。

第10天：在拉亚适应海拔及休整

如果是从Sharna Zampa启程徒步，那么你应当在拉亚用一天时间进行休整，等待迎接即将到来的严峻考验。如果你是从加萨启程，也应当在拉亚适应海拔。拉亚有手机信号。如果出现紧急情况，拉亚下方的陆军军营里有一部无线电。

第11天：拉亚至Rodophu

19公里 / 6~8小时 / 上升1030米，下降70米

徒步路线向下前往卢纳纳步道交叉口，然后爬升40分钟到达一座山顶，在这里能俯瞰母曲以及Rhodo Chhu。随后沿着Rhodo Chhu山谷上行，首先穿越一片混合针叶林，然后是一片杜鹃林，它们都在林木线以上。在一大片岩滑顶端能看到冰川峡谷风景，以及Tsenda Kang（海拔7100米）的一大片冰川。从海拔4160米的一座木桥渡过Rhodo Chhu之后就是Rodophu营地。

如果你要在这里休整适应海拔一天，可以考虑沿着山谷向上徒步2公里至一座能看到山谷和山峦美景的小山顶，然后继续前往冰川底部。另一个选择是沿着营地上游500米处的一条小道，沿着山坡向北上行，最后到达海拔4500米处的一处小型牦牛牧场。

第12天：Rodophu至Narethang

17公里 / 5~6小时 / 上升720米

步行小道经过木桥到对岸，沿着河流前行20分钟，穿越杜鹃花丛，然后向右上山。爬升至一处海拔4600米的开阔高地峡谷，然后穿过草甸抵达错莫拉山口（Tsomo La；海拔4900米），在这里能看到中国边境和珠穆拉里峰的瑰丽风景。接下来爬升至一片平坦、贫瘠的高原，海拔约为5000米，有牦牛小道纵横交错——你的向导会为你指明道路。营地位于海拔4900米的Narethang，就在海拔6395米的冈拉卡冲峰（Gangla Karchung）下。

第13天：Narethang至Tarina

18公里 / 7~8小时 / 上升270米，下降1200米

向上爬升1小时到达海拔5120米的冈拉卡冲拉山口（Gangla Karchung La），西边是Kang Bum（海拔6526米），正北边是Tsenda Kang、Teri Gang（海拔7300米）和Jejekangphu Gang（海拔7100米）。小路沿着大型冰碛下降至一处近乎垂直的岩壁边缘，这里的景色让人叹为观止。就在你下方1公里处，一座巨型冰川从Teri Gang直插入下方两座清澄的高山湖内。左边的冰川湖于20世纪60年代曾经溃决，导致下游遭受极大的破坏，并造成普那卡宗堡部分受损。

随着小道下降至山谷内，路开始变得极为陡峭。下雨时路上会有许多树根和滑泥，让人痛苦不堪。在"U"形峡谷底部，小路转向右方，顺着唐曲一路向下。沿河有数个不错的营地，在Tarina过河前后各有几个营地。

第14天：Tarina至Woche

17公里 / 6~7小时 / 上升275米，下降330米

步道穿越唐曲左岸的针叶树林，经过几座令人印象深刻的瀑布。小路缓慢爬升至谷外，中途经过几处巨大的滑坡区，最后陡峭向上至东北方，进入较高的Woche峡谷侧面。Woche是卢纳纳地区的第一座村庄，海拔3940米，是个由5座民宅构成的小型定居点。

向山谷上方眺望，你将看到明天前往Lhedi的道路。有报告称有游客曾在此遭遇盗窃；因此要将你的所有装备放在帐篷内妥善保管。

第15天：Woche至Lhedi

17公里 / 6~7小时 / 上升980米，下降950米

小道沿着Woche山谷爬升，经过一条小溪，穿越一片冰碛，随后降低至一座横跨于Woche Chhu河上的木桥。接下来沿着宽敞的小道，经过一座清澄的湖泊前往克切拉山口（Keche La；海拔4650米），这里能看到周围

的绝美山景，包括Jejekangphu Gang的三座山峰——那里是Woche Chhu的源头。

徒步线路开始下降至父曲河谷，经过Thaga村（海拔4050米）。在向父曲下降后，小道转向东北通往Lhedi。小道经过一些散落四处的定居点，穿过一座瀑布下方的木桥，最后下降至父曲岸边，然后沿着河床前行至海拔3700米的Lhedi。

Lhedi是地区首府，这里有一所学校、一个基础医疗所（BHU）以及无线站点，但是没有商店（卢纳纳地区其他任何地方都没有商店）。所有物品都由牦牛队经过海拔5000米的山口驮运至此。强风会在傍晚呼啸而至，使得这里的秋天和冬天冷得刺骨。

第16天：Lhedi至坦扎

17公里 / 4~5小时 / 上升 400米

小路沿着父曲北岸前行，经过几处小农场。洪水破坏了部分步道，因此只能走另一条在河床的巨石中曲折前进的小道。大约在午餐时间可抵达海拔4090米的Chozo村，这里有一座仍在使用的宗堡。

如果你赶时间，可以从这里沿着小道径直去Tshochena，但是大部分徒步客都会继续沿山谷爬上几个小时前往坦扎（海拔4100米）。这条步道的第一段沿着河积平原的牦牛牧场前行，沿途有一大片冰川沙地。然后，这条步道离开河床，攀至一座悬崖上，能够俯瞰正下方的坦扎（Thanza）村以及位于河对岸的Toencha村。海拔7100米的Zongophu Gang（意思是“桌子山”）在坦扎村后构成了一座巨大的、3000米高的冰雪绝壁。大部分旅行团都在Toencha（海拔4150米）扎营，但是在坦扎也有地方可以露营。

第17天：在坦扎休整

在这里安排一天时间休整。这是拉亚地区的牦牛驮夫能到达的最远处，要花一段时间才能聚拢接下来行程所需的牦牛。可以用这一天时间来探访峡谷高处的村落和冰川湖。最近的湖Raphstreng Tsho，水深达100米，在1994年因冰碛导致溃决。一大群印度工人在冰碛上凿出导流渠以防洪灾复发，但是该地区其他湖泊也构成了类似的风险。

第18天：坦扎至Danji

8公里 / 3~4小时 / 上升 80米

如果身体条件允许，你可以在一天内徒步至Tsho Chena，但这是一条漫长而艰苦的高海拔徒步，因此最好是分成两天进行。

道路攀升至村南山上的一块大岩石后，步道转而向东，沿着一座侧谷爬升。在轻松步行几小时后，进入Danji，这里是一片牦牛牧场，有一些牧民木屋。它同时也是一个绝佳的营地，上方常会有吃草的岩羊，偶尔它们还会到营地里逛逛。

沿峡谷向上几百米，一条小路爬升至左面的山岭，通向一个更高处的峡谷。山脊最高处可以看到周围崇山峻岭的绝佳风景。

第19天：Danji至Tsho Chena

12公里 / 5~6小时 / 上升 490米，下降 240米

从营地附近的路口出发，山谷上方的步道通往岗卡彭森登山大本营和布姆唐。前往徒步路线终点的步道渡过小溪，沿着一座岩石遍地的侧谷爬升——连续翻越几座假山头到达海拔5150米的嘉泽拉山口（Jaze La），这里能看到四面八方的层峦叠嶂。从山口出发，步道在皑皑白雪覆盖的雪峰间穿行，向下经过一连串小湖。营地设在海拔4970米的Tsho Chena湖畔。这是两次在海拔4900米以上的地方扎营的第一晚。

第20天：Tsho Chena至Jichu Dramo

14公里 / 4~5小时 / 上升 230米，下降 140米

步道沿着湖水碧绿的湖岸前行，然后爬升至海拔5100米的一座山脊，这里能看到皑皑雪峰的360度全景。在远方山下，父曲朝着普那卡流淌。远处的多楚拉山口的道路和微波塔清晰可见。

步道沿着数座圆形小山丘上上下下，但是海拔高度会让你放慢速度。经过一座冰川湖，然后到达海拔5140米的洛久拉山口（Loju La），接下来的高山牦牛牧场上有无数

另辟蹊径

由于筑路工程正在不断蚕食现有的徒步路线，而且旺季时热门徒步游地区的游客数量持续增长，旅游主管部门正致力于打造新的徒步游路线，以避开旅游瓶颈，将旅游业发展延伸至人迹罕至的偏远角落。

不妨向不丹旅行社咨询以下徒步路线，它们目前都处于规划阶段，但不久后就会正式开放。如果你决定选择这些路线，可以在途中进行一番探索，因为你将是首批在这些路线上徒步的游客。

Nub Tshona Pata徒步路线 用时5~7天的荒野环线，穿越哈阿西北的高原。小路经过几座山口，其中最高处海拔达4255米，第三晚在Tshona Pata Tsho湖边安营扎寨。这座湖与在此找到佛经的伏藏师Sherab Mebar密切相关。

Aja Ney徒步路线 建议6天完成的徒步路线，从Shershong前往Aja Ney这个佛教圣地（宗卡语中称之为“ney”）。10月至次年3月是最佳时节。

Shabjithang徒步路线 计划7天完成的线路，从上昌卡曲河谷（布姆唐）的Nangsiphel穿越旺楚克百年纪念公园。这条路线通往Chamba和Waithang等村落，然后向东前往Gomthang以欣赏岗卡彭森峰的雄伟身姿。

岗卡彭森大本营徒步路线（Gangkhar Puensum Base Camp Trek）用时5天的徒步路线，从贡卡尔前往世界上尚未被登顶的最高山峰（海拔7541米）脚下，在那里停留一天，然后用3天时间徒步返回。莱韦森·伍德（Levison Wood）在英国电视纪录片《喜马拉雅徒步》（*Walking the Himalayas*）中曾探访这里。

皇家玛纳斯国家公园徒步路线（Royal Manas National Park Trek）历时5天的亚热带和阔叶林穿越之旅，进入皇家玛纳斯国家公园野趣盎然的核心地带。

布里东拉山口徒步路线（Bridung La trek）这条历时一周的徒步路线穿越Kheng地区上段，起点是下曲梅山谷的Chungohel（距离乌拉20公里），用4天时间穿过森林，到达布里东拉山口的高原湖泊，然后下降至古老的布里拉康。4月至6月和9月至11月是进行徒步的最佳时间。在贡卡尔绕城公路上的Pogo路口，拐进一条田间小路，就可到达路线起点。驱车从谢姆冈前往布里，需要经过一段55公里（3小时）的崎岖道路。

盐帮古道徒步路线（Salt Trek）这条耗时5天的偏远路线从萨姆德鲁琼卡尔（Samdrup Jongkhar）经由佩马加策尔和Yongla Gomba前往Cheya（塔希冈以南，靠近Khentongmani），沿着从前的盐帮和丝绸贸易古道而行，穿过亚热带和温带阔叶林和松林，中途在Nelang、Radhingphu、Mongling、Demrizam和Denchung过夜。由于海拔较低，这是一条非常不错的冬季徒步路线，10月至次年3月之间都可通行。不妨选择11月到这里，可以顺道参加为期3天的佩马加策尔戒楚节。

Juniper徒步路线 一条2/3天短途徒步路线，从下帕罗山谷的Doga Kha或Chuzomtoe出发，沿着帕罗和哈阿山谷之间的山脊线上行，途中可欣赏优美的风景并经过牦牛牧场草甸，最终到达其列拉山口。

步道相互交错，一不小心就会误入歧途。正确的道路是翻越海拔5100米一座规模不大的鞍部，进入一片开阔的冰川峡谷，然后下行至海拔5050米的**Jichu Dramo**营地，这是位于峡谷东部的一片小牧场。

第21天：Jichu Dramo至Chukarpo

18公里 / 5~6小时 / 上升320米，下降730米

小道经过一片冰碛向上攀升，直至风景

如画的Rinchen Zoe La（海拔5320米），这是父曲和芒德曲的分水岭。Rinchen Zoe峰（海拔5650米）直冲云霄，岗卡彭森峰矗立东方，Thampe Chhu河谷则在低处向南延伸。

下降至一片开阔而泥泞的山谷后，小道经过一连串湖泊，沿着山谷左（东）边前行。然后，陡峭的小路从一片冰碛下降至Thampe Chhu上游流域的一处牦牛牧场。从这里过河到西岸（河流右侧），因为再向下行就没有桥了。植被开始变得茂盛，其构成包括杜鹃和杜松。营地在几个小时开外的Chukarpo（海拔4600米）；再向前走一小时到达Thongsa Thang（海拔4400米）有一处更好的营地。

第22天：Chukarpo至Thampe Tsho

18公里 / 5~6小时 / 上升400米，下降640米

在河流右岸顺流而下，直至抵达Gala Pang Chhu（海拔4010米）的一处牦牛牧场。从这里出发，小路开始陡峭上行，经过杜松和银杉林朝Thampe Tsho而行。这条小路基本上是沿着一条小溪前往美丽、清澈、澄净的湖泊，它位于一片凹谷内，周边是陡峭的万仞绝壁。营地位于湖远端尽头，海拔高度为4300米。

第23天：Thampe Tsho至Maurothang

14公里 / 5小时 / 上升280米，下降1020米

这条小道急剧上升至海拔4600米的Thampe La山口。你会看到岩羊在小路上方的山坡上出没。

小路下降至奥姆错（Om Tsho），这是白玛林巴发现众多伏藏的圣地。小路绕着湖西北岸前行，之后穿过其湖口（标记是众多经幡），继而陡峭下行，经过一座瀑布，到达位于下方100米处的一座小湖边。

从第二座湖出发，前往Nikka Chhu的源头，这是一段陡峭的下坡路，即使牦牛也不愿意走这一路段。之后小路终于变得平坦，沿着Nikka Chhu的左岸前行。在2公里后，到达小河与东边流淌而来的一条主要支流交汇处附近的大型空地。从一座木桥过到Nikka Chhu右岸，这里有一条宽阔的步道穿过混合林到海拔3610米的Maurothang，这片宽阔的林中空地位于河边几座牧人小屋旁边。

第24天：Maurothang至Upper Sephu

11公里 / 3小时 / 下降730米

如果在Maurothang无法获得马匹，你的向导可能会提前派人到前面某处进行安排。牦牛无法一直走到公路边，因为路上海拔太低，而且该区域有其他牛。

选择一条使用良好的小道继续沿着Nikka Chhu西岸下行约30分钟，然后过河到东岸，进入一片落叶植物和竹子混杂的树林。然后逐渐向下穿越森林和草甸，到达一片能够俯瞰Upper Sephu村的开阔草地。你的车辆会在这里等候接你。如果没有这么安排，可以顺着农田道路下行约7公里转上Sephu的柏油主干道，它就在海拔2600米处的Nikka Chhu桥边，那里有一些店铺和一家小餐厅。

布姆唐文化徒步路线（BUMTHANG CULTURAL TREK）

这条徒步路线在过去几年里因为该地区的新建道路而发生了一些改变，如今许多人都

布姆唐文化徒步路线速览

历时 1天

最高海拔 3360米

难度 中

季节 3月至5月、9月至11月

起点 天鹅拉康

终点 邬金曲林

出发城镇 贾卡尔

概要 起点和终点附近风景怡人的森林，以及趣味盎然的拉康和村庄，使这条路线成为憧憬富有挑战的一日游徒步者的理想选择，而且起点和终点都能找到抽水马桶。

Bumthang Cultural & Duer Hot Springs Treks
布姆唐文化和杜尔温泉徒步路线

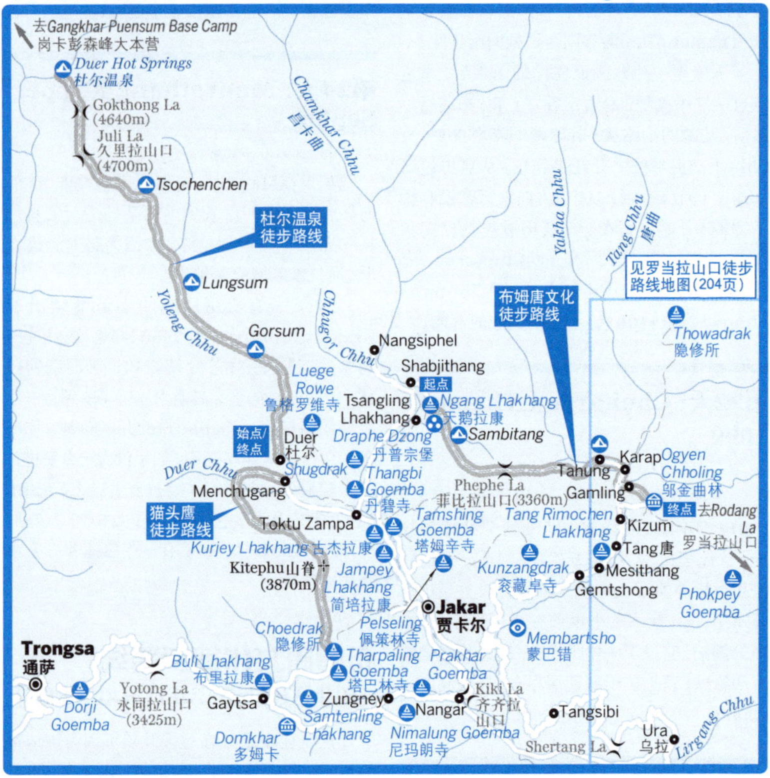

选择一日游徒步，在路线始末点的天鹅拉康和邬金曲林条件简单的住宿地过夜。这条步道路程较短，但是要爬升750米直至菲比拉山口，令人筋疲力尽。

如果你想把它安排成为期两天的过夜徒步游，可以从丹碧寺出发，沿昌卡曲左岸

布姆唐多日徒步

在布姆唐山谷内有许多很不错的徒步线路，可以把不同的一日徒步路线串到一起，组成多日游路线，以避免一次全露营山地徒步带来的不便、不适和昂贵费用。

从Mengchugang出发，你可以徒步一整天前往鲁格罗维寺（甚至远至Shugdrak），然后沿着昌卡曲的南岸步行登山前往天鹅拉康。在天鹅拉康或是附近的Tsangling或Tashiling的民宿过夜，接着长途跋涉一天，翻越菲比拉山口抵达邬金曲林（布姆唐文化徒步路线）。

在第三天，前往Thowadrak隐修所的一日返程徒步会令你颇有收获。然后第四天可以乘车返回贾卡尔，或者驱车前往Kunzungrak寺，然后翻越山岭前往佩策林寺，随后下山至Swiss Guest House或塔姆辛寺。

如果想要开展为期一周的露营徒步，可以加上历时3天的“猫头鹰徒步路线”反向穿越，从塔巴林寺出发，在Menchugang加上本行程。

猫头鹰徒步路线（OWL TREK）

想要在层峦叠嶂之间体验一段与众不同的"夜生活"？不妨考虑"猫头鹰徒步路线"，这条布姆唐境内的路线得名于夜间在营地经常能听到的猫头鹰啼鸣。这条路线历时3天，起点是Menchugang村（Toktu Zampa以北5公里），终点是贾卡尔宗堡或塔巴林寺。10月至12月和3月至5月是最佳徒步时间，但是春天道路可能会比较泥泞。

第1天 原来的小路从贾卡尔北边的Menchugang出发。小路爬升1.5小时，到达Chutigang一处流水驱动的古老磨坊，然后继续爬升2.5小时来到Rabtense，接下来是一段3小时的爬升，穿越桦树、冷杉和云杉构成的古老森林，直抵Shona营地。一些行程路线还会安排在中途游览杜尔村。或者，有一条田间小道现在可以通往Karo，从那里步行3个小时即可到达Shona。

第2天 继续爬坡至Rang La（Drangela）山口，然后上到海拔3870米的Kitephu山脊，这里可以观赏岗卡彭森峰和喜马拉雅主山脉的壮丽风光。下午有足够的时间来欣赏风景，或者徒步攀登至山脊之巅。

第3天 用1.5小时前往令人印象深刻的塔巴林寺以及附近的Choedrak隐修所（据说莲花生大士曾在此静修）。从这里出发，你可以选择乘车返回，或者徒步经由Samtengling Lhakhang前往曲梅山谷的多姆卡（Domkhar），或者掉头翻越塔巴林背后的山脊，穿越森林下行前往贾卡尔。

上行，在距离天鹅拉康有30分钟步行路程的Sambitang露营。第二个露营点在Tahung，位于道路最末端，但是大部分旅行团都会选择继续前往附近的邬金曲林，后者如今已经修通了公路。

第1天：天鹅拉康至邬金曲林

18公里 / 7小时 / 上升750米，下降670米

这一天的徒步旅程一开始是段短距离爬升，直至丹普宗堡（Draphe Dzong）脚下的草甸，这座宗堡过去扼守战略要冲，其遗址值得稍作绕道前往游览。从这里出发，小路下行至Sambitang营地。之后继续穿过草甸，路上有无数的矮竹，然后经过一片由桦树、悬铃木和高大竹子构成的寒冷阴暗的森林。古老的大树上爬满了寄生藤，使这段爬坡充满一种诡异的感觉。

继续爬坡穿过一片位于干燥沟壑里的杜鹃林，到达一处石堆和石头小神龛处。破旧的经幡在菲比拉山口（Phephe La；海拔3360米）顶端的小径旁迎风招展。山口位于一道被高大的桦树和杉树覆盖的山脊之上。

步行小道向下经过海拔3200米处的小溪，然后进入一座被矮竹覆盖的侧谷，经过一座小玛尼墙和一座带拱门的佛塔（Khonying）。随后进入一片广阔的牦牛牧场，接着继续下行穿过耕田进入开阔的峡谷，其中最显眼的几条小道向下延伸至一条较宽的溪流边，以及Tahung村附近的渡河木桥，此处海拔为2790米。

从这里出发，一条崎岖的田间小路向下进入唐（Tang）村以及主要的唐谷。你的车辆可以在此等候，将你带到邬金曲林，或者你可以继续步行前往Gamling，这是一座规模较大的富裕的村庄，这里的亚特拉纺织工艺赫赫有名。要前往该村，可顺流而下走45分钟，就有一条步行道攀升至山脊，到达海拔2760米的四座佛塔和几座大型民宅。邬金曲林（Ogyen Chholing）位于右边的山头上。装修一新的客栈（见145页）房间十分舒适。

杜尔温泉徒步路线（DUER HOT SPRINGS TREK）

这是一段少有人走的徒步路线（官方数据显示2014年仅有2位徒步者！），因为难度实在是太高了。路上不但有极富挑战的爬坡和陡降，而且是在极具挑战性的海拔高度上。这

杜尔温泉徒步路线速览

历时 8天

最高海拔 4700米

难度 中到高

季节 3月至4月、9月至11月

起点/终点 杜尔

出发城镇 贾卡尔

概要 这条徒步路线使你能尝试前往岗卡彭森峰（世界上最高的处女峰）的古老远征线路，而且其中有一整天可以享受温泉放松身心。

条路线可以一直扩展至岗卡彭森峰大本营，但是步道十分偏远，而且人迹罕至。此外还可以对上行或返程路线稍作调整，经由芒德曲河谷，与一条来自通萨的西行砂石路相衔接。

这条徒步路线同时为雪人徒步路线提供了备选的终点，在坦扎偏离主步道，走岔路经Tsorhim湖、海拔5230米的Gophu La山口、Geshe Woma、Saka La山口以及Warathang到达杜尔温泉，这是一条为期5天的偏远地区徒步路线。

在冬天，这条路线会被大雪覆盖，因此它通常在3月至4月和9月至11月上旬开放。路线的起点是杜尔村，从Toktu Zampa沿一条崎岖道路驱车30分钟（距离5公里）即可抵达。徒步路线包含在温泉（tsachhu）休整一天。

第1天：杜尔至Gorsum

18公里 / 6小时 / 上升 380米

从杜尔出发，这条路线向北而行，经由以鳟鱼数量出名的Yoleng Chhu（也被称为Gorzam Chhu）河谷前行。在途中，你会经过Lurawa寺。当天的营地在海拔3120米的Gorsum；急着赶路的人可以继续前行2小时，到达另一座营地。

第2天：Gorsum至Lungsum

12公里 / 5小时 / 上升 40米

这条路线穿越一片由柏树、杜松、云杉、铁杉和枫树组成的树林。步道较为泥泞，渐渐爬升至海拔3160米的Lungsum营地。一路上，你可能会遭遇不丹野犬。请让相机随时待命。

第3天：Lungsum至Tsochenchen

15公里 / 6~7小时 / 上升 620米

今天的跋涉或多或少与昨日相同，中途会经过类似的地形和植被。在沿途，你会遇

皇家历史徒步路线（THE ROYAL HERITAGE TRAIL）

在第二任国王统治期间（1926~1952年），每年秋天，整个皇室家庭都会收拾行囊，在300名背夫和100匹驮畜的陪伴下，在布姆唐的夏宫和Kuenga Rabten温暖的冬宫间进行每年两次的迁移。如今只有牧人偶尔会在这条曾经是皇室行进道路的步道上行走，但是徒步客也可以重温这条线路，体验一次兴致盎然的三日文化徒步之旅。人迹罕至的徒步路线将两座山口、三座旧日皇宫、数个冥想隐修所和许多迷人的风景综合到一条低海拔文化徒步之旅中。

从贾卡尔的旺迪曲林宫（Wangdichholing Palace）出发，旅行团步行翻越齐齐拉山口，抵达塔巴林寺，然后经过Samtenling寺下降至多姆卡宗堡附近的营地（想睡得舒服些的话可去附近的Chumey Nature Resort；见130页）。第2天经过Dungmai的皇室午餐点（海拔3680米；4小时），到达Jamsapang的一处营地（海拔4020米；2小时）。最后一天以一小段爬坡开始，目的地是一座位于Tungli La山口的佛塔，在此可以远眺黑山风景。从这里出发一路往下走，经由Jopchisa到达Saphay Pang的一处午餐地（海拔2860米；4小时），然后是最后一段4小时的下山步行，到达Kuenga Rabten宏伟华丽的皇宫。另一条备选路线则是翻越Ngada La山口，然后下行至Saphay Pang或Eundu Chholing。

到一处分岔路：右边的步道经由Thole La山口通往岗卡彭森峰，左边的步道则是通往温泉。在向今日的终点进发途中，植被开始变得稀疏，随后到达林木线以上、海拔3780米的营地Tsochenchen。

第4天：Tsochenchen至杜尔温泉

18公里/8~9小时/上升1340米，下降1530米

这一天的步行开始就是一长段爬坡，经过一座小湖继续前往久里拉山口（Juli La；海拔4700米），这是一片多石的鞍部，有一些经幡，能看到附近崇山峻岭的壮美山色。翻越垭口后，步道一路下行至海拔4220米的一座湖边，然后再次爬升至Gokthong La山口（海拔4640米）。最后，步道经过陡峭的“之”字形山路，穿越丛林直至海拔3590米的杜尔温泉（Duer hot springs）附近的营地。这一天的旅途上也许会邂逅麝鹿、喜马拉雅黑熊和岩羊。

第5天：在杜尔温泉放松一天

在杜尔放松一天，泡泡温泉。在粗木搭建的小屋里有几个嵌入地面的木制浴池，可以让你好好泡一泡。这里还有一座营地、一家社区经营的简易客栈以及一处饮用水供给设施。

第6~8天：杜尔温泉至杜尔

从温泉原路返回杜尔。

罗当拉山口徒步路线（RODANG LA TREK）

自从一条连接其两端的公路修通以来，这条在历史上曾经显赫一时的重要商道几乎已经被当地人所遗忘。在本书调研期间，已经有很长时间没有人在这条路上徒步，森林和公园管理部正在这里进行测绘调研。这条路线被纳入大喜马拉雅徒步路线（Great Himalayan Trail；www.greathimalayantrail.com），这或许将推动不丹当局重新启动这条徒步小道。其较高的难度应该会

罗当拉山口徒步路线速览

历时 6~8天

最高海拔 4160米

难度 中到高

季节 10月至11月

起点 邬金曲林

终点 塔希央奇

出发城镇 贾卡尔

概要 这条徒步路线穿越不丹东部，行程艰苦，途中有许多漫长而陡峭的下坡。后勤准备极为复杂，徒步路线最后四天的马匹也较难获取。

吸引那些乐于猎奇冒险的徒步游客。你可以从天鹅拉康出发，加入布姆唐文化徒步路线，从而为这条徒步路线再加上一天。

罗当拉山口时常因为大雪而封闭，最好是在10月、11月上旬或晚春时节前来探索。徒步路线穿越伦奇附近的公路，这可能会破坏徒步体验的连贯性，但它提供了探访偏远宗堡的机会。

筑路工程正在从四个方向蚕食曾经的步道，因此可向旅行社咨询，看看道路建设对徒步路线的影响。甚至有计划修建一条翻越罗当拉山口的公路，这将彻底改变这条徒步路线的状况。

第1天：邬金曲林至Phokpey

17公里/5~6小时/上升920米

前往罗当拉山口需要进行2天的漫长爬坡。在邬金曲林上方，步道布满牛蹄印，下雨时会十分湿滑。小路在海拔2900米一带平稳前行，到达一处小溪边。在海拔3000米处，放牛小道变成一条狭窄的步道，穿越泥泞的农田和矮竹丛。

在海拔3400米处，步道穿过一片草甸。对面山峦高处是Phokpey寺。上山穿过草甸，然后沿着“之”字形山路穿越森林，到达另一片陡峭、地势较高的草甸，最后转一个弯进入侧谷，然后前往海拔3680米处的营地Phokpey。

Rodang La Trek 罗当拉山口徒步路线

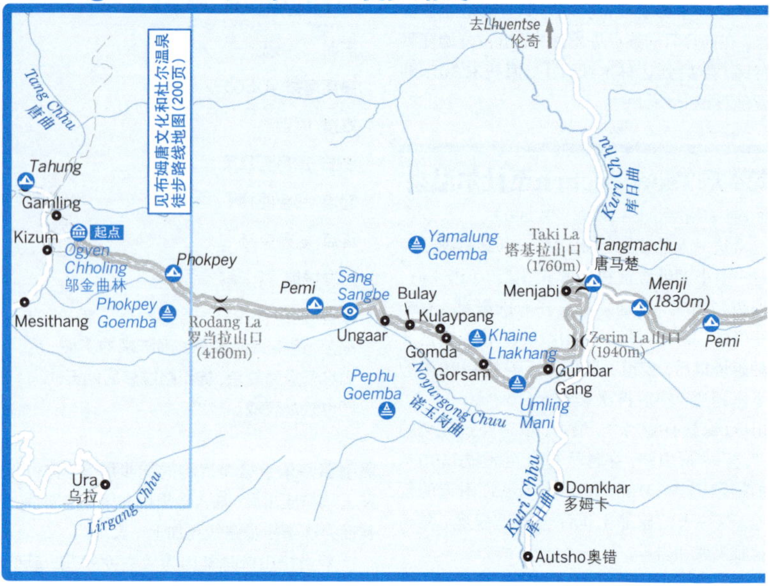

第2天：Phokpey至Pemi

20公里 / 6~7小时 / 上升 480米，下降 1160米

道路经过一个小豁口，上升至海拔3700米处的一座山脊。在海拔3770米的长距离步行之后，是最后一段爬升至山口的道路，这段路由石板和一段陡峭的大石头台阶组成。罗当拉山口（Rodang La；海拔4160米）距离营地约2小时步行路程。

翻越山口后，紧接着是一段近2500米的陡峭下坡路直至谷底，中途经由一条异常漫长且陡峭的石阶。这段路对马匹来说也格外困难，据说即使王室成员到了这里也必须步行下山。路线中有一段是垂直的石壁，步道沿着悬崖峭壁上固定的木栈道延伸。经过几座草甸后，小道蜿蜒穿过一片区域，有多人都声称曾在此看到了鬼魂和雪人的踪迹。

离开杜鹃和松柏林，步道下降至名为Pemi的大草甸，海拔约3000米。前面是一座皇家粮仓遗址，以及海拔2950米的一座营地。沿山侧下行30分钟能找到水源，因此梳洗十分方便，你也可以继续前往水源更充足的Ungaar营地。

第3天：Pemi至Khaine Lhakhang

21公里 / 7~8小时 / 上升 350米，下降 1340米

今天的小道在很多时候会与一条田间小路纵横交错，但也许有其他小道可供选择。当前的小道先进入诺玉岗曲（Noyurgang Chhu）河谷，中途经过低矮的竹丛和一片潮湿、长满青苔、布满岩石的沟壑。在海拔约2600米处，植被变化为蕨类和热带物种，小道朝着一片名为Sang Sangbe的草甸下行（海拔2300米），据说这里经常闹鬼。接下来到达海拔1700米处溪边的桥旁。然后走一小段路，穿越稻田到达海拔1660米处诺玉岗曲上的一座吊桥。

到河流左边，然后经过布满蕨类植物和热带丛林的山坡向上爬升至Bulay村（海拔1800米）。接下来是Kulaypang（海拔1930米）——这里有一些简易房屋和麦田——不要错选了向下行至另一座山岭的步道；正确的步道是向上行。

道路从Gomda村（海拔2040米）下方通过。经过一座佛塔后，步行小道在海拔2000米处渡过小溪，然后爬升至海拔2020米的一

处玛尼墙。随后是一段平路前往Gongdra。在经过Chanteme后，你会渡过一条小溪然后爬升至Khaine Lhakhang。顺着水泥灌溉渠，爬上山脊，这里的寺庙海拔2010米。庙旁有两棵高大的雪松，旁边分布着大豆田。Pephu寺居高临下，下方则是Songme小镇。

第4天：Khaine Lhakhang至唐马楚

18公里 / 6~7小时 / 上升 520米，下降 810米

步行小道向下抵达一条溪流，然后向上到达Gorsam（一处备选营地）的基层卫生所和社区学校。然后继续爬升至海拔2130米，平路行进15分钟，接着以较缓的坡度在树林间上行。你可以在库日曲（Kuri Chhu）谷底部看到公路。

藏式风格的Umling Mani位于海拔2180米处，就坐落在诺玉岗曲河谷和库日曲河谷的交叉口。它由一位来自中国西藏的喇嘛建造，标志着两处gewog（不丹最低一级的行政区）的交界处。徒步路线在这里沿着库日曲向北行进。

穿过4座颇具规模的侧谷后，小路降低至一条小溪边，然后爬升至下一座山脊。步道从Gumbar Gang（海拔2120米）的第一座峡谷延伸出来。在攀升至Zerim La山口（海拔1940米）的一座佛塔后，它蜿蜒下行至海拔1840米的山谷口，这里有座佛塔和一个转经筒，然后开始爬升，又经过一片长叶松树林上行至海拔1890米处，沿着"之"字形山道从绿草茵茵的山坡继续上到另一座山岭，这里能看到几座牧民的木屋。

下降至一座玛尼墙后，经过Menjabi村，在海拔1540米处渡过小溪，然后开始攀爬一段青草茂密并且长有长叶松的长长山坡，抵达塔基拉山口（Taki La；海拔1760米）的几座佛塔和一座玛尼墙前。山口东南是唐马楚高中（Tangmachu High School）和高达45米的莲花生大士像，值得到此一游。如果你时间充裕，可以要求旅行社安排车辆在此等待，然后乘车前往21公里外的伦奇，去探访那里的宗堡，随后将你送回唐马楚或Menji过夜。之后汽车可以前往塔希央奇，四天后在那里接你。

第5天：唐马楚至Menji

16公里 / 4~5小时 / 上升 690米，下降 620米

一条分支公路如今将Menji与公路主干线连到一起，因此可以询问旅行社，这段路程是步行还是乘车，以及它对未来几天的行程是否会造成影响。从唐马楚下方的桥梁（海拔1140米）出发，步行小道在水稻梯田和麦田间前逐渐上行至Chusa。随后沿着一段光秃秃的陡坡上升，不过沿途空气中都飘着芳香气味，野薄荷、柠檬草和蒿草构成了美丽风景。营地位于Menji上方海拔1830米处，就在Darchu Pang Lhakhang旁边。

第6天：Menji至Pemi

10公里 / 3~4小时 / 上升 620米

继续上行，穿过一片长满蕨类植物和攀缘植物的茂密而湿润的树林，在持续不断的蝉鸣声中前行。步道变得狭窄、陡峭和崎岖。爬升2小时到达山脊顶上一处草甸，然后穿过森林下行，到达Pemi（海拔2450米）的几栋牧民小屋，这里是一处山脊上的狭窄空地，能

KHAINE LHAKHANG

有些人认为，偏远的Khaine Lhakhang是藏王松赞干布于公元659年建立的108座寺庙之一。据说寺内有三尊小型佛像自己飞到了布姆唐的Konchogsum Lhakhang，后者据信也修建于同一时期。寺里供奉的主像是一尊2.5米高的释迦牟尼像。噶玛巴的塑像在其右边，夏宗仁波切的塑像则在其左上方。这里还有米拉日巴和莲花生大士的小塑像。此处的主要保护神是骑着骏马、面目狰狞的Taxan。

每年11月中旬寺院都会举行为期2天的节庆活动。

看到林木茂密的峡谷。Menji的村民将这里用作夏季牧场。未来两天的步道大部分都已废弃，而且狭窄湿滑。

第7天：Pemi至Taupang

21公里 / 7~8小时 / 上升1450米，下降1450米

步道大部分时间都在潮湿、阴冷的森林里穿行，偶尔会经过几处草甸。这是一片会让植物学家兴奋不已的区域，有无数种灌木，散发着浓郁香甜的发酵气息，伴随着厚厚的腐殖质。步道随后经过九个山口，被称为九姊妹弯（Nine Sisters），其中最高处是冬拉山口（Dong La；海拔3900米），这里能看到雄伟的山景，石堆上挂着经幡。

翻越剩余的山岭，每一座都挂有经幡，然后陡峭下行，穿越常绿林，经过一条布满岩石、原木和湿滑树叶的步道，到达一片名为Lisipang的山顶草甸。最后一段徒步行程刚开始非常轻松，右转下行，在Yesupang穿过一片草坪（这里是一处备选营地），但是道路随后在Dongdi Chhu附近变得崎岖且泥泞。河上没有桥，在从岩石上跳跃过河后，对岸的道路变得更加泥泞和崎岖，一些路段铺着类似桥梁的木头，以便人们能顺利行走。营地设在海拔2450米的Taupang，这是有着牧牛人木屋的一片空地。

第8天：Taupang至塔希央奇

24公里 / 8~9小时 / 下降720米

小道沿着河畔穿越森林，路况潮湿泥泞，而且伴有巨大的蕨类植物、红色浆果棕榈树，偶尔还有水蛭出没。树林里有不少鸟儿和猴子。踩着泥浆或跳过石头，艰难行走2小时后就到了Shakshing，这儿有一片被玉米、小米、香蕉和牛群包围的房屋。从塔希央奇出发的伐木道现已通到Shakshing，也许还将延伸至Taupang。

如果你决定继续步行前进，可沿步道经由山脊前往山谷北部，从Tongshing村上方经过。然后下降至沼泽地区，从一座大桥过河到Dongdi Chhu河的南岸。小巧的旧塔希央奇宗堡突然出现在河流上方的山顶上。步道在宗堡下方经一座古老的铁索桥回到河流北岸。最后，它在海拔1730米处穿越库龙曲（Kulong Chhu）。你的车辆可以在这里或者在古老的宗堡外等待。

纳布吉徒步路线（NABJI TREK）

如果你在寻找低海拔冬季徒步路线，或者认为田园牧歌、观赏鸟儿和家庭互动比群山景色更加重要，那么你或许会对纳布吉徒步路线情有独钟。

这条步行路线是不丹社区旅游业发展的先驱，当地村民轮流受聘，在沿线的半开发营地提供搬运、乡村观光、文化演出和餐饮等服务。营地营收捐给社区基金，用于教育、环保和旅游开发。

这条冬季徒步路线的起点位于通萨和谢姆冈之间的道路上，徒步路线本身提供了观赏奇异的当地生物的机会，例如金叶猴、棕颈犀鸟和蛇雕等。

与不丹众多其他徒步路线相似，这条路线的两端都受到道路建设的侵蚀，在部分路段你会发现自己走在田间小道上。根据你对徒步距离的要求，终点可以选择纳布吉或Nimshong。这条线路可以进行轻松的反向穿越。

第1天：Tongtongphey至Jangbi

9公里 / 3~4小时 / 上升950米，下降640米

从Tongtongphey（海拔1060米）出发，沿着一条田间小路步行约1小时，然后转上前往Jangbi的老路。沿着陡斜的小路下行至芒德曲上的小桥边，然后爬升至Jangbi（海拔1370米），这是门巴人世代生活的村庄。Jangbi村的营地可以将芒德曲河谷的风景尽收眼底。

第2天：Jangbi至Kudra

14公里 / 6~7小时 / 上升265米

从Jangbi出发，可轻松步行至Phrumzur村（海拔1400米），这里是吃午餐的好地方。Phrumzur是另一个门巴村庄，在村里的寺庙内可以饱览河谷的壮美风景。今天前往Kudra的一路上都有莲花生大士造访该地区留下的遗迹相伴——足印、匕首、帽子等，你能想到的，应有尽有。

Kudra村（海拔1635米）的营地恰好位于森林中央，附近有三处门巴族民居，可以俯瞰Nyimshong的风景。

第3天：Kudra至纳布吉

13公里 / 6~7小时 / 下降335米

今天的徒步路线沿着穿越茂密森林的古道前行，据说这片森林是老虎和豹的栖息之地，但是很少有人能够目睹它们的身影。穿过一片点缀着兰花的树林和竹林后，小路终于到达纳布吉（Nabji；海拔1300米），其标志是一棵神树。营地坐落于村落附近的稻田内。

用一点时间来探索这个小村庄，探访这里的寺庙以及具有历史意义的石柱，它们用以纪念8世纪在莲花生大士的斡旋下，布姆唐的信度王公与阿萨姆的Nauchhe国王（大鼻子国王）签署和平协议。在村里，还能看到铁匠留下的岩石残骸，据说和白玛林巴有关。

在这里可以缩短徒步行程，在纳布吉登上等候的车辆，然后返回通萨。

纳布吉徒步路线速览

历时 3~4天

最高海拔 1635米

难度 低

季节 10月至次年3月

起点 Tongtongphey

终点 Nimshong

出发城镇 通萨

概要 一条低海拔徒步路线，穿越门巴人居住的偏远土地。

第4天：纳布吉至Nimshong

23公里 / 9小时 / 上升200米，下降200米

徒步两三个小时到达Korphu（海拔1500米），这座小村庄约有600口人。造访村中寺庙，里面供奉着与白玛林巴有关的圣物。可以在社区经营的营地过夜，这里可以看到峡谷的美丽风景，尤其当你是反向徒步或希望缩短最后一天的行程时。

沿路徒步穿越一片茂密的阔叶林来到Nimshong村（海拔1320米）。林内有各种当地特色动物，例如金叶猴和棕颈犀鸟。这一段路还非常适合观鸟。Nimshong是一座有着60户居民的小村，村民们会载歌载舞欢迎你的到来。你可以在此参观村落，也许还会欣赏到一场文化表演，然后乘车返回通萨。

麦拉克至萨克滕徒步路线（MERAK-SAKTENG TREK）

这条不丹最东面的徒步路线至今都堪称最有特色的文化和自然线路，在1995年至2010年不对外国人开放。

徒步路线穿越萨克滕野生动物保护区，这是一处未受污染的脆弱生态系统，是雪豹、小熊猫、喜马拉雅黑熊、喜马拉雅红狐等珍稀的濒危动物栖息地，甚至也许是传说中雪人的家园。该地区也是与世隔绝的布罗克帕人聚居地，他们是喜马拉雅山区最有意思的少数民族之一。

与不丹国内许多其他徒步路线类似，公路正在一步一步侵蚀徒步路线。一条道路已经通至麦拉克，Gamri Chhu北岸另一条通往萨克滕的道路也会在未来几年通车。这两个

麦拉克至萨克滕徒步路线速览

历时 3~4天

最高海拔 3480米

难度 中

季节 3月中旬至5月、9月至11月

起点 Damnongchu或麦拉克

终点 Thakthri或Jyongkhar

出发城镇 塔希冈

概要 一条热门线路，使你能一窥不丹最与世隔绝的秘境风情。

村庄都已设有民宿，毫无疑问将开发新的线路以避开公路的影响。4月和5月是造访此地的最佳季节，此时恰逢野花盛开。

还可以从麦拉克或塔希冈附近的几个小村开始这段徒步之旅。其中一个热门的选择是从Damnongchu出发，但你也可以将起点设在Jaling、Khardung或Phongme。如果你希望压缩行程，或者在萨克滕村及其周边游览一整天，那么可以忽略第一天的行程，直接从麦拉克开始徒步。

第1天：Damnongchu至麦拉克

5小时

步道从Damnongchu启程，沿着一条小溪平缓起伏，到达麦拉克之前45分钟会经过Gengu的村庄和拉康，里面供奉着汤东杰布之子布仓·嘉瓦·藏布（Buchang Gyalwa Zangpo）的肉身干尸。

最后一段路程是轻松的缓坡上行，穿越牦牛牧场后进入**麦拉克**（Merak）村（海拔3480米），这里居住着约140户家庭。通常在到达村落之前扎营，可以看到美丽的山景和乡村风情。此外，你还可以选择在村内客栈或当地家庭寄宿。Samtengling Lhakhang供奉着当地山神Jomo Kuenkhar坐骑大马的马鞍和阳具。

第2天：麦拉克至Miksa Teng

7~8小时

今日的徒步路程会上升至海拔4140米的Nagchung La山口，可欣赏到喜马拉雅山壮丽风光，之后路线稳步下降至一条河流边。在沿河前行1小时后，紧接着就是1小时的陡坡，随后下降至海拔2850米的**Miksa Teng**（“teng”是指岩脊或台地）。营地被杜鹃环绕，每到4月就会缤纷盛开。

第3天：Miksa Teng至萨克滕

4小时

从Miksa Teng出发，爬升300米至一座小垭口，然后从美丽的森林中下行至**萨克滕**（Sakteng；海拔2985米）。如果运气够好，你可以在沿途的森林中看到小熊猫。村落边缘有一处营地，但是你也可以选择下榻村内的客栈。一些旅行团会在萨克滕休整一天，这是非常不错的安排。

第4天：萨克滕经由Thakthri至Jyongkhar

6~7小时

在翻越一座小垭口后，这一天几乎都是沿着平坦的步道下山至**Thakthri**村（海拔2200米），从这里有一条新开通的车道前往Rangjung，你可以在那里结束徒步行程。或者，你可以到Gamri Chhu河对岸，然后继续前往海拔1850米的小村**Jyongkhar**，这里有另外一条车道去往Phongme、Radi以及Rangjung。

黑暗中的民族

门巴人的人数在3000左右，居住于一些远古村落中，这些村子散布于Jangbi附近的山坡上，可以俯瞰芒德曲。“门巴”（Monpa）可大致翻译为“黑暗中的民族”，指他们是不丹与世隔绝的存在。据说他们是不丹最早的定居者，这个部落的民族根源可追溯至中国的藏南地区，在那里他们的人口数量超过50,000人。

门巴人信仰佛教和万物有灵论的萨满教。门巴人起先是猎人和采集者，但随着时间流逝，他们发展出各种手工技能，例如藤编织、竹具制造和篮子编造等。

了解不丹

今日不丹

不丹依然是一个与众不同、个性独特的国家，但无论如何，这个国度如今已向外面的世界打开大门、敞开心扉，并且融入国际社会之中。如今，几乎每个不丹人都拥有一部手机，国内注册的汽车数量超过75,000辆（尽管这个国家依然没有红绿灯）。目前政府面对的最大挑战，是如何使不丹从全球化和资本中获益，又同时保证不丹人所珍视的独特文化不受破坏。

最佳电影

《旅行者与魔术师》（*Travellers & Magicians*；宗萨蒋扬钦哲仁波切导演）异想天开的故事，体现了不丹人新老观念的冲突，在蜿蜒的山路和神秘不见天日的森林取景。

《另一场决赛》（*The Other Final*；Johan Kramer导演）堪称完美的纪录片，记录了世界足坛排名垫底的蒙特塞拉特队和倒数第二的不丹队之间的一场足球赛。

最佳读物

《不丹调频》（莉萨·那波利著）一位在不丹电台做志愿者的女记者的体验，透露出对不丹的敏锐观察。

《秘境不丹》（多杰·旺姆·旺楚克著）不丹王太后讲述她眼中的祖国。

《人间是剧场》（宗萨蒋扬钦哲仁波切著）不丹当下最有名的活佛以浅近的文字道出佛教的诸多理念。

《地球上最温暖的旅行》（叶孝忠著）图文并茂的不丹旅行读物。

《超越天与地》（洁米·惹巴著）加拿大作者，将去不丹支教、最后嫁给不丹人成为佛教徒的故事娓娓道来。

《命运轮回》（*The Circle of Karma*；昆桑曲登著）描述了不丹人日常生活和仪式的丰富细节。

民主和议会

不丹议会由国王[“雷龙之王”（Druk Gyalpo）]、全国委员会（National Council；上议院）以及国民议会（National Assembly）组成。全国委员会共有25名成员，其中20人为各宗（行政区划）的代表，另外5人则由国王提名。有意思的是，全国委员会的候选人不得加入任何政党。

在第一次（2008年）、第二次（2013年）和第三次（2018年）选举中，20个宗在国民议会中分占47个议席。宪法规定，国民议会的具体席位数量可根据人口增长情况（最多可达55席）以及各宗投票选民分布变化进行调整。

现代化和国民幸福总值

虽然科技、民主和全球化的趋势在迅速蔓延，但不丹对现代化进程的危害也保持着高度警惕，政府在保护不丹社会方面继续发挥积极作用。不丹不但是第一个在公共场合禁烟的国家，而且禁止烟草销售。同时被禁止的还有西式广告牌和塑料袋。

因此，可持续发展、教育和卫生医疗，以及环境和文化保护成为制定政策时要考虑的首要问题，佛教教义亦然，后者构成了不丹法律的根基。每个开发项目都需要先接受审查，考虑其对于当地人口、宗教信仰和环境的影响。不丹严格坚持高价值、低影响的旅游产业路线就是一个很好的例子。不丹是世界上绝无仅有的情感胜过资本，幸福感和生产率并重的国家。这种独特的方式可归结于广受赞誉的“国民幸福总值”（Gross National Happiness）理念。但是，随着不丹开始回应公民的需求，即使是这种受到高度赞扬的方式近年来也风光不再。

挑战与变革

不丹是一个弹丸小国，拥有丰富的自然资源和基数小、可持续的人口数量，周围则是人口众多、经济发达的大国。这种形势带来了诸多机遇（向印度出口水电约占政府收入的半数之多）的同时，也使不丹在近几十年里面临各种挑战。

经济快速增长以及消费主义抬头导致进口飙升，而进口产品主要来自印度。印度卢比的流出（不丹努扎姆与之挂钩）使不丹在2012年出现了现金危机。许多不丹人认为他们其实是遇到了超支和过度借贷的全球性问题。在这个推行“国民幸福总值”的国家，不丹人对这种具有讽刺意味的情况当然不会等闲视之，因而进行了公开的讨论。在过去十年里，国内路网增加了600%以上，这与飙升的机动车保有量有关。民众的流动性和期望度与日俱增，致使人口史无前例地从偏远乡村涌入长期存在着青年失业问题的中心城市。不过换位思考一下，如果当牦牛牧民意味着在手机都没有信号的地方工作，年轻人又怎么会心甘情愿呢？

在2015年的巴黎气候峰会上，不丹没有做出实现碳中和的承诺；这个国家承诺继续保持负碳排放。这个森林覆盖率极高的小国吸收的二氧化碳是其经济活动产生的碳排放的三倍之多。为了进一步提升绿色环保的“段位”，不丹正致力于削减对印度化石燃料的依赖，转而发展电动汽车、禁止伐木出口以及实现百分之百的有机食物生产。水力发电被视为其中的关键，虽然这并非完全清洁或者彻底绿色的能源，但它对不丹的重要性不容小觑。在建水电项目的未来收益将用来支付不丹迅速增长的外债。一项到2020年装机容量达到10,000兆瓦（MW）的宏伟计划因项目延迟和印度提供的有限建设资金而受到现实的考验。最有可能实现的目标是2020年实现装机容量3500兆瓦。目前，不丹有五个已经运营的项目，装机容量为1582兆瓦，六个在建项目容量为4228兆瓦，此外还有五个拟建项目（8170兆瓦）。

人口：807,610

平均寿命：70岁

GDP：人均3110美元

通货膨胀率：3.3%

每100个不丹人中

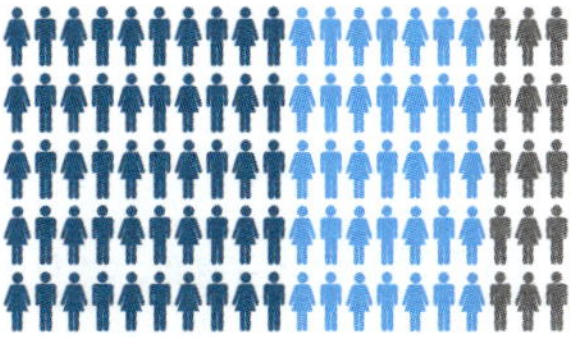

50个是阿洛人
35个是尼泊尔人
15个是少数民族

信仰体系
（占人口百分比）

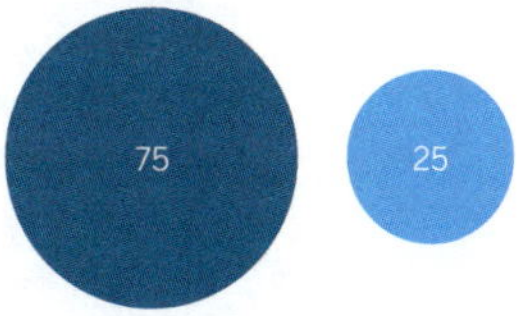

佛教徒 印度教徒

每平方公里人口数

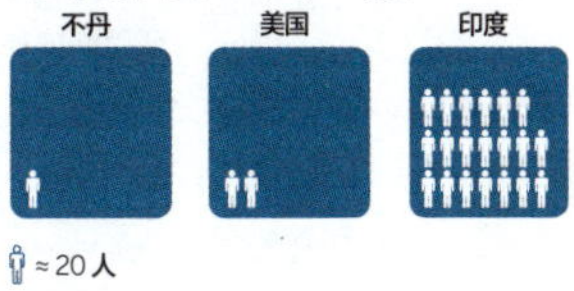

历史

不丹的早期历史沉浸在佛教传说和民间神话之中，这里充满了不可思议的事件以及具有超自然力的人物。据说曾有一位圣人拥有八种化身，其中之一就是莲花生大士，他骑着一只飞虎来到不丹，将身体的印记以及头上的帽子留在崖壁岩石之上。学校的课本上记述：曾有恶魔威胁村庄、毁坏寺庙，后来它们被佛法驯服并皈依佛门。在这片土地上，关于佛魔斗法、神迹显现的故事比比皆是，源远流长。

不丹研究中心（www.bhutanstudies.org.bt）致力于推动关于不丹的学术研究，它还出版了许多详尽的历史研究文章。

遗失在时光的迷雾中

在不丹天马行空的历史中，研究者们找到了许多事件和人物的具体年代，尽管这些年代彼此矛盾，很难形成可靠而精准的编年史。在阅读不丹史书时，你的想象力会不由自主地发散开来。试着去注重所发生事件的意义，而不是去纠结事件本身作为史实的合理性，这对你到不丹旅行之前的准备功课不无裨益。鬼神、雪人（migoi，又称yeti）、巫医和喇嘛转世为三身佛，这种观念已经深入不丹人的日常生活。

不丹中世纪和现代历史的记述比远古时期要清晰得多，但同样独特奇异。这是一段由部族势力、仇恨、巨大要塞和城堡所构筑的时光，阴谋、背叛、激烈的战斗以及非凡的壮丽时刻轮番登场。这个国家的近代史从20世纪初的世袭君主制发端，其闭关锁国政策一直得以延续。直至第三任国王在任时，农奴制和闭境自守的中世纪传统才渐渐退出历史。

直到20世纪60年代以前，不丹都没有国家通行货币、电话、学校、医院、邮政系统，也难觅游客踪影。但是现代化的发展已经使这些事物纷纷登上历史舞台，此外还有机场、公路以及国家卫生医疗体系等。除了现代化的速度之外，不丹闻名四海的另一件事情就是其在旅游业、电视和互联网的开放方面所持有的谨慎态度，其目的是保持其国家身份认同以及保护

大事年表

公元前2000至前1500年

现今不丹的土地上，生活着在低洼山谷和高山草原间随季节迁徙的游牧部落。

公元6世纪

崇尚万物有灵论的本教在喜马拉雅山地区盛行，其中包括现今不丹的数个山谷。

公元7世纪

佛教进入不丹，首批佛寺于公元659年在不丹修建，其中包括位于帕罗附近的祈楚拉康和布姆唐的简培拉康。

环境。近年来，广受爱戴的第四任国王主动放弃绝对权力，引入民主制度，将王位让予其子，从而在历史上留下了浓墨重彩的一笔，并为不丹开启了一个新时代。

早期历史和佛教传入

考古证据表明，现今不丹的低洼河谷早在公元前2000至公元前1500年就已有游牧部落居住，他们会在夏天迁徙到高山牧场去放牧。许多不丹人直至今日仍过着这样的生活。从不丹的山谷穿越喜马拉雅山相对容易。人们认为玛纳斯曲河谷曾经是印度和中国西藏之间重要的迁徙和商贸路线。

不丹的一部分早期居民信奉本教。在佛教传入前，这种万物有灵论的传统信仰是整个喜马拉雅山区的主流宗教。据悉本教于公元6世纪前后传入不丹。

佛教或早在公元2世纪就传入不丹部分地区，但是大部分历史学家认为，首批不丹佛寺于公元7世纪由藏王松赞干布下令建造。

这个新兴国家早期历史中的许多重大事件都涉及圣人和宗教领袖，因此仅在经文中有记载。不幸的是，绝大部分原始文件都毁于1828年的索那格擦（Sonagatsel）印刷厂火灾和1832年的普那卡宗堡大火。旧都普那卡保存的许多资料在1897年的地震中遗失，1907年帕罗宗堡大火导致更多史料付之一炬。因此，不丹早期历史大都存在于英国探险家的记载中、世代流传的民间传说里，以及幸免于难的极少数手稿内。

佛教徒和本教徒的艺术风格和传统习俗非常相似。但值得注意的区别在于：本教徒逆时针转经，其法王为推选产生；佛教徒顺时针转经，采取活佛转世制度。

莲花生大士

莲花生大士（Guru Rinpoche，音译古鲁仁波切）是不丹最重要的历史和宗教人物之一，他在公元746年到访布姆唐，他的到来被公认为是佛教真正传入不丹的开始。莲花生大士是8世纪著名的历史人物，在其首次莅临之后，其塑像出现在不丹几乎所有佛寺中。

莲花生大士也被尊奉为具有无上法力的二世佛，能够降妖除魔。据说佛祖释迦牟尼预言过他的出生。莲师的出生地在现今巴基斯坦斯瓦特山谷的乌仗那（Uddiyana）。乌仗那在宗卡语中被称为“邬金”（Ugyen），因此一些文献中将莲师称为邬金仁波切。他也被称为“帕达玛萨瓦拉”（Padmasambhava）。“Padma”是梵语的“莲花”，也是藏语和不丹语中名字“佩玛”（Pema）的来源；“sambhava”意思是“出生于”。

746年	841年	9世纪	10世纪
布姆唐国王邀请莲花生大士到访自己的王国并帮助降妖除魔。国王和其他人自此都皈依佛教。	藏王朗达玛在中国西藏地区大举灭佛，并且将其兄仓玛放逐到不丹东部。	随着本教徒掌权，佛教徒受到迫害，许多中国西藏的佛教徒到不丹避祸。	佛教在中国西藏继续没落，藏传佛教各流派在不丹设寺传教。

"不丹"源起

"不丹"(Bhutan)名称的由来众说纷纭。它可能自梵文的"Bhotant"演变而来，意思是"西藏的尽头"，或者源自"Bhu-uttan"，即"高地"。早期的英国探险家称其为"Bootan"或"Bhotan"，他们认为这个名称源自"Bhotsthan"，意思是"Bhotias的土地"(Bhotia在梵语中意为"藏族群众")。

尽管如今被外界称为"Bhutan"，但这个国家"雷龙之国"(Druk Yul)的称号早已声名远扬，这个名称从13世纪开始就被当地居民所用。这里的人称呼自己为"Drukpa"(竹巴)。

莲花生大士是大乘佛教宁玛派创始人——这个教派也因其修行者头戴红帽而被称为"红教"。该教派在一段时间里是不丹的主流宗教，其信徒被称为宁玛巴(Nyingmapa)。

莲花生大士的足迹遍布中国西藏、尼泊尔和不丹，在无数洞穴中冥想修行，如今它们都被尊奉为重要的"佛家圣地"。他通过伏藏(terma；神圣的经文和法器)将自己的教诲和智慧封存起来，由后世有缘的伏藏师(terton)来发现。莲花生大士的明妃和传记撰写者益西措嘉呼吁后人不要将他视为普通人，否则我们将与他顿悟的智慧擦肩而过。

不丹和中国西藏对莲师生平的记载存在一些差异，我们在这里选取了不丹传统版。

古杰拉康的故事

公元746年，莲花生大士首次造访不丹。这时，印度的Sendha Gyab已在布姆唐称王，自封为"信度王公"(Sindhu Raja)。他与对手、不丹南部的另一位印度国王Naochhe("大鼻子")发生战争，因为Naochhe杀了他的儿子和16个侍从。战争带来的烦恼使这位王公无意中亵渎了布姆唐主神Shelging Kharpo的居所，神祇一怒之下施以惩罚，天空变得黑暗无光，国王的生命力被吸走，奄奄一息。

于是国王的一位大臣邀请莲花生大士前来布姆唐，请他运用神力来拯救信度王公。莲师来到布姆唐并禅定冥思，在岩石上留下了他的身形(kur)印记(jey)，古杰拉康就是围绕这处身印而建。

莲花生大士将要与国王的女儿塔西曲登(Tashi Khuedon)喜结连理。他派公主持黄金水罐去取水。当公主离开后，莲师幻化出全部八个化身，这些化身一起在寺庙附近的田野间翩翩起舞。所有当地神灵都现身来观看这一奇观，除了面无表情的Shelging Kharpo——他依然隐匿在岩石中的藏身之所里。

12世纪	1180年	12世纪	1184~1251年
拉巴噶举派创始人嘉瓦拉囊巴在廷布山谷建立了丹戈寺以及一系列以藏式宗堡为范本的堡垒。	一位名叫藏巴甲热·益西多吉的喇嘛在中国西藏的拉砻建立了拉砻寺，这标志着竹巴噶举派的诞生。	许多竹巴噶举派喇嘛因受格鲁派迫害离开中国西藏地区前往不丹。他们大部分人都在不丹西部定居，并建立了竹巴噶举派寺庙。	帕久·竹贡·西博喇嘛生活的年代，在他的带领下，竹巴噶举派在不丹确立了佛教主流教派地位，从而使该地区开始信奉特色鲜明的流派。

莲花生大士并没有因此气馁，当公主取水回来之后，他又将公主变为五个分身，每一个都拿着一只黄金水罐。阳光洒在这些金罐上泛出点点金光，最终吸引了Shelging Kharpo的注意。但是在冒险出洞一探究竟之前，他先将自己化身为一只白色的雪狮。在看到雪狮现身时，莲师化身为金翅鸟（garuda；迦楼罗），呼啸而起抓住了狮子，并且不容置疑地告诉Shelging Kharpo要一心向善。随后他施法让国王Sendha Gyab恢复如初，并且巧妙斡旋，化解了两位国王的仇恨并使他们皈依佛教，让和平之光重回大地。

Shelging Kharpo也一心一意成为佛教的保护神。为了确保他不再为非作歹，莲花生大士将自己的身印嵌入寺内的地面作为封印——柏树在封印上不断生长，最终笼罩了整个古杰拉康。

Sampa Lhundrup Lhakhang是坐落于布姆唐卓霍山谷的古杰拉康建筑群的一部分，里面供有一尊令人瞩目的10米高的莲花生大士像，四围簇拥着他的八大化身。

莲花生大士再次造访

后来，莲花生大士经由伦奇的辛格宗堡回到不丹，造访了布姆唐、蒙加尔和伦奇等地。他当时是从中国西藏归来，此前他应藏王赤松德赞之邀，前往西藏传播宁玛派教义，并且降伏了阻挠建造桑耶寺（Samye Monastery）的魔鬼。

在不丹东部的贡寇拉，莲花生大士再度留下他的身印和戴着莲花冠的头印。他化身为忿怒金刚（Dorji Drakpo；莲师八相的一种），骑驾一只火焰雌虎飞降帕罗的虎穴，所以有了“虎穴寺”。

莲花生大士的绘画和塑像

大多数莲花生大士的相都显现为帕达玛萨瓦拉（莲花生之意）的形象，身着法服，手持灵性觉悟法器。

通常情况下，莲花生大士像都伴有两尊女信徒的塑像分侍左右，她们分别是印度公主曼达拉娃——智慧佛母，以及藏传佛教空行母（女性上师）益西措嘉。益西措嘉被视为知识女神萨拉斯瓦蒂的化身，具有与生俱来的过目不忘的天赋，能够记得莲师说的每一个字，因此成为他唯一的传记撰写者。她通常以白色仙女形象出现，身着传统配饰，衣袂飘飘；而曼达拉娃通常被描绘为一位印度山区公主。

莲花生大士在天上的居所或者说天堂，是一座名为桑东巴瑞的铜色吉祥山。四方守护神守卫着四座城门，正中是一座三层宝塔，莲师居于首层，两位明妃分侍两侧。

1433年

汤东杰布（即“铁桥喇嘛”）从中国西藏地区到不丹寻找铁矿石，并修建了八座桥。

1450~1521年

白玛林巴，不丹最重要的伏藏师（找到封藏的神圣经书和法器的人）生活的年代。

1455~1529年

“癫圣”竹巴衮烈喇嘛在世。他游历了不丹全境，宣扬一种截然不同的佛教与生活方式。

1616年

第一位夏宗——阿旺朗杰从中国西藏拉砻来到不丹，标志着竹巴噶举派开始占主导地位。

据说莲花生大士在赤松德赞之子、第39任藏王牟如赞普（764~817年）在位期间，曾经第三次造访现今的不丹地区。

莲师八相

莲花生大士因应化度不同之众生，示现八种灌顶之身，各具尊形及法号。因为灌顶相当于进入新生，所以其犹如涅槃重生。因此，这八种化身与莲花生大士的生平息息相关。

莲花生大士初时化身为乌仗那国境内达纳科夏（Danakosha）湖中蓝莲花上的8岁孩童，后得国王因扎菩提抚育为太子，遂名却节多杰（Tshokye Dorji；意为“海生金刚上师”）。后来他放弃王位，前往玛拉特里卡洞（Maratrika；位于尼泊尔东部的Harishe村附近），从巴尔巴哈帝（Prabhahasti）论师出家，号“释迦狮子”（Sakya Senge）。此种化身下的他被视为佛祖释迦牟尼。

在习得金刚乘教义和掌握所有印度梵学知识后，他觉知圆满，能够见到所有神灵。随后，他被尊奉为“爱慧上师”（Loden Chogsey）。之后他遇见了自己的伴侣曼达拉娃（Mandarava），她是萨诃国（Zahor；位于现今印度喜马偕尔邦曼迪地区）的公主。这激怒了国王，国王将二人惩以火焚。然而通过无上法力，莲花生大士将柴堆变为一座冷湖，最终教化萨诃国人修持佛法。他自此被称为“帕达玛萨瓦拉”（Padmasambhava）。

莲花生大士回到乌仗那国教化臣民崇佛，但是被认出是曾经抛弃社稷的王子，他和明妃再次被加以火焚。然而这次他们又毫发无伤地端坐于湖中一朵莲花之上。这座湖就是雷瓦萨（Rewalsar）——又称为白玛错（Tsho Pema；莲花湖），位于现今的印度喜马偕尔邦，也是一处重要的朝圣地。他的父亲因扎菩提将王国拱手相让，他于是成为“莲花王”（白玛嘉波，Pema Gyalpo），他在此13年，将乌仗那国变为修持佛法的国度。

当莲花生大士在八大尸林向空行母传授密续法门时，他陆续降伏了一些鬼神，令其护持佛法，故被尊为“日光上师”（Nyima Yeozer）。当500邪见外道行将辩破佛法之时，莲花生大士通过辩论击败了他们，并施以威猛咒，招来冰雹闪电，在一瞬间将外道消灭于无形。然后，他被尊为“狮吼上师”（Sengye Dradrok）。

当他第二次来到不丹，造访Kurtoe的辛格宗堡和帕罗的虎穴时，现身为“忿怒金刚”（Dorji Drakpo）。他收服了所有阻挠佛教的邪灵，并将其感化为护法神灵。在这种化身时，莲花生大士身下骑驾一只威猛母虎。

不丹的三大佛教派系分别是宁玛派、噶举派和萨迦派。第四大教派——格鲁派，于15世纪在中国西藏渐成气候。但是自17世纪以来，不丹人对格鲁派都抱有敌意。

1621年

杰里寺设立了首个佛教团体。这座寺庙由夏宗·阿旺朗杰在之前一年建立。

1627年

葡萄牙耶稣会的传教士卡瑟拉和卡布拉尔成为首批到访不丹的欧洲人。

1629年

由代表对立派系的五位不丹喇嘛率领的联军进攻辛托卡宗堡（这是不丹首座宗堡），挑战夏宗法王。

1637年

普那卡宗堡修建完工，这是不丹第二座宗堡。在20世纪50年代中期之前，普那卡一直是不丹的首都。

中世纪时期

赤松德赞之孙朗达玛（Langdharma）于公元836~842年统治中国西藏地区。作为本教的忠实信徒，他一登上王位就开始大举灭佛，捣毁佛教寺院，并将信奉佛教的兄长——仓玛（Tsangma）王子放逐到不丹。据说在此期间，有许多僧侣逃离中国西藏到不丹避难。尽管朗达玛后来遇刺身亡，佛教再次回归，但政治局面依然波谲云诡，许多中国西藏地区的居民开始迁徙至不丹西部。

在公元9~17世纪期间，不丹各地的山谷中形成了众多统治部族和贵族家庭。各地方头目将主要精力都花在彼此以及与西藏地方政权之间的争战上，在此期间并未出现德高望重的重要政治人物。

不丹佛教演变历程

在中国西藏，一个名叫藏巴甲热·益西多吉（Tsangpa Gyarey Yeshe Dorji；1161~1211年）的喇嘛于1180年在江孜东边的拉砻创立了一座佛寺。他将这座寺庙命名为“Druk”（龙），因为他在为待建寺庙选址时曾听到天上的雷龙之音。从这里发源的藏传佛教派系便以该寺为名，后来成为众所周知的“竹巴噶举”（Drukpa Kagyu）。

Keith Dowman的《癫圣》（*The Divine Madman*）一书，很好地翻译了非同凡响的竹巴衮烈喇嘛的诗歌等作品。

11世纪和12世纪，涌入不丹的藏族人民有增无减。许多竹巴噶举派喇嘛因为受到对立佛教派系追随者的迫害而离开中国西藏。其中大部分喇嘛来到不丹西部，在这里建起竹巴噶举派支系。不丹西部通过他们的教化呈现出松散的联合态势。有号召力的喇嘛成为西部许多地区事实上的领导人，而与世隔绝的不丹东部和中部山谷仍保持了独立的封建国家状态。

这些喇嘛中最重要的人物之一，是创建拉巴噶举的嘉瓦拉囊巴（Gyalwa Lhanangpa）。他在廷布山谷北端的山上建立了丹戈寺，并在不丹多地建造了一系列与藏式宗堡风格类似的城堡。

藏巴甲热喇嘛（拉砻寺创立者）的弟子帕久·竹贡·西博喇嘛（Phajo Drukgom Shigpo；1184~1251年）来到不丹，在竞争中击败了拉囊巴喇嘛。他和同伴们在旺曲西岸修建了小型的蓝石宗堡，并且获得了丹戈寺的控制权。后世认为，帕久喇嘛通过向民众弘扬竹巴噶举教义，确定了不丹化的佛教。其他喇嘛憎恨他的存在和成功，并试图用恶毒的咒语来置他于死地。但是，帕久将这些咒语返回到这些喇嘛身上，摧毁了他们的几座寺庙。

1639年

确立了夏宗·阿旺朗杰作为不丹最高权威的地位。

1644年

夏宗法王下令建造帕罗宗堡。

1668年

敏珠·丹巴被任命为第三任第悉（世俗统治者）。他统治不丹12年，将不丹疆域向西拓展至如今的印度噶伦堡。

1705年

夏宗·阿旺朗杰去世的消息在秘不发丧多年后，终于公布。

在13~16世纪，竹巴噶举在不丹开枝散叶，形成了独立的宗教特征。拉砻寺一些重要的竹巴噶举上师受邀到不丹西部弘法并建立佛寺。这期间造访不丹的高僧中就有阿旺确吉喇嘛（Ngawang Chhogyel；1465~1540年）。他数次前往不丹，常常带着他的儿子们随行，其子主持修建了帕罗的Druk Choeding寺以及廷布附近的Pangri Zampa寺和Hongtsho寺。

然而，或许最广为人知的竹巴噶举上师还当属颠覆传统、玩世不恭的“癫圣”竹巴衮烈（1455~1529年）。他如今仍被不丹人所喜爱和敬仰，地处Lobesa和普那卡之间美丽的切米拉康也与他密切相关。

在禅定之时，白玛林巴经常造访莲花生大士的天堂居所桑东巴瑞，在那里他看到了空行母和本尊（守护神）的舞蹈（pa-cham）。他将其中三种舞蹈传授给他的弟子，其中一些如今仍是不丹各地戒楚节期间的保留节目。

伏藏和白玛林巴

在11~16世纪，如莲花生大士所预言，他藏在洞窟、岩峭和山水之间的伏藏陆续被取出。这些寻取伏藏的密宗喇嘛被称为“伏藏师”。

白玛林巴（Pema Lingpa；1450~1521年）是藏传佛教宁玛派的五大“取藏王”之一，也是不丹最重要的伏藏师。他发现的经本和文物、编制的歌曲和舞蹈以及创作的艺术，在很大程度上奠定了不丹的文化底蕴。他同时也被视为莲花生大士的转世。

白玛林巴出生于布姆唐地区唐谷的小村Drangchel，附近就是衮藏卓寺。在孩提时代，他学会了祖父的铁匠手艺，如今在塔姆辛寺和丹碧寺内仍能见到他打造的两套锁子甲。

25岁那年，他梦见一个和尚递给他一卷空行母手书经文，告诉他如何在唐谷的一处水池内找到深藏其中的藏宝箱，由此他发现了自己的第一个伏藏。白玛最终成功翻译了手卷，但这是一项非常巨大的工程，因为空行母手书的每个词相当于人类语言的1000个词。然后，在空行母的帮助下，他将这些经文用作基本教义。白玛当时住在唐谷悬崖峭壁上方的Kunzangling，如今这里是衮藏卓寺的所在地。

在白玛林巴一生里，他在不丹以及远至中国西藏桑耶寺等地共发现了34件塑像、手卷和圣物。他所发现的许多塑像和圣物都被保存在不丹各地的寺庙里，其中包括位于布姆唐、由白玛本人创立的塔姆辛寺和衮藏卓寺。

在去世之后，他转世为三种形态：ku（身）、sung（语）和thug（意），这些不同的转世形态一直延续至今。

通过六个儿子、一个女儿和众多的转世者，白玛林巴的传承仍时时刻刻影响着不丹。他的一个孙子，同时也是他的转世灵童——杰西·佩玛·丁

1730年	1768年	1772年	1774年
第悉米帕姆·旺波（Mipham Wangpo）协助库奇比哈尔的统治者Gya Chila击败侵略者并确立了家庭世袭体系；不丹从此被允许在这个南部王国驻兵。	第悉试图抵制不丹宗教寺庙的影响。为此，他与尼泊尔的普里特维·纳拉扬·沙阿（Prithvi Narayan Shah）等人结成同盟。	不丹入侵库奇比哈尔并掳走其国王。英国东印度公司在谈妥回报条件后同意帮助库奇比哈尔。	乔治·博格尔率领一个商贸团前往不丹和中国西藏，并在不丹的土地上种下土豆。

勒（Gyalse Pema Thinley），在富毕卡山谷修建了岗提寺，岗提活佛转世一直延续至今，其中生于1955年的昆赞·佩玛·朗杰（Kuenzang Pema Namgyal）是第九世"意"转世。不丹的王室家族——旺楚克王朝，也是这条脉络上的后裔。

夏宗法王的崛起

16世纪的不丹仍然处于部族首领割据的状态，他们圈地为王，雄踞一方，并且连年混战。此外还有许多寺院之间也存有教派之争，不丹西部的喇嘛试图将影响力扩大到不丹东部。

1616年，阿旺朗杰（Nyawang Namgyal；1594~1651年）从竹巴噶举派在中国西藏的本寺——拉砻寺来到不丹，之后一切都发生了天翻地覆的变化。阿旺朗杰是拉砻寺创建者藏巴甲热的后代，12岁那年被认定为拉砻寺活佛白玛噶波（Pema Karpo）的转世灵童。然而当权的藏巴汗反对这一认定。阿旺朗杰已经很难保住自己在拉砻寺的地位。他23岁那年，护法神大黑天化身为一只渡鸦，指引他向南出走不丹。阿旺朗杰经过了拉亚和加萨，并在高曾祖父阿旺确吉建立的Pangri Zampa寺（廷布）修行。

随着阿旺朗杰在不丹西部游历弘法，他的政治势力也不断增强。很快他被尊崇为不丹佛教领袖，获得尊号"夏宗仁波切"（Zhabdrung Rinpoche；意思是"见即叩首的珍宝"），从而成为夏宗法王开山立派之祖。他在今天廷布南边的辛托卡建立了第一座宗堡，虽然早期的不丹宗堡主要是作为坚固的堡垒要塞，但辛托卡宗堡同时兼具寺院、行政以及防御的功能。这种集政权、宗教和军事防御于一体的模式，成为不丹后续宗堡

1616年夏宗·阿旺朗杰的到来标志着不丹的转型以及竹巴噶举派对不丹的主导。

卡瑟拉和卡布拉尔神父拜访夏宗法王

首批到访不丹的西方人士是两位葡萄牙的耶稣会教士。1627年初，卡瑟拉（Cacella）和卡布拉尔（Cabral）神父从加尔各答经由中国西藏日喀则前往不丹。他们在廷布北面的杰里寺和夏宗法王共同度过了几个月。

目前没有对他们行程的完整记述，但是他们的一封书信使我们能够一窥阿旺朗杰（Ngawang Namgyal）的性格："他用大慈大悲的胸怀接纳了我们，这一点体现在他会见我们时以及得知我们从何而来、来自哪个国度时所流露出的愉悦上，在首次会面时他还问了其他一些再寻常不过的问题。"

1776年和1777年	1783年	1826年	1828年
亚历山大·汉密尔顿博士前往普那卡和廷布，调解英国和不丹之间的土地争端。	萨缪尔·特纳率领规模盛大的英属印度远征队前往不丹和中国西藏。	不丹和英国就杜瓦地区（不丹南部山区）的主权产生争议。	索那格擦印刷厂的大火使得许多珍贵的历史文献付之一炬。

的范本。

夏宗法王的统治遭到不丹境内对立佛教派系领袖的联手挑战。他们组成了联盟，由五位喇嘛领导，推选班旦喇嘛（Lama Palden）为首领，于1629年发动了对辛托卡宗堡的进攻。最终他们铩羽而归，但是这个联盟随后与生活在中国西藏地区的人结盟，并继续反对夏宗法王。夏宗法王的军队通过数次与敌军的作战，最终消除了敌对派系的影响。最后，通过与拉达克国王辛格朗杰（Singye Namgyal）之兄结盟，夏宗法王的军队击败了敌对势力。1639年，夏宗·阿旺朗杰与藏巴汗达成协议，确立了自己作为不丹最高领袖的地位。

夏宗·阿旺朗杰统治不丹期间，在不丹各地修建了许多佛寺和宗堡。其中，辛托卡、帕罗、普那卡和通萨等宗堡一直屹立至今。

夏宗法王还积极发展与包括尼泊尔的拉玛国王、库奇比哈尔的Padmanarayan王公（印度）等在内的邻国国王的关系，以巩固政权的稳固性。夏宗法王派遣一位不丹喇嘛作为代表常驻尼泊尔，不丹寺庙也在加德满都的博德纳大佛塔（Bodhnath，Chorten Jaro Khasho）和斯瓦扬布纳特寺（又名“猴庙”，Swayambhunath）等地拔地而起。不丹对斯瓦扬布纳特寺的管辖一直持续到1854~1856年发生在尼泊尔和当时西藏地方政权之间的战争，之后尼泊尔由于怀疑不丹在战争中暗助对手而接管了这座寺庙。

夏宗法王在廷布附近的杰里寺建立了首个佛教团体僧伽（sangha）。当普那卡宗堡于1635年修建完成后，僧团迁往这座宗堡并成为扎仓（中央僧团），其最高领袖是被称作杰堪布（Je Khenpo）的高僧。

外部危机

与此同时，当时的中国西藏地区仍陷在宁玛派（因红色僧帽而被称为“红教”）和格鲁派（因黄色僧帽被称作“黄教”）佛教徒的纷争之中；其中格鲁派的领袖是达赖喇嘛。蒙古和硕特部固始汗是达赖喇嘛的保护人，他率领军队袭击了卫藏地区，推翻了日蓬王朝（Rinpong），确立了格鲁派在卫藏地区的统治地位。

1644年，习惯了极端藏地高原环境的蒙藏联军卷土重来，从洛扎地区发动对布姆唐的攻击，但是却遭遇了不丹的森林和炎热气候。夏宗·阿旺朗杰亲自率军迎敌，俘虏了几位藏族军官以及大量的马匹。1647年，他在帕罗山谷的山头处建造了杜克耶宗堡以纪念此次大胜。

由于南部边境上对立的竹巴噶举派影响力不断扩张，五世达赖喇嘛深感不安，于是他在1648年和1649年相继发起了两次对不丹的进攻。这两

1832年

普那卡宗堡图书馆一场毁灭性的大火造成更多历史文献的灰飞烟灭。

1862年

身经百战的通萨佩罗“黑摄政”吉格梅·朗杰之子乌颜·旺楚克诞生。

1864年

运气不佳的阿什利·伊顿远征团在普那卡受到屈辱性对待，不丹和英国之间的关系再度恶化。

1865年

不丹和英国因杜瓦地区的主权而爆发战争，最终双方签署了《辛楚拉条约》，不丹国土面积大为缩减。

次都是从帕里（Phari）出发，五世达赖喇嘛的部队翻越海拔5000米的卓木拉山口（Tremo La）进入帕罗山谷。他们接连败退而回，不丹人再次缴获无数的盔甲、武器和其他战利品。这两次战争中的一些战利品如今还陈列在帕罗的国家博物馆内。

阿旺朗杰的大获成功，进一步巩固了他的统治地位。为了抗衡外敌而建立的强大军队使他能有效掌控全国。被夏宗法王任命为通萨佩罗的敏珠·丹巴率军横扫不丹中部和东部山谷，在1655年使这些地方都归于夏宗法王统治之下。这时，贾卡尔、伦奇、塔希央奇、雄格尔（即如今的蒙加尔）、塔希冈和谢姆冈等地的雄伟宗堡纷纷拔地而起。

普那卡宗堡展品中有许多在1644年与蒙藏联军作战时所缴获的盔甲和武器。

不丹文化认同的形成

夏宗法王意识到，不丹需要使自己有别于中国西藏，才能获得自己的宗教和文化认同。他设计了许多不丹特有的习俗、传统和礼仪，为这个国家特意打造出一整套专属的文化体系。

作为受人尊敬的佛教学者，他凭借自己的机敏和权威使噶举派宗教教义自成体系，具备了鲜明的不丹色彩。他还设计了不丹国服，推行戒楚节庆（期间有一系列舞蹈活动）。

夏宗法王创造了一套法律体系，界定了世俗政权和宗教团体的关系。他制定了一套征税体制，这些税都采用实物形式，可用青稞、荞麦、大米、牦牛肉、酥油、纸张、木材和布匹来缴纳。百姓有义务承担道路、宗堡、寺庙和桥梁的建造工作所需的劳役。这些做法一直延续至1956年才被第三任国王废止。

17世纪40年代，夏宗法王创建了“Choesi”体制，将国家的管理一分为二。宗教和精神方面事务由夏宗处理。政治、行政和政府的外交事务则由经过选拔任命的第悉（即世俗统治者）负责。理论上来说夏宗具有更大的权力。在当时这套体制下，夏宗是精神领袖，杰堪布是寺庙住持以及僧团的最高领袖。杰堪布的地位与第悉相等，有时甚至身兼这一职务。

第一任第悉是丹增珠杰（Tenzin Drugyey；1591~1656年），他是当初和阿旺朗杰一起从拉砻寺来到不丹的僧侣之一。他在全国构建了一套行政体系，设立了相当于领地首脑的佩罗职务。不丹最开始分为三个地区，分别是中部的通萨、西部的帕罗和南部的达加纳。佩罗成为位于普那卡的中央政府在各地区的代表。另设有三个行政长官“宗本”（dzongpen；宗堡之主）来负责普那卡、廷布和旺杜波德朗下属分区的事务。

CT Dorji编撰的《不丹政治宗教史》（*A Political and Religious History of Bhutan*）记述了不丹历史上宗教和政治领域的主要人物。

1865年

在杜瓦战争之后，有民谚流传：“一块石头从山上滚落，最终停止的地方就是不丹的边界。”

1870年

通萨佩罗吉格梅·朗杰成为第五十一任第悉，进一步巩固了他不断增长的权力和影响力。

1878年

在随父出征收复帕罗宗堡的战役中，年仅16岁的乌颜·旺楚克——吉格梅·朗杰之子——短暂被俘，并被关押在帕罗的瞭望塔里。

1885年

经过多年内战，乌颜·旺楚克在昌里米唐之战后成为国内最有权势的人物。

1651年，夏宗·阿旺朗杰进入普那卡宗堡内的一座僧房静修。此后他就再未露面，尽管他有可能在静修之初就已圆寂，但是他的死讯直到1705年才向外界公布。据说这是因为在此期间的四任第悉都觉得夏宗法王的存在是保持国家团结和牵制外敌的必要保证。

内战时期

1705年，夏宗的死讯终于被杰堪布公之于世。杰堪布称夏宗的法体上飞升出三道光明，代表了阿旺朗杰的ku（身）、sung（语）和thug（意）。这象征着夏宗将转世为这三种形式，但是只有夏宗的“意”转世才能成为国家的领袖。由于“夏宗”是不断转世继承，因此其“意”的化身在前一个化身死后一定会重生。

这种结构导致在很长一段时间内，夏宗法王都太过年幼而无力进行统治，第悉成为事实上的统治者。由于第悉是推选任命的职位，所以各派别在争夺这一职位时会出现各种波折纷争。这些派别也在夏宗的三种化身究竟哪一个才是“真正”化身的问题上争执不休。而转世的这些化身都不具有阿旺朗杰的个人魅力和政治机敏。

早期前往不丹的欧洲探险队和代表团的一些记录档案被印度出版商重印出版，可随时在廷布、德里和加德满都的书店买到。

在随后的200年里，不丹陷入无尽的内战、内部冲突和政治斗争之中。虽然在此期间仅有六任夏宗“意”转世，但却经历了55任第悉。在位时间最长的是第十三任第悉喜饶·旺楚克（Sherab Wangchuk），其在位时间长达20年；最重要的则是1680~1694年在位的第四任第悉杰西·丹增·立杰。这些第悉很少能得善终，他们中有22位遭对手暗杀或废黜。

随着政治形势变得波谲云诡，一些派别开始向中国西藏地区寻求帮助，但屡经波折，反而使情况变得更加复杂。求助西藏地方政权未果后，不丹对立双方又向北京的清朝皇帝寻求仲裁。后来，这种白热化的竞争终于随着几位主角的故去而尘埃落定。最后，当时被认可的夏宗“意”转世成为不丹统治者。

英国的卷入

在《雷电之国》（*Lands of the Thunderbolt*）一书中，罗纳谢伯爵（Earl of Ronaldshay）写道：“……直到1772年东印度公司才开始意识到，在北部边境上还有一个喜欢干涉他国事务的邻居。”英国人第一次与不丹打交道，是邻邦库奇比哈尔（Cooch Behar；位于当今的印度西孟加拉邦）的王位继承人向东印度公司寻求帮助，希望英国人能帮忙将不丹人赶出他

1897年

6月12日发生的阿萨姆大地震毁坏了多座宗堡以及普那卡和Lingzhi的许多原始文献，并且重创了许多其他建筑。

1904年

乌颜·旺楚克协助荣赫鹏入侵中国西藏。

1906年

乌颜·旺楚克爵士受邀前往加尔各答，参加为威尔士亲王举行的欢迎仪式。

1907年

乌颜·旺楚克在普那卡被一致推举为世袭不丹国王，即“雷龙之王”。

们的王国。

由于东印度公司严格意义上来说是一家商业企业，其管理人员同意提供帮助，但要求被废黜的库奇比哈尔统治者以一半的国家收入作为交换。1772年12月，英国驻孟加拉总督沃伦·黑斯廷派遣印度军队带着枪炮前往库奇比哈尔，尽管损失惨重，但还是击溃了不丹人，使库奇比哈尔国王得以重登王位。但是，库奇比哈尔也为此付出了昂贵的代价，统治者不仅支付给东印度公司50,000卢比，而且在1773年还签署了一项条约，将大量权力和未来收入割让给东印度公司。

英国人将不丹人赶回山里，并且尾随其后进入不丹。1773年1月，英国人在Chichacotta要塞（如今的Khithokha），即今日庞措林东边的崇山峻岭中，再次大获全胜。第二次战役于1773年4月在噶伦堡附近展开。不丹军队的领袖是第十六任第悉，战败后他在一次政变中被废黜。

由Peter Collister编撰的《不丹和英国》（*Bhutan and the British*）全面叙述了1771~1987年间英国和不丹之间错综复杂的关系。

与英国签订第一份条约

新任第悉希望与英国达成协议，因此向中国西藏的班禅寻求协助。班禅随后写了一封被英国人称为“非常友善睿智的信件”，并将其交由一位印度朝圣者带到加尔各答。最终不丹和英国于1774年4月25日在加尔各答签署了和平条约。在条约中，第悉同意尊重东印度公司的领地，并且允许该公司进入不丹森林伐木。英国则归还了他们占领的所有不丹领土。

身在印度的英国人，用他们自创的梵语名字称呼不丹人的头衔。他们将夏宗称为“dharma raja”，将第悉称作“deb raja”。

虽然杜瓦地区非常适合种植茶叶，但是这里也是毒瘴肆虐的丛林，这危害了部队里军人的健康，为此英国人曾饱受困扰。

西方旅行者的探索

一些最有趣的不丹故事以及许多不丹的历史记载，都来自早期欧洲探险家的叙述。这些记录让后人能够了解他们在不丹的见闻，同时也展现了被派往不丹的英国使节非同寻常的态度。

乔治·博格尔

第一支英国远征队于1774年抵达不丹，不久前英国刚刚与不丹签订了第一份条约。东印度公司董事会派出一个代表团经由不丹前往中国西藏，寻找“珍贵且易于运输的”货物。由乔治·博格尔（George Bogle）率领的这支远征队每到一处都会种下土豆，从而为不丹提供了新的粮食作物，土豆也成为这个代表团留下的流传至今的遗产。他们在廷布待了5个月，然后

1907年

帕罗山谷里的帕罗宗堡（日蓬宗堡）发生火灾，无数历史文献和珍贵文物被熊熊烈焰所吞噬。

1910年

《普那卡条约》正式签订：英国保障不丹拥有主权，但规定在对外事务上不丹受其“指导”。

1926年

乌颜·旺楚克国王去世，其子吉格梅·旺楚克即位，成为第二任不丹国王。

1928年

英国军官F.M.贝利中校（Lt Col FM Bailey）参加了不丹第二任国王吉格梅·旺楚克的加冕仪式。

罗纳谢伯爵的《雷电之国，锡金、春丕和不丹》（*Lands of the Thunderbolt, Sikhim, Chumbi & Bhutan*）极具可读性，用一种非常英国化的方式讲述了地区历史以及20世纪之初前往不丹的探险经历。

继续前往中国西藏。代表团的书面报告为西方世界了解与世隔绝的不丹王国打开了一扇窗户。博格尔发现不丹人“风趣幽默、真诚耿直，根据我的判断，他们完全值得信任”。但是他也注意到，许多僧侣修持的禁欲生活导致“许多违法乱纪”的情况发生，以及寒冷的气候导致人们“过度依靠烈酒来取暖”。

亚历山大·汉密尔顿和萨缪尔·特纳

在接下来的几年里，还有两支小型探险队奉命前往不丹。亚历山大·汉密尔顿博士（Dr Alexander Hamilton）率领的代表团于1776年和1777年两次到访普那卡和廷布，以商讨不丹要求索回Ambari Falakati（位于库奇比哈尔西北的一个小镇）的事宜，同时进一步确定博格尔代表团已谈妥的从不丹过境前往中国西藏的事宜。

接下来前往不丹的大型远征队于1783年抵达不丹，领导者是萨缪尔·特纳（Samuel Turner），远征队携带了英国统治者的所有装备。他们坐着轿子（palanquin）穿过杜瓦地区（duars；不丹南部山区），然后沿着博格尔的路线抵达廷布。在进入中国西藏前，代表团还访问了普那卡和旺杜波德朗。在1783年的远征队中，有一位名叫萨缪尔·戴维斯（Samuel Davis）的制图员和测绘员。他的日记和杰出画作使后世得以一窥不丹早年的风貌。戴维斯创作的许多素材都被收入迈克尔·阿里斯（Michael Aris）编撰的《中世纪不丹风景》（*Views of Mediaeval Bhutan*）一书中。

阿什利·伊顿受辱事件

阿什利·伊顿的《前往不丹的政治使团》（*Political Missions to Bootan*）以华丽的维多利亚风格阐述了不丹历史。在翻看几页后，你就会知道本书作者在抵达普那卡时为何会受到如此屈辱的对待。

英国先后于1810年、1812年、1815年和1837年向不丹派出小型探险队，在大多数情况下都是为了解决双方边界争端以及杜瓦地区的冲突。阿什利·伊顿（Ashley Eden）代表团就是为了解决这些问题而出使不丹的。

英国设法将自己的影响力扩张至锡金，使其成为英国的保护国，随后他们决定派出一个代表团前往不丹，希望在那里设置英国常驻代表，以方便沟通。伊顿远征队中有一名成员是来自印度地形测量局的H.H.戈德温-奥斯汀（HH Godwin-Austin）上尉。戈德温-奥斯汀曾经在1861年探索过（现今）巴基斯坦的巴尔托洛冰川（Baltoro Glacier），如今某些地图中的K2（世界第二高峰）仍用他的名字来命名。

虽然有报道称不丹政局混乱，但孟加拉政府大臣阿什利·伊顿仍于1864年11月从大吉岭出发前去拜会不丹第悉。对于不丹人所表露出的不欢

1928年	1931年	1949年	1952年
吉格梅·多吉·旺楚克于5月2日在通萨的Thruepang Palace出生，他就是后来的第三任国王。	J.L.R.威尔中校（Lt Col JLR Weir）奉命前往布姆唐觐见国王，授予其印度帝国爵级司令勋章。	不丹与刚独立的印度在大吉岭签署协议，收回了杜瓦地区附近的小部分土地。	第二任国王吉格梅·旺楚克国王去世，他的儿子——24岁的吉格梅·多吉·旺楚克继承王位。

迎英国使团的态度，伊顿毫不在意并匆匆忙忙穿过噶伦堡（Kalimpong），经由Daling、哈阿和帕罗，最后于次年3月15日到达普那卡。

现在已经无法知晓当时的情况到底是由于意外还是不丹方面的处心积虑，但伊顿率领的代表团受到嘲笑、被投掷石块、在阳光下长时间等待，并遭受其他侮辱戏弄，让不丹和英国都很没面子。伊顿在《前往不丹的政治使团》（*Political Missions to Bootan*）一书中如此描述当时的场景："佩罗大人拿起一大团湿乎乎的糌粑，开始在我脸上涂抹起来；他揪住我的头发，拍打我的后背，举止非常傲慢无礼。"

伊顿提交给大臣委员会（Lhengyal Shungtshog）的条约草案副本中，列出了英方对此次谈判的条款，这一举动让尴尬局面雪上加霜。他的举动意味着这是不丹应当签署的最终版本条约，而没有任何商议余地。不丹人立即对伊顿的霸道进行了回应，很快拿出另一份写明将所有杜瓦归还给不丹的协约。不丹提供的这份协约中有一条写着："我们已经写明，该协议将是永久的；但谁又知道呢，也许所谓的和解根本就是口是心非。因此，如果本次和解确实出于虚情假意，那么夏宗的恶魔将在决定孰真孰假之后，夺去假意者的性命，挖出他的肝脏，如灰烬般撒在风中。"

在读到这项条款时，伊顿担心使团的安全就不会令人感到奇怪了。他签署了这份协约，但是在签名下面，他用英文写下了"在强迫之下"（under compulsion），不丹人当然不明白这行英文的含义。

伊顿的使团翻越其列拉山口，于1865年2月从哈阿进入帕罗山谷，厚厚的积雪让他们举步维艰。多年后，约翰·克劳德·怀特认为伊顿可能被误导了方向，也许是有人故意让他们走错路。令人震惊的是，尽管已经承认出访失败，但伊顿仍然认为他们是一个"友善的使团"。他的报告自然成为英国吞并杜瓦地区的主要诱因。他主张对不丹人进行惩罚，从而让对方知道"不应蔑视我们的力量"。后来他一手打造了大吉岭的观光小火车。

约翰·克劳德·怀特

在伊顿出访之后的40多年里，英国人没有再派出任何代表团，但是在1883年和1886年，印度测绘局派出几位乔装打扮成喇嘛和朝圣者的调查员前往探索不丹和中国西藏。

1905年，不丹和英国重修旧好，因为通萨佩罗乌颜·旺楚克为1904年荣赫鹏（Francis Younghusband）远征拉萨提供了帮助。约翰·克劳德·怀特（John Claude White），一位英国政府官员，来到不丹向佩罗授予印度

1953年

国王设立了由130位成员组成的国民议会（Tshogdu），这是不丹首次建立旨在推动民主治理的立法会。

1956年

古老的农奴制被吉格梅·多吉·旺楚克废除，他还颁布法令规定，与农奴有关的所有贬义词同时被废止。

1958年

印度总理尼赫鲁携女儿英迪拉·甘地访问不丹，象征着不丹和印度的关系有所改善。

1961年

不丹谨慎地结束闭关锁国政策，开启计划发展进程，同时进行现代化建设。

1931年，J.L.R.威尔中校奉命前往布姆唐觐见国王，授予其印度帝国爵级司令勋章——这是《乔安娜·林莉在雷龙之国》（*Joanna Lumley in the Kingdom of the Thunder Dragon*）一书和电视纪录片的基础素材。

帝国爵级司令勋章。怀特是1904年远征队成员之一，也是乌颜·旺楚克的老朋友。

怀特率领一个大型代表团从锡金的甘托克出发，经由哈阿和帕罗前往普那卡参加授衔仪式。后来，怀特和代表团成员成为乌颜·旺楚克在布姆唐新修建的旺迪曲林宫的座上宾。这支远征队带着最早的不丹宗堡和王宫的照片回来。

1906年，怀特经由不丹东部前往中国西藏南部进行侦察。1907年他第三次踏上不丹国土，这一次他作为英国代表出席不丹第一位国王乌颜·旺楚克的加冕礼。1914年4月的《国家地理》杂志刊出了怀特的简要描述，使不丹首次出现在世人面前。

其他英国政府官员

在1909~1947年之间，英国政府以对待其他印度土邦的方式来和不丹打交道，但是从来没有明确界定其与不丹之间的关系。从1909年C.A.贝尔（CA Bell）到访不丹开始，先后有几位英国政府官员访问不丹，并向不丹国王授予各种荣誉。1921年，被称为“密室佛教徒”的罗纳谢伯爵应不丹第一任国王之邀造访不丹。他从甘托克前往帕罗，并受到了隆重的欢迎。代表团访问了虎穴寺，目睹了帕罗戒楚节，但是未能与身在普那卡、因流感卧病在床的国王见面。

杜瓦战争和乌颜·旺楚克的崛起

约翰·克劳德·怀特所著的《锡金和不丹，在东北边境的二十一年》（*Sikhim and Bhutan, Twenty-one Years on the Northeast Frontier*）阐述了作者1905年远赴不丹，向第一任国王乌颜·旺楚克授予印度帝国爵级司令勋章时的所见所闻。

从布拉马普特拉河（Brahmaputra River）溯流而上至不丹山区最低坡地之间的平原地带被称为杜瓦地区（duar在印度语中的意思是“门户”）。该地区的西半部分是孟加拉杜瓦（Bengal Duars），由第三任第悉敏珠·丹巴在17世纪末占领，不丹人将该地区视为本国领土。东半部分为阿萨姆杜瓦（Assam Duars），长期以来由不丹通过一份复杂的租赁协议向阿萨姆王国租用。

缅甸战争（1825~1826年）之后，英国接手了阿萨姆杜瓦特有的土地租赁协议，并介入“阿萨姆与不丹之间非常不睦”的关系。关于租赁费用和土地管理之间的分歧，使英国和不丹兵戎相见。除了该地区极其重要的战略地位外，英国人还看中了杜瓦地区优越的茶叶种植条件。

英国于1840年吞并了最东边的两个杜瓦，又于1841年9月将阿萨姆杜瓦的其他土地尽收囊中，英国人每年支付10,000卢比给不丹政府作为补

1961年

首都从普那卡迁往廷布（有些文献记载为1955年或1966年）。

1964年

首相吉格梅·帕尔登·多吉，不丹变革的主要推手，于4月5日在庞措林遇刺身亡。

1968年

吉格梅·多吉·旺楚克继续改革政府，并废除自己对国民议会决议的一票否决权。

1971年

在经过三年的观察期之后，不丹终于成为联合国的正式成员国。

偿。奥克兰勋爵(Lord Auckland)在给第悉和夏宗的信中写道,英国"深觉自己有责任占领整个杜瓦地区,这势在必行,与贵国殿下的意愿无关,因为我觉得唯有这样该地区才有可能展现出恢复和平与繁荣的前景。"

也许詹金斯上校(Colonel Jenkins)的一封信更能说明问题。作为总督代表,他在信中指出接管阿萨姆杜瓦地区的必要性。他写道:"如果我们能占领杜瓦地区,不丹政府在短时间内就得看我们的脸色行事,因为我们将他们维持生计的来源牢牢掌握在手中。"

通萨佩罗掌权

在此期间,通萨佩罗吉格梅·朗杰(Jigme Namgyal; 1825~1882年)通过一系列的合纵连横建立了对不丹全国的有力控制。这是自首任夏宗之后,不丹首次真正重现和平的曙光。当英国政府代表阿什利·伊顿率领的代表团在不丹受辱时,吉格梅·朗杰正千方百计地增强自己和中央政府的权势。

虽然英国认为伊顿使团的出访是失败的,并对伊顿的所作所为进行了斥责,但英国与不丹在孟加拉杜瓦租借付款问题上的争议仍在延续。另一方面,英国对伊顿已签署的协约的出尔反尔,使不丹感到非常愤怒。1864年11月,英国出其不意地吞并了孟加拉杜瓦,牢牢控制了整个不丹南部。通萨佩罗精心策划了一次反击,他的部队在犀牛皮盾牌的保护下,缴获了两门英国大炮,并在1865年1月将英国军队逐出不丹。

英国很快重整旗鼓,夺回了一些乡镇,其中包括萨姆奇(Samtse,当时叫作Chamurchi)。4月2日在Dewangiri的激烈战斗,为这场战争画上句号,英国人摧毁了所有建筑物并屠杀了他们的俘虏。谈判持续了整个夏天。最终不丹归还了此前夺走的大炮,并签下结城下之盟。1865年11月11日,不丹被迫在《辛楚拉条约》上签字。根据这份条约,不丹永久向英国割让杜瓦地区,并且开放两国间的自由贸易。

这份条约让不丹失去了大量宝贵的农田以及很大一部分财富之源。不丹的边境线缩退至与印度平原接壤的丘陵脚下。现在人们常说,不丹的边界就是一块石头从山上滚下去停止的地方。不丹被迫割让的重要城镇有库奇比哈尔西北的Ambari Falakati、东部的Dewangiri(如今被称为迪沃塘)以及提斯塔河(Teesta River)东岸的领地,包括如今的噶伦堡。

此时在不丹国内中心地带,内战仍在如火如荼地进行,但是吉格梅·朗杰牢牢掌控政权,并于1870年成为第五十一任第悉。接下来的10年里,阴

迈克尔·阿里斯(Michael Aris)在《渡鸦王冠》(*The Raven Crown*)一书中详细描述了20世纪初的不丹。书中加入了大量珍贵的照片,并且利用不丹的文献对这个国家进行了阐述。

1972年	1974年	1974年	20世纪80年代
国王吉格梅·多吉·旺楚克辞世,其子——16岁的吉格梅·辛格·旺楚克继承王位。	吉格梅·辛格·旺楚克正式加冕为第四任不丹国王。	首批"旅行团"到访不丹国内景点,从而为国外游客的到来铺平了道路。	推行旨在维持国家特色的政府政策,开始将说尼泊尔语的南方居民边缘化。

谋、背叛、权力掮客和持续冲突仍然大行其道。帕罗佩罗以及普那卡和旺杜波德朗的宗本，密谋推翻第悉吉格梅·朗杰及其继承人——他同父异母的兄弟。从第悉的位置上退位后，吉格梅·朗杰继续牢牢控制不丹，并于1879年任命他17岁的儿子乌颜·旺楚克为帕罗佩罗。

吉格梅·朗杰去世后，他的儿子夺取了通萨佩罗的职位，进一步巩固了自己的地位。在20岁时，乌颜·旺楚克挥师进军布姆唐和通萨，并于1882年被任命为通萨佩罗，同时仍然保留了帕罗佩罗之职。因为其父在任时提高了通萨佩罗之职的权位，这使他具备了比第悉更大的影响力。当普那卡和廷布的宗本之间发生战争时，乌颜·旺楚克试图居中斡旋。

在谈判无果而终后，乌颜·旺楚克派出自己的军队击败了忠于两位宗本的军队，同时控制了辛托卡宗堡。僧团试图和他调解这场争斗，1885年在廷布的昌里米唐阅兵场安排了一次会议。然而会议期间却因争执引发了战役，廷布宗本的代表被杀，宗本也逃往中国西藏。在这次战斗之后，乌颜·旺楚克成为国内最有权势的人，大权在握后，他任命了忠于自己的人担任第悉，并使这个职务变得有名无实。

第一位雷龙之王

为了重新确立不丹的主权，同时巩固自身地位，乌颜·旺楚克积极发展与英国的关系。他于1904年协助荣赫鹏入侵中国西藏。作为回报，英国授予这位佩罗“印度帝国爵级司令勋章”的荣誉。1906年，当时的乌颜·旺楚克爵士受邀前往加尔各答，参加威尔士亲王的欢迎仪式。这次走出国门，让乌颜·旺楚克更深刻地见识到外面的世界。

1907年，第悉去世后，乌颜·旺楚克被不丹的地方首领和活佛喇嘛们一致推选为不丹的世袭统治者。他于1907年12月17日加冕，正式成为国家元首，并获得“雷龙之王”（Druk Gyalpo）的称号。这次加冕宣告了第悉体制的终结以及世袭王权的兴起——这是当今世界最年轻的君主制政权。当时，中国清朝政府持续增加对西藏地区的影响力，为了在一定程度上获得庇护，乌颜·旺楚克国王继续保持与英国的友好关系。

《普那卡条约》

英国和不丹的关系通过1910年签订的《普那卡条约》（*Treaty of Punakha*）进一步得以深化。该条约声明英国政府“不会干涉不丹内政”。但是，双方一致认同不丹“在对外关系方面将充分考虑英国政府的意见”。

1988年	1991年	1992年	1993年
政府在全国范围内开展普查，重点是确定非法移民，即那些无法证明1958年以前的家庭居所的人。	最终，大批尼泊尔后裔开始撤离不丹，越过边界，落脚于尼泊尔边境不远处的难民营。	8万名自称来自不丹的尼泊尔后裔居住在尼泊尔东南部贾帕的七座难民营内。	尼泊尔后裔停止大批撤离，联合国难民署在尼泊尔和印度边境的卡卡比塔（Kakarbhitta）设立了筛查中心。

1897年大地震

阿萨姆大地震发生在1897年6月12日下午5时6分，是不丹最具破坏性的自然灾难之一。震中位于不丹以南80公里处的阿萨姆，震级估计为里氏8.7级，地震学家将其归类为“灾难性的”。在地震中，普那卡和Lingzhi的宗堡毁坏殆尽，旺杜波德朗、通萨、贾卡尔的宗堡以及扎西曲宗堡的乌策（中央高塔）也受到重创。帕罗宗堡逃过一劫，仅受到轻微破坏。

对于杜瓦地区的补偿费用翻倍至每年100,000卢比，不丹同意将与库奇比哈尔和锡金的争议交由英国裁决。

不丹依然拒绝了英国常驻代表的任命，并且继续维持一种闭关锁国政策，以便在殖民时代保有自己的主权。1911年，乌颜·旺楚克国王参加了英王乔治五世在德里召集的盛大宫廷接见会（durbar），并被授予印度之星爵士勋章。

第二任国王

乌颜·旺楚克于1926年去世，继任者是其24岁的儿子吉格梅·旺楚克。他在位时正逢“大萧条”和第二次世界大战，由于不丹奉行以物易物经济和闭关锁国政策，这些纷繁复杂的全球灾难性事件并未对不丹造成影响。

吉格梅·旺楚克细化了行政和税收体制，让整个国家都处于他的直接控制之下。他将布姆唐的旺迪曲林宫定为夏宫，而冬季整个王室都会搬到通萨南部的Kuenga Rabten。

1947年8月15日，印度脱离英国独立，新成立的印度政府承认不丹为一个独立的国家。1949年，不丹与独立后的印度签订了一份条约，其内容与早期和英国签署的条约颇为类似。条约巩固了不丹作为主权国家的地位。印度同意不干涉不丹内政，不丹则同意由印度政府主导其对外关系。根据该条约，不丹收回了该国东南部约82平方公里的杜瓦土地，其中包括被英国吞并的Dewangiri。

Karma Ura的《千眼英雄》（*The Hero with a Thousand Eyes*）一书让人们能够一窥第二任国王吉格梅·旺楚克（Jigme Wangchuck）在位时不丹王室的风貌。该书在廷布有售。

第三任国王和不丹的现代化

吉格梅·旺楚克国王于1952年去世，他的儿子吉格梅·多吉·旺楚克（Jigme Dorji Wangchuck）继承王位。第三任国王曾在印度和英国留学，

1998年

吉格梅·辛格·旺楚克国王将所有行政权移交给选举产生的大臣委员会。

1998年

不丹最著名的寺庙——虎穴寺被大火烧毁。

1999年

在可控的持续现代化进程中，电视机和互联网正式被引入不丹。

RICHARD I'ANSON/GETTY IMAGES ©

➡ 虎穴寺（见94页）。

第三任国王吉格梅·多吉·旺楚克（Jigme Dorji Wangchuck）在位期间，积极推行社会和经济改革，因而被后人称为现代不丹之父。

会说流利的藏语、英语和印地语。为了改善同印度的关系，他邀请印度总理尼赫鲁及其女英迪拉·甘地于1958年访问不丹。

显而易见，闭关锁国政策在发展日新月异的现代世界已经过时。国王深知，为了保持不丹的独立地位，这个国家不得不融入更大的国际社会。1961年，不丹结束了长达几个世纪的自我封闭状态，启动了计划发展之路。

1962年，不丹加入“科伦坡计划”（Colombo Plan）。这使它获得了来自东南亚成员国的技术协助和培训。首个“五年发展计划”于1961年开始实施，印度同意给予资金援助，并在不丹西部援建了大型的楚卡水电项目。但是并非所有不丹人都认同这种变革。不同政见的势力派别之间时有冲突，积极推动改革的首相吉格梅·帕尔登·多吉（Jigme Palden Dorji）于

旅游业起步

在吉格梅·多吉·旺楚克国王于20世纪60年代开始现代化进程之前，绝大多数进入不丹的非印度外籍人士都是英国的探险家。20世纪60年代有一些外国人被允许进入不丹，但是只有王室才有权发放邀请函，因此大部分到访者都是王室的贵宾。

早期的徒步客包括德斯蒙德·多伊格（Desmond Doig），他是王室的朋友，于1961年受《国家地理》杂志之托前往不丹徒步。1963年，奥古斯都·甘瑟尔教授（Professor Augusto Gansser）在不丹国内各地跋涉以开展地质学研究。1964年由迈克尔·沃德（Michael Ward）、弗雷德里克·杰克逊（Frederic Jackson）和R.特纳（R Turner）组织的一个英国医师团前往了偏远的卢纳纳地区。

1974年，第四任国王举行加冕仪式，这是有史以来第一次有大量外国来宾进入这个王国。在登基仪式之后，一些小型观光团获准进入该国，并进入廷布和帕罗的宗堡以及佛寺参观。从这时开始，不丹的旅游观光行业模式渐趋成形。

首批付费旅行团于1974年抵达不丹，其领队是美国康涅狄格州林德布拉德旅行社（Lindblad Travel）的创始人拉尔斯·艾瑞克·林德布拉德（Lars Eric Lindblad），他是现代旅行团观光游的先驱之一。林德布拉德鼓励不丹政府发展高端旅游业，限制旅游人数。

帕罗机场于1983年正式开放，新组建的不丹皇家航空公司（Druk Air）开始运营往返加尔各答的航班。1990年机场跑道进行扩建，不丹皇家航空公司开始经营喷气式飞机，并开通了国际直飞航线。在1991年之前，所有游客都由不丹旅游公司（Bhutan Tourism Corporation）接待，这是一家政府经营的旅行社。1991年，旅游业开始实施私有化，很快就涌现出无数的旅行社，其中许多业主都是如今已经解散的政府旅行社的前雇员。

2001年

不丹王国首部宪法的起草工作正式开始。

2001年

根据尼泊尔和不丹达成的双边协议，尼泊尔难民营的难民验证程序正式启动。

➡ 国王和王后向祝福者致辞。

博多组织以及阿萨姆联合解放阵线

在不丹南部边境一带，来自附近尼泊尔的移民为了逃避本国严苛的种姓制度，于19世纪末至20世纪初到此安家落户。他们被称为“洛昌人”（Lhotshampa；意思是南部边境的居民），主要信仰印度教，在不丹人口中所占比例约为四分之一。

20世纪80年代末，竹巴噶举信徒和洛昌人之间出现重大矛盾。彼时，不丹政府开始重视保护受到威胁的本国特色。考虑到不丹毫不设防的边界，以及肥沃的土地、较少的人口、免费的医疗和教育制度所带来的吸引力，政府开始在全国范围内进行人口普查，以筛查非法移民。

成千上万的尼泊尔族人无法提供相应的文件，加上恐惧和不安全感，导致不丹境内说尼泊尔语的居民开始大批撤离不丹。究竟有多少移民出于自愿回到尼泊尔仍存有争议，但是1988~1993年数万尼泊尔后裔离开不丹，前往附近尼泊尔的难民营生活却是不争的事实。2013年，仍有约3.8万人滞留在联合国难民署（UNHCR）保护的难民营内，另有约10万难民被安置到西部地区。

2004年，在另一个不设防的边界附近，不丹军队将境内的阿萨姆分离主义武装驱逐出境，摧毁了他们的丛林避难所。然而，这个地区试图脱离印度独立或者至少是取得某种程度自治的斗争仍然风起云涌，与其接壤的不丹边境地区的安全依然是个问题，阿萨姆的旅游形势也非常复杂。

印度东北地区多年来一直饱受分离主义武装分子暴力活动的困扰，其中一些势力在不丹南部的丛林里建立了开展袭击的大本营。这些组织的活动导致了印度阿萨姆邦超过2万人的死亡。

其中，Mechey部落的博多人（Bodos）建立了两个武装组织，分别是博多解放猛虎部队（Bodo Liberation Tiger Force）和博多安全部队（Bodo Security Force），他们的目标都是为了争取博多人的生存家园。阿萨姆联合解放阵线（United Liberation Front of Assam），即广为人知的ULFA，是成立于1979年的分离主义组织，其目标是建立一个独立的阿萨姆国家。他们曾对载有不丹和印度公民的火车、大巴和其他车辆发动了无数次袭击。

2003年12月，当政府意识到所有和平手段都无济于事之后，不丹皇家军队在国王的带领下，将武装分子赶出不丹国土。这些武装分子在边境线另一侧的猖獗活动，使不丹人和国际旅行者前往不丹东南部的行程都变得前途莫测，这也是皇家玛纳斯国家公园和佩马加策尔等地游览受限的原因。

2003年

不丹皇家陆军在第四任国王亲自率领下，驱逐了不丹境内的博多武装组织。

2005年和2006年

第四任国王退位，不丹王国宪法草案公布。

2007年

有史以来首次选举出25席全国委员会（上议院）中代表各宗（行政区）的20个席位。

2008年

不丹再次进行投票选举，这一次是国民议会（下议院）的47个席位。繁荣进步党赢得其中的45席。

1964年4月5日遇刺身亡。

1969年，不丹加入万国邮政联盟。1971年，不丹成为联合国会员国。同年，不丹和印度正式建交并且互相派驻大使。

国王在国内的建树同样引人瞩目。1953年，他建立了国民议会（Tshogdu）并制定了一部12卷的法典。他废除了农奴制度，重新分配土地，创建了不丹皇家军队（Royal Bhutan Army，简称RBA）和警察部队，并且建立了高等法院（High Court）。但是，在引领不丹向现代社会过渡的同时，他非常注重保护不丹的文化和传统。

第四任国王与民主化进程

1972年，吉格梅·多吉·旺楚克国王溘然长逝，享年44岁。其继任者是他年仅16岁的儿子——吉格梅·辛格·旺楚克（Jigme Singye Wangchuck）。与他的父王一样，新国王曾负笈印度和英国，并在帕罗的乌颜·旺楚克学院接受不丹式教育。他决心推进父亲壮志未酬的现代化事业，并且宣布了使国家实现经济自立的计划。这项计划充分运用了不丹的独特优势——人口稀少、土地充盈、自然资源丰富。国王确立的发展目标中包括经济自立以及被称为"国民幸福总值"（Gross National Happiness，简称GNH）的理念。"国民幸福总值"并非简单地指民众面孔上的笑容，它其实包含了多项明确标准来衡量各种发展项目以及社会和谐方面的进步。个人可持续的幸福被认为可以通过这种方式来获得。

雅布·乌金·多杰（Yab Ugyen Dorji）和多杰·旺姆·旺楚克王后（Ashi Dorje Wangmo Wangchuck）的《彩虹和云朵：雅布·乌金·多杰向女儿讲述的人生》（*Of Rainbows and Clouds: The Life of Yab Ugyen Dorjias Told to His Daughter*）一书讲述了不丹不断变迁的迷人而亲切的日常生活。

1974年6月2日，吉格梅·辛格·旺楚克国王登基成为第四任"雷龙之王"的加冕仪式，成为不丹开放之路的重要转折点，国际媒体也首次获准进入不丹。共有287位宾客受邀前往廷布参加这项盛典，为了接待他们，廷布还新建了几座酒店。这些酒店为不丹后来的旅游业发展奠定了基础。

第四任国王非常重视教育、医疗服务、农村发展和通信的现代化。他接过了父亲在行政、劳动和司法等领域大刀阔斧改革的大旗，出台了包括实行无记名投票和废除强制劳役等政策。他是不丹环境保护体制的设计师，使不丹在面对商业利益时优先考虑生态保护。他大力倡导国家认同、传统价值观以及"一个国家，一个民族"的理念。

1988年，国王举行了隆重的婚礼庆典，迎娶来自同一家族的四姐妹多杰·旺姆王后（Ashi Dorji Wangmo）、次仁·佩姆王后（Ashi Tshering Pem）、次仁·央东王后（Ashi Tshering Yangdon）和桑格·曲登王后（Ashi Sangay Choedon）。1998年，他宣布放弃绝对权力，与国民议会和

2008年
第五任国王吉格梅·凯萨尔·纳姆耶尔·旺楚克于2008年11月6日正式加冕。

2008年
不丹王国宪法正式生效。

2009年
不丹和印度达成协议，在不丹建设10座新水电站以提供10,000兆瓦的电力。

2009年
6.1级地震袭击不丹，震中位于不丹东部，导致数人死亡。

大臣委员会（Council of Ministers）分担职权。

2005年12月，50岁的国王宣布他计划将王位传给长子——王储吉格梅·凯萨尔·纳姆耶尔·旺楚克（Jigme Khesar Namgyal Wangchuck），并于2008年帮助不丹实现了从绝对君主制向民主的君主立宪制的转变。吉格梅·辛格·旺楚克国王曾说过："君主制并非最佳的政府制度，因为国王的选择是依靠出身而不是功德。"

第五任国王和首次议会选举

吉格梅·辛格·旺楚克国王没有等到2008年，而是于2006年12月正式退位，将所有权力都移交给长子。此前这位王储已经到过全国每个角落，向民众宣传新宪法、即将到来的选举以及他们所爱戴的第四任国王做出这项重大决定的原因。根据议会民主制进行的这一和平的权力交接过程，与喜马拉雅山区昔日的君主制邻邦——尼泊尔的经历形成鲜明对比。

联合国难民署（www.unhcr.org）定期公布尼泊尔贾帕（Jhapa）难民营的数据资料。

2007年12月，新议会的首次选举举行，产生了由25个议席组成的上议院，即"全国委员会"（National Council）。随后，于2008年3月首次举行了47个席位的国民议会（下议院）的选举。在王室的大力推动下，在这个人口分布稀疏、国土崎岖不平的国家，投票率达到了令人难以意想的80%。不丹繁荣进步党（Druk Phuensum Tshogpa，简称DPT）获得压倒性胜利，赢得了47个议席中的45个。人民民主党（People's Democratic Party，简称PDP）获得剩下的2个议席。

2008年11月6日，在27岁的吉格梅·凯萨尔·纳姆耶尔·旺楚克的正式加冕仪式上，前任国王为新国王加冕，并为其戴上渡鸦王冠，这是史无前例的盛况。这个划时代的重要庆典在廷布扎西曲宗堡的金色王座室举行，无数国民和国际政要出席。第二天，第五任国王在人山人海的昌里米唐体育场发表了他的登基演说，他承诺："作为一个佛教国家的国王，我的职责不仅是确保你们今日的福祉，而且还要为你们创造一片沃土，使你们能够收获精神追求和圆满业力的果实。"

新议会与新王子

2013年，不丹进行了第二次议会选举，在经济形势不明朗的情况下，人民民主党大获全胜，将32个议席收入囊中，繁荣进步党只获得15个议席。新政府上台后立即着手应对国内社会经济形势。首相公开务实地承认，"国民幸福总值"偶尔也会掩盖生活水平低下、失业和腐败等亟待解决的

2010年

不丹在廷布举办了第16届南亚区域合作联盟峰会。

2011年

吉格梅·凯萨尔·纳姆耶尔·旺楚克国王迎娶平民新娘吉增·佩玛。婚礼于10月13日在普那卡宗堡举行。

2011年

一场6.9级地震袭击了印度锡金和不丹西部。

2012年

不丹最古老的宗堡之一——旺杜波德朗宗堡在一场大火中被夷为平地，举国震惊。不丹立即启动了重建计划。

当代最完整的英语不丹历史书籍是卡玛·彭措(Karma Phuntso)的《不丹历史》(*The History of Bhutan*)。

问题。

2016年2月，随着新的王位继承人——小王子吉格梅·纳姆耶尔·旺楚克(Jigme Namgyal Wangchuck)的诞生，不丹举国上下一片沸腾。几个月后，自豪的国王吉格梅·凯萨尔·纳姆耶尔·旺楚克和王后吉增·佩玛(Jetsun Pema)接待了以剑桥公爵和公爵夫人为首的英国王室访问团。

2018年10月18日，不丹举行了第三次大选，由外科医生希林领导的新政党协同党(DNT)赢得了压倒性的胜利。亲印度政党的落败，也许意味着不丹的未来尚有变数。

2013年	2015年	2016年	2018年
不丹举行第二次选举。形势逆转，人民民主党在此次国民议会选举中大获全胜。	首相策林·托杰与美国国务卿约翰·凯利在印度举行了史无前例的双边会晤。	国王吉格梅·凯萨尔·纳姆耶尔·旺楚克与王后吉增·佩玛的小王子吉格梅·纳姆耶尔·旺楚克诞生。	不丹举行了第三次大选，由外科医生希林领导的新政党协同党赢得了压倒性的胜利。

不丹的生活方式

在20世纪50年代初以前，不丹一直较为闭塞；这个弹丸小国在最近的65年中经历的变革比之前的400年还多。直到今天，不丹仍保留了大部分传统的社会结构，并在面对现代化和日益增长的外来影响的同时，努力维持着自己的文化特征。

日常生活中的佛教

作为一位初来乍到的旅行者，你很快就会体会到佛教在不丹人的生活中无处不在：也许是在俯瞰廷布山谷的金刚座释迦牟尼佛像第一次映入眼帘之时，又或者是你的司机在遇到道路正中佛塔时顺时针绕行的走法。五色经幡在风中猎猎飘扬，路边水流驱动的转经筒轻轻转动，佛祖和其他宗教人物的形象被镌刻到悬崖峭壁上，所有这一切无不在提示旅行者——佛教信仰和教义早已深入不丹的日常生活之中。对许多外国旅行者来说，要理解这种观念是一项陌生而艰难的任务，对佛教基本知识有所了解对于理解不丹大有裨益。行善积德、对自然乃至神圣的环境深怀敬意、敬重宗教人士等，这些都是佛教和更古老的非佛教信仰相互融合的核心产物。

直到20世纪中叶，不丹才开始出现规模较大的市镇定居点。2016年，廷布人口超过11.5万。

佛教在不丹全国盛行，但是在南部地区，大部分不丹人都是尼泊尔和印度后裔，因此信奉印度教。佛教徒和印度教徒之间保持了良好关系，重大的印度教节日也都成为国家假期。少数族裔信仰各种形式的古代万物有灵论宗教，其中包括佛教传播至喜马拉雅山区之前占主导地位的本教。

不丹的城市

直到20世纪60年代，不丹才出现规模较大的市镇定居点。从那时起，廷布、帕罗和庞措林都经历了显著的发展，从而使这些地区的土地供应出现一定压力。在其他地方，土地征用和定居的情况也有所增加，最明显的就是盖莱普。

最近几十年里，随着教育普及以及公共服务行业的就业岗位不断增加（例如公务员、教师、导游、军人或警察），不丹出现了前所未有的社会人员流动。农村人口向城市迁徙的步伐正在加快，毕业生的就业率正逐日下降，农田弃耕与日俱增，廷布房价和租金迅速增长，这都引起了人们的忧虑。

2012年生活水平调查显示，如今有34%的不丹人口居住在城市地区，全国半数以上的家庭收入来自工资。纵观全国，农业仅占国民收入的10%。对于许多在城市里生活的人来说，平均家庭开支可能要占用全部或绝大部分工资，这也是许多不丹妇女开始做些小生意以贴补家用的原因。

乡村生活

不丹中部地区的主要农作物有水稻、荞麦、大麦和马铃薯。人们也种植辣椒，然后在屋顶晾干后存贮。

虽然城市化势头迅猛，但有大部分家庭仍生活在不丹农村，其中大多数都依靠种植庄稼和畜牧养殖为生。

大多数农村家庭的生活都是日出而作、日落而息，日常生活都围绕耕种庄稼和饲养牲畜而进行。每天早晨，全家人的第一件事就是到家中供奉的佛龛前供水供佛，然后吃一顿以米饭为主食的简单早餐。丈夫和妻子共同分担日常照顾孩子的责任，虽然女性通常负责做家务，但男人们通常也能够而且乐于协助妻子做饭。餐桌上的饭菜通常包括米饭和几盘简单的菜——辣椒奶酪（ema datse），有时还会加上一个荤菜或者一些荞麦面。儿童通常会帮助干家务活以及农场杂务，例如清扫、提水或打柴以及放牧等。

到了晚上，佛龛前供奉的清水会泼洒到地上，人们在神像前点起一盏酥油灯，火苗静静燃烧，直至第二天黎明的到来。

不丹一直秉承自给自足的传统，人们通常自己制作服装、寝具、地毯、座椅套、台布以及日常和宗教用途的装饰品。如今，不丹农村仍保持了某种程度的自给自足，但是许多日常用品都从孟加拉国、中国、印度和泰国进口。

教育

不丹男性识字率为72%，女性为55%（2012年）。欲了解更多关于喜马拉雅地区的教育情况，或者为年轻学生提供资助，请访问www.loden.org。

在第三任国王于20世纪60年代引入西式教育之前，不丹唯一的教育机构就是寺庙。在此之前，一些学生会前往大吉岭或噶伦堡接受世俗教育。西式教育如今已覆盖了整个国家。

学校体系旨在传授基本的识字能力，以及不丹的历史、地理和传统文化方面的知识。大部分村庄都设立了小学，但孩子们上初中或高中通常都是在学校寄宿。在进入大学之前，所有学生都可以免费获得教育和教材。不丹各地所有学生的清晨都是从晨祷和唱国歌开始的。政府还提供成人教育课程，主要目标是提升识字率。

不丹发展计划的重任包括培养医生、工程师和其他专业人才，以及传授管道、建筑和电力等专业技能。不丹于2003年成立不丹皇家大学（Royal University of Bhutan），继而于2015年设立不丹凯萨尔嘉波医科大学（Khesar Gyalpo University of Medical Sciences of Bhutan），为国民提供高等教育。

不丹音乐

不丹的音乐行业市场不大，最流行的音乐形式rigsar仍在不断发展。Rigsar通常在现代音乐设备上演奏，尤其是电子键盘和合成器，它结合了传统不丹音乐和藏族音乐风格，并受到印度电影音乐的影响。当红的男女rigsar乐手通常会出现在当地制作的电影里。

虽然当代和传统不丹音乐在不丹各地的小摊上都能听到，但音乐团体却饱受市场规模较小的困扰，这里大众化的卡拉OK几乎侵占了所有舞台的每一寸空间。如果想欣赏最新的现场音乐，可以去廷布的**Mojo Park**（见69页）。

槟榔果

槟榔果（doma）是不丹文化的重要组成部分。作为广受全体不丹人钟爱的礼物，槟榔果由三种原料构成：槟榔果（doma; Areca catechu）、槟榔叶（pani; Piper betel）和石灰（tsune; 碳酸钙）。

嚼槟榔曾经是一种非常贵族化的行为，不同的原料盛在被称为chaka的华丽的长方形银盒内，石灰则单独用一个带有锥形盖的圆形盒子（trimi）装着。曾经在1907年参加乌颜·旺楚克加冕礼的英国官员J.C.怀特（JC White）记录说，国王为所有参加典礼的来宾都准备了槟榔果。如今人们会将槟榔果装在竹制的bangchung或被称为kaychung的布袋里。尽管嚼完槟榔后吐出的残渣在墙壁和地板上造成的红色污渍仍历历可见，但对这种行为危害健康的警告开始起到作用，年轻人已经渐渐摒弃这个习惯。

卫生医疗和六道轮回

不丹的快速现代化也带来了卫生医疗设施的显著进步，所有不丹公民都可享受免费医疗。98%以上的不丹人都能获得清洁的饮用水。

不丹最主要的医院是位于廷布的国家转诊医院（National Referral Hospital），在南部和东部还分别设有另外两座地区转诊医院。各地区有规模较小的医院，国内总数达到32家。在偏远地区通过基层卫生所（Basic Health Units）提供医疗保障，员工编制包括一位医疗助理、护士兼助产士以及一位基础医务工作者。

在佛教寺院入口处通常有一幅显眼的六道轮回（The Wheel of Life）图，提醒着不丹人死亡是生命轮回的一部分，人们终究会与亲人分离，然后进入重生。因此，死亡被视为生命中的一件大事。逝者家属会向亲朋好友报丧，并请来僧侣、贡千（gomchen；俗家或已婚的僧侣）或者尼姑念诵《中阴得度经》（*Bardo Thodrel*）来超度亡魂，引导逝者灵魂度过死与生的中间阶段。

在火化之前，逝者都被放在一个木箱内，身覆白布，与家人相隔。火化仪式开始后，遗体被放置在对着主持仪式喇嘛的柴堆上。第一次祭奠逝者的仪式在其死后第7天（“头七”）举行，然后是第14天（“二七”）、第21天（“三七”）和第49天（“七七”）。喇嘛会告诉逝者其往生已止，在祭奠仪式上超度他们至下一阶段并（希望能够）幸运重生，无论是再世为人，或是得道成佛。

在49天之后，逝者骨灰将会撒归自然；其中一些被放在一尊神像内，捐献给佛寺或神庙。在其后的3年里，每到逝者忌日时家人都会举行祭奠。

农村妇女往往继承了传统的价值观。城市化和不断增加的农村向城市移民，给脱离家人和交际圈的妇女带来了新的挑战。

不丹女性

相比南亚其他地区，不丹妇女享有更多的男女平等和自由。家庭财产通常都是由家中的女子而非男人继承。

传统上来说，女性负责居家做饭以及织造各种家庭使用和用于出售的纺织品。但是，她们也会下地劳作，尤其是在需要所有劳动力共同参与的收获时节。妇女还会自己酿酒，例如arra、bang chhang或sinchhang等。夫妻通常共同做出影响家庭的决定。

在不丹旅行时，你会发现不丹妇女具有独立的意识以及强烈的创业精神。在廷布以及通萨、盖莱普和庞措林等新兴中心城市，妇女会积极投身贸易，销售家庭制品或租一家小店面，以此提高家庭收入水平。

20世纪60年代开始推行的全民教育，使不丹妇女掌握文化知识，令她们能够在家乡或当地村庄之外的地方寻找工作。教育行业、公共服务部门以及其他机构为受过教育的年轻不丹妇女提供了重要的工作机会。

Yeewong杂志（www.yeewongmagazine.com）是不丹妇女最钟爱的读物，创刊于2009年，每年出版2期。虽然里面的造型和美色都是“国际范儿”，但是精致食物和时装绝对是不丹风格。

然而与男同胞们相比，某些领域依然对不丹妇女不那么平等。男性的识字率仍普遍高于女性，但政府正在通过举办成人培训班来改善这一情况。虽然一些妇女在政府和非政府组织身居高位，其中包括2003年任命的首位女性地方法院法官，但在各级政府仍存在不同程度的性别失衡。在第一次和第二次全国委员会选举中，成功获任的20位候选人中，妇女的数量分别是4席和0席。在2013年7月举行的国民议会选举中，47个议席中仅有3位女性（且全都来自获胜的人民民主党）。

国内最主要的妇女组织是不丹国家妇女联合会（National Women's Association of Bhutan）。该组织成立于1981年，领导人是Dasho Dawa Dem。她是不丹极少数获得Dasho（宗卡语，对具有特殊地位长官的尊称）尊称的女性之一。2004年，不丹皇太后桑格·曲登·旺楚克（Sangay Choeden Wangchuck）成立了一个面向妇女的非政府组织——“尊重、教育、培养和赋权妇女组织”（Respect, Educate, Nurture & Empower Women，简称Renew；www.renew.org.bt）。该组织备受推崇，致力于解决当代不丹妇女所面临的重大问题。它也是推动应对家庭暴力和性别相关暴力的各项举措的最大推手。

农民耕种，布姆唐（见129页）。

DZOE——捕灵网

有时你会遇到一种由树枝、秸秆和五颜六色的细线缠成的蛛网状结构奇特物件。它们通常都位于建筑物附近或路边，放有鲜花和食物等供品。这就是dzoe（也被称为tendo），用来帮助家庭驱邪避凶的某种“捕灵网”。邪灵被dzoe吸引并困在其中。在祈祷仪式结束后，dzoe被丢弃到小路或道路上，从而将被困住的邪灵送走。

婚嫁

在过去，婚姻都是家庭包办。但是从20世纪70年代开始，大部分婚姻都是自由恋爱。不丹男女结婚的最低年龄都是18岁。在农村地区，男人通常会在婚后搬到妻子家中。如果离婚，他们会回到自己家里居住。

在5000名正式出家的不丹僧侣中，一半由杰堪布资助，另一半则由私人供养。

一妻多夫制，即一位女子嫁给多位丈夫，仍存在于不丹某些地区，但一夫多妻制则受到严格限制。仍有为数众多的不丹男女生活在一起，如同夫妻，但并未正式结婚。离婚率正在与日俱增，法律规定一方需向另一方支付子女抚养费。

名字的含义

不丹南北部的取名方式各不相同。在北方，除了王室外，其他人都没有姓氏。在出生后几周，僧人会给婴儿取两个名字。这些传统名字都源自藏语，具有吉祥含义或宗教意义。不丹人一般有两个名字，但有些人也有三个名字。

根据不丹人的名字来猜测他们的性别是一件困难的事情。只有少数名字为男孩专用，另一小部分名字则是女子专用，例如确吉（Choekyi）、卓玛（Drolma）和旺姆（Wangmo），但大部分名字都同时适用于男孩和女孩。

在南部，印度教的影响非常明显，存在着类似家庭姓氏的制度。婆罗门和尼瓦尔人保留自己的种姓，例如夏尔马（Sharma）或普拉丹（Pradhan）；其他人则使用自己族群名称作为名字，例如Rai或Gurung等。

头衔和称谓

在不丹，头衔极为重要。所有人的头衔应该置于其名字或全名之前。王室家庭成员的男性头衔为“Dasho”（国王、王子或亲王），女性为“Ashi”（公主、王后或太后）。大臣的头衔为“Lyonpo”（发音为“lonpo”）。

不丹人在夜晚不会大声呼喊某个人的名字，因为人们相信这样做会引来邪灵。

“Dasho”头衔由国王颁令授予，获此殊荣的人们同时还被授予红色kabney（围巾）。在现实生活中，即使国王并未授予他们这个头衔，许多政府高官也都被称为“Dasho”，但是严格意义来说这是不对的。

人们用“Lopon”（发音“loeboen”）或“Lam”（如果被授予该头衔）来称呼某位高僧或上师。转世活佛（Trulku）被尊称为“仁波切”（Rinpoche），尼姑被称为“阿尼姆”（Anim）。

男人被称为“Aap”，男孩被称为“Busu”；妇女被称为“Am”，女孩被称为“Bum”。如果你要和某位不知姓名的人打招呼，你可以用“Ama”称呼女性，用“Aapa”称呼男性。在同样的情形下，女孩是“Bumo”，男孩则是“Alou”。当不丹人谈论某位他们不知姓名的外国人时，他们通常称呼其为“Chilip”，在不丹东部则称呼为“Pilingpa”。

白色丝绸哈达（kata）在政府高官之间表示礼节性问候时进行交换。在向高僧大德表示敬意时也会敬献哈达，但是哈达交换远不及中国西藏和尼泊尔那么频繁。

着装：帼和旗拉

拉亚妇女喜欢穿黑色羊毛长裙，头戴竹编小尖帽，这身装扮让她们显得独树一帜。

不丹传统服饰特色鲜明，是这个国家最独到的亮丽风景。所有不丹人在学校、政府部门和正式场合必须身着传统服装。男士、女士和孩子们穿着的传统服装都采用不丹布料制作，颜色图案丰富多彩。

男士传统服装被称为“帼”（gho），这是一种与藏袍类似的长袍。不丹“帼”的下摆齐膝，腰间束一根称为“kera”的织布腰带以保持服装整洁。克拉仅仅缠绕在腰部，胸前形成一个很大的口袋，传统上用来放碗、钱币和槟榔果的配料。男人们常说，一天中最快乐的时光就是可以松开难受的腰带之时。

根据传统，男人们都会在腰间佩戴一把名为“dozum”的小刀。传统鞋子是高度齐膝的绣花皮靴，但现在这种鞋子只在节日穿着。大多数不丹人都脚蹬皮鞋、运动鞋或徒步靴。

“帼”有各种不同的图案，但通常都采用格子或条纹设计。花朵图案属于禁忌，纯红色和纯黄色也会避免，因为这些是僧侣专用的色彩；其他图案都没有特别含义。在历史上，不丹男人在帼下面的穿着，与真正的苏格兰男人短裙下的着装基本一样（什么也不穿），但是如今通常穿一条短裤。到冬天，正确的着装是穿上保暖内衣，但是如今人们更习惯牛仔裤或者运动服。在廷布，政府规定在冬天到来之前，腿部都不能被盖住。每年僧侣们开始向普那卡迁徙，就意味着冬天来了。

在正式场合，包括拜访宗堡，都要求佩戴标志个人身份地位的kabney（围巾）。对于kabney的佩戴方式也有着严格的要求。在宗堡以及其他正式场合，dasho或其他当权人士应佩戴一把被称为“patang”的长剑。

传统礼制

夏宗·阿旺朗杰为寺院和政府官员建立了一套礼仪守则。经过数百年的演变，这套礼仪制度逐渐深入民间。这就是传统礼制（driglam namzha），即一整套行为规范，详细规定了在拜访宗堡时如何着装、向顶头上司和政府官员致礼的方式，以及坐下、吃饭等行为的正确姿势等。在正式活动（chipdrel，marchang）或射箭比赛开始前的不少仪式，也要遵守这种传统礼制。

政府从1989年开始积极推行传统礼制以保持不丹传统，特别是要求在访问政府机关、宗堡和寺院时必须穿着帼和旗拉。

与传统礼制密切相关的另一概念是孝道（thadamthsi），它是指不丹人对孝顺父母、尊重长辈和社区其他成员的信念。孝道基于佛教虔诚之教义，是不丹社会中的一个重要概念。它通常是用“吉祥四瑞”的寓言予以展示。

与孝道有关，但相比礼制不那么正式的还有礼节（bey cha）概念。礼节强调优雅地完成日常工作以及关怀和照顾其他人的社会美德。

帕罗戒楚节上的观众（见87页）。

普通公民佩戴未漂白的白色kabney，每个层级的政府官员佩戴不同颜色的kabney：黄色是国王和杰堪布，橙色是大臣（lyonpo），蓝色是全国委员会和国民议会议员，红色是拥有Dasho头衔的人以及被国王认可的高级官员，绿色是法官，中央有红色条纹的白色领巾是宗长（dzongdag），外面有红色条纹的白色领巾则是噶波（gup；选举产生的村长）。

妇女身着的及地长裙被称为"旗拉"（kira）。这是一种颜色鲜亮的长方形裹身布，裹在一件名为"wonju"的藏族风格丝质上衣外面。旗拉依靠在肩部用名为"koma"的典雅银钩固定，腰部还要用银或布料制作的腰带束好。上身再穿一件较短的、开襟式、夹克风格的外套，它被称为"toego"。妇女通常会佩戴大量的珠宝首饰。这身装扮显得气质非凡，而且不丹妇女身着传统服饰时都会流露出浓浓的优雅感。

旗拉可用棉布或丝绸制作（如今通常采用合成面料），在一面或者内外两面都有图案。在日常生活中，妇女们会身穿一件双面设计的条纹布料旗拉；在更加正式的场合，她们会穿上织入装饰图案的旗拉。最昂贵的旗拉是一种织锦长裙（kushutara），它采用手纺和手织的不丹棉布制作而成，然后用生丝或棉线绣上不同的颜色和图案。伦奇的kushutara设计赫赫有名。

在拜访宗堡时，女性会在她们双肩，或者仅仅是左肩系上一条名为"rachu"的布带，其穿着方式与男人佩戴kabney类似。

1984年不丹首次参加奥运会，派出三男三女组成的队伍参与射箭项目的角逐。在此之后的每届奥运会，不丹都会派出运动员参加。

不丹的运动

不丹的民族运动项目是射箭（datse）。只要有足够的空间，人们就会

不丹电影

不丹电影制片人为外国观众打造的第一部故事片是《高山上的世界杯》（*The Cup*）。由宗萨蒋扬钦哲仁波切导演的这部电影被提名为2000年奥斯卡奖最佳外语片。同样由宗萨蒋扬钦哲仁波切执导的《旅行者与魔术师》（*Travellers and Magicians*，2003年）是首部面向全球观众的宗卡语电影。这部电影包含两个平行的故事，其主题仍围绕当代不丹生活。故事主人翁是一位失意的年轻公务员顿珠（Dhundup），他的梦想是离开不丹前往美国。顿珠热爱摇滚乐和西式服装。但是在前往首都的路上，他遇到了许多人，令他发现可以在自己的同胞中找到满足感。

这些电影深受不丹各年龄层观众的喜爱，人们观影时的乐趣之一，就是在电影中寻找亲朋好友以及熟悉的地点。面向不丹观众的不丹电影，例如*Khorwa*，通常会反映当代社会问题，例如家庭暴力、酗酒以及失业状况等。这些电影的制片效果和演员水准参差不齐，但是不丹电影业的归属感正在日益显现，政府每年设置了各种奖项，对本土电影工作者加以肯定。在2016年于廷布举行的第15届国家电影奖评选中，*Drukdra Lingpai Tashi*一举摘得包括最佳影片、最佳导演和最佳演员（女性）在内的8个奖项。但是关于该片也并非全是好消息：几个月后，因剧本与《德伯家的苔丝》过于相似而引起抗议，最佳剧本奖也被取消。

设法开展这项运动，它同时深受各年龄段人们的喜爱。在全国各地都会举办射箭锦标赛。

射箭竞赛既是大众喜闻乐见的娱乐项目，也代表了不丹的文化特色。比赛以一个简短的仪式和一顿早餐拉开序幕。箭靶立于140米之外。选手们通常都会站在标靶附近，大声点评对手的优缺点——如果选手射中标靶，他的队友就会翩翩起舞并高声唱出对他的赞美，选手本人会将一条彩色围巾系到腰带上。如果他没射中，就会受到对手们的嘲笑。

妇女们通常都会穿戴最漂亮的衣服和首饰，站在射箭场的一侧为选手们呐喊助威。她们在射箭比赛间隙会唱歌跳舞。歌词和呐喊有时会显得有些不堪入耳。虽然射箭依然是一项男性占主导地位的运动，但参与女子射箭的人数正在与日俱增。

Khuru是一种在约20米长的场地上进行的飞镖比赛，设立的小标靶与弓箭手使用的标靶类似。飞镖通常是自己用木头和钉子制作，尾部粘上一些鸡毛以增加飞行能力。如果没找到鸡毛，那么使用彩色塑料条也未尝不可。队伍角逐时，场边人群会振臂高喊，从而分散选手的注意力，让其脱靶。这种运动在僧侣和年轻男孩中格外流行，不过女子团队和竞赛也在日益增多；如果身处khuru场地或射箭场，一定要小心突如其来的飞行物。

其他运动，尤其是足球、篮球、板球、自行车、高尔夫球、跆拳道和网球，越来越受男性和女性的欢迎。不丹在足球和篮球等项目上都组建了男子和女子国家队。

2002年，不丹足球队员吸引了全世界的关注，当时不丹与小岛国蒙特塞拉特举行了一场比赛。纪录片《另一场决赛》（*The Other Final*）讲述了世界排名倒数第一、二位的足球队之间这场比赛台前幕后的趣闻逸事，也记录了现场观众的热情助威。

不丹的佛教

风中飘舞的五色经幡、圣洁耀眼的白色佛塔以及遍布乡村地区的岩刻佛像——在不丹，佛教是无处不在的风景。无论你是参观宗堡，或是与导游交谈，如果你想真正了解不丹，就必须具备基本的佛教知识。追根溯源，从节庆舞蹈和寺庙艺术到政府政策，都是为了在不丹实现同样的目标：宣扬和传播佛家基本教义。

佛祖

佛教于公元前6世纪或公元前5世纪发源自古印度中北部，教义来自乔达摩·悉达多的教诲——他被人们尊称为释迦牟尼佛。悉达多年轻时的经历鲜为人知。相传他的父亲净饭王和母亲王后摩耶生活在一个名叫释迦（Sakya）的小国，这个国家位于当今的尼泊尔和印度的交界处。在出生后不久，一位云游的苦行僧向净饭王预言说，年轻的王子要么成为征服世界的国王，要么成为拯救众生的救星。国王采取了各种预防措施，确保他的儿子永远不会走上灵修之路。然而，年轻的王子渐渐变得焦躁不安，在几次外出巡游时，乔达摩·悉达多看到了人们的生老病死，这使他决定告别衣食无忧的王宫生活。

欲了解更多藏传佛教相关知识，可观看著名的宗萨蒋扬钦哲仁波切兼导演写的《正见》（*What Makes You Not a Buddhist*）一书。

在逃离王宫后（留下了他的妻子和孩子），悉达多成为一位四处游历的苦行者，进行禁食和打坐修行。最后在印度比哈尔的菩提伽耶，悉达多在一棵菩提树下打坐参禅，决意在悟道前将不会离开这棵树。他意识到在极端奢华的宫廷生活和严苛的苦行修炼之间一定有一条中道。经过三晚参悟，在晨曦初露之时，悉达多终于得道成佛（悟道者）。

佛教流派

佛教也许是世界上最宽容的宗教。随着佛教的传播，它会逐渐适应当地条件并吸纳当地的信仰和美学，创造新的教义流派。在过去的几个世纪里，佛教形成了两大主要流派：小乘佛教（Theravada）和大乘佛教（Mahayana）。

小乘佛教有时也被称为Hinayana，专注于寻求个体的解脱。大乘佛教则是完全不同的方向，强调慈悲为怀和普度众生。小乘佛教的教义先是在印度南部盛行，后来在斯里兰卡、泰国、缅甸和柬埔寨渐成气候。大乘佛教源自印度北部地区的新兴佛学院，后来向北沿着丝绸之路远播至中国各地以及不丹、日本和韩国。大乘佛教的慈悲教义渗透到不丹人的宗教信仰和日常实践之中。

尽管存在这些差异，但佛教的基本教义大致相同，佛教的所有流派都秉承了对佛祖原有教诲的信仰。

密宗（金刚乘）

一种名为金刚乘（Vajrayana）的新佛教教派在公元600年前后从大乘佛教发端。小乘佛教和大乘佛教都修习记录释迦牟尼教诲的佛经，但是，密宗修行者认为佛祖向一些早期信徒传授了隐秘而深奥的教义。这就是密宗经典（Tantra，又称gyu）。

经过几个世纪，中国西藏的密宗佛教逐渐分成不同的教派，每个教派都有自己独特的哲学、精神追求和政治重点。在不丹中部和东部，喜马拉雅山区流传时间最久的宁玛派最为普遍。宁玛派在佛教弘法的最早期就传入当地，后又通过伏藏（被莲花生大士封藏在不丹各地的经文和法器）得以复兴。在不丹其他地方，尤其是西部地区，竹巴噶举派占据主导地位。该流派由藏巴甲热（1161~1211年）在中国西藏的拉砻创立，于13世纪传入不丹。

密宗经典（Tantra；梵文意思是"连续统一"）通常指与密宗教义相关的文献典籍。密宗大多依靠师徒间的口传心授，通过冥想和诵咒以获得护法神灵的指点。两个流传最广的咒语是观世音菩萨六字真言"唵嘛呢叭咪吽"，以及莲花生大士心咒"嗡阿吽班杂咕噜叭嘛悉地吽"。

不丹的法器，例如金刚杵（dorji）、法铃（drilbu）、骷髅碗和手鼓都来自密宗教义，佛教寺庙墙上悬挂的神像也是如此。它们用各种方式展示了得道成佛的各个方面——时而轻柔，时而盛怒。

朝圣者通过布施食物、钱财和酥油，资助宗教仪式或经幡，或者在特定吉日参加节庆或宗教仪式来积累功德。

佛教理念

悟道后不久，佛祖在鹿野苑初转法轮。佛祖从一开始就阐释说，在纵情声色和禁欲苦行之间，存在一条中道。修行这种中道要遵循"八正道"，以"四圣谛"作为依撑。"四圣谛"阐述了因果报应的理念。佛教由此牢牢植根于人类修行，而非先贤预言或神迹启示。用现在的话来讲，佛教徒讲求非暴力、慈悲、平等（心灵的平衡）和正念（当下意识）。

四圣谛

四圣谛是佛教哲学的根基，也是连接无明和顿悟、苦难和解脱之间的基本教义，由佛祖在鹿野苑初转法轮时所阐述。

第一圣谛是人生的痛苦，即"苦谛"。这种痛苦说明世间有情悉皆是苦。它由不断的六道轮回而维系。在生命的痛苦中还有老、病、死、爱别离和求不得。

这种不满和痛苦的原因包含在第二圣谛之中，此即"集谛"，是指人所拥有的贪、嗔、痴三毒，这些是产生痛苦的根源。这种求不得所导致的行为和业力，只会使得轮回周期不断增长。

第三圣谛被佛祖归结为"灭谛"——消灭轮回（生、死和转世的循环）之中所有贪、嗔、痴等产生痛苦的原因。在灭除欲望和嗔痴之后，我们能够脱离轮回和苦难，实现涅槃，此即佛教终极目标。

佛祖在鹿野苑第一次讲道的场景固化为两尊麋鹿拱卫法轮的铜像，这样的纪念场景在每个佛寺房顶都能见到。

第四圣谛，即"道谛"，是说个人如何破解苦集和欲望，追求脱离轮回的正确方式。为此必须要修行八正道，通过布施和修行，积累功德，最终悟道和解脱。八正道是通往悟道之路的八项内容，分别是：正见、正思维、正语、正业、正命、正精进、正念、正定。

四圣谛是整个通往解脱和悟道之路的基础。因此深入理解这些圣

鲁索（民间宗教）

在佛教到来之前，本教在喜马拉雅山区盛行，其影响如今在不丹仍然随处可见，并且与名为“鲁索”（luso）的民间宗教息息相关。一些习俗，例如，在山口悬挂经幡，其实都源自本教的修行。不丹的土地、山峦、湖泊、河流或森林都有自己神圣的地理存在，向这些地方保护神祈祷是不丹日常仪式的基本组成部分。每天清晨，大部分不丹人都会焚香煨桑，向山神献祭。在特定的日子里，每间屋子顶上都会升起一面旗帜，祈求特定神灵助佑。

不丹民间信仰中还有一些神或nep（当地神灵）作为特定山谷的守护者，例如哈阿的春杜或者旺杜波德朗的Radak，还有居住在湖泊中、呈人鱼外形的水神错满（thomen），以及lu或纳迦（naga）——居于湖泊、河流和水井的蛇神。Sadak是土地之神，Tsen则是带来疾病和死亡的空气之神。

许多当地神灵据说是被莲花生大士降伏后皈依佛教的本教神灵。本教传统和习俗在不丹部分地区仍然盛行，尤其是在举行当地节庆期间。许多本教传统后来都融入主流佛教之中。

一个有趣但少见的女性宗教形象是delog。Delog是女性，偶尔也是男性，他们在辞世后前往另一个世界，观看死者接受审判并遇见各种神佛（例如观世音菩萨或莲花生大士），然后转世投胎。Delog强调过行善积德的生活并尽量避免伤害众生。

谛，通过观照和禅定进行培养，是修行佛学之路不可或缺的根基。

转世和六道轮回

在佛教中，生命被视为无限的转世，众生在轮回中“流转”。根据佛教教义，世界不是只有一重，而是分为金字塔形的六道。人的一生要积累足够的功德，以免堕入三恶道之中。转世，或者轮回，都源自从“无明”到“老死”这一过程的十二个环节，即十二因缘。当这种“无明”反转，轮回本身可被反转并达到涅槃，脱离苦海和轮回。常见于佛寺入口处的六道轮回图描绘了六道和十二因缘。

业力

人们在六道中轮回，根据各自的业力（Karma）重生，进入不同的轮回。业力会随着轮回生生不息，跟随着每个人。在佛教教义中，业力包括三个重要的组成部分：行为、影响和结果。佛教的业力观将行为比作种子（因），其带来的影响比作果实（果）。

大乘佛教教义讲求行善积德，普度众生，使其他人也能从修行者的善举中获益。向需要的人和僧侣布施，人子出家为僧以及其他慈悲之举都是功德，都会产生积极的业力。

其他宗教

并非所有的不丹人都是佛教徒。许多洛昌人，即尼泊尔移民后裔，都是印度教徒——大多数来自阿萨姆邦和孟加拉邦的临时工也同样信奉印度教。在乡村地区，还有人信奉佛教传播之前的万物有灵信仰，另外有少数人口信奉基督教。不丹对各种宗教都十分宽容，但是不允许改变宗教信仰。不丹宪法支持信仰自由，未将任何宗教设定为不丹国教。但是，宪法充分强调了佛教传统对于不丹文化认同的重要性。

吉祥八宝（Tashi Tagye）与敬呈释迦牟尼的八件贡品有关，在不丹各地被视为具有保护法力的图案。它们分别是：吉祥结（盘长）、法轮、莲花、宝鱼、白盖、宝伞、白法螺、宝瓶。

当代不丹佛教

不丹的现代社会依然有一世夏宗法王建立的古老社会体制的影子。新体系的宗教领袖是夏宗，其下是负责处理所有宗教事务的杰堪布（即大方丈）。与其对应的世俗政府机构职位，是负责所有政治事务的第悉。

宗教界组织体系

扎仓（dratshang；中央僧团）是指以杰堪布为首的由政府支持的僧侣群体。杰堪布的五位助手称为lobpon（类似于首座经师）分别传授《现观庄严论》《戒律论》《俱舍论》《入中论》和《释量论》。杰堪布冬季居于普那卡宗堡，夏季则迁往廷布的扎西曲宗堡。在冬夏迁徙的两天路程中，不丹的路边挤满了前来祈福的民众。

每个宗堡都设有一位lam neten，负责主管每个宗的僧团。每个宗堡都有一位语法经师、一位礼仪经师、一位宗教哲学经师、一位经诵经师（umdze）和一位kundun（主管弟子修行），后者随身携带大串念珠和一根鞭子。

根据传统，如果条件允许，不丹家庭会送一个儿子到寺庙出家。这被看作是为全家积累功德，并且是孩子的福报。第四任第悉丹增·立杰在16世纪末推行了一种强制出家制度。这种制度要求将一个孩子送到寺庙出家，其原因是为了促进竹巴噶举教派的发展。

虽然这种强制出家制度早已不复存在，但年轻男孩出家为僧的现象却

经幡

在不丹随处可以见到经幡，它们在山口、房顶、宗堡和寺庙庭院里随风飘扬。

经幡有五种颜色——蓝、绿、红、黄、白——分别象征水、木、火、土和金五种元素。他们还可以代表五方佛（dhyani）、五种智慧、五个方向以及五苦或五蕴。印经人先将经文或图案刻于木板，然后反复印刷到各种颜色的布料上。

Goendhar

最小的经幡goendhar通常挂在家宅房顶。这些白色的旗帜有小小的蓝色、绿色、红色和黄色彩带系于边缘。它们是为了祈求不丹主要保护神——大黑天的祝福和佑护。这些旗帜每年都会在祭祀自家神灵仪式期间进行更换。

风马旗（Lungdhar）

风马旗悬挂于山坡或山脊上，用于祈福、远离疾病、实现个人目标或者获取智慧。这些旗帜都印有风马（Lungta），它驮着能够让人美梦成真的祈愿石。

Manidhar

这种经幡是为代表逝者而设立，用来向大慈大悲观世音菩萨祈福。这些白色的经幡通常有108组，被立在能够遥望河流的山地高处。通过这种方式，人们相信祈祷的信念会随风飘入河中，被蜿蜒流淌的河水带到各地。

Lhadhar

Lhadhar是不丹最大的经幡。在宗堡和其他重要地点外面都能见到这种巨大的经幡，它象征着正义战胜邪恶。这些旗帜上通常都没有经文，它们像是巨型版本的goendhar，除了尺寸之外的唯一区别在于顶部，lhadhar顶部是丝制的五彩宝盖。如果要进入有lhadhar伫立的任何场所，不丹人必须身着传统不丹正装，外国人也务必衣着得体。

屡见不鲜。前往不丹的游客在帕罗宗堡和普那卡宗堡附近都能看到许多身着绛红僧袍的年轻僧人。他们通常都来自贫穷的农村家庭，对出家为僧也许有兴趣，也许没有。在进入寺院后，他们的日常生活就围绕学习读写进行。

通常情况下，年轻僧人们上午都会聆听上师讲经说法，下午则组成小组背诵经文。面向年轻僧人的佛学院被称为lobdra，更高级的佛学院则是shedra。在僧人负笈求学期间，背诵功课是一件非常重要的事情。因此每天僧人都要记诵一定数量的经文和祷语，并且接受上师的测验。他们年幼时并不理解经文的含义。在十五六岁时，他们会接受单独的测试，以决定接下来是到shedra（佛学院）深造，或是去礼仪学校学习。Shedra将提高年轻僧人的学识，并且帮助他们理解众多佛教经典和教义，而礼仪学校则负责向僧人们传授各种仪式的正确程序。

在特殊场合，僧侣们会准备朵玛（torma；礼糕）。这是用糌粑（青稞粉）和酥油捏制的五颜六色的供品，用于向神佛献供。每种神灵都有自己喜欢的特定形式的朵玛。

如今不仅政府负责提供基本生活保障（包括住宿、食品和服装），而且僧侣可以保留做法事时世俗施主所布施的钱财。他们会受邀参加新房屋的祈福、新佛塔的开光或为家庭幸福而念经祈祷。这些活动需要施主进行大量准备工作，确保仪式所需物品都准备就绪。施主将为僧人提供食物，前来参加仪式的邻居们也挤满了房屋。这些活动有助于延续和加强世俗社会和宗教界的联系。

当小沙弥正式剃度出家为僧时，他们要不断发愿受戒。少数僧人会在青春期后进入寺庙修行，但这并非常情。僧人可在任何时候放弃修行或还俗，以回归世俗生活，通常是成家立业，但是必须要支付一笔罚金。这些曾有过出家经历的僧人被称为getre或“还俗的”僧人，这样的行为并不会被社会视为异端。其中一些继续扮演着世俗宗教人物的角色，他们被称为贡千（gomchen），可为各种日常活动祈福祝祷和举行仪式，尤其是附近没有寺院时。

家庭仪式

每个家庭都设有一个佛堂（choesum）。佛龛上通常请有释迦牟尼、莲花生大士和夏宗法王像。在大部分家庭和寺庙里，信徒都会在佛龛上敬供七个装满水的碗。这种简单的供品十分重要，因为它可以丝毫不带贪嗔痴而施予。如果供品是为了敬呈给护法神，例如大黑天等，那么只摆五碗水。如同喜马拉雅山区所有佛教徒那样，不丹信徒在佛龛和喇嘛面前会磕长头顶礼膜拜，首先双掌合十高举过头顶，然后向下至口边停顿，再向下至胸。这代表着身（ku）、语（sung）、意（thug）悟道成佛的最终愿望。

由KMT调研组（KMT Research Group）编辑的《信仰之种：不丹圣地指南大全（第一卷，不丹西部）》[*Seeds of Faith: A Comprehensive Guide to the Sacred Places of Bhutan*（*Volume 1, West Bhutan*）]是一本关于不丹宗教圣地的指导手册，由不丹本国编制，价格不菲但是极为出色。

在大事和危机发生时会举行各种祈福礼仪，例如出生、婚嫁、升迁、疾病和死亡等。仪式在家中佛堂前，或者在室外搭一座供有佛像（代表佛的“身”）、宗教经文（代表佛的“语”）和一尊小佛塔或舍利塔（代表佛的“意”）的佛坛举行。基本仪式有入式、净化、献祭和供奉朵玛等形式。例如，洒净或熏香净化仪式在出生后举行，更复杂的仪式包括供奉八样吉祥圣物（例如吉祥八宝）通常在升迁或婚嫁时举行。人们依靠占卜来决定仪式举行时间。不丹人在出远门或开始新事业前，都会向占星师（tsip）求卜问卦。占星术在克服厄运和决定最恰当的仪式开展时间以趋吉避凶方面发挥着重要的作用。

普通男女通常不会进行禅定或佛教哲学研究，但是许多人都会尝试完成初步修行，在开始新事业前，都会为子女和事业欣欣向荣而寻求喇嘛的赐福。

不丹佛教的重要人物

下面是对不丹佛教主要人物传统形象的简要介绍。这些文字既非详尽无遗，从学术上而言也不那么专业，其目的是让你在旅途中能够认出佛坛、寺庙壁画中的主要人物。

释迦牟尼

有些僧侣会接受画艺、雕刻、缝纫和刺绣等技能培训，从而为寺院准备各种不同的所需用品。

佛

释迦牟尼（Sakyamuni）

佛祖释迦牟尼又称现世佛，其教义构成了不丹佛教的根基。他在不丹的典型形象和中国西藏类似，通常为盘膝端坐于莲花宝座之上，黑色卷曲头发，头顶背光环绕，右手向下呈“见证”（降魔印）手印（mudra），左手落于腿上，掌心持钵盂。他的身体上有32种悟道的标记，包括顶髻、脖子上皮肤的三道褶皱以及拉长的耳垂。他通常见于三世佛（Dusum Sangye）之中，即过去佛、现在佛、未来佛三佛并坐。在不丹，所有释迦牟尼像前都摆有一个法铃，这是现任国王最近送给人民的礼物。

阿弥陀佛（Opagme; Amitabha）

阿弥陀佛（无量光佛）是五方佛（dhyani）之一，居于西方极乐世界（梵语为Sukhavati，宗卡语为Dewachen——不丹有几家酒店就以此命名）。他与无量寿佛（Tsepame）和观音菩萨（Chenresig）通常一起出现，代表了欲望转化为智慧。他的形象通常被描绘为盘膝端坐莲花宝座之上，双手以禅定姿势置于腿上，手捧一个钵盂。他的身体呈红色。

无量寿佛（Tsepame）

与阿弥陀佛一样，无量寿佛身体呈红色，双手呈禅定之姿，但是手持装有不朽甘露的净瓶。他经常和其他八尊佛像一起出现。

强巴佛

强巴佛（Jampa; 又称弥勒佛，Maitreya）

传说未来佛以菩萨之身居于兜率净土（Ganden，Tushita），这是一处天堂圣地，菩萨在这里等待完全得道和重生，直至到世间化身成佛。强巴佛像通常较为巨大，是莲花生大士造访不丹前建成的古老佛寺供奉的主神。他通常呈坐姿，双足触地，双手置于胸前摆出“说法印”。

药师佛（Sangye Menlha）

深蓝色的佛像，散发着柔和的佛光，向人们传授“医药学”（men）。佛教将医药视为减轻痛苦、延长生命的一种方式，从而有更多机会来获得觉悟。药师佛盘腿端坐莲花宝座之上，手捧装有三种药用水果的钵盂。他通常被八尊其他药师佛环绕。

菩萨

菩萨（大觉之人）是信佛学佛之后发愿自度、度人乃至舍己救人者，而不是为自己寻求轮回解脱的人。这种无私的态度被称为“菩提心”（bodhicitta; 成佛之心）。

与佛不同，菩萨通常都头戴冠冕，身佩贵重珠宝。不妨在佛寺和拉康留意三怙主（Rigsum Goenpo）——仙乃日（观音菩萨）、央迈勇（文殊菩萨）和夏诺多吉（金刚手菩萨）的合称。

仙乃日（Chenresig；又称观音菩萨，Avalokiteshvara）

白色的大慈大悲观世音菩萨也许是不丹佛教中名气最大的神佛。观音菩萨有许多化身。他“光芒四射、温柔慈爱”——作为不丹佛教的四大菩萨之一和特别守护神——的形象往往是端坐莲台之上，（四只手臂中）较低的两只手合十呈祈祷手势。

在不丹，观音菩萨还有一种法力强大的十一面千手形象，被称为Chaktong Chentong或Chuchizey。据说这是因为观音菩萨为怜悯生苦，发愿度尽众生，若愿不能偿，自己的头便裂成十份，身体分解为千份。千眼千手观音其中一面为忿怒面，意为金刚手菩萨（夏诺多吉），顶上一面为阿弥陀佛（他将观音残身合为一体）。观音菩萨每臂手掌皆现一眼。

仙乃日

央迈勇（Manjushri；又称文殊菩萨，Jampelyang）

司理知识与智慧，右手执火焰金刚剑斩烦恼结。作为学习和艺术之神，他左臂抱梵箧。其形象通常为黄色。

央迈勇

夏诺多吉（Chana Dorje；又称金刚手菩萨，Vajrapani）

金刚手即“手持金刚杵”，象征着无上法力和所向披靡。他的金刚杵代表大神通，是密宗信仰的根本标志。金刚杵在藏语中被称为“dorji”，在梵语中被称为“vajra”。他通常是忿怒的蓝色形象，表情愤怒，一腿伸出。在寺庙大殿前，你会看到他和红色的马头金刚一同拱卫入口两侧。

夏诺多吉

度母（Drolma；又称多罗菩萨，Tara）

佛教中有21位度母。最常见到的两位度母分别是绿度母和白度母。绿度母是一位端坐于莲花座上、右足前伸的女性，据说观音救度众生无量劫后流下眼泪，度母即从眼泪而生。另一种形象是白度母（Drolkhar），她盘坐在盛开的莲座上，身生七眼，其中额上一目，双手双足各生一眼。度母常作为“长寿三尊”（Tsela Nam Sum）之一受到供奉，另外两尊是无量寿佛和尊胜佛母（Namgyelma，Vijaya）。

绿度母

护法神灵

即使最小的寺庙里，也一定会有一个贡康（goenkhang；护法神殿）供奉各种面容可怖的忿怒神灵，他们通常都火焰缭绕、滴着鲜血，手持可怕的武器。他们可以是特定的地方守护神，更普遍的是本尊守护神（yidam）或佛教护法（dharmapala），或者是被密宗法力降伏后皈依佛教的邪灵。在另一个截然不同的层面，他们也可以代表强大的意识和自我，也就是人内心深处的魔鬼，许多手臂和武器象征着不同的力量。你会经常看到交合姿势的双身佛（yab-yum）护法神，代表了慈悲和智慧。

白度母

大多数不丹山谷都有自己的本地护法神。廷布的Gyenyen Jagpa Melen护法神像就出现在德钦曲林附近的德钦朴拉康以及宗堡旁边的Neykhang Lhakhang内。他也被视为不丹全国的保护神，不丹人在开始新事业或出国前都会到他的本庙内寻求赐福。其他各地护法神还有帕罗的Jichu Drakye、哈阿的Chhundu、普那卡的Talo Gyalpo Pehar、旺杜波德朗的Kaytshugpa以及布姆唐的Keybu Lungtsan和Jowo Ludud Drakpa Gyeltshen。这些神都没有出世，因此并没有得道升天，而是在凡间庇佑大众。

大黑天（Nagpo Chenpo；又名玛哈嘎拉，Mahakala）

在不丹，大黑天有多重化身，是最凶悍的护法神之一，被认为是不丹的守护神。他也被称为Yeshe Goenpo，通常被认为是众山神之王，也是印度教湿婆神在佛教密宗中的化身。绝大多数不丹佛寺和神庙中都有专门供奉大黑天的神堂，相传他能祛病除灾，助人化险为夷。不丹人对他的信仰源于夏宗·阿旺朗杰将其奉为自己的守护神。根据传说，大黑天变成渡鸦（Gompo Jarodanden），一路引领夏宗前往不丹。鸦首大黑天是不丹君王所戴渡鸦王冠的灵感来源。

大黑天通常为黑色身体，赤发上冲。他三目圆睁，身着象皮披风，周身火雾缭绕；其身佩各种骷髅骨装饰，头饰五骷髅冠；其右手执月形刀，左手托骷髅碗。根据形象不同，他可以有双臂、四臂、六臂或更多。

僧侣为独身主义者，不得抽烟饮酒，但他们通常无须吃素，晚上也可进食，这一点与东南亚佛教僧侣有所不同。

吉祥天母（Palden Lhamo；又名玛哈嘎哩，Mahakali）

吉祥天母是一位性情暴烈的护法神，与大黑天密切相关。在人们遇到各种困难时，会举行特殊法会来迎请吉祥天母驱邪避凶，例如遭遇自然灾害或爆发战争之际。她外相凶猛，与众不同，体呈蓝黑，手掌脚底皆为红色。其发藏明月，腹纳红日，口咬尸身，头戴五骷髅冠，耳坠毒蛇，左手托骷髅碗，右手持三叉天杖，侧坐黄骡之背，以人皮为鞍。

历史人物

莲花生大士（Guru Rinpoche；又名帕达玛萨瓦拉，Padmasambhava）

莲花生大士是一位印度佛教尊者、圣人和密宗大师。根据当地传说，正是他在8世纪奠定了佛教在不丹传播的根基。人们俗称他为莲花生大士（尊敬的上师），他的梵语称呼为白玛炯内（Pema Jungne）或者帕达玛萨瓦拉（莲花生之意）。他出生于今巴基斯坦北部斯瓦特山谷的乌仗那国（宗卡语为Ugyen）。他被宁玛派尊为二世佛。不丹国内有几十处洞窟和岩石上都有据传是莲师留下的印痕。

莲花生大士

他被描绘为端坐在莲座之上，身着蓝色内袍，外罩金色大氅，肩披红色袈裟。他头戴“莲冠”并饰以一弯新月、炽烈红日以及象征日月之力交融的火焰般的结节。莲冠顶端有半截五钴金刚杵，并饰有一根鹰翎，象征上师看透世间万物无上法力。他长发鬈须怒目，右臂外伸，右手持金刚杵，左手置于腿上，掌托嘎巴拉（人头盖骨），内盛诸佛红白菩提甘露。莲师左臂弯内抱着一把三叉杖（katvanga），串着代表过去、现在、未来三世智的干、腐、鲜三颗人头。其腰带上挂一柄三刃匕首（phurba；用来降妖伏魔的祭祀匕首）。

莲花生大士通常有八种化身，被称为“莲师八相”，其中最引人注目的是身骑猛虎的忿怒金刚。他身旁通常伴有两位明妃益西措嘉和曼达拉娃以及25位主要弟子。他经常出现在自己的天国居所——桑东巴瑞（铜色吉祥山）。

参观寺庙时的注意事项

喜马拉雅山区佛教寺院通常都对大众开放，但如果你受邀进入拉康（佛殿）或贡布（寺院）时，有一些重要细节需要格外注意。

➡ 在进入寺庙内的重要房间之前，通常要脱掉鞋和帽子。一般都会有迎客僧伴你身侧，你可以效仿他在适当的门廊处脱鞋。将相机、雨伞和帽子留在室外。

➡ 顺时针方向行进，不要高声喧哗。如果室内在进行某种仪式，务必先确定此时进去是否合适。

➡ 通常要在佛坛上留下一些布施（10努扎姆）。当你布施功德时，身侧的僧侣会从宝瓶（bumpa）中舀出少量圣水到你掌心。你应当做出喝一小口的手势，然后将剩余的圣水洒于头上。

➡ 虽然男性游客通常都会获准进入贡康（保护神佛堂），但是在进入前最好先征得许可。还要记住这些地方不允许女性进入。不要走到贡康前的佛坛后面。

米拉日巴（Milarepa）

伟大的藏传佛教噶举派上师（1040~1123年），也是著名的诗人。据说这位“棉衣”（Cotton Clad）高僧和诗人经过一生苦修最终得道成佛。他的足迹遍布整个喜马拉雅边远地区，传说他曾经在不丹的虎穴寺禅修并谱出了一首歌曲。米拉日巴的大部分肖像都是面带微笑，置手耳边，浅吟低唱。由于苦修期间长时间食用荨麻汤，他通常都被描绘成绿色。

米拉日巴

竹巴衮烈（Drukpa Kunley）

云游天下的苦行僧竹巴衮烈（1455~1529年），是竹巴噶举派的重要人物之一。他不入流的歌谣和诗歌颠覆传统，为他赢得了不丹人民的爱戴。在不丹，他的肖像通常身背弓箭囊，身旁有一只小猎犬。在竹巴衮烈的主寺切米拉康，其衣着与印度伟大的八十四大成就者（Mahasiddhis）颇为类似，赤露上身、身缠腰布。在其他地方，他的画像通常是身着普通装扮，脚蹬长靴。

白玛林巴（Pema Lingpa）

铁匠、伏藏师白玛林巴（1450~1521年）出生于布姆唐的唐谷。最广为人知的白玛林巴像由他自己一手打造，如今供奉于布姆唐的衮藏卓寺内。白玛林巴手捧宝瓶（bumpa；象征长生），戴着一顶与莲花生大士类似的莲冠，但是前面多了两道交叉的金刚杵符号。

夏宗·阿旺朗杰

夏宗·阿旺朗杰（Zhabdrung Ngawang Namgyal）

夏宗·阿旺朗杰（1594~1651年）被视为不丹的奠基人，他于1616年从中国西藏来到不丹。夏宗有一抔个性鲜明的白色山羊胡须，身着僧袍，端坐莲花座。他左手持宝瓶，右手结“见证”（降魔印）手印，右肩披禅修带，头戴竹巴噶举派标志性的僧帽。

传统艺术

不丹充满活力的艺术、舞蹈、戏剧、音乐乃至别具特色的建筑，都深深植根于佛教之中。艺术、音乐和舞蹈内容几乎都是对佛教解脱之道教义以及克服妄念摆脱轮回的演绎。

不丹的传统艺术

不丹本土艺术促进会（Agency for Promotion of Indigenous Arts）推出了不丹印鉴机制，为手工产品设立了质量和权威性标准。

佛教手工艺品在不丹的发展可以追溯至15世纪的伏藏师白玛林巴，他同时也是一位多才多艺的画家、铁匠、雕塑家和建筑师。1680年，第四任第悉（世俗统治者）杰西·丹增·立杰（1680~1694年在位）设立了不丹工艺学校（School of Bhutanese Arts & Crafts），将不丹艺术进一步推向繁荣，如今这所学校已成为国家手工艺学院。

传统不丹艺术通过社会各阶层的支持得以传承保护。王室、贵族和神职人员是各种艺术品的忠实拥趸。与此同时，普通百姓支持艺术品，是因为他们需要依靠艺术家来提供典型不丹民居中不可或缺的各种木器、金属制品以及绘画，无论是屋内用度还是室外装饰。

不丹的传统艺术有两项重要特征：宗教性和匿名性。不丹人将委托绘画和塑像视为一种虔诚的行为，是施主（jinda）的功德。施主的名字有时会被写在作品上，从而使他们的功德能够被铭记于心。但是，艺术家的名字却鲜被提及，不过也有一些艺术家凭借卓越的作品质量而享受盛誉。

不丹艺术要严格遵循一些约定俗成的图解规则，不丹艺术家也非常严谨。但是，他们也会在一些小细节上展示自己的个性（例如，云朵的阴影或背景等）。

十三门传统手艺

据说第四任第悉丹增·立杰在任期间，将传统艺术分为13类，即“十三门传统手艺”（The Thirteen Arts），它又被称为“Zorig Chusum”。Zorig Chusum本身是指那些支持、教化或超度他人的各种体力劳动。

木工（Shingzo）

技巧纯熟的木匠参与的各种活动，从建造宗堡和寺庙、房屋和宫殿，到制作不丹人民日常生活中所必不可少的工具和其他实用器物等。

石工技艺（Dozo）

具体工作包括建造佛塔、宗堡和寺庙，以及制作沉重的石磨和石杵。

雕刻（Parzo）

不丹人的木雕、石雕和石板雕刻技巧可谓出神入化。他们的作品在不

转经筒

在不丹，转经筒随处可见。经筒内装着印刷的经文，每转动一圈，经文就相当于被“激活”念颂一次。转经筒既有装饰精美的手持类型（mani lhakhor），也可能是房屋大小的庞然大物（mani dungkhor），还有介于两者之间的各种尺寸。有些经筒可以毫不费力地由水流驱动（mani chhukhor），有些甚至还可以依靠火焰上方的热空气来转动。僧人和信众转动人力转经筒来积攒功德，并且集中精力来念诵经文和祷语。请记住，所有经筒都要顺时针转动。

丹随处可见，从佛塔上描绘佛祖和其他宗教人物形象的石板雕刻，到用于印刷佛经的木刻雕版等。

绘画（Lhazo）

Lhazo是指不丹的绘画，包括绘制寺庙和宗堡内的唐卡、壁画和湿壁画，以及不丹住宅外墙上五彩缤纷的图案等。绘画需遵循严格比例和肖像学几何规则。

雕塑（Jinzo）

不丹人最擅长的艺术技法之一是创造精致的泥塑，有些泥塑与周围壮丽的风景完美地融为一体。这些雕塑体型从小到大，应有尽有，通常为泥土或黏土制作的中空造型。

除了人物塑像外，雕塑工作还包括生产一系列仪式用品，尤其是朵玛（供品）、戒楚节期间佩戴的面具以及为略显乏味的新建筑砌泥墙等。

绘画和雕塑通常由僧人或在专门的作坊内工作的居士完成。师傅的弟子负责完成前期工作（这本身也是学徒训练的一部分），最终的精雕细琢则由师傅亲自完成。

铸造（Lugzo）

铸造，通常采用青铜，是指生产乐器、塑像、工具和厨具，以及为陶器和珠宝制造模子等。

打铁（Garzo）

一般来说，这些工匠负责制作斧子、犁片、链子、刀剑和其他实用物品。

金银工艺（Trozo）

这包括所有由金、银或铜打造的饰物。它们通常采用切、打、拉丝或刻等手法制作。

竹材工艺（Tshazo）

这些产品可谓五花八门，在全国各地市场里都能见到。其中包括bangchung（拥有精美图案的盖碗，用来装盛食物）、长的palang（用于贮存啤酒或其他液体）、盒子（tshesip）、小巧的防晒帽（belo）、垫子（redi）、用于存储粮食的luchu、竹席（balep），当然还有弓和箭。

编织（Thagzo）

编织覆盖了整个过程：从纱线准备、染色到众多的设计图案。就种类和工匠人数而言，这是不丹规模最大的手工艺行当。

刺绣（Tshemzo）

这种手工艺分为两大类。第一类是那些缝纫和刺绣的物品（包括从布料到精美罕见的唐卡等）。第二类是用不同的布料缝合在一起的贴花和拼缝物件。这其中包括了戒楚节时展出的巨幅唐卡（thondro），以及正式场合搭配帼（gho）穿戴的帽子和精致的靴子。

不丹精美的木碗都采用块状的“树瘤”（瘿木）制作而成。这种树瘤的形成原因是树干因感染或虫蛀导致的增生。只有纹理最精致的树瘤才能用来制作高端大气、价值不菲的woogzo碗。这种木碗因其类似猫头鹰羽毛图案而得名。

木车削（Shagzo）

技术高超的车削工匠可在专业器具上，用树干特定部分或树根来制作各种精美的木碗。较大的木制dapa（装菜用）、木盘、木桶、木勺和小杯（phop），以及宗教仪式使用的各种小手鼓，都是通过这种方式加工而成的。

造纸（Dezo）

用瑞香属植物的树皮做原料的造纸工艺，以及后来采用竹子和水稻秸秆制作纸张的技术，都面临着熟练技工流失的威胁。“Dezo”中的“de”是指“瑞香”（daphne）植物。

绘画

如果你有兴趣自己创作不丹艺术作品，不妨看看戴维·P.杰克逊（David P Jackson）和杰尼斯·A.杰克逊（Janice A Jackson）合著的《藏式唐卡绘画：技法和材料》（*Tibetan Thangka Painting: Methods and Materials*）。

除了蔚为壮观的建筑，无处不在的不丹艺术非绘画莫属。不丹共有三种传统绘画：唐卡、壁画和佛像。绘画主题总是围绕宗教展开，表现了一位神灵、一段宗教故事、一种冥想对象或一组吉祥符号（例如吉祥八宝或者吉祥四瑞图）。绘画通常都不是为了出售，而是用于特定用途——但这种情况正在慢慢发生变化。

绘画，尤其是人像画，都受到严格的图解规则约束。其比例和特征必须准确无误，艺术家在作品中并没有自由发挥的空间。最初布局由一系列几何图案构建，采用直线线条勾勒出人像的比例，这些在名为“zuri pata”的宗教文件中都有具体规定。在其他情况下，初始草图采用一种基本轮廓模板制作。画师会使用一袋粉末将模板轮廓印到画布上。传统上，颜料都用泥土、矿物和植物制成，如今也使用化学颜料。这些材料先被研磨成粉末，然后与水、胶和白垩粉混合。画笔则用树枝和动物毛发手工制成。

在不丹，大部分纺织品都是通过简易的背带式织布机来完成的，这与东南亚和中国西藏等地的纺织机颇为类似。这种织布机易于携带，而且在温暖的火塘边、房屋门廊上或帐篷旁都能很方便地支起来。

唐卡绘制在经过拉伸并用木框固定的画布上。当画作完成时，画师会去除木框，然后配以多彩织锦为边，上下采用木棍固定以便悬挂。虽然某些唐卡会永久悬挂，但是大部分唐卡都会被卷起收藏，在某些特定的重要场合才会打开供信众朝拜。尤其是贴花巨幅唐卡，会在戒楚节的清晨进行短暂的展晒。同样的图解规则也适用于绘制巨幅唐卡，这是展示不丹工匠高超技艺的绝佳舞台。

宗堡和拉康内壁通常都为绘画所覆盖。在不丹，大部分墙上的壁画都绘制在很薄的一层布上，然后用一种特殊的糨糊黏到墙壁上。如今，古老绘画因其具备的历史和艺术价值而倍显珍贵，但是直至不久之前，在进行修缮时，不丹工匠经常会重新绘制壁画，甚至直接涂抹覆盖。

大部分佛像都被细心地绘制，清晰地勾勒出每位人物个性鲜明的面

吉祥四瑞

不丹最受欢迎的绘画主题之一当属家喻户晓的“吉祥四瑞”。在宗卡语中，这个故事被称为“Thuenpa Puen Shi”（三个词的意思分别是合作、关系、四），它阐述了人们应该团结互助的道理。在不丹各地的寺庙、民宅和商店都能看到阐述这个故事的图画。

这个寓言讲述了大象、猴子、兔子和贡布鸟齐心协力获得累累硕果的故事。贡布鸟衔来一颗种子种到地上，兔子浇水灌溉，猴子施肥，大象则守卫树木不受侵袭。待到果实成熟之时，由于树太高，他们谁也够不着果子。于是他们一个站在另一个背上叠起了罗汉，终于从高高的树枝上摘到了果实。

部特征。拉康内的许多宗教佛像，尤其是大型造像，都采用未烧制的黏土制作而成。这些大型佛像的面部，以及整个表面都被涂满色彩，通常是闪亮的金色，从而使其看上去犹如铜像。这样的佛像在普那卡宗堡较为常见。至于青铜佛像，其中一些非常小，且只有面部被上色。

只有把经文和松香藏进佛像后，佛像才会具备法力和神性，佛像经过开光，工匠们会用画笔让其双眼圆睁。有时你会看到未完工的佛像，未点睛的眼部用绷带遮挡。

纺织品

旺楚克王朝的祖籍地伦奇是出名的织造区，也许这正是王室资助对于纺织工艺的发展影响如此之大的原因，数十位纺织匠被王室所聘用。

织造不仅是另一种手工艺（Zorig Chusum），它也是最富特色和最精致的不丹手工艺品。这种艺术形式的丰富性在廷布的国家纺织博物馆（National Textile Museum）可见一斑。服装、商品包装和靠垫套等日常用品，都是用不丹人家自己编织的布料缝制的。在20世纪中叶之前，有些税可以用织物缴纳，地区宗堡内设人收取。政府过去还将布匹作为僧侣和佛寺的供奉以及世俗官员的“薪资”。直到最近，在特殊场合或晋升仪式时，人们也会经常用布料作为表示祝贺的礼物。不丹妇女仍保留有一些装满精美织物的衣箱，在急需用钱时可解燃眉之急。

与需要遵循严格宗教规定的唐卡绘画不同，织造为织工提供了展现个性的充足空间。图案、颜色、尺寸乃至收尾修饰都反映了现有的材料和工艺以及时尚领域的变革。不丹的织工们极其擅长为“平淡无奇”的面料添加经纬线作为装饰。最精巧的编织工艺通常用于制作传统旗拉和帼，如果用蚕丝织造这些服装可能会耗去长达一年的工夫。

相传织造技术是由松赞干布的妻子引入不丹。每个地区都有独具特色的编织传统和图案，其中伦奇——王室家族的发源地——最负盛名。伦奇的织工非常擅长用类似刺绣的精美图案来装饰旗拉和其他纺织品。不丹东部其他地区则以生丝织造的独特条纹服饰而闻名。布姆唐的织工们生产另一种非常流行的面料亚特拉（yathra），这是一种手工编织的粗纺毛织布条，可以缝制成毛毯、外套、靠垫套乃至汽车座椅套。

虽然亚特拉传统上由背带式织布机编织而成，但20世纪中期从中国西藏地区传入了踏板梭织机，而源自印度的手纺车比纺锤速度更快。如今，所有上述工艺都被家庭纺织者所采用。

最近在政府鼎力支持下，不丹工匠针对国内和海外市场开发了诸如背包、装饰品乃至床单和桌布等产品。

纺织品之旅

观看引人入胜的编织场景，同时欣赏织工们精致的织造技艺和辛勤工作，都是追寻传统纺织品之旅的精彩内容。在导游的帮助下，你可以试着与织工们交谈，也许还能学上几手有着上百年历史的手工技艺。接下来当然是友好的等价交换。手工织物是你在不丹能买到的最传统和最实用的物品。绝大部分商品质量都无可挑剔，但是价格根据图案精致程度以及编织过程中是否使用了昂贵的进口蚕丝而有所不同。手工织品按"段"销售，即30~45厘米宽，2.5~3米长。不丹人将三段这样的布料拼接在一起，制作帼和旗拉等传统服装。

精密编织的传统中心在不丹东部，尤其是伦奇宗的邓卡尔和Khoma、塔希冈宗的卡林和Radi，以及塔希央奇宗的Duksum。布姆唐的尊尼村是将羊毛织成条状亚特拉的编织中心。对纺织工艺情有独钟的旅行者，在参观廷布的国家纺织博物馆之余，不妨前往这些地方，更深入地了解不丹的文化特色。

不丹音乐研究中心（Music of Bhutan Research Centre; www.musicofbhutan.org）致力于推广传统音乐，录制了许多宝贵的不丹民间乐曲和地区音乐。在线销售CD和书籍。

文学

不丹草书字体jo yig与藏文截然不同，据说是由一位名为罗扎瓦·丹玛·册芒（Lotsawa Denma Tsemang）的僧侣创造。但是，不丹文字却是源自藏王松赞干布在位期间由吞弥·桑布扎创造的藏文。在极大程度上，不丹的文学文化都由佛教占据主导；最开始是将佛经从梵文译为不丹文，继而是当地学者开始不断出现，从而推动了喜马拉雅佛教思想的发展。

木版印刷在不丹已经使用了数百年，如今仍是寺院最常见的印刷方式。经文被刻成镜像木版，然后印工两人一组，将手工纸压在抹有墨水的木版上，再用一只滚筒滚过纸张；印好的纸张被放到一旁晾干；印好的书籍被放置在两块板之间，并用布包好。在廷布的国家图书馆有很不错的展览，能够了解印刷过程并欣赏一些非常罕见的经书。

如果想要欣赏融合了传统与现代的不丹音乐，可以找找举梅喇嘛（Lama Gyurme）和让-菲利普·里基尔（Jean-Philippe Rykiel）录制的让人心旷神怡的佛唱专辑《喇嘛的唱经——觉醒之歌》（*The Lama's Chants –Songs of Awakening*，索尼唱片，1994年）和《祈雨》（*Rain of Blessings*，Real World Records，2000年）。

音乐

在不丹，除了宗教庆典所用的仪式乐器外，另有四大传统乐器：华丽的drangyen，或者叫不丹琵琶；只有两根弦的pchewang；竹笛（lyem）；以及用空心木料制成的齐特琴（yangchen），有72根弦，用两根竹片轻轻弹奏。

不丹有许多音乐家专门演唱民谣或宗教歌曲，例如阿姆·廷里（Am Thinlay）等。吉格梅·竹巴（Jigme Drukpa）曾推出专辑《不丹民谣》（*Folk Songs from Bhutan*），最拿手的是两种主要风格的民谣歌曲：17世纪发源自不丹的zhungdra，以及受中国西藏民间音乐影响的boedra。

此外，还有一套流传很广的四辑不丹佛寺音乐CD，它们有着非常容易误导人的名字——《藏传佛教礼乐》（*Tibetan Buddhist Rites*；John Levy，Lyrichord录制）。这套专辑里收入了众多宗教和民间音乐，包括一位云游苦行僧（manip）让人回味无穷的吟唱，内容叙述了夏宗·阿旺朗杰抵达不丹的故事。

戏剧和舞蹈

不丹舞蹈的主要形式是被称为"查姆舞"（cham）的壮观而富有戏剧性的面具舞，通常在不丹各地的戒楚节和其他宗教节日上进行表演。

下面是对戒楚节上经常见到的主要舞蹈的介绍。

须弥山神之舞（Durdag）

大多数情况下，四位身着白衣、头戴白色骷髅面具、手配白色长手套、脚蹬白色长靴的舞者会在戒楚节首日表演该舞蹈。舞者们身体向后弯曲，手臂触摸地面以超度亡者的灵魂。相传舞蹈由夏宗·阿旺朗杰编排，舞者们代表了居于世界中心须弥山外围八大尸林的佛教护法神灵。

英雄之舞（Pacham）

这种充满活力的舞蹈源自白玛林巴的幻象，据说可以引领信徒直接见到莲花生大士。舞者身穿黄色裙装，头戴金色王冠，但是不戴面具。他们手持一个小铃（dri-lbu）和一面小鼓（damaru）。

在戒楚节演出间隙，百姓们会跳起欢快的民间舞蹈。舞者们围成一圈，或者站成一行，踩着复杂的舞步，伴着优美的手臂动作，一同起舞。这时会有一个人领唱，其他人跟唱，或者用副歌作答。

雄鹿与猎人之舞（Shawa Shachi）

源于米拉日巴点化猎人贡布多吉（Gonpo Dorji）皈依佛教的故事，这个舞蹈分为两个部分。第一部分类似滑稽剧，讲述这位猎人准备出发狩猎，他的仆从和他开一些无伤大雅的玩笑。第二部分比较严肃，这位猎人和他的猎犬正在追逐一只鹿，而这只鹿向瑜伽士米拉日巴寻求帮助。身着白色棉袍的米拉日巴高歌一曲，使鹿、犬和猎人都皈依佛教。皈依仪式以猎人和猎犬跳过一条绳子作为象征。

不丹琵琶舞（Dranyeo Cham）

这种舞蹈是为了纪念夏宗·阿旺朗杰将竹巴噶举教义带到不丹。舞者腰携宝剑，头戴圆形头饰，脚踩毡靴，身披厚厚的羊毛外套。其中一位舞者边跳边弹drangyen，这是一种类似鲁特琴的不丹乐器。

黑帽舞（Sha Na Cham）

这种舞蹈一方面是为了纪念佛教僧侣佩吉多杰（Pelkyi Dorji）在公元842年刺杀灭佛的藏王朗达玛的英勇行为，另一方面则是代表从舞者到法力强大的密宗修行者的转变，他们是整个舞池的统治者，通过舞步跺地来驱妖除魔。舞者身穿锦缎礼服、头戴宽边黑帽、身系黑色围裙，代表了护法神灵。

贵族与女士之舞（Pholay Molay）

与舞蹈相比，这更像是一出未经打磨的戏剧。两位王子离开王宫驰骋

购买舞蹈面具

戒楚节上查姆舞表演者佩戴的极具表现力和略显狰狞的面具，是非常受欢迎的纪念品。与邻国印度和尼泊尔截然不同，这里销售给游客的面具，其材质与当地人使用的并无不同。面具勾勒出在人气极旺的舞蹈节上能看到的各种角色和神灵，采用木雕或纸浆制模等工艺制作而成，色彩极为鲜艳。除了全尺寸型号外，还可以找到便于带回家的半尺寸面具。当然，如果是在疾风骤雨的夜晚，睡眼惺忪的你看到这样的面具会有什么后果也值得深思！

疆场，只留下一对老夫妻陪伴两位公主。两位公主和一位老妇人不幸被一些小丑（atsara）引诱和收买。在大胜而回后，王子发现了她们的行径，勃然大怒之下割掉了女人们的鼻子以示惩戒。最后，大家重归于好，王子们和公主们喜结连理。

Drametsi鼓手舞蹈（Drametsi Nga Cham）

根据白玛林巴之子Kunga Gyeltshen的幻象而设，这种舞蹈诠释了100位宁静和忿怒的神灵。舞者头戴动物面具，身着齐膝黄裙，左手持一面巨鼓，右手执鼓槌。

忿怒神灵之舞（Dungtam）

在这个舞蹈中，神灵们是莲师八相之一的忿怒金刚的随从。忿怒金刚及其随从身佩phurba（特别的匕首），用来战胜和驱赶邪灵（由小型人形模型来代替）。这代表着佛教教义让人们从肉身中得到解脱。舞者们身着五颜六色的锦缎盛装，脚踩靴子，头戴可怖的面具。

在廷布，皇家表演艺术学院（Royal Academy for the Performing Arts; www.rapa.gov.bt）培养宗教和民间舞蹈所需的年轻不丹舞者和乐师。舞蹈给人的感觉无与伦比，他们所表演节目的色彩和生命力让人叹为观止。

罗刹和死者审判之舞（Raksha Mangcham）

这是戒楚节上的最大看点之一。它表现了两位刚刚去世的死者在阎罗殿前被审判的经过。阎王爷由一个被罗刹（冥界人物或幽灵）簇拥的大模型来代表。首先接受审判的是一个罪犯，身穿黑衣。在听过黑白无常叙述其罪行，并让其自辩之后，阎王爷判定他的罪孽远远大于善德，于是他被打入地狱。第二个人物身着白衣，阎王爷也听了他的善举和恶行，最后他被判定为善人。在黑无常试图将这个无罪之人带走但未果后，这个人被引领至净土之上。

莲师八相（Guru Tshengay）

莲花生大士共有八种截然不同的化身，其身旁侍立着明妃益西措嘉（右边）和曼达拉娃（左边）。这既是舞蹈，也是戏剧，开场时莲师化身忿怒金刚，面戴一张可怖的红面具，在进入舞场时，后面跟随着八种化身组成的长队。

宗教歌曲（Chhoeshey）

纪念竹巴噶举派创始人藏巴甲热（Tsangpa Gyarey）在中国西藏地区为信徒们打开朝圣地扎日神山（Tsari）的东大门。

建筑

不丹的建筑是这个国家最令人瞩目的特色之一。宏伟的宗堡（城堡寺院）、偏远的贡布（寺院）和拉康（庙宇），以及传统民居都诉说着不丹的独特风格。但是由于缺乏书面规划，建筑主题也就各不相同，具体设计是根据当地地形和现有建材来决定的。

宗堡

不丹的宗堡也许是这个王国最引人注目的建筑。它们是宏伟设计和建造的杰出典范。这些巨大的白色城堡屹立于重要市镇内，同时也是不丹国内全部20个宗（行政区划）的行政办公地，世俗和宗教权威也位于此地。

由于宗堡大多建在山脊之上，因此堡内通常都建有通往最近水源的通道，从而使宗堡里的人在被围困时能够坚守一段时间。

除了每个行政辖区的大型在用宗堡外，不丹还有少量已经毁坏或废弃的宗堡，另有一些宗堡被用作其他用途，例如曲佐姆南边的多布吉宗堡。此外，并非所有宗堡都是古建筑，比如在2012年就有一座新宗堡在楚卡（庞措林附近）落成。

许多宗堡都建有一座瞭望塔（ta dzong），这座塔或者与建筑浑然一体（如贾卡尔宗堡），或者是一个独立的建筑（如帕罗宗堡和通萨宗堡）。这种高塔通常也被用作弹药库和地牢。许多宗堡都需经由吊桥进入，这是一种额外的防护措施。大部分宗堡都有向内倾斜的墙壁，这种建筑特色被称为斜墙。它可以产生视线错觉，让建筑看上去气势磅礴，感觉上比实际尺寸要大得多。

不丹的宗堡都用石块或夯土以及数量巨大的木材修建，其中木材用于制造大梁和木瓦屋顶。这些都是易燃材料，加上寺庙里暗夜长明的酥油灯，导致几乎所有的宗堡都曾遭受过火患之苦。所有重要的宗堡都已经（或者正在）采用传统建造方式重建，但是在许多地方瓦楞铁屋顶已经取代了木瓦屋顶。

不丹的宗堡在建造过程中从来不用钉子，这样高超的建筑技巧使不丹人深感自豪。此外，宗堡的建筑师不会准备任何规划或图纸。他们只是根据心中的建筑概念因地制宜，这正是廷布的扎西曲宗堡在1966年重建时

宗堡保卫战

在夏宗·阿旺朗杰（1594~1651年）统治期间，宗堡承担着它们最主要的功能——堡垒要塞。当地佩罗都在宗堡内办公。在17世纪至20世纪之间，不少争夺控制权的争斗都是由佩罗派兵攻打附近对手的宗堡。这些战役成功的关键是能否攻破对方佩罗所在的宗堡，从而控制整个地区。宗堡通常都设有箭垛，而且只有一扇大门，门后是一条狭窄的通道，需要经过两次直角拐弯才能进入主庭院。这种设计是为了防止敌人对宗堡发动猛攻。

Dzong 宗堡

同时设有行政办公场所与寺庙区域的堡垒式寺院

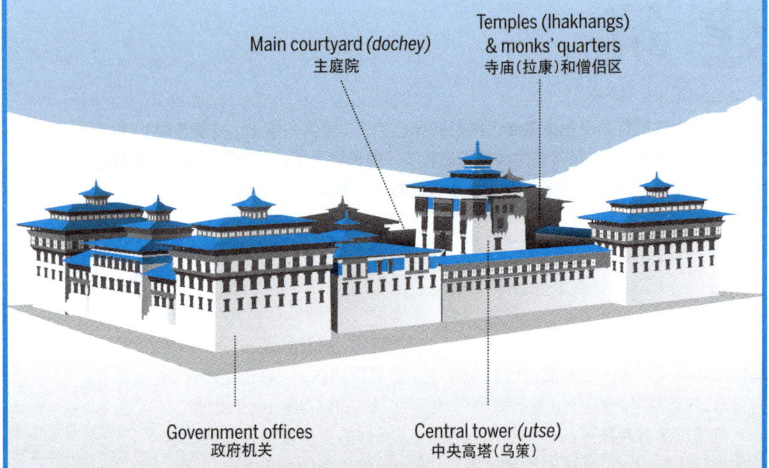

所采用的方式。

每座宗堡在细微之处各具特色，但是大部分都遵循相同的通用设计准则。大部分宗堡由两个区域组成：一个区域用作寺庙和僧房，另一个则是政府办公室。许多宗堡的宗教部分其实是一座佛寺，其中的僧团所在地被称为rabdey。在早期历史中，几乎所有的宗堡内都设有rabdey，但是如今只有廷布、楚卡、普那卡、帕罗、蒙加尔、通萨、贾卡尔、加萨和塔希冈的宗堡内还设有寺院。中央僧团在普那卡、通萨和帕罗宗堡内设有佛学院。普那卡宗堡是宗教领袖——杰堪布的驻锡之地。

宗堡内的主庭院被称为dochey，采用大石板铺砌。沿着宗堡的外墙是数层能够俯瞰庭院的房间和长廊，这些房间通常用作僧舍和教室。由于宗堡内的宗教院落与世俗行政院落实际上是分隔开的，许多宗堡内就设有两个庭院，第二个庭院周围环绕着行政办公室。

宗堡的中心结构是一座状似高塔的建筑，名为“乌策”。在大部分宗堡内，乌策内部都设有一系列拉康，其中每层一座。乌策的一楼是最主要的拉康。

不容错过的宗堡

普那卡宗堡（普那卡）

帕罗宗堡（帕罗）

通萨宗堡（通萨）

扎西曲宗堡（廷布）

贡布和拉康

在宗卡语里，寺院被称为贡布（goemba），这个词的发音与藏语中相对应的gompa截然不同。寺院选址的主要标准是为僧人们找到一个偏僻所在，使其能够保持平和宁静。这种情况在不丹尤为明显，贡布通常建于悬崖峭壁之上或人迹罕至的山腰。

Goemba 贡布

不丹的贡布各有特色，但是它们也都拥有一些共同的特征。它们是一个自给自足的社区，设有一座中央拉康和独立的僧房。拉康通常位于庭院中心，这与宗堡内颇为相似，在各种节日时庭院就会成为舞者表演的舞台。“拉康”一词的概念可能会让人感觉混乱，因为它既可以指建筑本身，也可以说是建筑内的主殿。一些贡布的中央建筑里可能会有多座拉康。

在不丹所有宗教建筑（包括宗堡在内）的屋檐下都有一根被称为“khemar”的红色带状物。通常上面会挂有一个或多个黄铜圆板或镜子，它们代表着太阳（nima）。

下面是对寺院入口处的常见场景描述：

➡ 六道轮回，由阎罗王（Yama）掌控和转动，它代表了往生、与亲人分离以及通往重生的轮回之路。内轮有三种畜生：鸟（象征“贪”）、猪（象征“痴”）和蛇（象征“嗔”）。环绕内轮的是一圈象征仙界和地狱的图案，是指人们在死后会根据一生的业力而转世进入相应的世界。再外圈是“六道”，即众生轮回或重生之所。最外圈是十二个小格子，表示众生在六道中生死转生的运作过程，亦即“十二因缘”。

➡ 吉祥六长寿图（Tshering Samdrup）源于汉传佛教，包括老人、桃树、海螺形山岩、河流、仙鹤（通常是一对）以及鹿。

➡ 一条格子布（看上去有点儿像被子）上整齐地写满了一首诗，每个词都写在一个小方格里，专门用于供奉夏宗法王。

典型的拉康都建有穹形塔尖，在黄色屋顶上都有一个镀金的钟形装饰物，它被称为“serto”。大殿周围都有一条平整的转经道（kora）。外墙边置有转经筒架，僧人和信众在转经时都会转动这些转经筒。

不丹拉康不同于中国西藏寺院的一点是，在佛坛旁会放置一对象牙，象征善行。佛教徒尊崇大象为吉祥物，因为当佛祖出生时，其母亲曾梦见一头白色大象。

人们通过门廊（gorikha）进入拉康内部。门廊上画满了壁画，画中表现的通常是四方守护神或者六道轮回。大殿的入口是一扇巨大的彩绘木门，外有布匹或牦牛毛编织的厚门帘保护。门内就是法堂，也被称为dukhang或kunre。法堂通常较大，有数排立柱撑起屋顶，墙壁上是各种佛教绘画。

在措康尽头是一个精心装饰的佛堂，它可以是主殿的一部分，或者建在单独的房间或拉康中。双层的佛堂供有巨大的镀金塑像，是拉康的中心。根据拉康建造的时间和原因不同，供奉的神像可能是释迦牟尼、莲花生大士或者其他神明。在莲花生大士造访不丹之前所建立的拉康内，通常都供奉着强巴佛（弥勒佛）。

最佳寺庙

- 虎穴寺（帕罗）
- 祈楚拉康（帕罗）
- 切米拉康（普那卡）
- 古杰拉康（卓霍山谷）
- 简培拉康（卓霍山谷）

在寺院或大殿的佛坛上，你会看到带有自生（Rangjung）手印或足印的圣石、一壶插有孔雀翎的圣水、坛城形状的种子供品、一对能够预知未来的骰子、干燥的种子，加上象牙和七碗水，后者象征着佛祖的七步莲花，或者中国西藏桑耶寺最先剃度的七位高僧。在佛坛上，你会看到精雕细琢、颜色华丽的朵玛（供品），用糖、酥油和糌粑制作而成。

大殿内通常有钹、法螺（dungkhar）、双簧管（jaling）以及长长的筒钦（dungchen）。祭坛上摆放有法铃和金刚杵等密宗法器，分别象征智慧和慈悲。大殿内还有传统经文和祈祷书籍库，通常用布包裹。

在大部分拉康里，第二层都有一座叫贡康的殿堂，里面供奉的是保护神。除了举行仪式之外，这些神像通常都被覆盖起来。武器就存放于这间屋子里，其中可能包括旧步枪、盔甲、用犀牛皮制成的圆形盾牌等。在重大赛事前，弓箭手队伍通常都会住在贡康里，但妇女禁止入内，僧人们也不愿意让游客进入其中。

民居

如果我们忽略目前正在大城镇稳步兴起的混凝土房屋不计，那么剩下的不丹民居都是根据地区特点，尤其是海拔高度而因地制宜的。不丹南部低海拔地区占主导地位的是茅草竹屋，在海拔较高的地方，大部分民居都是简单的石头结构，甚至是牦牛毛帐篷。在不丹中部和东部地区，民居多使用石头建造，在西部地区，墙壁通常使用夯土打造，这是一种非常坚固耐用的建筑结构。

一座典型的西部不丹民居通常分为两层，有一个宽敞而通风的阁楼用来存放粮食物品。在乡村地区，底层通常用作粮仓，上层用来住人。在一些

四方守护神

四方守护神（天王）的画像或雕塑出现在门廊（gorikha），以镇守拉康的四方门户。这些守护神起源于古老的蒙古族传统，每位神灵都手持不同的物件。他们是守护这个世界免遭邪灵荼毒和尘世威胁的战士。

剑米桑 西方广目天王（身为红色）；持宝塔及蛇，乃是蛇神纳迦之主。

玉科松 东方持国天王（身为白色）；手弹琵琶，主音乐之神。

南推色 北方多闻天王（身为金色）；持宝幢及吐宝兽（犹鼬），主财富繁荣之神。

帕吉布 南方增长天王（身为蓝色）；右手持宝剑。

Typical Bhutanese House
典型不丹民居

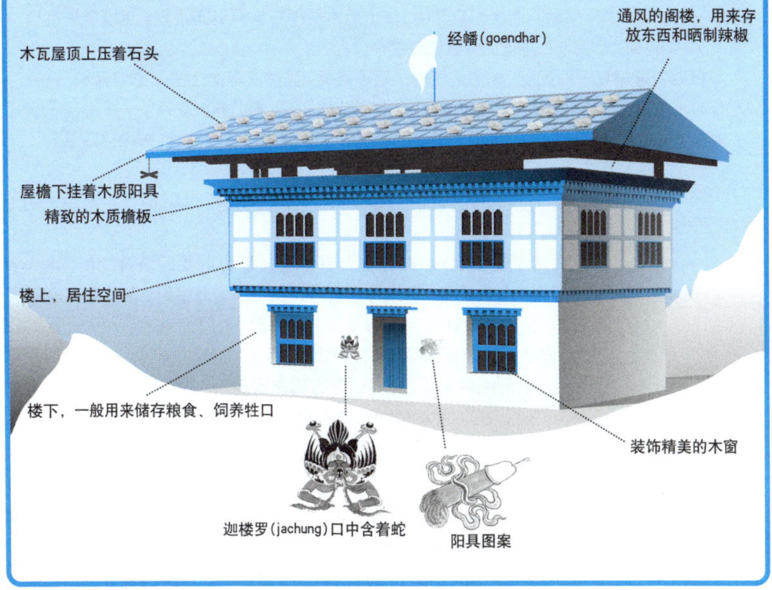

民居中，会专门设置一间精心装饰的房间作为“佛堂”。

下面一层在正面的夯土墙壁上开有大门，有时还有几扇窗户，传统房屋都是坐北朝南的。上层由嵌入墙上洞孔中的木梁支撑。一根根中央支柱支撑起一架架横梁，这是因为很难找到能够与房屋长度相匹配的一整根木料。上层建筑的墙壁只有后部和两侧的后半部外墙采用夯土结构。用作生活区的前部则采用木料建造，有时会精心装饰，朝南还设有大大的窗户。上层木质结构会从前面探出，悬于下层的夯土墙壁之外，给人一种头重脚轻的视觉感受。

在比较古老的民居里，窗户还是木制的推拉窗而非玻璃。最重要的是，不丹的窗户都会钻出一个弯曲的三叶草图案，这被称为是“horzhing”。在不丹，每件事情的缘由都众说纷纭，比如有人认为这种设计是受波斯风格的影响，也有人说这种实用化设计的目的在于让人们能够惬意地在窗边欣赏风景，同时屋内的烟也可以从上面的开口排到屋外。

许多房子都用木雕的阳具进行装饰，通常和一柄剑相互交叉，挂在房顶四角或者房门上方，以驱邪避凶。

在墙壁顶端的屋顶之下通常安装有一道精致的檐板。传统民居的屋顶通常用木片瓦铺砌和倾斜覆盖(上面再压上大石头，以免屋顶被风刮走)，但是木片瓦需要经常更换，因此如今许多人都使用瓦楞铁来建造屋顶。传统不丹建筑中缺少的一项功能就是屋檐排水——除非加装了塑料檐槽，否则你在下雨时进出房屋，通常都会浑身湿透。

房屋内墙(通常也有部分外墙)采用木架结构修建，内填竹编和夯土。这种建造方式被称为织土(shaddam)。

通往上层以及阁楼的楼梯通常是由整棵树干粗制而成的梯子。在攀爬这类梯子时，用手摸索右侧边缘背后会感觉到有道凹槽，这就是“楼梯扶

夯墙

在不丹西部，常见民居的夯土墙厚度在80~100厘米之间。为了建造这些墙壁，首先要搭建一个木架结构，然后用泥土夯实其中。夯土用木棍捶打直至结实平整。当墙壁达到框架顶部时，框架则继续向上移动，接着重复整个过程。

打夯者通常是一群妇女，她们边打夯边唱歌跳舞。虽然不丹女性往往比较害羞，在外人面前比较端庄保守，但是在打夯时她们会放下矜持，与男士们嬉笑玩闹。一所大房子通常需要用长达几周的时间来夯围墙。当泥墙打成后，要么保持原色，要么会被刷成白色。

手”。不丹民居中传统的“飞流直下”型旱厕摇摇欲坠地挂在老房子的上层一侧。

在房屋建造完成后，户主会着手进行最为重要的装饰工作。木头表面都会涂上各种图案，每一种都有特殊的意义。万字符、象征着莲花的花卉图案、云朵和吉祥八宝最为常见。在前面的大门旁通常有更大的绘画图案，往往是迦楼罗或者硕大的红色阳具图案。阳具并非象征生育能力，而是与竹巴衮烈喇嘛有关，人们认为它能驱邪避凶。所有佛教徒都会在家里房顶正中插上名为“goendhar”的经幡。

佛塔

佛塔（chorten）字面的意思是“装盛供品的盒子”。在不丹，所有的佛塔内都存有宗教遗物。佛塔通常坐落在被视为不吉利的位置——河流交汇处、路口、山口和桥边，从而起到镇邪驱凶之效。传统的佛塔形状是源于古印度的舍利塔。佛塔的五个建筑元素都各有含义。方形或长方形塔基象征“土”；半球形穹顶象征“水”；圆锥形或金字塔形塔尖（塔尖有13节，象征通向成佛之路的13个阶段）象征“火”；顶部是新月和太阳，象征空气；垂直的尖锥象征苍穹或者神圣佛光。内部置有一根被称为“sokshing”的雕刻木杆，这是佛塔的“灵”。

有些塔，例如廷布的国家纪念碑，是专门为了纪念某个人而修建的。其他佛塔则是为了纪念圣人到访，或是藏有经书或者葬有圣人或大喇嘛的遗体。不丹有三种基本形式的佛塔，分别为不丹风格、中国藏式风格和尼泊尔风格。

在经过一座佛塔或是玛尼墙时，一定要从左侧以顺时针方向绕行。

尼泊尔风格佛塔源自经典的舍利塔。尼泊尔风格佛塔的四面都画有一双眼睛，即佛祖的万能之眼。不丹的尼泊尔风格佛塔都是参照加德满都的斯瓦扬布纳特寺（猴庙）和博德纳大佛塔而建。塔希央奇的寇拉佛塔（Chorten Kora）和通萨附近的成德布吉佛塔（Chendebji Chorten）是尼泊尔风格佛塔的典型代表。

藏式佛塔外形与舍利塔类似，但是圆形部分会中间鼓出，下部收缩，而不是形成一个穹顶形状。廷布的国家纪念碑就是这种风格的杰作之一。

不丹风格的佛塔由一个方形石柱和顶部的红色带状物（khemar）组成。这种风格的起源已经无从考证，但是人们认为这是对古典舍利塔的简化，只保留了塔尖和方形基座。一些不丹佛塔顶部有一个球和一弯新月，象征着月亮和太阳。

此外，不丹还有几种其他类型的佛塔。双腿佛塔（Khonying）是一种

Chorten 佛塔

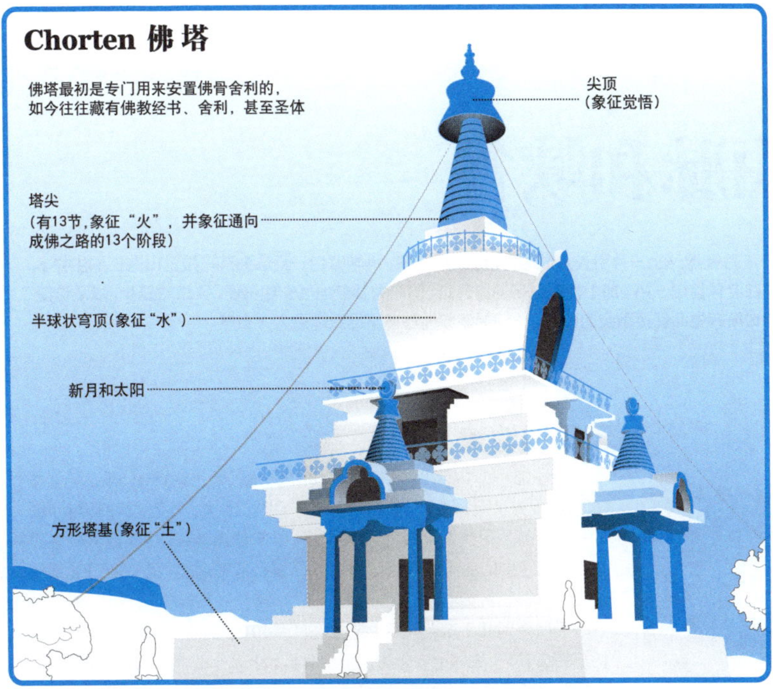

拱道，通常设立在步行小道上作为出入口。旅行者在穿过这类建筑时会积累功德，这种佛塔内部有壁画，屋顶上饰着坛城图案。Mani chukor外形与不丹佛塔极为相似，但它内部中空，放有一座很大的转经筒。这种佛塔通常建于小溪之上或溪边，从而使水流能推动塔下的木制涡轮，带动经筒转动。

山脉和峡谷

不丹是地球上一片引人入胜的角落。长期以来，科学家们一直认为喜马拉雅山东部的生物多样性在全球首屈一指。加上相对封闭的近代史、国内大部分地区交通不便、人口数量少，以及这里秉承对所有生命保持敬畏的传统，一切都使你能够淋漓尽致地融入大自然。

不丹的地势

数百万年前，不丹现在所在的地方曾是特提斯海浅水区的一片宽阔水域。青藏高原（"世界屋脊"）则是滨海地带。

不丹是一个内陆小国，东西长300公里，南北宽150公里，国土面积46,500平方公里，西北、北部和东部与中国接壤，其他边境则与印度为邻——南部是阿萨姆邦和西孟加拉邦，西部是锡金邦。中国西藏的春丕河谷素来为连接印度与中国西藏的古老商贸和考察通道，就在不丹北部和锡金邦之间。

不丹全国几乎都是山区，海拔高度从100米到中不边境上7541米的岗卡彭森峰不等。大体上可分为三个地理区块：北部的大喜马拉雅高山区，喜马拉雅山南侧的山脉和峡谷以及南部的山麓和平原。

大喜马拉雅地区

高耸入云的喜马拉雅群峰屹立于不丹北部和西部边境上。这些山峰是神灵的居所，几乎没有人攀登，其中许多都未被探索，一些山峰甚至还没有命名。群峰之间有一些可以翻越喜马拉雅山脉的高山垭口，但是大多数情况下它仍是一个不可逾越的冰雪屏障（20%的国土面积终年都被皑皑白雪所覆盖）。喜马拉雅山脉从西部的珠穆拉里峰（海拔7314米），延伸至北部边境中间点附近的库拉冈日峰（海拔7554米）。一系列高度稍低的峰群向东绵延至中国藏南地区。

位于不丹与中国边境中间点以南的卢纳纳地区，是冰川雪峰和高山峡谷构成的一片银装素裹的世界，在冬季会大雪封山，一系列高原山峰形成了卢纳纳的南部边界，从而使其与不丹其他地方隔开。

喜马拉雅山南侧

雪峰之南是一片广阔的幽深山谷和植被茂盛的陡峭丘陵组成的世界，海拔1100米到3500米不等。这是不丹面积最大的区域，也是包括廷布在内的所有大型城镇的所在地。该地区是在湍急水流作用力下形成的深谷迷宫。山坡一般都过于陡峭，不适合耕作，所以大部分地方仍被森林覆盖。

不丹西部的大多数边境线都由喜马拉雅山脉构成，其中包括珠穆拉里峰和吉楚扎杰峰（海拔6989米）。一些植被丰茂的山脊从主山脉向东延伸，从而形成了廷布、帕罗、哈阿和萨姆奇等大山谷。在普那卡和廷布之间，有一条界线清晰的支脉，构成了廷布的旺曲和普那卡的普那藏曲

(Puna Tsang Chhu)的分水岭。东西方向的公路需翻越海拔3050米的多楚拉山口。

被称为“黑山”的山脉位于普那藏曲分水岭以东，成为不丹东西部之间的天然屏障。帕勒拉山口（海拔3420米）是翻越黑山的最主要通道。

一道南北走向的山脉将通萨和布姆唐山谷分隔开。公路从永同拉山口（海拔3425米）穿过。继续向东，当噶山脉（Donga range）成为布姆唐和伦奇地区之间的天然边界，琼辛拉山口（海拔3780米）成为公路的分界点。不丹东部地区坐落于当噶山脉以东，包括玛纳斯曲分水岭的大部分。

杜瓦地区（不丹南部山区）

喜马拉雅山脉南部山麓迅速沉降至印度大平原，与从北部奔涌而至的大河共同构成了被称为“杜瓦”（duars）的葱郁而肥沃的山谷地带，这个词来源于梵文，意思是“通道”或“门户”。在英国人侵占不丹南部地区之前，每座杜瓦都受一位不丹宗本（dzongpen；宗堡主）管辖，但由于瘴气弥漫等原因，不丹人多生活在北部山区，这些杜瓦空无人烟。

虽然杜瓦本身其实是两条河流之间的土地，但每处杜瓦都以一条通往不丹的河谷命名。该地区的海拔高度从100米到布拉马普特拉河附近几乎与海平面齐平，坡度微乎其微。

有7处杜瓦紧邻印度阿萨姆邦，位于当希里河（Dhansiri River，Durlah）和玛纳斯曲之间。余下的11处杜瓦，分布于玛纳斯曲至东部的提斯塔河（Teesta River）之间，与印度的西孟加拉邦毗邻。

奔涌的河流

曲（chhu；河流）在不丹地理的形成过程中发挥了重要的作用，它们所蕴藏的丰富水电能力给这个国家的经济注入了强劲动力。大部分河流都发源于不丹高山地区，另外有3条河流从境外流入不丹。阿莫曲（Amo Chhu）从中国西藏的春丕河谷流经不丹西南角（变成托尔萨曲，Torsa Chhu），然后从庞措林流出。玛纳斯曲在不丹东部的两条支流从境外流入。其中库日曲的源头在中国西藏（在中国境内被称为洛扎曲），以平均海拔1200米的高度流经不丹；另一支流Gamri Chhu则发源于中国藏南地区。

不丹所有的河流最终都流经杜瓦肥沃的山谷，汇入布拉马普特拉河。该河在中国境内的部分被称为雅鲁藏布江，源自中国西藏西部遥远的冈仁波齐峰附近。“杜瓦”是一个梵语词，意思是“通道”或“门户”，也是英文单词“door”（门）的由来。

板块上的不丹

在板块构造影响下，喜马拉雅山不断隆起上升，其后果在不丹可谓层出不穷。2009年，一场震中位于蒙加尔的里氏6.1级地震袭击全国，导致重大伤亡和建筑损坏。2011年，里氏6.9级的锡金地震也在不丹造成了破坏并导致1人死亡。2015年尼泊尔大地震时，不丹同样有震感，但没有带来太大的损害。虽然不丹尚未建成永久地震监测网络，但2013年至2014年间设立了一个临时网络，监测到日常发生的无数小型地震，其中大部分都是难以被人感受到的震级。

珠穆拉里徒步路线(见183页)。

不丹的绿色宝库

不丹拥有种类惊人的植物:超过5000种,其中有600余种兰花、300种药用植物以及46种让人叹为观止的杜鹃花。很少有国家可以在如此紧凑的国土区域内,拥有从热带丛林到高山苔原的多样化物种分布。由于冰川作用对喜马拉雅山地势较低的地方没有影响,这些山麓得以成为植物宝库,其中许多都可追溯到冰河时代之前。该地区也是一些地球上最古老的树种植被的家园。

森林一直延伸至海拔4500米的地方,不仅成为重要的燃料、木材和药材来源,而且也塑造了独特的文化,因为它们是许多民谣和宗教仪式的基础。虽然政府政策目标是维持至少60%的森林覆盖率,但是目前这一数字更高,这不失为一个令人欢欣鼓舞的好消息。然而,神话与现实总是界限模糊。虽然森林覆盖率据估计高达72%,但这个数字计算时包括了灌木丛、废弃农田以及针叶林和阔叶林。此外,近年来不丹森林的开发日新月异,林业、采矿、道路建设和水电项目与日俱增,加上不断增多的森林火灾数量,这些都对森林覆盖造成了负面影响。不过,从好的方面来看,不丹已经在推行大规模的森林再造计划。2015年,不丹创造了一项吉尼斯世界纪录,在一小时内种植了49,672棵树木;2016年,为庆祝吉格梅·纳姆耶尔·旺楚克王子的诞生,举国上下种植了10.8万棵树苗。

3月至5月间,漫山遍野开满生机勃勃的深红色红杜鹃(etho metho),这是不丹最著名的杜鹃花,不丹各地的46种杜鹃涵盖从小灌木到20米高的参天大树,种类尤为丰富。

温暖湿热的亚热带

亚热带常绿林生长在海拔800米以下的地方,是独特的生物多样性宝

蓝花绿绒蒿

蓝花绿绒蒿是不丹的国花。它是一种精致的蓝色或淡紫色花朵，带有白色的细丝，其宗卡语名字是euitgel metog hoem。它可以长到近1米高，生长地为林木线以上（海拔3500~4500米）的山岩上，花季在季风早期，从5月下旬至7月，花籽可以榨油。它奇特的开花习性更加增添了它的神秘性和魅力，也让植物爱好者对其分外着迷。它需要多年生长，一生只开一次花，随后成籽，然后死亡。从不丹遥远的东部一直向西，在翻越一些高山垭口时能找到这种璀璨的花朵。

曾几何时，蓝花绿绒蒿和雪人（migoi，又作yeti）一起被视为喜马拉雅山的未解之谜。1933年，英国植物学家乔治·谢里夫（George Sherriff）在不丹研究喜马拉雅植物时，在不丹东部偏远的萨克滕山区发现了这种植物。除此之外，几乎没有人见过这种传说中的花朵，这种神奇花卉散发的神秘气息与雪豹的传说颇为类似。

库，但是这些低海拔地区丰富的植被有许多已被开垦为牧场和梯田。接下来的植被带（海拔900~1800米）是亚热带草原，生长着香柠檬草丛和竹林等。这里还有长叶松、橡木、胡桃木和婆罗双树森林。无数的兰花品种和蕨类植物点缀于林木之间。

丽贝卡·普拉丹（Rebecca Pradhan）编写的《不丹的野生杜鹃花》（*Wild Rhododendrons of Bhutan*）是一本非常不错的赏花指南，并配有全部46种杜鹃花的图片。

幽深密林

在温带地区（海拔1800~3500米），低海拔的亚热带植被让位于橡木、桦木、枫木、木兰和月桂树构成的幽深密林。在大多数山丘上，阳光充沛的南坡都会被树种多样的阔叶林所覆盖。潮湿阴暗的北坡则分布着生命力更顽强的乔松和高耸入云的雪松，以及挂满松萝的冷杉。春季是观赏不丹红色、粉色和乳白色杜鹃盛放的壮丽景观之时，这些杜鹃多分布在多楚拉山口、帕勒拉山口和永同拉山口。

高山野花草甸

在林木线和海拔5500米的雪线之间，分布着小灌木丛、矮杜鹃林和花类草药。在海拔4000米以上的地方，还可以看到矮小版的杜松。

当冬季结束时，积雪开始融化，高海拔牧场此时就变成了一片花海，这种繁花似锦的壮观场景一直持续到初夏时分。在7月季风来临时，又有花儿竞相开始第二波更壮观的怒放，一直招摇到8月底。在这些更高海拔地区绽放的美丽花朵包括银莲花、勿忘我、矮鸢尾、报春花、飞燕草和毛茛。

长叶松和乔松十分容易分辨。因为长叶松的松针为三针一束，乔松的松针较短，五针一束。

环境挑战

20世纪之初，不丹的森林和生态系统都保存完好。但如今随着人口日渐增长，道路不断改善和扩展，耕地面积显得相对有限，因此不丹需要在保护国家自然遗产方面付出不懈努力。

人们不断提升的环境意识促成了相应保护措施的出台。这其中包括禁止原木商业出口和禁止使用塑料袋的全国禁令。虽然不丹已经有意识地决定放弃从自然资源开发中获得直接经济收益，以保护环境、获得长期可持续发展，但是自身发展以及追赶中印等邻国的压力已然成为举国上下热议的话题。

全球变暖和冰川消融

不丹小乡村的温室气体排放微不足道，但却是受全球变暖后果影响最为严重的地方，这是个不小的悲剧。在喜马拉雅地区，冰川湖被数百万立方米的冰川融水所填满，近几十年来冰川湖的溃决次数已经增加了10倍。在不丹，有25个湖泊面临着溃决的风险。

1994年，一座冰川湖溃决，近千万立方米的湖水顺着波曲（Po Chhu）肆虐而下，淹没了许多村庄，并造成下游80公里处的普那卡宗23人死亡。2015年，Lemthang Tsho突然决口，湖水全部流入母曲，万幸的是没有带来太大的破坏。除了加强对于冰川湖的监控外，如今人们已经开始采取各种措施为这些湖泊“减负”，例如，挖掘导流渠等。但是，湖泊突然溃决的威胁依然很大。

香格里拉的盗猎活动

阿德里安·斯托斯（Adrian Storrs）和吉米·斯托斯（Jimmie Storrs）合著的《尼泊尔和喜马拉雅山脉的树林和灌木》（*Trees and Shrubs of Nepal and the Himalayas*）是游览不丹森林的最佳野外指导图鉴。

虽然不丹人通常都会遵守国家出台的保护政策，但是开放的南部和北部边境为动植物盗猎分子提供了机会。许多具有珍稀药用价值或其他经济价值的物种都被盗取和出售。杀戮和盗猎有违佛教教义，但是犀牛角、虎骨、麝香和虫草在不丹境外的高价，使不丹的环境保育面临着前所未有的挑战。

森林和公园管理部（Department of Forests & Park Services）负责开展卓有成效的反盗猎计划，以保护濒危动植物，实施林业法规，控制野生动物器官和制品交易。全国性的护林人网络有助于规范木材砍伐，道路检查站遍布全国，以监测森林产品的运输行为。

薪柴

不丹偏远地区的木柴砍伐管理一直是个棘手的问题。在偏远乡村，木材依然是取暖和烹饪的主要燃料，不丹的人均木柴消耗量高居全球前列。在城镇地区，烹饪时通常采用液化气或煤油，但是人们对不丹农村和城镇能从目前在建的大大小小水电项目中获得电力寄予厚望——虽然其中大部分电能已被指定出售给印度。尽管如此，农村供电已经使人均木柴消耗量有所降低，小型电炉正在国内各地推广开来。

放牧和农耕

环境保护问题集中于人类和野生动物的冲突，例如，被野生动物猎食侵害的庄稼和牲畜，以及高海拔野生动物栖息地环境因放牧而渐趋恶化。目前有许多政府和非政府组织正在开展各种项目，以实现传统农牧民需求和野生动物保护之间的平衡。

不丹还存在着大量轮垦耕作（刀耕火种，宗卡语称为“tseri”）的生产方式，尤其是在东部地区。这种生产方式已被官方明令禁止，政府开始采取普及教育和供应肥料等方式来改变这种世代相传的生产生活。

野生动物和自然保护区

不丹拥有丰富多样的动植物种群，生态系统范围涵盖从略高于海平面的亚热带丛林到海拔7500米以上的雪域群山。国内众多栖息地被认为是近200种哺乳动物和600余种鸟类的家园。

哺乳动物

不丹有不计其数的大型哺乳动物，但除非你徒步穿越或游览皇家玛纳斯国家公园，否则只会与它们缘悭一面。皇家玛纳斯公园是众多著名南亚狩猎物种的栖息地：水牛、印度野牛、鬣羚、野猪以及若干种野鹿（水鹿、麂、白斑鹿和豚鹿）等。这里也是观赏亚洲象和更珍稀的独角犀牛的最佳场所。

在高山小径上徒步时，你也许会幸运地碰见岩羊（bharal）。岩羊是一种类似山羊的羚羊，在生物分类上介于山羊和绵羊之间，在冬天羊毛会变成蓝灰色，生活在海拔1800~4300米的地方。其他在高海拔地区生存的动物还有狼、牦牛和身材矮小、长相奇特的麝。雄麝的麝腺是极具价值的香水原料，这种神秘的麝鹿一直是偷猎者肆意猎杀的目标。当你在高山草甸徒步时，肥胖的土拨鼠会在洞穴中叽喳作响，在不丹西北和东北部还能见到充满好奇心的羚牛。但是，最有可能观赏到羚牛的地方是廷布的莫提塘羚牛保护区。

最佳野生动物观赏点

- 邦德林野生动物保护区：戴帽叶猴
- 珠穆拉里徒步路线：岩羊
- 科里拉山口：犀鸟、拟啄木鸟和其他动物
- 富毕卡山谷：黑颈鹤
- 谢姆冈：金叶猴

猴子

不丹有好几种猴子，其中一些会在白天出来活动，在村庄或大路不远处都能发现它们的踪迹——因此在漫长的乘车旅行期间，不妨在路边的树上找找它们的身影。其中最常见的是阿萨姆猕猴：红褐色的粗短尾猴，通常是10~50只成群结队地在地面行进。在不丹，一直到海拔2900米都能看到它们。恒河猴与它们颇为相似，是印度平原上最常见的猴子。在不丹，这些胆大包天的恒河猴栖息在南部山麓地区。

叶猴是一种仪态优雅的树栖猴，拥有优美的四肢和极长的尾巴，以及极富魅力的外表。有三种叶猴在不丹的森林中栖息——栖息地海拔可达到3600米，它们通常住在高高的树冠上。常见的灰色或长尾叶猴居于帕勒拉山口以西；戴帽叶猴栖息于不丹东部的玛纳斯曲以东；著名的金叶猴仅生活在西部的普那藏曲和东部的玛纳斯曲之间。在从通萨到谢姆冈乘车行进的路上，可以留意寻找路边的猴群。这种美丽的灵长类动物直到20世纪才被科学界所知悉。顾名思义，这种生物的显著特点是它独特的、闪着光泽的金色毛发。

这三种叶猴的胃部都已进化到能够消化林叶，对农业无害。

国家公园和保护区

旺楚克百年纪念公园(WANGCHUCK CENTENNIAL PARK)

面积4914平方公里

不丹最新、最大的国家公园，成立于2008年。这个高山公园将吉格梅·多吉国家公园和邦德林野生动物保护区连成一片，保护了四条大河的水源以及雪豹和羚牛的栖息地。

吉格梅·多吉国家公园(JIGME DORJI NATIONAL PARK)

面积4316平方公里

不丹第二大保护区，涵盖亚热带(海拔1400米)至高山气候(海拔7000米)，保护着一些濒危物种，包括羚牛、雪豹和老虎。村民在公园内耕种和采收当地植物。

托尔萨自然保护区(TORSA STRICT NATURE RESERVE)

面积610平方公里

托尔萨保护区位于托尔萨曲从中国西藏流入不丹的地方。保护区旨在保护温带森林和高山草甸，也是唯一一片无人居住的保护区。

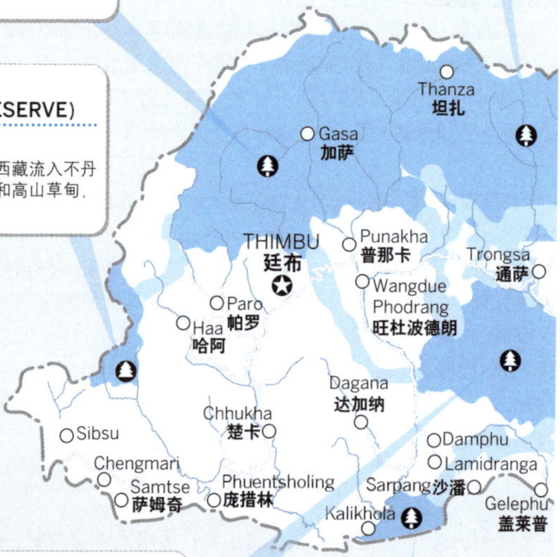

吉格梅·辛格·旺楚克国家公园(JIGME SINGYE WANGCHUCK NATIONAL PARK)

面积1730平方公里

公园将不丹东西部的分水岭黑山纳入其内，是老虎、喜马拉雅黑熊、小熊猫和金叶猴的栖息地。记录在案的鸟类多达450种，令人惊叹。黑颈鹤的越冬之地富毕卡山谷也在公园范围之内。

菲布索野生动物保护区(PHIBSOO WILDLIFE SANCTUARY)

面积269平方公里

位于不丹南部边界，成立之初的目的在于保护不丹仅存的天然婆罗双树林。此外，保护区内还栖息着白斑鹿、大象、印度野牛、老虎、金叶猴和犀鸟等多种动物。

保护区

生态走廊

楚恩馨拉国家公园 (PHRUMSENGLA NATIONAL PARK)

面积905平方公里
用以保护古老的温带冷杉和长叶松森林。这里也是小熊猫和棕颈犀鸟和红胸角雉等濒危鸟类的栖息地。（见153页）

邦德林野生动物保护区 (BOMDELING WILDLIFE SANCTUARY)

面积1521平方公里
保护区内栖息着岩羊、雪豹、小熊猫、老虎、戴帽叶猴、喜马拉雅黑熊和麝等动物，还保护着一大片高山苔原。这里也是黑颈鹤的越冬地。（见168页）

萨克滕野生动物保护区 (SAKTENG WILDLIFE SANCTUARY)

面积741平方公里
这里保护着包括杜鹃在内的若干本土物种。区内生长着多片温带乔松森林，针叶林与杜鹃交错分布。同时这一带还因世界唯一一片雪人栖息地保护区而声名远扬。（见163页）

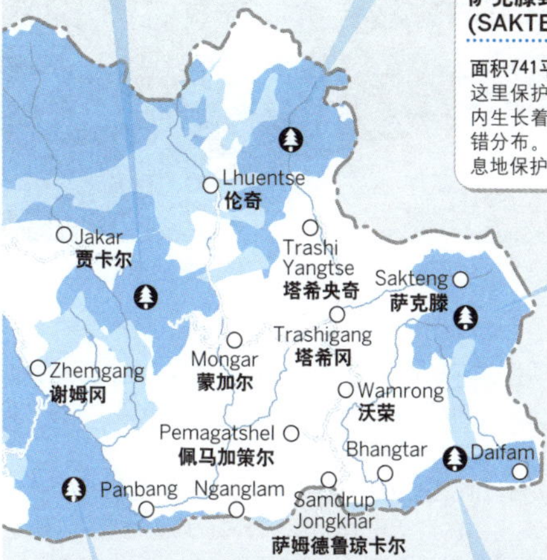

卡林野生动物保护区 (KHALING WILDLIFE SANCTUARY)

面积335平方公里
位于不丹最远的东南角，保护着野象、印度野牛、豹、姬猪、粗毛兔和其他热带野生动物。这片保护区与印度一个规模相当的保护区接壤。

皇家玛纳斯国家公园 (ROYAL MANAS NATIONAL PARK)

面积1057平方公里
与印度的玛纳斯国家公园相连，保护区从平原一直延伸到高山地区。这里是犀牛、水牛、老虎、豹、熊和大象的家园，还栖息着若干珍稀物种，包括金叶猴、戴帽叶猴和粗毛兔。（见148页）

金叶

猫科动物

塔西·旺楚克(Tashi Wangchuk)的《不丹哺乳动物野外指南》(*A field Guide to the Mammals of Bhutan*)是关于不丹哺乳动物、识别特征、行为习性和地理分布的最权威指南，在廷布大多数书店有售。

各种品种的猫科动物在不丹的森林、峡谷和山脉潜行，从家猫大小的丛林猫到百兽之王老虎不一而足。其他猫科动物还有亚洲金猫、纹猫、兔狲、豹猫、渔猫、猞猁、云豹、豹子和神秘的雪豹。

本质上来说，特立独行的老虎在不丹拥有崇高的地位。它们的数量仅有100只左右，大部分都生活在皇家玛纳斯国家公园及周边地区，但是老虎也会在整个不丹游走，甚至包括高海拔地区(海拔4100米)，它们的足迹最远到达吉格梅·多吉国家公园。2012年，多楚拉山口附近的红外触发相机拍到了一只老虎的照片。

不丹已开始实施几项老虎保护措施，再辅以强有力的保护区体系，为老虎的生存提供了有利的环境。不丹和印度的保护区提供了足够大的栖息地，使它们能够维持种群繁衍。

拥有异常美丽的银色斑点外套的雪豹，在栖息地被无情地猎杀，如今已濒临灭绝。这种难以捉摸的猫科动物几乎独来独往，主要是因为一只雪豹的狩猎范围就非常广阔，并且由于海拔较高，其猎物的数量也极为稀少。但是，当它们最喜欢的猎物——岩羊在冬季向海拔较低的山谷迁徙时，雪豹会在后尾随。冬季也是雪豹交配的季节。

熊和小熊猫

不丹有两种熊。杂食的喜马拉雅黑熊生活在温带森林(海拔1200~3500米)，喜食附近农民种植的玉米和水果；而懒熊主要生活在低海拔地区，以白蚁和蜂蜜为主要食物。熊有时的确会对人类发起攻击，原因可能

羚牛——不丹国兽

选择羚牛作为国兽，既是因为它独一无二，也因为它与不丹的宗教历史和神话密切相关。当大圣人竹巴衮烈喇嘛于15世纪造访不丹时，来自全国各地的信众在法会上相聚一堂，共同见证这位"癫圣"的无上法力。人们热切地盼望这位喇嘛大显神通。

但是，这位圣人，以他一贯的疯疯癫癫的出格方式，要求众人先奉上一头牛和一只羊作为午餐。他如风卷残云般津津有味地将这顿饕餮大餐消灭精光，只留下一堆骨头。在打了一个巨大绵长而心满意足的饱嗝后，他拿起羊头，将其放到那堆牛骨上，随后用一声响指，命令异兽复活并到山坡上吃草。在众人惊诧目光的注视下，这只动物起身跑到草地上。后来它被称为羚牛（dong gyem tsey），到今天人们仍可以看到这种略显笨拙的动物在不丹的山坡上吃草。

羚牛一直让动物学家在分类时感到十分棘手。著名生物学家乔治·夏勒（George Schaller）将其描述为"被蜜蜂蜇过的驼鹿"。在夏季，羚牛会迁徙到海拔3700米以上的亚高山带森林和高山草甸，享受茂盛的青草、香草和灌木。通过迁徙，它们可以避开水蛭、蚊子、牛虻和雨季到来时低谷里的其他寄生虫。夏季也是高山植被最丰茂肥美的季节，羚牛在这里很容易长膘：有些雄性体型变得极为庞大，重量可以达到1吨以上。夏季同样是羚牛交配的季节。羚牛的孕期为7~8个月，小羚牛——通常是独胎——在12月至次年2月之间出生。有时候，喜马拉雅黑熊会尾随怀孕的羚牛，待其生产后将羚牛赶走，吃掉刚刚出生的小牛犊。

到8月下旬，羚牛会慢慢向较低的山谷迁徙，群落开始分散而居。它们于10月下旬到达海拔2000~3000米的温带阔叶林冬季草场。

法律禁止狩猎羚牛，而且针对羚牛的偷猎活动也极为罕见，因为它们的身体器官经济价值并不高。但是在传统医学里，微量的羚牛角据说对难产的妇女有帮助。

羚牛面临的主要威胁，是与家畜牦牛竞争高山草甸的牧草，以及渐渐消失的温带森林栖息地。

塔西·旺楚克（*Tashi Wangchuk*）

是较差的视力导致其将站立着的人视为一种威胁。

小熊猫在不丹被称为"aamchu donkha"，在帕勒拉山口、琼辛拉山口和加萨宗部分地区较为常见。它身体呈明亮的栗色，身长大约50厘米，有着蓬松的环纹长尾巴，脸上有白色斑纹。小熊猫昼伏夜出，白天在树上睡觉，夜晚下地寻觅竹子等食物并袭击鸟巢。

> 昆桑·曲登（Kunzang Choden）编写的《不丹雪人故事集》（*Bhutanese Tales of the Yeti*）描述了不丹人关于这种神秘的生物可能在何处以及如何生存的信念。

鸟类

每年，不丹本已丰富多彩的鸟类名单都会日益加长，这是不丹令人瞩目的生物多样性以及这个王国相对少量系统化观察研究鸟类工作的成果。尽管如此，记录在案的鸟类已经超过600种，观鸟已经成为极受欢迎的团队游项目。

不丹的越冬黑颈鹤族群早已大名鼎鼎。但是更鲜为人知的越冬鸟类种群是白腹鹭，这是一种极危物种，是世界上最稀有的50种鸟类之一，全球现存数量不超过250只，多数时候以单独个体出现。如果运气够好，可以在普那卡、旺杜波德朗、谢姆冈附近，尤其是沿着芒德曲河谷的公路发现这一优雅的鸟类踪影。了解更多鹤类信息，包括下载野外指南，可访问国际鹤类基金会网站（International Crane Foundation; www.savingcranes.

卡萝尔·因斯基普(Carol Inskipp)、蒂姆·因斯基普(Tim Inskipp)和理查德·格里米特(Richard Grimmett)编写的《不丹的鸟类》(*Birds of Bhutan*)是一本关于不丹珍贵禽类的综合图解。

org)。

一些鸟类则是短暂途经此地，在秋天和春天迁徙往返于中国西藏和印度北部之间。被视为珍稀鸟类的玉带海雕(Pallas' s fish eagle)，每年春天在旺杜波德朗附近的普那卡曲都能觅见其踪。通常它们都与在中国西藏繁衍的鱼鹰、野鸭、反嘴鹬等迁徙鸟类一起行动。

渡鸦是不丹的国鸟。1616年，夏宗法王就是在一只渡鸦的引领下到达不丹，不丹国王头戴的王冠就是渡鸦的形状。

冬季会有无数鸟类迁徙至低海拔地区，其中包括岩鹨、朱雀、蜡嘴雀、雪鸽和雉科动物，包括红胸角雉、喜马拉雅虹雉以及血雉等。早起徒步的细心观察者经常可以在廷布附近的高山和山口看到这些鸟儿。在夏季，许多在低海拔地区生活的鸟类会迁往高海拔地区进行繁殖；这些品种包括长相富有喜感的戴胜鸟、不同品种的山椒鸟、布谷鸟(至少可以听到五种布谷的不同曲调)、拟啄木鸟、柳莺、太阳鸟、雀鹛和凤鹛等。

考虑到茂密的森林覆盖以及陡峭的垂直坡度，公路通常是观赏鸟儿的最佳地点。我们推荐的路段包括从多楚拉山口前往旺杜波德朗的下山路(爱好冒险者可以选取古时的小道，这样能看到更多的鸟儿)，从旺杜波德朗到Nobding的道路(前往帕勒拉山口的路上)，以及到达通萨之前的路上。对于那些前往东部地区的旅行者而言，森格和凌美堂之间2000米的高度差堪称壮观：该地区曾有棕颈犀鸟和红腹咬鹃出没的记载。记得一路上都要密切留意观察——我们在廷布和庞措林之间的格都镇附近，就曾看到过棕颈犀鸟。

徒步游将使你有更多机会看到高山鸟类，其中包括胡兀鹫、高山秃鹫、渡鸦、独有的高海拔涉禽——鹮嘴鹬——以及各种色彩缤纷的野鸡。

国家公园和保护区

不丹国内设有5个国家公园、4个野生动物保护区和1个自然保护区，总面积达16,396平方公里，占全国面积的43%。另外还有3307平方公里区域被划定为生物走廊网络，将所有9个保护区连接到一起，从而使这个国家

黑颈鹤

珍稀而脆弱的黑颈鹤在不丹人心中和民间传说里占有特殊地位。它们每年秋天从中国的西藏地区抵达不丹，会让人们载歌载舞为之欢庆；它们的到来通常意味着收获季节的结束，也是农耕家庭开始一年一度举家南迁之际。

许多传说和神话与这种鸟类息息相关，不丹人将其称为“thrung thrung karmo”。富毕卡、邦德林和Gaytsa等地高山峡谷中的湿地是多达600只黑颈鹤的越冬地。与其他鹤类一样，这些鸟儿也有非常优雅的觅偶仪式，雌雄配偶会翩翩起舞、相对鞠躬、扇翅腾空并翻腾植被，同时发出婉约悠远的鸣叫。想要分辨雌雄是一件难事，因为二者的颜色极为接近，但雌鹤通常体型较小。黑颈鹤的食物包括田间掉落的粮食、薯类以及各种昆虫等。

世界上共有9000~11,000只黑颈鹤，它们生活在中国西藏和拉达克。除不丹外，它们的越冬地还有中国西藏南部以及云南东北部。

皇家自然保护学会(www.rspnbhutan.org)积极致力于这种动物的保育工作，并鼓励不丹民众参与其中，每年还会在富毕卡山谷和邦德林山谷监测黑颈鹤的越冬情况并制作黑颈鹤宣传片。

冬虫夏草

根据相关调查，亚洲市场的虫草成交量每年达到100亿美元以上，据说只有犀牛角、象牙和虎鞭的影响力能与其热度相媲美。大部分购买者都看重它的壮阳功效。一些中国游泳教练和中医从业者热捧冬虫夏草（yartsa goenbub）的药用价值，以至于如今它即便不是按克计价的最贵重商品，也是其中之一。它同时也被称为caterpillar fungus或cordyceps。冬虫夏草是一种奇特的真菌，寄生于蝙蝠蛾幼虫里并最终将其杀死。这种独特的植物仅生长在喜马拉雅地区和中国西藏地区的高海拔草甸上。

进出不丹的中国西藏牦牛牧民传统上都会选择挖虫草来贴补家用，但是中国对虫草需求的不断增加，使得中国西藏以及尼泊尔和不丹的草地上遍布虫草挖掘者。在本书撰写时，虫草价格已飙升至每公斤10万美元。

不丹于2004年立法将虫草采挖合法化，从那时起挖虫草的势头愈演愈烈，从而引发人们对其可持续性的担忧。虽然虫草贸易受到官方监管，但高利润带来的非法采掘和黑市贸易大行其道。

然而这项喜马拉雅的暴富行业，却带来了一系列悲剧性的蝴蝶效应，其中之一就是整个亚洲的老虎偷猎日益猖獗。因为靠挖虫草而发财的部分本地人有用虎皮做披风（chuba）或家中装饰的习惯。2014年，中国首次公开承认允许圈养的虎皮交易。目前，中国依然是偷猎大型猫科动物制品最主要的目的地市场。

52%的土地都置于某种形式的保护之中。

除了三个保护区以外，其余保护区内都包括有人定居的区域。维护当地文化、发扬当地传统是不丹国家公园体系的使命之一。政府制订了一套全面的保护和开发计划，从而使在保护区内生活的人们能够继续农耕、放牧、采集植物和砍柴。

不丹建立国家公园体系的初衷是保护重要的生态系统，其中大部分都未开发成旅游景点。除了一两处例外，你不会在国家公园里发现类似其他国家的各种基础设施，例如公园大门、露营地以及游客中心等。在许多情况下，你甚至不会意识到自己正在进入或离开某个国家公园。

麝是一种原始的鹿类，没有鹿角；雄性和雌性麝都有超大突出的犬齿，雄性犬齿长度可达7厘米，用来进行领地争夺战。

生存指南

出行指南

签证

对于参加预付全包团队游的旅行者来说，签证由你的旅行社安排申请，在抵达不丹时方可获取。

大部分国家通过驻外大使馆发放签证，在出发前已将签证贴在护照上，但不丹有所不同。你只能在到达不丹后才能获得签证，要么是由帕罗机场入境，或者是（走陆路）由庞措林、盖莱普或萨姆德鲁琼卡尔入境。你必须通过旅行社提前递交申请，并在前往不丹旅行前获得签证批准。

旅游签证的全部申请工作必须由不丹的旅行社操作，并且要得到位于廷布的外交部的批准。旅行社向位于廷布的不丹旅游局提交在线申请表和护照信息页的电子副本。旅游局核查你已支付旅程的全部费用（包括40美元的签证费）后，会给旅行社签发批准函。拿到批准函后，旅行社就可以向外交部提交最后一项申请，审理签证需要3天时间。

不需要填写专门的签证申请表。只需给你的旅行社/当地旅行社发一张护照照片和护照信息页的扫描件即可。你可能还需要提供永久居住地址和职业信息。

外交部在签发签证后会向旅行社和不丹皇家航空公司/不丹航空公司发送一个签证确认码。航空公司在收到确认码后才会给你出前往帕罗的机票，并在你办理登机手续时再次核查签证信息。

当你到达游客入境口岸后，你的护照页会被敲上真正的不丹签证。签证上注明了你计划待在不丹的精确时间。按照惯例，在这之前你应当已将40美元的签证费直接支付给了旅行社。如果因为某些异常情况需要将签证延期，可让旅行社帮你处理。

考虑到此过程耗费的时间、两地之间的距离和涉及的多级政府机构，不丹的签证办理效率可以说非常之高。当你到达不丹后，签证官总是能从文件中找出你的申请表，并当场签发签证。将扫描后的签证批准书打印下来随身携带，能协助移民局官员和不丹皇家航空公司迅速找到你的信息。

邻国签证

印度

中国旅行者前往印度需要签证。可以在中国国内申请至多90天的单次入境旅游签证，签证有效期从签发之日而非入境之日起算。如果签证上没有注明停留期限，表示旅行者可在签证有效期内入境，一直停留到有效期的最后一天。目前，赴印的签证申请全部由印度签证中心代为递交材料，除了工作证明，申请者还须提供1万元至少冻结3个月的存款证明原件（开具日期最好在一周内，在北京提交申请的申请人不需要提供该证明），签证流程和需要提交的材料请参考签证中心网站www.blsindia-china.com，递交申请后4~5个工作日出签。

各地印度签证中心信息：

北京签证中心（010 8446 3955；beijing.blsindia-china.com；北京市朝阳区麦子店西路3号新恒基国际大厦723室）

上海签证中心（021 52556275；shanghai.blsindia-china.com；上海市长宁区延安西路2299号上海世贸商城10层J12）

广州签证中心（020 3884 3689；guangzhou.blsindia-china.com；广州市天河区天河北路30号时代广场东座11层1110室）

印度驻华大使馆（☎010 8531 2500；eoibeijing.gov.in；北京市朝阳区亮马桥北街5号）

印度驻上海总领事馆（☎021 6275 8882；www.cgishanghai.gov.in；上海市延安西路2201号上海国际贸易中心1008室）

印度驻广州总领事馆（☎020 8550 1501；www.cgiguangzhou.gov.in；广东省广州市林和中路8号海航大厦14楼1-4）

印度驻香港总领事馆（☎00852 3970 9900；www.cgihk.gov.in；香港金钟道95号统一中心16楼D室）

尼泊尔

如果计划从加德满都前往不丹，需要提前办理尼泊尔签证，所需材料比较简单，护照（有效期至少6个月以上）、身份证副本、2寸彩照一张加申请表即可，10岁以下儿童需提供出生证明；一般3个工作日可出签，签证有效期分15、30和90天不等。

亦可访问http://online.nepalimmigration.gov.np/tourist-visa，在线申请尼泊尔签证；或在加德满都特里布万国际机场等口岸免费办理落地签。

尼泊尔驻中国大使馆（☎010 6532 1795转11；nepalembassy.org.cn；北京市朝阳区三里屯路西6街1号）

尼泊尔驻拉萨总领事馆（☎0891 681 3965，682 2881，681 5744；西藏自治区拉萨市北京中路64号）

尼泊尔驻上海总领事馆（☎021 6272 0259；www.nepalconsulateshanghai.org.cn；上海市北京西路669号16楼D座）

尼泊尔驻香港总领事馆（☎00852 2369 7813；hkg.nepalconsulate.gov.np；香港九龙尖沙咀科学馆道1号康宏广场北座715室）注意，新护照（即“白本”）不能在香港申请尼泊尔签证。

旅行许可证

禁区许可证

帕罗和廷布山谷以外的地区都被列为不丹的禁区。旅行社办有一张旅程一路所需的“公路许可证”，警察会在设于重要路口的移民检查站核查许可证并在上面做批注。旅行结束后，旅行社必须将许可证交还给政府进行仔细检查，看是否与批准的行程有重大偏差。一般来说，你不会感觉到这一流程的存在。

Hongtsho（位于廷布以东）、楚卡（位于廷布和庞措林之间）、仁钦丁（位于庞措林上方）、旺杜波德朗、Chazam（位于塔希冈附近）、沃荣（位于塔希冈和萨姆德鲁琼卡尔之间）和萨姆德鲁琼卡尔设有移民检查站，工作时间为每天5:00~21:00。

进庙许可

节日以外的日子里，游客可以游览宗堡的庭院，可能的话，还能进到措康（tshokhang）和每座宗堡内指定的一间拉康，但必须有不丹的注册导游陪同。享受这一条款时需遵循某些限制条件，包括拜访时间、着装要求和其他因地而异的规矩。

不丹旅游局发布了一份游客不能参观的地方名单，数量不多，我们因此默认其余所有地方都能够游览。你通常可以参观任一由私人或村庄管理的拉康。宗堡在戒楚节期间向所有人开放，你也许能进到庭院，但不能进入拉康。旅行社将处理所有必需的文书工作，因此如果你有某个想游览的确切寺庙或佛堂，请提前告知他们。

如果你是名佛教徒，可以申请拜访通常限制游客进入的宗堡和宗教机构。持国内获得认可的佛教组织的介绍信将增加申请的可信度。

保险

去不丹的中国旅行者大多数会通过国内的旅行社办理行程，旅行社也会按照规定为游客购买基本的保险。具体的险种与保险条款，可向旅行社咨询。如果打算自行购买保险，可考虑美亚保险（www.aiginsurance.com.cn）与中国平安（www.pingan.com）等推出的境外旅游险种。需注意两者均不接受境外投保，投保时必须在境内。其中美亚的“万国游踪”险种以及平安的亚洲旅游险还承保骑马、漂流、徒步等户外活动。仔细阅读你的保单，确保它承诺赔偿救护车或在偏远地区动用救生直升机的费用，或坐飞机紧急撤离的费用。

可在www.lonelyplanet.com/travel_services上购买到世界各地的旅行保险。你可以随时在线购买、延期或索赔——即使已经在路上了。在慧择保险网（www.hzins.com）与磨房网（doyouhike.net）上也可购买。

货币

不丹的货币单位是努扎姆（Nu），汇率与印度卢比挂钩。1努扎姆相当于100切特鲁姆（chetrum）。不丹发行有

25、50切特鲁姆和1努扎姆的硬币以及1、5、10、20、50、100、500和1000努扎姆的纸钞。1努扎姆硬币上有吉祥八宝图案，不同纸钞上印有不同宗堡的图案。

印度卢比可以在不丹使用（如果别人找给你卢比，不要惊讶）。按照官方规定，由于存在大量伪钞，因此不接受500和1000面额的印度卢比，但实际上500面额的卢比流通无阻。努扎姆不能在印度使用。

不丹人不介意你携带一定数目的印度卢比进入不丹，尽管印度政府禁止携带本国货币出境。

自动取款机

不丹银行（Bank of Bhutan，简称BoB）、不丹国家银行（Bhutan National Bank）和Druk PNB Bank的自动取款机通常可使用国外信用卡。不过，最好在廷布或帕罗取出足够的现金，然后再前往偏远地区，尤其是东部地区。取现限额为Nu10,000或Nu15,000。

讨价还价

不丹人没有讨价还价的习惯，除了在徒步去虎穴寺路上和廷布周末市场里当地手工艺品区的街边小贩，能发挥还价本领的机会并不多。

现金

如果你计划购买贵重商品，如纺织品或艺术品，考虑带上美元现钞。大多数商店都接受美元。如果你提前兑换好大笔努扎姆，但没看中任何物品，就又得将它兑换回去，直接使用币值较高的美元可以替你省去这些麻烦。

货币兑换

游客的行程已全部预先付费，因此从理论上讲你可以不带任何当地货币，当然也许你会想兑换至少50~100美元，用来支付洗衣费和酒水费，还要准备购买纪念品和付小费的钱。

机场的兑换处、廷布和庞措林的大型酒店和银行可以兑换所有主要货币，有时也能兑换挪威、瑞典、丹麦、芬兰等北欧国家的货币。如果你要前往不丹中部和东部，最好带美元。在一些小城镇，外币兑换业务可能不纯熟，因此会有一些磨蹭，对此要做好心理准备。如果用面额小于100美元的钞票兑换，那么你享受的汇率会稍微偏低（大约低10%）。通常不接受1993年之前发行的美元纸币。

从廷布或帕罗离境时可将未用的不丹努扎姆换回外国货币（尽管通常为美元）。在本书调研期间，从萨姆德鲁琼卡尔离境的旅行者尚不能享受这种便利。你需要出示原始的兑换单据。不丹货币在不丹以外的地方毫无用处（除非作收藏之用）。

不丹有两家主要银行：**不丹银行**（www.bob.bt）和**不丹国家银行**（www.bnb.bt），每家银行都在全国各地设有分行。取现均不收手续费，旅行支票兑现收取1%的费用。不丹银行主要分行的营业时间一般为周一至周五9:00~13:00和周六9:00~11:00，但其在通萨、塔希冈和蒙加尔的分行周日营业，周二休息。它在廷布的一家分行关门时间较晚。提供外汇业务的新兴银行包括Tashi Group集团的T-Bank和Druk PNB Bank，它们的分行数量虽不多，但也在不断增加。

信用卡

大型手工艺品商店、廷布以及游客数量较多的城镇的某些大酒店接受信用卡刷卡，但你需要多付5%，以支付信用卡公司收取的费用。PIN码必须是四位数字。

小费和税费

通常情况下，你的不丹旅程从头至尾都会由同一位导游陪同，司机也很有可能全程服务。旅行结束时他们会希望你给小费，尽管这违反了不丹旅游局的规定。许多团体旅游的领队会在旅行尾声时收集小费，然后将钱放在一起给他们。团体人数多的话，这会是笔很可观的数目。这种做法已经让不丹导游对此抱有过高期望。

在徒步途中，给向导、厨师和服务员小费是合适的。马夫同样会想要小费，但如果他们是马匹或牦牛的所有者、靠出租它们赚钱的话，小费就不用给太多。但是，如果他们在扎营杂物和路上表现得特别好的话，也值得多给一些钱。

如果你是自己亲手支付小费的话，在离开的前天晚上将钱分别放入一个个信封中交给他们，因为结束当天事情全挤到一堆，容易忘记。

对于那些自行付费的游客，大部分的酒店会收10%的不丹营业税（BST）和5%或10%的服务费，这些费用已包含在报价中。大部分餐馆也会按相同的标准收取费用，尤其是在你要求开发票的情况下。

旅行支票

大部分酒店、任一银行和机场的外币兑换处均可兑现旅行支票。兑换旅行支票需要支付1%银行手续费。最好只使用美国运通等著名品牌的支票。旅行支票在不丹丢失后就无法补办。

电源

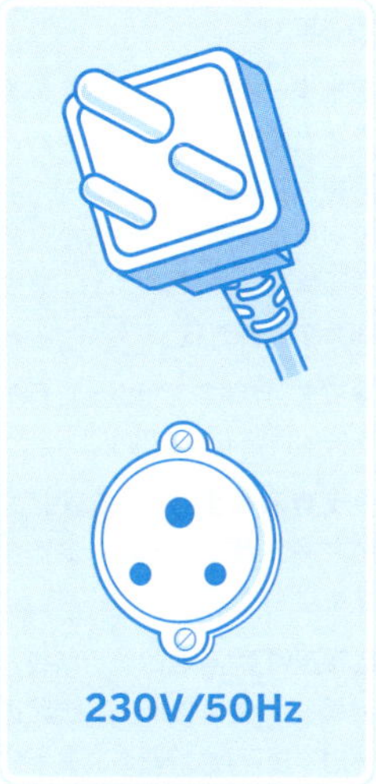

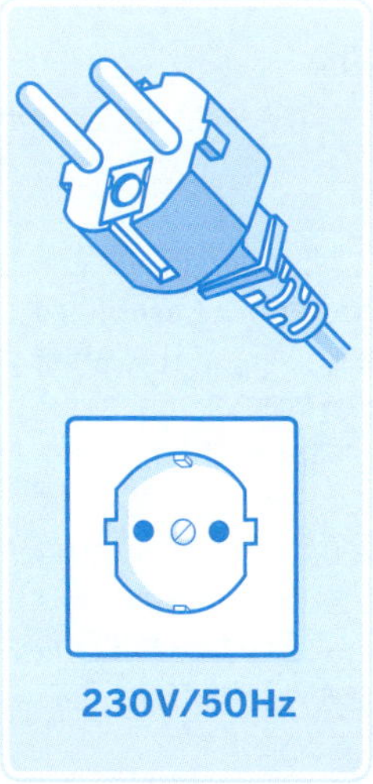

使领馆

位于第三国的不丹大使馆不提供签证业务。所有的旅游签证申请必须通过旅行社和位于廷布的不丹旅游局（简称TCB）转给外交部（Ministry of Foreign Affairs）。

只有少数国家在不丹设有使领馆。不丹通过其在德里和达卡的大使馆处理外交事务。中国与不丹暂未建交，但保持友好交往。

孟加拉国大使馆（见52页地图；☎02-222362；传真02-322629；Thori Lam，Thimbu）

印度驻廷布大使馆（见52页地图；☎02-322162；www.indianembassythimphu.bt；India House，Zhung Lam；⏰周一至周五 9:30~13:00和14:00~17:30，印度节假日期间关门）

印度驻庞措林领事馆（见118页地图；☎05-252101；www.consulatephuentsholing.nic.in；Gaki Lam）

泰国总领馆（见52页地图；☎02-324030；www.royalthaiconsulate.bt；Bldg 8B，Khachoe Lam；⏰签证申请 周一至周五 9:00~13:00，签证领取 14:00~16:00）

海关条例

到达不丹后你要填写一张行李申报单。这张表格的主要目的在于确保游客们在离开不丹时带走了所有申报物品。将你携带的贵重物品罗列清楚，如相机和笔记本。请妥善保管此申报单，因为在离开不丹时还须将它交回。

免税额包括1升的酒水。你仅能携带一条烟（300根）入境，并且还要为此支付200%的关税。一两包烟通常可免征税。其他个人财物入境时不受限制，包括徒步器具。

离境的程序简单明了，但你需要出示入境时填写的行李申报单，或许还要向海关展示申报单上列出的所有物品。遗失行李申报单会使问题变得复杂且耽误时间。如果你丢失了这张单子，请尽快告知你的导游，以便让他特事特办，避免后续麻烦。

不丹禁止出口古董和野生动物制品。如果你买的纪念品看起来年代久远，请让你的导游将它拿去文化财产处（Division of Cultural Properties）报批，这个机构隶属民政和文化事务部（Ministry of Home and Cultural Affairs）的文化部门（Department of Culture）。海关官员对宗教造像尤为留意。不管你买的雕像看起来是否老旧，都有必要将它送去报批。

旅游信息

不丹旅游局（Tourism Council of Bhutan，简称TCB；见52页地图；☎02-323251；www.tourism.gov.bt；Chang Lam）的官网内容全面，可引导你至能帮忙安排不丹旅游的旅行社。不丹没有在国外设立政府旅行局办事处。

不丹大型旅行社的网站上大多都有关于不丹的信息，内容实用全面。

活动

你有无数机会离开车辆，

热石浴（DOTSHO）

大部分酒店都提供传统热石浴，这是一种像棺材一样的简易木箱，往里面放入用火烧热的石头后可将热传递给木箱里的水。这些岩石被烧得通红，丢入水中嘶嘶作响，热石上方有一道铁丝网，起到保护洗浴者的作用。更加传统的地方会加入蒿草等天然草本植物。因为石头加热需要时间，因此你得提前几小时预订。洗一次热石浴的费用约为Nu2000，顶级场所的价格翻倍。如果去的是较便宜的地方的话，带上你的毛巾和肥皂。

用整天时间四处走走活动手脚。参加徒步一日游一定不会让你后悔，尤其是如果你乘车快速辗转于不同地区时。此外还有一些更为正式的徒步路线，所需时间3天至24天不等。

观鸟

不丹早已因越冬的黑颈鹤而闻名于世，但它还拥有超过600种记录在册的鸟类和种类可观的鸟类栖息地，小小的不丹堪称观鸟爱好者的天堂。

虽然下列旅行社专门经营观鸟游，但不丹拥有丰富的成熟林，加之没有捕猎活动，不管你参加何种团队游都有机会看到鸟类。

Bhutan Birding & Heritage Travels（☎02-332302；www.bhutanheritage.com；Thimbu）

Sunbird Tours（☎英国（+44）01767 262522；www.sunbirdtours.co.uk）

Wings（☎美国（+1）520 320 9868；www.wingsbirds.com）

骑行

山地自行车运动既受不丹本国人欢迎，也受外国人的欢迎。专营自行车团队游的旅行社提供自行车出租，并能给予路线上的建议，包括**Yu-Druk Bicycle**（见52页地图；☎02-323461；www.yudruk.com；Thori Lam）和**Bhutan Biking Tour**（☎08-271941；www.bhutanbiking.com；Paro）。如果在国外，可以咨询**Bhutan By Bike**（☎美国（+1）978 297 6143；www.bhutanbybike.com）。某些经营探险游的公司会组织骑车穿越不丹的旅行，允许骑手骑自己的自行车，全程提供后勤保障车服务；租用当地山地自行车每天需额外支付30美元。

长距离骑行很具挑战性，因为沿途有许多上坡路，还有轰轰开过弯道的汽车——他们可不会料到有人在路上骑车。当地的骑行地点中，帕罗、廷布和布姆唐等山谷可提供更加安全轻松的山地车骑行体验。推荐地点有：

其列拉山口 想要体验疯狂骑行的话，在山口最高处下汽车，然后连续骑行35公里下山，既可以走主干道，也可以经Gorina走伐木小道。

帕罗山谷 沿铺装公路骑往杜克耶宗堡，然后从Satsam出发沿西边农场的土路返回，一日游行程30公里。

富毕卡 这里的自行车道是为发展当地生态旅游而开辟的，同样，你也可以尝试新路线，沿着不同难度等级的伐木小道骑往泽里拉山口（Tsele La），骑往Tikke Zampa过夜。

普那卡 有数条专为山地自行车而辟的道路（见108页）。

丹戈寺和杰里寺 廷布以北的精彩一日游，骑行和徒步结合起来。

廷布至帕罗 有趣的骑行路线，但是在到达曲佐姆（去往庞措林的岔路口）之前路上交通十分繁忙。

钓鱼

在许多河流中，允许使用

雷龙之旅与雷龙狂怒

雷龙之旅（Tour of the Dragon；www.tourofthedragon.com）是不丹山地自行车的头号盛事，比赛路线蜿蜒曲折，要求在一天之内从布姆唐骑到廷布，全长268公里。赛道全程海拔上升3790米、下降3950米，并经过位于不丹有名盘山公路上的四座山口。比赛在9月的第一个周六举行，国际选手的报名费为250美元。如果觉得这样的赛事过于艰难，不妨考虑难度稍低的雷龙狂怒（Dragon's Fury），赛道全长仅60公里，从梅钦那至多楚拉山口海拔爬升1740米，然后一路下坡至廷布。比赛与"雷龙之旅"安排在同一天举行，国际选手报名费为100美元。

诱饵或飞蝇钓棕鳟，但是许多不丹人基于宗教原因并不待见此种行为。钓鱼必须要有钓鱼执照（每天Nu500），办理方法请咨询你的旅行社。任何一座僧院、寺庙、宗堡或佛学院方圆1公里内禁止钓鱼。禁渔期为10月至12月，全年的多个宗教节日里也禁止钓鱼。由于栖息地被破坏、水坝建设以及环境污染，次大陆河流中的一种传奇鱼类——金色鲃鱼（golden mahseer），在喜马拉雅河流中的数量已经受到威胁。虽然相对而言不丹很少采取威胁到自然河流生态系统的方式发展，但近年来水电开发的激增也引发了科学家和钓鱼爱好者的担忧。

Yangphel Adventure Travel（☎02-323293；www.yangphel.com）经营飞蝇钓鱼团队游，鼓励“钓后放生”的钓鱼方式。

高尔夫

位于廷布的**皇家廷布高尔夫球场**（Royal Thimbu Golf Club；见52页地图；☎02-335521；www.golfbhutan.com；Chhophel Lam；果岭费 南亚区域合作联盟公民/成人 Nu1500/US$60；球具出租 每天US$30；⏲8:00~17:00）是一家国际标准的高尔夫球场，接待非会员。

漂流和皮划艇

虽然不丹的漂流还处于发展阶段，但那些考察过河流的人认为它具有极大潜质。

小型划艇团队已经坐船探访14条河流和超过22段水道，难度从二级（水流速度适中，适合初学者）到五级（仅适合专业级别的人）不等。除非你经验丰富并能取得特别许可，不然实际上只有两种一日游可选，漂流地点均位于普那卡山谷（见108页），分别是**父曲**和**母曲**。

大部分公司都能帮你预订这两条路线，费用取决于团体人数：5人及以上，每人收费75美元；少于5人，每艘橡皮船收费375美元。下面是一些经营漂流和皮划艇的公司。

Northwest Rafting Company（www.nwrafting.com/bhutan）总部位于美国的漂流经营商，在不丹东部的Drangme Chhu河上开展为期四天的漂流活动。

Druk Rafting Service（☎02-584545；www.raftingbhutan.com）

Lotus Adventures（☎手机17613616，座机02-333709；www. lotusbhutan.com）

Xplore Bhutan（☎02-335671；www.xplorebhutan.com）

营业时间

文中介绍到各机构或商户时，只在与以下标准有出入时才会写明营业时间：

政府机构 周一至周五夏季9:00~13:00和14:00~17:00，冬季9:00~13:00和14:00~16:00

银行 周一至周五9:00~16:00（冬季至15:00），周六9:00~12:00（冬季 至11:00）

商店 8:00~20:00或21:00

夜店 工作日通常至午夜，周三、周五和周六至次日2:00~3:00

酒吧 工作日至23:00，周五和周六至午夜。周二是全国无酒日，暂停营业。

节假日

公众假日日期遵循公历和不丹历两种历法，由**皇家民政委员会**（Royal Civil Service Commission；www.rcsc.gov.bt）制定——具体日期都在官方网站上列出。

王储生日 2月5日

第五任国王诞辰（Birthday of Fifth King）2月21日、22日和23日

第三任国王诞辰（Birthday of Third King）5月2日

第四任国王加冕日（Coronation of Fourth King）6月2日；也被称为“社会森林日”

雷龙之王（旺楚克王朝首任国王）加冕日 11月1日

立宪日/第四任国王诞辰（Constitution Day/Fourth King's Birthday）11月11日

国庆日（National Day）12月17日；1907年建立君主制的日子

以下假日遵循传统不丹历日期，因此其公历时间每年都不一样：

藏历新年（Losar）1月/2月，新年

夏宗法王辞世纪念日（Zhabdrung Kuchoe）4月/5月

佛祖涅槃日/萨嘎达瓦（Buddha Paranirvana/Saga Dawa）5月/6月；释迦牟尼涅槃的日子

莲花生大士诞辰（Birthday of Guru Rinpoche）6月/7月

释迦牟尼初转法轮日（First sermon of Buddha）7月

德赛节（Dashain）10月；印度教节日

有几个重大节庆属于地方性公众假日，包括9月在廷布举行的多楚节和戒楚节。请

注意，每年的节庆日期都会前后浮动几周，当它们要迎逢吉日时，时间浮动的幅度尤为明显。在你围绕某个节庆做旅游计划前，先向旅行社或**不丹旅游局**（Tourism Council of Bhutan，简称TCB；见52页地图；☎02-323251；www.tourism.gov.bt；Chang Lam）查询正确日期。

在不丹的阴历里，每个月有30天，第15天为满月。每个月的初八、十五和三十是吉日，那几天全国僧院内的祈福活动明显增多。

住宿

旅行社会帮你预订获不丹旅游局（TCB）批准的酒店。针对不同的住宿条件，大部分游客实际上需要支付相同的费用，因此有必要在做行程安排时要求旅行社提供各种住宿选择的信息。

酒店 面向游客的酒店类型从每日固定费用已包含的简单舒适型松木小屋到需要支付额外费用的五星级豪华度假村，一应俱全。

经济酒店 这些酒店环境略显嘈杂，拥有扎实的床垫，可能是无奈之选。

民宿 东部某些地区唯一的住宿选择，让住客能充分体验当地风情。

酒店

从简陋的山间小屋到五星级豪华度假村，不丹的住宿选择应有尽有，但大部分游客会选择舒适的中档旅游酒店，这类酒店的房间配置了电源、电话、电视机和独立浴室并供应热水。每家酒店都有一间餐厅，在有团体入住时供应自助餐，其余时间客人可按菜单自行点菜。廷布和帕罗的许多酒店内都有Wi-Fi，但离开这些中心城市后网络连接就会减少。

大型酒店提供标准间、豪华间和套房，但许多酒店的标准间和豪华间相差无几。当你预订旅行时，可以明确指定自己想入住的酒店，但旅行社会有一份与之有合约或关系的酒店名单；如果选择了这些关联酒店，日后如需变动和取消操作起来都会更加容易，享受房间升级的概率也更大一些。你会发现小旅行社要想从大旅行社开的酒店里订到房间往往非常困难。淡季（12月至次年2月，6月至8月）时房间经常有高达30%的折扣，在这期间入住可与酒店协商将房间升级。

戒楚节（舞蹈节）期间，入住旅游酒店需支付大额附加费，但房间仍被预订一空，你可能被别人“挤掉”从而只能选择经济型住所，如本国旅行者和印度商人住的经济酒店。在东部地区，由于酒店数量相对有限，你唯一的选择可能只有经济酒店。这些酒店也会很舒适，只是床垫（较薄）和便器（蹲便或临时抽水马桶）可能并非你所习惯的类型。

对于不丹的一些小酒店，拿到它们的预订确认信并不能保证预订成功。一个大旅行团的到来影响甚大，在办理入住时，导游可能要与前台人员进行长时间的协商。不要着急，你总会有着落的。

不丹的豪华酒店越来越多，现有乌玛（Uma）、安缦（Amankora）、芝华林（Zhiwa Ling）和Termalinca等知名度假村。入住这些酒店意味着要在标准旅游费用的基础上再额外支付大笔费用。这些酒店被归为“豪华”酒店。淡季入住豪华酒店应可享受至少30%的折扣（按全价房价算）。

不丹的冬天很冷，又基本没有集中供暖。廷布和帕罗的酒店有小型电热取暖器，布姆唐的许多酒店用一种叫作bukhari的柴炉供暖，炉子上方放一堆岩石用来蓄热。这些热炉都有与户外连接的排烟管以避免一氧化碳中毒。尽管如此，烟囱并非100%密封，火焰燃烧也需要耗氧，因此最好能够采取开窗等通风措施。除非你要徒步，否则不用携带

住宿价格区间

下列价格区间为针对外国游客的标准双人间一般价格水平，含10%税费以及5%或10%的服务费。

$ 低于Nu2500

$$ Nu2500~5000

$$$ 超过Nu5000

在线预订住宿

想了解Lonely Planet作者的更多评价，可访问lonelyplanet.com/Bhutan/hotels网站。你会找到独立评论，以及最佳住宿推荐。最棒的一点是，你还可以在线预订。

寝具或睡袋。

如果房间里有电烧水壶（称为geyser），入住时检查它是否已通上电源。好一点儿的酒店会在房间提供瓶装水，但不要喝已开封的瓶装水。

印度游客和常驻不丹的外国人入住酒店可自动减免20%或30%的房价，不丹本地人获得的折扣更可高达50%。

餐饮

鉴于大部分的不丹旅游都是全包套餐，因此多数时候吃的是酒店或徒步营地提供的自助餐，有欧洲菜、印度菜、中国菜、不丹菜、各种蔬食和米饭。食物味道不错，但由于格外注意迎合大众口味，因此可能显得平淡乏味。尽管自助餐的菜品丰富，但有些时候小型游客团体还是可以自己点菜。如果你觉得为游客准备的食物太没特色，可以要求一份导游吃的餐食。吃得了辣的话，会觉得后者要美味得多。

概况

你的导游会提前安排好所有餐饮，可能是路边餐厅，或是在住处用餐。但是，如果你要在一间酒店住上几天，导游也会向你建议新的用餐地点。

酒店餐厅 你的大部分就餐，尤其是早餐和晚餐，一般都是所住酒店的自助餐。

路边餐厅 安排合理，有预先准备的自助餐，但如果是未经预订直接前往，菜品选择可能较为有限。

经济酒店和餐厅 卫生状况可能有待改进，而且菜品会挑战你的耐辣极限。

咖啡馆 浓缩咖啡和奶油蛋糕正慢慢进入不丹市场。

实用信息

需要长时间的驾车或徒步时不会返回酒店吃午餐，大部分团队游经营者会准备午餐便当。味道通常不错，甚至可能将饭菜装在不同的铁饭盒再放入大保温桶里，从而让你吃到一顿热气腾腾的午餐。

酒店通常能提供当地最好的食物，但如果你想要尝试当地餐馆，特别是在廷布或帕罗，可以让导游帮你安排。除廷布的几家顶级餐厅以及临时决定前往咖啡馆享用小吃以外，旅行社应当都会为你的餐饮买单。几乎所有餐馆最好能至少提前一小时点菜，不然就准备一直干等着吧。按菜单点菜却被告知许多菜都不供应的情况并不稀奇。

不丹旅游的独特性让餐馆的营业时间变得毫无意义。几乎所有的游客都会在酒店吃早餐，导游会预先为你在餐馆或酒店订好午餐和晚餐，一般都是自助餐或套餐，用餐时间听随导游的安排。

主食和特色小吃

不丹人喜欢吃辣椒，因此有些菜肴全部采用各种辣椒做成，再配上有辣椒的调味品。这些吃到嘴里火辣辣的食物会让喜欢它的人觉得痛快淋漓，不喜欢的人就只会感觉辣得痛苦了。尽管随处可见辣椒的身影，但别以为就能吃到次大陆特色的香辣菜肴。你只有去受尼泊尔影响的不丹南部和印度菜餐馆才能一饱口福。

不丹的国菜叫作辣椒奶酪（ema datse），这是一种用大青椒（有时候用红辣椒，但都很辣）和奶酪酱汁做的菜，将辣椒作为一种蔬菜食用，而不是调味品。酒店和徒步游随队厨师可以做非常棒的不辣佳肴，如土豆奶酪（kewa datse）和蘑菇奶酪（shamu datse）。更具季节风味的菜肴有可口的芦笋和不多见的蕨菜（nakey），后者一般与无处不在的奶酪（datse）一起炖着吃。

不丹的牛肉和鱼从印度

就餐价格区间

下列价格区间为一顿标准套餐的价格。

$ 低于Nu200

$$ Nu200~Nu500

$$$ 超过Nu500

嚼槟榔

嚼槟榔（doma）是不丹人的一大不良习惯，槟榔还有一个印度名：paan。他们将（从槟榔树采下的）槟榔果与石灰粉混合，再用心形蒌叶卷好，放入嘴里慢慢咀嚼。它有一种发苦的甜味，微微醉人，会将嘴里染成鲜红色。你在不丹人行道上看到的似血污渍就是他们嚼槟榔时吐出的口水。也有可能那就是血痕……

和泰国进口，通常是冻品空运过来。夏天可能只有鸡肉可吃，在更为偏远的地区则只有素菜。牦牛肉仅在冬天才可以吃到。甜品通常都是小份水果拼盘——苹果、香蕉、菠萝或橘子，具体品种应季节而定。

排在藏式小吃首位的是藏式饺子（momo），这是一种带肉馅或奶酪馅的小蒸饺，蘸着辣酱吃非常美味。煎奶酪藏饺是廷布几家餐馆的特色菜。挂在店里椽子上的风干牦牛奶酪chugo异常坚硬，吃时请小心你的牙齿。

尽管不丹盛产白大米，但人们更喜欢吃略带坚果味的当地产红米。高海拔地区的主食是小麦和荞麦。在布姆唐，餐桌上的主食多是荞麦煎饼（khule）和荞麦面条（puta），而不是大米。

饮品

提供浓缩咖啡、蛋糕和Wi-Fi的咖啡馆逐渐在廷布各地涌现，但在首都以外的地方依然十分罕见。廷布还有一些舒适的酒吧和鸡尾酒吧；其他地方你只能在酒店酒吧品品当地或者进口酒水以及当地啤酒。请留意，所有酒吧周二都闭店歇业。首都还有几家夜店和现场音乐场所。

不含酒精的饮料

在不丹的任何地方都不要饮用自来水。很多地方都能买到瓶装水，大部分酒店客房都准备了烧水壶。

印度风味甜茶（ngad-ja）到处可见，它常被叫作玛萨拉茶（masala tea）或“现成”茶（‘ready-made’ tea）。退而求其次的选择是旅游时的替代品——在反复冲泡后味道很淡的茶包。不丹人喜欢喝加了盐和酥油的藏式酥油茶（sud-ja），这种茶更像是汤，口感特别好，寒天喝还可以暖身子。在顶级酒店以及廷布和帕罗的几个咖啡店可以喝到滴滤咖啡和意式浓咖啡，其他地方的“咖啡”无一例外都是速溶咖啡。

酒精饮料

不丹最好的啤酒是味道超赞的小熊猫牌weissbier，这是一种在布姆唐装瓶、气味浓烈且未经过滤的小麦啤酒。不丹啤酒厂生产Druk Lager、Druk Supreme和高度数（8%）的Druk 11000。你也能买到进口啤酒，例如Tiger和Singha，但是市场主流商品还是经济实惠的当地啤酒产品。

不丹有数个威士忌品牌，最常见的当地酒叫作bang chhang，是一种用小麦酿造、像啤酒一样的热饮。最受欢迎的酒类饮料是arra和sinchhang，前者通过蒸馏大米而成，后者采用小米、小麦或大米酿造。

包括瓶装水在内的饮品通常需额外付费，费用在餐后或第二天早晨退房时一次性结清。

地图

在不丹以外的地方很难买到好的地图。加德满都的书店是买地图的最佳去处。**International Travel Maps**（www.itmb.com）出版有一张比例尺为1∶345,000的《不丹和印度北部地图》（*Bhutan & Northern India*），**Nepa Maps**则出版有一张比例尺为1∶380,000的《不丹和不丹喜马拉雅徒步路线图》（*Bhutan and Bhutan Himalaya Trekking Routes*）。

在不丹的书店可买到廷

气候

廷布

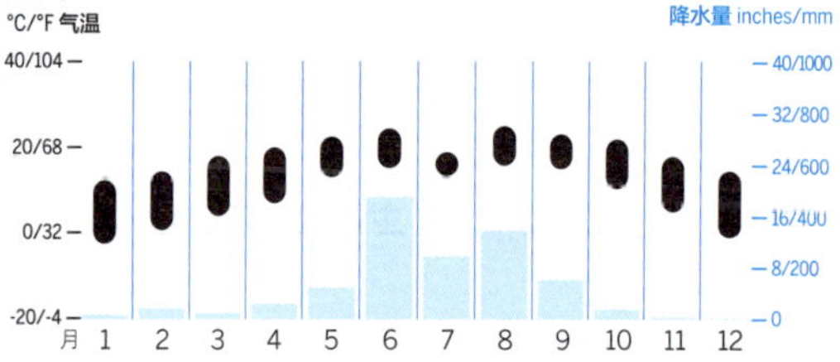

庞措林

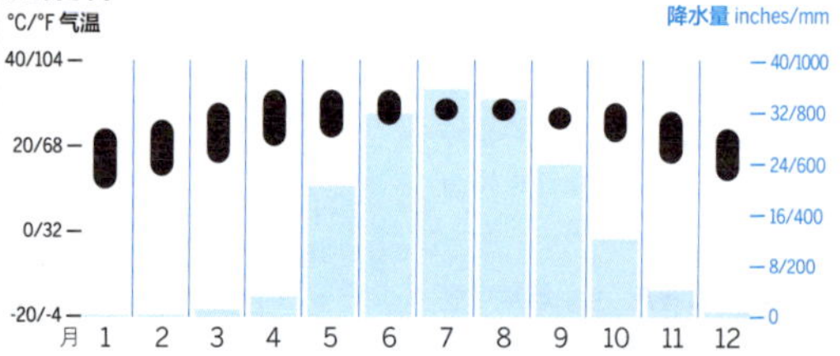

布和帕罗的城市地图以及由Survey of Bhutan为**National Land Commission**（www.nlcs.gov.bt）制作的国家地图册。Survey出版有比例尺为1:250,000的大幅不丹卫星地图，上面标有公路和主要城镇和宗界，还有一些标出了历史遗迹和景点的专用地图。

邮政

不丹的邮政服务值得信赖，无须特殊程序。

不丹邮政（Bhutan Post；www.bhutanpost. bt）的邮政速递服务（Expedited Mail Service，简称EMS）可办理收件和寄件，是可靠快速的国际邮件速递服务机构，价格比快递要便宜。它的当地紧急邮件（Local Urgent Mail，简称LUM）服务可受理廷布以内的投递业务。

如果想把买的东西寄回家，最简单的办法是让商店替你安排。保留好单据并让导游知晓，这样他能在包裹未如期抵达时跟踪情况。你的所有包裹最后发空运，海运要经加尔各答，得花上几个月的时间。

敦豪快递（见52页地图；☎02-324730；sangay_wangmo@dhl.com；19-13 Thori Lam；⌚9:00~13:00，周日歇业）在廷布设有办事处。一件重500克的文件运往美国和英国约需85美元，运往澳大利亚则需78美元。还有数家规模较小的快递公司专营运往印度的快递业务。

邮资

航空信件邮资 重量不超过20克的国内信件邮资为Nu15，寄往尼泊尔、印度和孟加拉国的邮资为Nu25，寄往其他大部分国家的邮资为Nu30。如果寄明信片回中国，邮资为Nu30，10天左右可到。

邮政速递服务（EMS）邮资 500克重的文件寄往印度邮资为Nu910，寄往澳大利亚/美国/英国分别为Nu1725/2290/2015。

电话

随着移动电信服务的不断发展完善，全国各地的公共电话亭（PCO）数量正在不断减少。大部分酒店提供付费的本地或国际通话服务，但很少在房间里配置可直拨的电话。

本地通话每分钟的话费约为Nu1，长途通话每分钟的话费为Nu2。国际长途每分钟的话费为Nu18~50，打去印度每分钟的话费为Nu7.5。

国内和国际查号，可拨打☎1600。

移动电话

只要你的手机没有被锁，就可以购买B-Mobile或Tashi Cell的手机SIM卡，可拨打国内或国际电话，并使用充值卡充值。

花Nu100就能在廷布的任一电信厅内买到B-Mobile手机SIM卡，内含Nu100的通话时间，有效期为一个月。购买时需出示护照。充值金额须为Nu100的倍数。B-Mobile（www.druknet.bt）信号最好，号码以17打头。Tashi Cell（www.tashicell.com）的价格差不多，但信号覆盖范围不如前者，号码以77打头。

本地通话每15秒收费Nu0.40~0.70，价格取决于拨打的时间段和接听方所属的网络。文字短信每条收费Nu0.70。国际直拨通话中，打往印度每分钟收费Nu4，打往其他国家每分钟收费Nu18~50。

不丹电信（Bhutan Telecom）提供使用Thuria系统的卫星电话，可以在国内任何地方直接拨打，包括在徒步路线上。一些团队游经营商都有这种电话，或者可以租用这些电话，不过费用要比普通电话贵得多。

如需3G上网，在办理手机卡时要请当地人代为拨打服务电话开通。但帕罗机场的电信厅不提供剪卡服务，可以在廷布任意找一家卖手机的店，请店员帮忙剪卡，会收取一些费用（约Nu20）。

中国移动、中国联通和中国电信的手机都可在不丹开通国际漫游进行拨打电话或上网。具体资费请登录各大运营商网站查询。

上网

城镇极少能见到网吧。不丹电信和Tashi Cell提供的3G和4G网络覆盖区域正在日益扩大，大部分的旅游酒店提供免费Wi-Fi（尽管可能只有大堂和餐厅里有信号，房间里没有）。

时间

不丹时间为格林尼治标准时间+6小时，整个国家都位于同一个时区内。不丹时间比北京时间慢2小时，比印度时间慢30分钟，比尼泊尔时间慢15分钟，比泰国快1小时。不丹的正午12点时，是北京的下午2点。

厕所

大部分酒店都有坐便器和厕纸，但也有例外，特别是在不丹东部的当地旅馆。公共厕所很少，因此在坐长途车前请充分利用酒店和餐馆的厕所。大部分公共厕所都只有蹲便器，且没有厕纸，但你应该会看到装有水的容器。

旅行安全

不丹是个非常安全的旅游目的地，你几乎遇不到在一些国家常见的骗子、乞丐和小偷。尽管如此，还是有几件事需要留心。

海拔

除非你要徒步，否则不太会遇到海拔方面的问题。游客到访的大部分地区都在海拔3000米以下，你通过公路能到达的最高高度为3800米。

狗

白天静静安睡、外表脏兮兮的狗到了晚上就会变成狂吠的怪物。记得带耳塞。被狗咬伤的概率不太大，但不丹的乡村偶尔会爆发狂犬病，因此要小心看门狗，尤其是在徒步的时候。

天气

当你费尽千辛万苦爬上山后，恶劣的天气却可能让远山景色受到阻挡。坏天气还会影响到不丹皇家航空公司的航班。在冬季，部分高山垭口可能因为降雪而临时封路。雨季时的暴雨会将徒步小径和公路变成泥塘，还会冲走桥梁。

实用信息

报纸 *Kuensel*（www.kuenselonline.com）是不丹的全国性日报（周日休刊）。私营报纸有：《今日不丹》（*Bhutan Today*；*www.bhutantoday.net*，双周报）、《不丹时报》（*Bhutan Times*；*www.bhutantimes.com*，周日出版）、《不丹观察家》（*Bhutan Observer*；*www.bhutanobserver.bt*，周五出版）、《新闻记者》（*The Journalist*，*www.bhutanjournalist.com*，周日出版）、《不丹人》（*The Bhutanese*；*www.thebhutanese.bt*，周六出版）和《不丹商业》（*Business Bhutan*；www.businessbhutan.bt，周六出版）。

期刊 各家报社出版的时尚杂志变化无常；但不丹最成功的期刊非*Yeewong*（www.yeewongmagazine.com）莫属，其目标读者群为不丹女性。

广播 11:00和14:00，不丹广播电台（www.bbs.com.bt）在96FM频道播送英语新闻。私营电台Kuzoo FM 105（www.kuzoo.net）采用英语和宗卡语播音，有音乐和谈话节目。你还可以试试99.9FM频道的Radio Valley。

电视 BBS电视台用英语播送晚间新闻。收看BBC世界频道（BBC World）和CNN等卫星频道非常普遍。

度量衡 全国采用公制度量法。在乡村，稻米有时用一种名为gasekhorlo的圆形工具称量。称量黄油和肉类的计重称叫作sang。

洗衣

大部分酒店都提供价格不菲的付费洗衣服务，大城镇上有洗衣房或干洗店。遇上潮湿天气，小酒店洗完送回的衣服也许还带着湿气，或要到第二天才能送回。如果你时间很紧，那么在洗衣前问清楚干燥设备的情况。

晕车

如果你前往廷布以东的地区，将要在蜿蜒崎岖的路上坐好几个小时的车，晕车十分常见。晕海宁（Dramamine）一类的防晕药有助缓解晕车症状，请选择没有嗜睡效应的晕车药，不然大部分时间你将在后座上沉睡，错失沿途的大好风光。

治安

不丹的偷窃案依然极少，但如其他国家一样，它也在随着人口的增长而增加，因此还是谨慎保管好自身财务为妥。

法律事宜

即使是在城镇里，你也很可能会注意到大麻吸食者在一点一点增加，尽管如此，不丹并没有吸食大麻的传统，持有大麻也是非法的。

不丹严格禁止在公共场所吸烟。入境时你可以带上所需的香烟，但要做好被海关征收200%关税的心理准备。不要售卖任何带入不丹的香烟，这是违法的。

带孩子旅行

5岁以下的儿童免征每日最低费用，5岁至12岁的儿童可减免50%，因此如果你带着孩子来不丹旅行也不用担心会倾家荡产。长时间单调地坐车、电视和网络的匮乏以及几乎没有其他娱乐项目，这些都会让孩子们产生厌烦情绪。不过从另一个角度来看，他们很快会融入当地儿童和他们的家庭，还能结识许多新朋友。Lonely Planet出版的《带孩子旅行》（*Travel with Children*）提供了许多有用的建议。

残障旅行者

对于身体有残障的旅行者来说，想在不丹进行一场文化之旅会是一种挑战，但通过计划也可能实现。不丹人乐于助人，残障旅行者可以安排一位身强力壮的同伴协助自己四处移动和上下汽车。马路崎岖不平，有人行道的路也经常坑坑洼洼，有时还会碰上台阶。酒店和公共建筑里极少有残疾人通道和电梯，只有最新建造的建筑才有可供轮椅进出的卫生间。

LGBTIQ旅行者

如同大多数亚洲人一样，不丹人认为一个人私下的行为完全属于个人事务，他们倾向于对此不发表意见。但不宜在公众场合有亲昵动作。不管性取向如何，每一个人都应谨慎行为。男同性恋被官方认定为违法。

旅行必备物品

- 折叠雨伞和/或质量上乘的雨衣——不管在什么时间、前往何地
- 帽子、防晒霜、润唇膏和太阳镜
- 耳塞（不丹的狗都是白天睡觉，晚上狂吠）
- 登山杖（用于通往宗堡和寺庙的陡峭道路）
- 泳衣，去公共热石浴和温泉时使用
- 手电，用于应对突然停电或者前往昏暗的寺庙内部时使用
- 晕车药，在蜿蜒的道路上晕车时服用
- 方便穿脱的鞋子——探访佛堂和寺庙时会非常实用

女性旅行者

不管是外国女性还是不丹本国的女性遭受骚扰的情况都不常见，无须做任何特别的预防措施。男性对异性关系持适度开放的态度。但如果你没在一开始清楚表明意图的话，很有可能被人误解。女性旅行者应当知道，游客与不丹导游发生感情的情况并不罕见。你有可能被邀请去一位不丹男性家中参加“派对”，结果发现自己是唯一的客人。

女性一般不允许进入寺院或拉康的贡康（大护法神殿）。

摄影

摄影装备

廷布可以买到存储卡，在廷布或帕罗很容易找到可将数码图片刻录到光盘的网吧。廷布和庞措林有彩色打印设备。

许多宗堡和山峰要用长焦镜头在远处拍摄才能获得最佳效果。同时记住，在不丹进行室内拍摄的可能性微乎其微，因此不需要为此带外置闪光灯和三脚架。务必带上备用电池，电池在不丹农村很难买到。

Lonely Planet出版的《经典摄影旅程》和《史上最佳摄影贴士》等书中有更多的技巧和建议。

摄影爱好者应查看**Rainbow Photo Tours**（☎美国813-839 4466；www.rainbowphototours.com）提供的专业行程安排。

限制

大体上而言，不丹允许游客自由拍照。但也有些地方禁止拍照，如廷布山上的通信塔，避免拍摄军事设施也是明智的做法。

在宗堡（城堡寺院）和贡布（寺院）外拍照不受任何限制，但严禁在贡布和拉康的内部拍照。原因有几点：一是过去游客乱拍照的行为严重干扰了宗教场所的秩序；二是担心

珍贵佛像的照片会成为艺术品盗贼的偷窃目标参考；三是早期有游客将佛像的照片制成明信片出售，这是不丹的宗教团体无法接受的行为。

节日期间你可以在宗堡的庭院里拍摄舞蹈节目。但是请记住，这是在旁观宗教仪式，你的行为举止要合乎规范。不要拍摄皇室成员，即使他们恰巧也在节日或聚会现场。

对于在这里进行商业电影拍摄，不丹有一整套规定和限制，其中包括支付附加税。

志愿者服务

不丹有选择性地接受它想要的项目，因此这里的志愿者工作机会并不多。Lonely Planet不会推荐任何没有直接工作联系的机构，但联合国在不丹有大量项目，均在联合国开发计划署（UN Development Programme，简称UNDP）的协调下开展。许多不同机构都参与其中。

其他在不丹设有项目的机构包括ACB（奥地利）、Danida（丹麦）、GTZ（德国）、Helvetas（瑞士）、JOCV & JICA（日本）、拯救儿童基金会（Save the Children）、SNV（荷兰）和VSA（新西兰）。

志愿者不受制于针对游客的通用规定，雇用你的机构会替你办理签证。志愿者每年可接待两位访客，访客必须为近亲，无须按照游客费用标准付费。

交通指南

到达和离开

大部分旅行者都乘坐飞机抵达不丹位于帕罗的唯一一个国际机场。有些旅行者从不丹与印度接壤的南部边境走陆路入境，这些边境站包括庞措林、盖莱普和萨姆德鲁琼卡尔。

不丹团队游和印度的火车票可以在www.lonelyplanet.com/bookings上预订。

入境

因为到达后导游便会与你碰面，因此入境程序通常比较简单。一定要带上由外交部签发的签证批准函。如果你是在中国国内参加旅行团，签证批准函会拿在领队手上，紧跟大部队即可。

护照

如果你的护照有效期不足6个月，要在计划出发前更换新护照，因为这个地区的许多国家不会给护照即将到期的人发放签证。

妥善保管你的护照。除了印度，其他国家都无法在不丹为其公民补办护照。如果你遗失了护照，只能以“无国籍”身份去另外一个国家补办。你应当携带其他有效的身份证明和护照复印件，以防遇到这种情况。

飞机

机场和航空公司

不丹有一个国际机场**帕罗机场**（Paro；见84页地图；☎08-271423）和两家航空公司。

➡ 政府所有的**不丹皇家航空公司**（Druk Air；www.drukair.com.bt）在**帕罗**（见84页地图；☎08-272044；⏲周一至周五 9:00~17:00，周六 10:00~13:00）、**廷布**（见56页地图；☎02-323420；drukairthimphu@druknet.bt；Chang Lam Plaza；⏲周一至周五 9:00~13:00和14:00~16:00，周六和周日 10:00~13:00）、**贾卡尔**（见132页地图；☎03-631739；⏲周一至周五 9:00~17:00，周六和周日 9:00~13:00）以及**盖莱普**（☎17611040；www.drukair.com.bt；⏲周一至周五 9:00-17:00）设有办事处。

➡ 私营航空公司**不丹航空公司**（Bhutan Airlines；☎02-334052；www.bhutanairway.com）隶属Tashi Air航空公司，在**廷布**（见56页地图；☎77106011，1234；www.bhutanairlines.bt；Norzin Lam）设有一间办事处。

气候变化和旅行

任何使用碳基燃料的交通工具都会产生二氧化碳，这是人为导致气候变化的主要原因。现代旅行所依赖的飞机耗费的燃料以每公里人均计算或许比汽车少，但其行驶的距离却远很多。飞机在高空所排放的气体（包括二氧化碳）和颗粒同样对气候变化造成影响。许多网站提供“碳排量计算器”，以便人们估算个人旅行所产生的碳排量，并鼓励人们参与减缓全球变暖的行动，以抵消个人旅行对环境所造成的影响。Lonely Planet会抵消其所有员工和作者旅行所产生的碳排放影响。

不丹皇家航空公司和不丹航空公司的航班时刻随季节变化，但通常而言，每周都有几个航班往返加德满都、新德里、新加坡以及曼谷，要么是直飞，要么在达卡、加尔各答或巴格多格拉（Bagdogra）中转，具体取决于航班时间。此外还有航班往返古瓦哈蒂（Guhawati）和艾哈迈达巴德（Ahmedabad），但班次较少。10月的廷布戒楚节和4月的帕罗戒楚节期间，会增开航班。

在本书调研期间，只有不丹皇家航空公司和不丹航空公司开设了飞往不丹的国际航班。帕罗机场海拔高、跑道短，只有少数几架飞机能够在那样的跑道上起降。帕罗机场所有飞机的起飞和着陆都遵循目视飞行规则（VFR），这就是说，飞行员在着陆前必须能看清跑道，在起飞前必须能看清周围的群山。这意味着飞机在晚上或能见度低时无法执飞。因此如果帕罗山谷云遮雾罩，航班就会延误，有时候能耽误上好几天时间。一旦发生这种情况，你就得修改旅行计划，并重新预订所有事宜。这种问题带来的好处是，你的行程会变得更加率性，可以边玩边做些修改。

➡ 出发前和到达帕罗机场后再次确认不丹皇家航空公司的航班信息，确保起飞时间没有变动。

➡ 早点办理不丹皇家航空公司的登机手续，他们偶尔会在预订时间之前起飞，特别是在天气开始变恶劣的情况下。

➡ 航班经常由于天气情况导致延误，不丹皇家航空公司建议人们购买非限制机票，并留有24小时的转机时间，将航班延误带来的麻烦减至最小。预留出几天时间在加德满都或曼谷观光是较稳妥的选择。

不丹皇家航空公司海外办事处

不丹皇家航空公司孟加拉国办事处（Druk Air Bangladesh; ☎02-890 1819; arif@drukair.com.bt; Room 52, Terminal 2, Zia International Airport, Dhaka）

不丹皇家航空公司印度（加尔各答）办事处[Druk Air India（Kolkata）; ☎033-2290 2429，机场办事处 033-2511 9976; ccuapt@drukair.com.bt; 51 Tivoli Crt, 1A Ballygunge Circular Rd, Kolkata]

不丹皇家航空公司印度（新德里）办事处[Druk Air India（New Delhi）; ☎+91 1147125100，机场办事处 +91 1149633616; drukairdelhi@yahoo.co.in; G fl 3, Ansal Bhawan Bldg, 16KH Marg, Connaught Place, New Delhi]

不丹皇家航空公司印度（西里古里）办事处[Druk Air India（Siliguri）; ☎0353-257 6445; drukaircityoffice@drukair.com.bt; City Centre Mall, Matigari, Shop No H-33]

不丹皇家航空公司尼泊尔办事处（Druk Air Nepal; ☎01-4428678，机场办事处 +977 14113112; danfedruk@gmail.com; Danfe Travel Centre, Woodlands Hotel, Durbar Marg, Kathmandu）

不丹皇家航空公司泰国办事处（Druk Air Thailand; ☎02-237 92013，机场办事处 02-134 3040; airportbkk01@gmail.com; Ste 141/4, 5th fl, Skulthai Surawong Tower, Suriyawong, Bangkok）

不丹皇家航空公司海外销售代理处

环越旅运（香港）[Global Union

从帕罗出发的航线

出发	抵达	班次	价格（US$）
帕罗	巴格多格拉	每周2班	95
帕罗	曼谷	每天1班	333
帕罗	达卡	每周2班	180
帕罗	古瓦哈蒂	每周2班	105
帕罗	加德满都	每周6班	170
帕罗	加尔各答	每天1班	180
帕罗	新德里	每周5班	279
帕罗	新加坡	每周2班	435

机上娱乐

乘坐从加德满都到帕罗的航班，可欣赏到所有航班中最动人心魄的喜马拉雅山风景（可以的话争取坐左边靠窗的座位）。飞机起飞时，往北可看到醒目的博德纳大佛塔（Bodhnath stupa）。接着在飞机的左翼下方开始出现连绵不绝的山峰。机长通常会为大家指认珠穆朗玛峰（8844米；形如一座有黑色条纹的金字塔）、马卡鲁峰（Makalu；形如椅状的灰色山峰）和干城章嘉峰（Kanchenjunga；山体巨大），但如果你曾在尼泊尔徒步并且熟悉周围高山的话，就能认出更多来。难以捉摸的希夏邦马峰（Shishapangma；8013米）有时会在中国西藏境内露出面容。其他可辨认的山峰有呈锯齿状的高里三喀峰（Gauri Shankar；7185米）、卓奥友峰（Cho Oyu；8153米）、有着长长山脊的努子峰（Nuptse；7906米）、洛子峰（Lhotse；8501米）和扎姆朗峰（Chhamlang；7319米）。

当飞机经过干城章嘉峰时，往西可看到一片圆顶状的山峰，那是被法国登山者形容为"恐怖之巅"的贾奴峰（Jannu；7710米），尼泊尔人为它重新取了个名字：Khumbakarna。飞越干城章嘉峰后，看到的山峰离得更远了。那是锡金邦境内的喜马拉雅山，主要的山峰从西往东依次为Chomoyummo峰（6829米）、Pauhunri峰（7125米）和Shudu Tsenpa峰（7032米）。

飞机靠近帕罗时，你也许有机会一瞥珠穆拉里峰（7314米）美丽的雪峰和吉楚扎杰峰（6989米）灰色的脊状山峰。接着飞机降落——经常需要冲过云层，倾斜俯冲着飞入不丹树木繁茂的山谷中。飞机降落时有机会看到虎穴寺和帕罗宗堡，具体取决于当天的着陆航线。帕罗机场常被描述成世界上最恐怖的飞机跑道，但实际情况并没有那么糟。

Transportation（Hong Kong）；☎852-2868 3231；josephlo@aeroglobal.com.hk；香港中环德辅道中173号南丰大厦5楼505室]

Druk Asia（新加坡）（☎+65-6338 9909；www.drukasia.com；60 Albert St, 12-03, Singapore）

DNATA（孟加拉国）（☎02-883 1804；info@dnata-bd.com；Ste D1, House 83, 23 Valentine Castle Rd, Gulshan-1, Dhaka, Bangladesh）

机票

不丹皇家航空公司和不丹航空公司的机票可以使用信用卡在线购买。除了对不丹公民，没有任何折扣或学生票。

也可以让旅行社帮你订机票，然后通过邮箱将电子票发给你。以这种方式订票后，如需退票，可在较短时间内退款；此外，如果起飞时间有变动，航空公司会直接通知旅行社。旅行社还会通过邮箱发给你由移民局签发的签证批准函扫描件，在办理登机手续时，你需要出示这张签证批准函的打印件。帕罗机场离境税已经包含在机票价格之中。

你也许还需买一张飞往其他地方的机票，从那里转乘不丹皇家航空公司的航班。对于大部分旅行者来说，这些中转地方基本上就是德里、曼谷、新加坡或加德满都，具体选择哪一个取决于你的起飞地和你想要中转的城市。飞德里、新加坡和曼谷的国际航班最多，飞加德满都则能让你多领略一次喜马拉雅山的壮景。也可以经加尔各答或达卡中转，但这两地的机票鲜有折扣。中国旅行社一般安排游客在加德满都中转，其次是印度的德里。

行李转运

尽管不丹的航空公司声称与其他航空公司签订联航协议，但你飞往帕罗的机票将与其他的国际机票分开处理。这意味着在转机行李无法直挂通关，你必须先取回行李再去不丹皇家航空公司柜台重新办理行李托运。唯一一家可能例外的是泰国航空公司，前提是你的转机时间在8小时以内。

离开不丹时，不丹皇家航空公司声称他们能够将你的行李直接送到你的最终目的地，只要你在办理登机时告知他们航班的详细情况，但是请注意，这些信息是手写到行李标签上的。你也许觉得我们的作者是旅行者里的"杠精"，但我们真的无法百分之百地信任这种转运系统。

托运行李无法直达的结果就是，你需要在转机机场办理入境手续，然后取出自己的行李，再重新办理托运。根据国家的不同，这个过程有时候会引起签证方面的问题。曼谷、新加坡和加德满都过境相对简单，不需要签证，或者当场办理免费过境签证，但在德里的话你就要找工作人员帮你从传送带上拿回行李，然后替你重新办理托运，因为没有印度签证的话，你是不可以离开过境大厅的。

穿越边境

从以下3处位于不丹南部边界的地点出入境印度（然后前往尼泊尔）相对简单：

庞措林 这是从印度入境不丹的最主要边境口岸，与印度的西孟加拉邦接壤。

萨姆德鲁琼卡尔 走这个边境口岸出入境的人要少得多，它位于不丹偏远的东部边界，与印度的阿萨姆邦接壤。

盖莱普 同样少有人走的边境口岸，与阿萨姆邦接壤。

抵离庞措林（抵离印度）

庞措林和Jaigaon（就在边界对面）之间的大门6:00开放，21:00关闭车辆通关，但在22:00前人们还可以步行穿过。如果你要途经庞措林前往或离开不丹，无论怎样走都要穿过印度东北部的主要交通枢纽——位于西孟加拉邦的西里古里。前往印度的话，你可以从庞措林或Jaigaon转车去位于西里古里的火车站（169公里，6小时），或去位于巴格多格拉的机场（有飞往加尔各答、新德里、古瓦哈蒂和帕罗的航班）。在西里古里你很容易就能找到合乘出租车或坐长途汽车去大吉岭（77公里）、甘托克（锡金邦；114公里）或噶伦堡，还可以去尼泊尔边境的卡卡比塔。

距离庞措林最近的印度主干铁路火车站位于新杰尔拜古里（New Jalpaiguri；靠近西里古里）。从那里坐火车前往加尔各答需要12个小时，前往德里需要33个小时。你可以直接从庞措林坐车直达新杰尔拜古里，或者驾车到西里古里后再坐出租车。

如果你要去不丹，Bhutan Transport Service（Sevoke Rd）每天7:15和12:00都有直达的长途汽车往返西里古里和庞措林之间（Rs90，4小时）。有时你能碰到不丹的出租车（黄顶厢式车，牌照号码以"BT"开头）要顺带拉客返程。按理说你可以只出一个座位的价钱，即Rs400，但最终可能要花Rs1600包下整个车。印度的客运公司也有车定时往返西里古里和印度边境一侧的Jaigaon。

不丹的车辆在印度畅通无阻，不丹的旅行社也可轻松找到车辆去往这些地方。庞措林和西里古里还有出租车和合租车。

鉴于庞措林有不错的住宿选择，几乎没有人会在Jaigaon留宿。如果你不得不住在那里，可以去这些提供空调房的酒店：

Hotel Anand（☎03566-263290；www.hotelanandjaigaon.com；MG Rd，Jaigaon；标单/双 Rs1100/1200起，带空调 Rs1800/2000；📶）你可以花Rs2000入住带空调的双人间。

Hotel Kasturi（见121页地图；☎03566-263036；www.hotelkasturi.co.in；NS Rd，Jaigaon；标单/双 ₹300/600起，双带空调 ₹2000~3000；📶）位于移民局检查站旁边。

外国人

离开印度时别忘记在护照上盖出境章。如果车子已经把你拉到了不丹境内，可以直接走回边界去办理出境手续。

你的导游将在大门与你会面，并帮助你在庞措林的**移民办事处**（见118页地图；⌚7:00~13:00和14:00~21:30）获取不丹的签证。

抵离萨姆德鲁琼卡尔和盖莱普（抵离印度）

外国和印度的游客可以在萨姆德鲁琼卡尔（不丹东部）和盖莱普（不丹中部）入境或离境。值得注意的是，阿萨姆邦经常有临时组织的罢工（bandh），可能持续一个星期，所有的道路交通都会受到影响，边境也可能关闭。在经由阿萨姆邦陆路旅行时，事先要了解一下阿萨姆邦分裂组织的动态。

经阿萨姆邦出境的最大好处，是可以在不丹中部和东部旅行之后，不需再经过漫长的山路乘车返回廷布。从萨姆德鲁琼卡尔和盖莱普出发，乘车下行至阿萨姆邦的古瓦哈蒂，从这里你可以搭乘飞机前往加尔各答、德里、曼谷或巴格多格拉，也可以搭乘火车前往印度境内的多个目的地。基于安全考虑，所有不丹的机动车均要组成车队成行，因此可能会有延误。距萨姆德鲁琼卡尔边境6公里处的Darranga，距盖莱普边境10公里处的Deosiri，都有24小时开放的外国人登记站（Foreigners' Registration Post），无论出境或入境都必须到这里在护照上盖章。可能要出示护照照片页和印度签证页的复印件，记得随身携带。

另外也可以向西驾车经过印度境内的杜尔地区（duar）至西里古里前往古瓦哈蒂，这一段路程较长，但是很平坦。

尼泊尔

西孟加拉邦北部的Panitanki（又被称作Raniganj）正对着尼泊尔东部的边境小镇卡卡比塔。一座横跨在梅吉河（Mechi River）上的长桥连接两个小镇。不丹的旅行社可以在Panitanki接送你，你也可让他们带你去Bhadrapur或Biratnagar，然后从那里坐飞机去加德满都。Panitanki的边检站24小时开放，但卡卡比塔的尼泊尔移民检查站只在7:00~22:00之间开放。

Panitanki距离西里古里（印度）仅有1小时车程（35公里）。这条路上有定时营运的公共汽车（Rs30）前往Panitanki，还有合乘四驱车（Rs100）开往卡卡比塔，也很容易坐到出租车（Rs500）。乘坐脚踏人力车过境去对面卡卡比塔的费用为Rs100。每天17:00点有一趟长途汽车从卡卡比塔发往加德满都（Rs1150~1375，16小时以上），途经Narayanghat、Mugling和特里苏里河谷（Trisuli River valley），路途遥远、路况崎岖。Lonely Planet的《尼泊尔》指南有更多关于沿途风景和活动的详细信息。

一个更好的选择是坐出租车（Rs1000）从卡卡比塔去Bhadrapur，然后乘飞机去加德满都（US$165）。Biratnagar有个较大的机场，距离边境有4小时车程，从那里飞加德满都的机票为135美元。雪人航空公司（Yeti Airlines）和佛陀航空（Buddha Air）是最值得信赖的两家航空公司。卡卡比塔的**Jhapa Travel Agency**（☎977-23-562020）可预订出租车和机票。

当地交通

由于不丹没有客运铁路，因此只能依靠自己的双腿和汽车来游览这个国家，或者选择相对有限的国内航空服务，在本书调研时航线目的地仅限于帕罗、布姆唐和盖勒普。

国家高速公路（National Highway）是不丹的一条主干道，这条柏油公路盘山而行，在山间绕上绕下，越过底下河水奔腾的桥梁，沿着悬崖延伸，翻越高山垭口。本书调研期间，这条公路正在进行双车道拓宽改造。除非亲身体验过不丹的盘山路，否则你不会体会到工程量的巨大。尽管如此，河流、泥石流和落石带来的灾祸从未停歇，尤其在雨天——即使拓宽工程完工，这种情况也不会改变。道路很容易因为下雪或山体滑坡而受阻，清理道路得花上一小时以至数天的时间。记得多带几本书打发时间。

如果你持的是旅游签证，那么所有的交通费用已经包含在了你的旅游团费当中，旅行社会给你配备一辆汽车进行短途和长途旅行。

飞机

不丹国内航线十分有限。雍布拉（位于东部偏远地区的塔希冈以南）、盖莱普（位于不丹南部，靠近印度边境）和巴斯帕拉唐（Bathpalathang）/贾卡尔（位于不丹中部的布姆唐）已经在开发修建机场。在本书撰写期间，只有**不丹皇家航空公司**（Druk Air; www.drukair.com.bt）定期有国内航班从帕罗飞往巴斯帕拉唐（每两周经由盖勒普一班）。想要了解当前情况请咨询你的旅行社。

不丹皇家直升机服务公司（Royal Bhutan Helicopter Service; 见84页地图; ☎77101020, 08-271396; www.rbhsl.bt）经营包机、观光以及医疗撤运服务，总部设于帕罗。

自行车

有些旅行者会携带他们的山地自行车来到不丹，有几家公司（见284页）可提供这种类型的团队游。

长途汽车

只有当地人、常驻居民和经济型印度游客会选择乘长途汽车出行。长途汽车拥挤且嘈杂，而不丹又多弯路，使得这种不适感翻倍。人们给由政府运营的Bhutan Post Express和其他公司的小型客车取了个绰号叫"呕吐彗星"，因为许多乘客乘坐时都会晕车。Dhug、Metho和Sernya等私人汽车公司使用舒适得多的丰田考斯特车，车费比小型公共汽车贵50%。

每天至少有一班车从廷布开往庞措林、哈阿、帕罗和普那卡。从廷布开往谢姆冈、萨姆奇、塔希央奇、蒙加尔、富毕卡和塔希冈的长途汽车每周有1~3班车不等。票价便宜。

廷布有从Chang Lam发出的公交汽车，北至德钦曲林，南至辛托卡和Babesa。在www.bhutanpost.bt上可查询到路线、票价和时刻表。

小汽车和摩托车

鉴于一切出行由旅行社安排，一般来说你不需要自己驾驶车辆。如果出于某种原因你需要自己安排出行，也最好安排包车和司机，或是搭乘出租车。在不丹驾车是个痛苦的经历。这里道路狭窄，货车在通过窄小的弯道时总是全速前进，就这么突然地出现在路上，迫使迎面而来的车辆靠边让路。

不丹的摩托车之旅可以通过**Himalayan Roadrunners**（www.ridehigh.com）和**Saffron Road Motorcycle Tours**（www.saffronroad.com）安排。当地公司**Knight Adventure Tours**（www.bhutanknight.com）可组织摩托车团队游。廷布的**Black Dragons Motorcycle Club**（www.facebook.com/pages/Bhutan-Dragons-Motorcycle/516531518397044）可为骑手们提供关于不丹道路的建议。

自己的交通工具

如果你驾车进入不丹，可在庞措林边境站获得一张为期14天的许可证。需要旅行社帮忙处理所需文书资料。如果你驾驶的是一辆在国外注册的车辆，要有相关过境许可才能通过印度。

驾照

非政府组织工作人员和志愿者如一定要在不丹驾车，应当取得由道路安全和交通局（Road Safety and Transport Authority）颁发的驾驶执照。不丹的驾驶执照可在印度通用。

国际驾驶执照在不丹无效。印度驾驶执照在不丹通用，但除非你是一名技术精湛的拉力赛车手，或从如大吉岭一类的山地而来并有丰富的盘山驾车经验，不然还是请一位专业司机会比较安全。

交通规则

不丹的车辆靠左行驶，比起大多数其他南亚国家，这里的秩序要好得多。城镇内和乡村公路上的车速很慢，如果你能在山间道路上开到平均30公里/小时就算是幸运的了。

像亚洲其他地方一样，不丹的所有交通事故都由警察来判断谁是过错方，这一点非常重要，意味着在警察赶来出现场调查前，任何车辆都不能移动，即使它们已经堵塞了狭窄的道路。一个较小的事故就能让道路堵上几个小时，在此期间所有人都得耐心等候警察从最近的城镇赶来。

当地交通工具

出租车

庞措林、帕罗、贾卡尔和廷布有出租车。出租车上或许有计价器，但司机们极少使用它们。长距离路程的出租车有统一报价，基本没有讨价还价的余地。出租车司机习惯向包括印度人在内的外国游客索取高价——这是不丹极为少见的"宰客"现象之一。

在廷布以内乘坐出租车的费用约为Nu70，一天包车的费用为Nu1000~1500。如果你要在廷布和庞措林之间往来，可以选择从目的地而来的出租车（牌照号码为BT-2的来自庞措林，牌照号码为BT-1的来自廷布或帕罗）——这样就有机会讲价。

健康指南

在不丹面临的主要健康问题与在其他南亚国家差不多：患旅途腹泻、呼吸道感染或异常感染的概率相对较高。这些感染性疾病将中断你的旅程，让身体遭受煎熬，但很少有致命危险。徒步者还会面临意外和高原反应的威胁。在徒步过程中从山路跌落或被落石砸中的可能性虽不大，但并非不存在。

以下提供的建议仅作一般参考，不能代替旅行医学科医生的意见。

出发前

将药品装在贴有标签的原装瓶（盒）内。带上一份写明自身健康状况和服药（包括药品的通用名称）情况的证明，上面要有医生的签名和日期。如需携带注射器或针管的话，一定要有医生开具的证明函，以证明其为医疗必需品。如果有心脏方面的问题，请带上一份出国前刚做的心电图结果。

如果你需要定期服用某种药物，请按用量的双份准备，以防遗失或遭窃。不要寄希望于不丹药店里出售的药品。

保险

即使你身体健康、体格健壮，出行前也要替自己买好一份健康保险——有时意外难以避免。务必告知自己现存的所有健康问题——申请保险金时，保险公司会核查你的问题是否在出行前就已存在，如果未告知，他们将拒绝支付保险金。

参加攀岩等探险活动的话，你还可以买一份额外保险。如果你的健康保险不涵盖在国外产生的医疗费用，可以考虑购买额外保险；欲知更多信息，请登录Lonely Planet（www.lonelyplanet.com）。如果你未投保，启用空中紧急撤运的话就要自己承担高额的费用，超过10万美元的账单并不罕见。

购买之前先了解清楚，你的保险金是直接支付给医疗提供方，还是将国外医疗产生的费用在回国后报销返还（许多国家的医生希望现金支付）。你也许会更青睐保险公司直接支付医生或医院的方案，而不是需要自己当场付现金然后再回去申请理赔。如果你需要事后申请的话，确保妥善保管所有的文件。有些保险公司要求你打电话（他们提供受话方付费，但这在不丹无法实现）通知国内的受理中心，由受理中心对你的情况做出快速评估。

接种疫苗

旅行医学专科诊所是你获得相关信息的最佳场所；他们不但储存有所有的可用疫苗，而且还能为你和你的旅行提供详尽的建议。大多数疫苗在接种过后至少两周才会产生免疫效果，因此你应在出发前4~8周就去咨询医生。向医生索取一份国际疫苗接种证明书，这个证明书列出你已接种的全部疫苗。

推荐接种的疫苗

世界卫生组织为前往不丹的旅行者推荐以下疫苗（以及最新的麻疹、腮腺炎和风疹疫苗）：

白喉和破伤风（成人）疫苗 如果十年之内没接种过该疫苗，那么建议注射一剂加强针。副作用表现为手臂酸痛和发烧。

甲型肝炎疫苗 可提供长达一年几近100%的免疫保护；在12个月后再注射一剂加强针可让你在接下来的至少20年里得到保

护。5%~10%的人在注射后会出现轻微的副作用，如头痛和手臂酸痛。

乙型肝炎疫苗 目前大部分旅行者都会接种的疫苗。六个月内注射三次。也可以快速注射，与甲型肝炎疫苗结合接种。副作用轻微而且少见，通常表现为头痛和手臂酸痛。95%的人可获得终生免疫。

脊髓灰质炎（小儿麻痹症）疫苗 不丹的最近一例脊髓灰质炎病例还是在1986年，但附近尼泊尔和印度近年来有过最新病例报告。成人仅需注射一剂加强针即可获得终生免疫。脊髓灰质炎灭活疫苗对孕妇安全。

伤寒疫苗 一针疫苗可提供概率约70%的保护，持续2~3年的时间。也可选择口服药片接种，但通常推荐注射疫苗，因其副作用更少。可能出现手臂酸痛和发烧。

水痘疫苗 如果你还没有出过水痘，可向医生咨询这种疫苗。

以下疫苗推荐给长途旅行者（一个月以上）或存在特殊风险的旅行者：

流行性乙型脑炎（JBE）疫苗 总共注射三针。建议两年之后再注射加强针。最常见的副作用是手臂酸痛和头痛。每注射一针后的10天内可能会发生荨麻疹和肿胀等过敏反应，但这种情况发生的概率极小。

脑膜炎疫苗 只需注射一针。脑膜炎疫苗分为两种：四价疫苗可提供2~3年的免疫保护；C群脑膜炎疫苗可提供大约10年的免疫保护。建议年龄在25岁以下的长途背包客接种该疫苗。

狂犬病疫苗 总共注射三针。一年后再注射一剂加强针后将获得10年的免疫保护。基本没有副作用，偶尔出现头痛和手臂酸痛。

肺结核疫苗 这个情况较复杂。通常建议成人旅行者在长途旅行前后分别做一次肺结核皮试，而不是接种疫苗。此种疫苗终生只接种一次。

要求接种的疫苗

根据国际规定，黄热病疫苗是唯一必须接种的疫苗。只有在进入不丹前的六天内到访过黄热病区域的人才需要出示接种的证明。如果你从非洲或南美洲前往不丹，应了解一下是否需要出示疫苗接种的证明。

参考网站

互联网上有大量关于旅行健康的建议。想要获得更多信息，可访问**国际旅行健康网**（travelhealth.caiq.org.cn）、**国际旅行卫生健康咨询网**（www.ithc.cn）或**Lonely Planet**（www.lonelyplanet.com）。

延伸阅读

推荐参考的书目包括Richard Dawood博士的*Travellers' Health*和Deborah Mills博士的*Travelling Well*——详情可访问www.travellingwell.com.au。

在不丹

医疗服务及费用

不丹没有私立健康诊所或私人医生，但每个宗的首府城镇都有一家医院，医院可接收需要医疗护理的旅行者。位于廷布的**吉格梅·多吉·旺楚克国家转诊医院**（Jigme Dorji Wangchuck National Referral Hospital；见52页地图；☎02-322496；Gongphel Lam）是全国最好的医疗机构。该院有全科医生、数名专科医生、实验室和手术室。即使是游客也可享受免费治疗。如果你病情严重或身负重伤，应考虑医疗转运至曼谷条件好的医院救治。在偏远乡村很难得到可靠的医疗保健服务。离你最近的大使馆和保险公司是不错的联系对象。

如果你的症状并不严重（如旅途腹泻），而你又带着对症的药品且无法前往推荐的诊所，可以采取自我治疗。如果你认为自己患了很严重的疾病，尤其是疟疾，不要耽误时间，请前往离你最近的有质量保证的医疗机构接受治疗。让医生诊断总比自我治疗要好。

多数大城镇上都有售卖药品的商店。本章节中提及的大部分医药用品都可以在无处方的情况下买到。

传染病

登革热（Dengue Fever）

这种由蚊子传播的疾病在整个热带地区都是越来越严重的问题，尤其在城市。由于没有相应疫苗，人们只能通过避免蚊虫叮咬来预防。携带登革病毒的蚊子昼夜不休，因此全天都要采取防蚊措施。登革热的症状包括发高烧、剧烈头痛和身体疼痛，有些患者会出现皮疹和腹泻。

旅途腹泻

旅途腹泻是一种至今为止最常见的影响旅行者的问题——30%~50%的人会在旅行开始后的两周内患此病。由于超过80%的患者都是被细菌感染，因此用诺氟沙星(Norfloxacin)等抗生素治疗会迅速见效。但是请记住，几次腹泻无须大惊小怪。

洛哌丁胺(Loperamide)只能止泻，属于治标不治本，但是它还是有用的，比如说在你必须坐长途车的情况下。不要在发烧或者便血时服用洛哌丁胺，如果服用对症的抗生素不起效的话，要立即就医。

阿米巴痢疾(Amoebic dysentery)在旅行者中非常罕见，但出现时经常被误诊。它的症状与细菌性腹泻类似：发烧、带便血腹泻及全身不适。腹泻有便血时应当寻求可靠的治疗。治疗时会用到两种药物：用来杀死肠道寄生虫的替硝唑(Tinidazole)或灭滴灵(Metronidazole)，随后再服用消灭囊肿的另一种药物。

兰伯氏贾第虫(Giardia lamblia)是一种相对常见于旅行者中的寄生虫。其症状包括恶心、腹胀、嗳气、疲劳和间歇性腹泻。不采取治疗的话寄生虫最终也会排出体外，但这需要几个月的时间。治疗首选替硝唑。

此病无特效的治疗手段，只能依靠休息和服用扑热息痛(paracetamol)，由于阿司匹林会加大体内出血的可能性，因此不可服用。一定要去看医生，接受诊断和留观。

甲型肝炎(Hepatitis A)

这是一种让整个地区都伤脑筋的疾病，通过食物和水传播的病毒会感染肝脏，引起黄疸(皮肤和眼睛变黄)、恶心和嗜睡。甲型肝炎没有特效治疗手段，你需要时间让肝脏康复。所有前往不丹旅游的人都应注射甲型肝炎疫苗。

乙型肝炎(Hepatitis B)

乙型肝炎经体液(包括性接触)传播，是唯一一种可通过接种疫苗来预防的性传播疾病。长期患病的后果可能是肝癌和肝硬化。

戊型肝炎(Hepatitis E)

戊型肝炎通过受污染的食物和水传播，其症状与甲型肝炎类似，但远不及甲型肝炎常见。对于怀孕女性来说，戊型肝炎是个严重的问题，它可能导致母亲和胎儿双双死亡。目前暂无预防此种疾病的疫苗，预防的原则是安全饮食。

流行性感冒(Influenza)

流行性感冒(流感)在热带地区全年都会出现，其症状包括发高烧、肌肉疼痛、流鼻涕、咳嗽及喉咙痛。对于65岁以上或患有如心脏病或糖尿病等潜在疾病的人来说，情况会尤为严重，建议这类人群接种疫苗。没有特效治疗手段，只能依靠休息和服用扑热息痛。

乙型脑炎(Japanese B Encephalitis)

这是一种通过蚊子传播的病毒性疾病，极少在旅行者中出现。跟大部分由蚊子传播的疾病一样，乙型脑炎在被感染国家变得越来越常见。大多数病例发生在农村地区，推荐在城市以外地区旅行超过一个月的旅行者接种该疫苗。这种病没有治疗方法，有三分之一被感染的患者死亡，另有三分之一的人将罹患永久性脑损伤。

疟疾(Malaria)

关于疟疾这种相当严重且有致命危险的疾病，存在着大量错误的信息。这趟旅程是否真会将置你于险地，你必须得听取专业意见。在大多数偏远农村地区，感染疟疾的风险远远大于服用抗疟药物的副作用。出发前咨询好正确的用药及其剂量。

疟疾是由被感染的蚊子叮咬后传播疟原虫引起的。疟疾的主要症状是发烧，但也有可能出现头痛、腹泻、咳嗽或发冷等一般症状。疟疾只能依靠采集血样来进行诊断。

应将防蚊和服用抗疟药物两种措施结合起来预防疟疾。大多数患了疟疾的人都未能对症下药或没有服用抗疟疾的药物。

建议旅行者通过以下措施预防蚊虫叮咬：

- 在暴露的皮肤上喷洒含避蚊胺(DEET)成分的驱虫剂。如果在蚊帐里睡觉，晚上可以将其洗净。天然驱虫剂如香茅也有效，但是必须比含避蚊胺的产品更为频繁地使用。
- 可以在用除虫菊酯(pyrethrin)浸过的蚊帐内睡觉。
- 选择有纱窗纱门和风扇的住处(在没有空调的情况下)。
- 在高危地区穿用除虫菊酯浸透过的衣服。
- 穿浅色的长袖衣和长裤。
- 使用蚊香。
- 外出吃晚饭前，在屋内喷洒驱虫剂。

有各种有效药物。在南亚的许多地区，氯喹(Chloroquine)和氯胍(Paludrine)结合服用的效果十分有限。常见的副作用包括恶心(40%的人)和口腔溃疡。

日服片剂强力霉素(Doxycycline)是一种广谱抗生素，它还可以帮助预防多种热带疾病，包括钩端螺旋体病、蜱所致疾病和斑疹伤寒。潜在的副作用有容易光敏感、鹅口疮、消化不良、烧心、恶心和干扰避孕药的效果。更严重的副作用包括食管溃疡——在吃饭时服用可帮助防止此种情况的发生，服药后半个小时内不可躺下。在离开危险地区后需继续服药4周。

甲氟喹(Lariam, Mefloquine)每周服用一次。严重的副作用极少，但会出现抑郁、焦虑、精神性疾病和痉挛。有过抑郁症、焦虑、其他心理障碍或癫痫病史的人不可服用甲氟喹。在孕中期和孕晚期服用该药物被认为是安全的。在离开危险地区后需继续服药4周。

马拉隆(Malarone)是阿托喹酮(Atovaquone)和氯胍的混合药物。副作用少见而且轻微，最常见的是恶心和头痛。这是到高危地区短期旅行的人们的最好药物。在离开危险地区后需继续服药1周。

饮水注意事项

- 绝对不要直接饮用自来水。
- 瓶装水通常可放心饮用——购买时检查封口是否完整。
- 避免食用冰块。
- 避免饮用新鲜果汁——这样的果汁存在被掺水的可能。
- 将水烧开——这是净化水最有效的方法；在高海拔地区，水烧开后再多煮一会儿。
- 净化水——最好的化学净化剂是碘，但孕妇和患甲状腺疾病的人应避免使用。
- 使用滤水器——应具备过滤病毒的能力；确保往滤水器里加入如碘一类的化学净水剂，过滤孔径以小为宜，如孔径小于4微米的。

狂犬病(Rabies)

狂犬病被认为是不丹常见的一种病。这种致命性的疾病通过被感染动物咬伤或舔舐传播——最常见的动物是狗和猴子。在被任何动物咬伤后都应立即就医并接受治疗。出发前预先接种疫苗意味着被咬后的治疗过程将会大为简化。被动物咬伤后，用肥皂和清水轻轻地冲洗伤口，然后涂抹含碘抗菌剂(iodine-based antiseptic)。如果没有预先接种疫苗，要尽快注射狂犬病免疫球蛋白(rabies immunoglobulin)。

肺结核(Tuerculosis)

虽然旅行者中很少出现肺结核，但那些与当地人有大量接触的人应该采取预防措施，如医疗和救援人员以及长期旅行者。肺结核疫苗通常只针对5岁以下的儿童，但推荐存在感染风险的成人在旅行前后进行肺结核测试。主要症状为发烧、咳嗽、体重减轻、盗汗和疲劳。

伤寒(Typhoid)

这种严重的细菌性感染疾病通过水和食物传播。其症状是缓慢发展的高烧以及头痛，可能伴有干咳和胃痛。伤寒通过血液检查确诊，用抗生素治疗。建议所有准备在不丹待一周以上的旅行者接种伤寒疫苗。要知道这种疫苗并非100%有效，因此你必须小心饮食。

呼吸道感染(Respiratory Infections)

呼吸道感染通常由病毒

引起，在受到城市污染或高山冷空气和高海拔的刺激后恶化。其间一般会出现继发性细菌感染，它的特征是发烧、胸痛、咳出变色或带血的痰。如果你出现感染症状，应就医或服用普通抗生素。

环境引发的疾病和不适

即使在阴天，也可能被晒伤，尤其是在空气稀薄的高海拔地区。在户外时涂抹防晒霜、佩戴太阳镜和遮阳帽可以有效避免晒伤风险。

食物

在餐馆用餐是导致旅途腹泻的主要原因。避免腹泻的方法包括：只吃现做的食物，不要食用贝壳类水产品和自助餐上长久放置的食物，吃任何水果都要剥皮，蔬菜煮熟后再吃，沙拉在食用前先在碘水中浸泡至少20分钟。

高海拔

如果你要去的地方在海拔3000米以上，那么你应当了解如何预防、辨识和治疗急性高山病（Acute Mountain Sickness，简称AMS）。这是一种出了名变幻无常的病症，即使那些已经适应高海拔的徒步者和步行者也可能受其影响。尽管急性高山病通常要到海拔3500~4500米才会有致命危险，但在海拔3000米时也发生过死亡案例。

症状

到访高海拔地区的旅行者常会出现轻微的急性高山病症状，这些症状通常在到达后的24小时内显现，大致在数小时至数天的时间内随着身体逐渐适应而消失。

到了晚上，症状会变得更为严重，出现头痛、眩晕、昏睡、食欲不振、恶心、呼吸困难和精神亢奋。失眠也是常见症状之一。

急性高山病可能会在没有任何征兆的情况下恶化，甚至威胁生命。这些症状由肺水肿和脑水肿引发，表现为人在静止时仍呼吸困难、刺激性干咳（可能演变成伴有血性泡沫痰的咳嗽）、剧烈头痛、肢体失去协调（典型表现是“醉汉步”）、思维混乱、行为失去理智、呕吐以至最终失去意识。

不管急性高山病的症状多么轻微，它都是一种警告，一定要严肃对待！徒步者应当留意伙伴们的身体状况，因为出现这些症状的人可能当局者迷——特别是有严重症状的人。要注意的一件事是，虽然出现严重急性高山病的症状前经常会有轻微症状，但并非总是如此。严重急性高山病可以在毫无征兆的情况下发作。

适应环境

随着海拔的上升，氧气含量减少，人们的身体需要时间来调节生理机制以适应这种变化。目前人们仍未完全理解这种逐渐适应的过程，只知道这其中包括调节呼吸方式和心率，增强血液运输氧的能力。在特定的海拔高度上，这种补偿机制发挥作用通常需要花上1~3天时间。一旦你适应了某种高度，那么你在这个高度上就不太可能患急性高山病，但当你往更高处走时仍然有患病的可能。如果你上升得过高过快，这种补偿反应的速度可能跟不上海拔变化。

预防

预防急性高山症你需要：

- 缓慢上升。行程安排频繁的休息日，每上升1000米在同一高度停留2~3个晚上。
- 谨记攀登者的箴言：爬高点，睡低点。明智的做法是，晚上休息时的海拔高度不超过白天攀升的最大高度。白天爬得高，晚上下降至较低海拔处，有利于在高海拔地区徒步。还有，在3000米以上的地方攀登，每天晚上休息时的海拔高度不能超过前晚400米。如果地形条件不允许，那么请在继续开始攀登前多休息一天。
- 多饮水。山上的空气干燥而寒冷，呼吸和出汗会流失水分，这些可能导致你脱水。
- 吃清淡、高碳水化合物的食物，以获得更多能量。
- 避免饮酒，因为酒精可能会加大脱水的风险，不要抽烟。
- 避免服用镇静剂。
- 徒步旅行时，如果感觉过度疲劳，休息一天，给自己适应的时间。如果你或团队中任何一人身体不适，应做计划外的停留。
- 在翻越山口时切勿逼迫自己，而是要进行多次休息。鉴于急性高山病和适应过程的复杂性和未知因素，徒步者再怎么小心谨慎都不为过，缓慢地上升总是没错的。

治疗

如果出现轻微症状，可以在同一或较低海拔高度休息直到康复，通常需要1~2天时间。服用扑热息痛或阿司匹林有助于缓解头痛。但如果症状未减退或变得更为严重，必须立即下撤——即使下降500米也有作用。

治疗严重急性高山病最有效的方法是尽快下撤到较低海拔高度。病情不那么严重时，病人可借助外力自行下山，而在有些情况下，他们只能被抬下去。不管是哪种情况都不要耽误时间，任何延误都会带来致命的后果。

急性高山病病人可能需要立即飞离不丹——确认你购买的是包含此项费用的旅行保险。

有些医生推荐服用乙酰唑胺（acetazolamide，Diamox）和地塞米松（dexamethasone）以预防急性高山病。但是，你应当知道这些药物的作用尚有争议。它们能缓解症状，但也可能掩盖住身体发出的危险信号，服用这些药的人中出现过严重甚至致命的急性高山病。药物治疗绝不可以取代撤退下降，也不能用来助你登上更高的高度。

药品清单

推荐放入个人药品箱中的医疗物品:

☐ 抗真菌药膏，如克霉唑

☐ 抗细菌药膏，如莫匹罗星（Muciprocin）

☐ 治疗皮肤感染的抗生素，如阿莫西林/克拉维酸钾（Amoxicillin/Clavulanate）或头孢氨苄（Cephalexin）

☐ 治疗腹泻的抗生素，如治疗细菌性腹泻的诺氟沙星（Norfloxacin）或环丙沙星（Ciprofloxacin）；治疗贾第虫病或阿米巴痢疾的替硝唑

☐ 抗组胺药，如白天用的西替利嗪（Cetrizine）和夜间用的异丙嗪（Promethazine）

☐ 消毒剂，如碘酊（Betadine）

☐ 治疗胃痉挛的解痉药，如解痉灵（Buscopan）

☐ 避孕药

☐ 鼻塞药，如伪麻黄碱（Pseudoephedrine）

☐ 含有DEET成分的驱虫剂

☐ 治疗腹泻: 口服补液（如Gastrolyte电解质溶剂）、止泻药（如洛哌丁胺）和止吐药（如丙氯拉嗪，Prochlorperazine）

☐ 急救物品，如剪刀、绷带、纱布、温度计、无菌针头和注射器，安全别针和镊子

☐ 布洛芬（Ibuprofen）或其他消炎药

☐ 净化水用的碘片（除非你怀孕或有甲状腺问题）

☐ 通便药，如Coloxyl

☐ 扑热息痛

☐ 浸渍衣物和蚊帐的除虫菊酯

☐ 治疗过敏/皮疹的类固醇乳膏，如1%~2%的氢化可的松（hydrocortisone）

☐ 防晒霜

☐ 润喉糖

☐ 治疗念珠菌阴道炎的药物，如克霉唑栓剂

☐ 治疗尿路感染的药物，如Ural或同类药品

昆虫叮咬

臭虫和跳蚤不携带疾病，但是被它们叮咬后的部位会非常痒。可以用抗组胺剂（antihistamine）治疗瘙痒。

在偏远地区行走之后可能感染蜱虫。蜱虫常见于人的耳后、腹部和腋窝处。如果已被蜱虫叮咬并且叮咬处或者其他部位出现皮疹、发烧或者肌肉疼痛，应该去看医生。强力霉素可预防由蜱虫传播的疾病。

潮湿的亚热带雨林地区会有水蛭。它们不传播任何疾病，但被其叮咬的地方会非常痒，这种情况会持续数周并且很容易导致感染。用含碘抗菌剂涂在水蛭叮咬过的地方可预防感染。

蜜蜂和黄蜂叮蜇影响的主要是对蜜蜂或黄蜂过敏的人。任何一个对蜜蜂或黄蜂严重过敏的人都应携带肾上腺素注射器（如一支EpiPen肾上腺素自动注射器）以应对紧急情况。对其他人而言，疼痛是主要的问题，可用冰敷被蜇处并服用止痛药。

皮肤问题

真菌性皮疹常见于潮湿气候地区。有两种影响旅行者的常见真菌性皮疹。第一种发生在像腹股沟、腋窝以及脚趾间等潮湿的部位，它开始时是一个红斑，逐渐扩散，通常很痒。治疗方法包括保持皮肤干燥、避免摩擦和使用抗真菌软膏，如克霉唑（Clotrimazole）或兰美抒（Lamisil）。第二种花斑癣（Tinea versicolor）同样常见，它会引发淡色的小斑，最常出现在背、胸和肩部。需要就医。

割伤和擦伤在湿气候中容易感染，需小心护理以免出现如脓肿一类的并发症。立即用清水冲洗伤口并涂抹抗菌剂，如果出现了感染迹象（疼痛感和红肿增强），应去看医生。

女性健康

在不丹的市区可方便买到卫生用品。避孕用品的选择可能有限，因此要自己准备好。闷热、潮湿和服用抗生素都可能导致念珠菌性阴道炎（thrush），可用克霉唑等抗真菌软膏和栓剂治疗。另一种实用的治疗方法是服一片氟康唑（Diflucan）。脱水或乘坐长途车中途不能上厕所可能造成尿道感染，应携带对症的抗生素。

孕妇在旅行前应接受专业咨询。理想的旅行时间是孕中期（孕16周至28周），此时出现怀孕相关问题的概率最低，而且孕妇通常感觉最为良好。

在孕早期，可能面临流产风险；在孕晚期，也可能出现早产或者高血压等复杂问题。最好是结伴而行。记得带上一张旅行目的地的可靠医疗机构名单，确保在这些地方继续进行各种标准产前护理。避免到交通不便、缺乏医疗设施的偏远地区旅行。最重要的是，确保旅行保险覆盖了所有怀孕相关项目，包括可能出现的早产。

疟疾是孕期可能面临的高风险疾病。世界卫生组织建议，孕妇应避免前往抗氯喹性疟疾发病的地区旅行。在孕期，所有抗疟疾药物都不完全安全。

旅途腹泻可能很快导致脱水症状，从而使胎盘无法获得足够的血流。许多用来治疗腹泻的药物都不建议在孕期使用。阿奇霉素据信相对安全。

海拔对于胎儿发育的不利影响尚不明确，但许多专家都建议孕期妇女不要到海拔4000米以上的地区旅行。

语言

不丹的官方语言是宗卡语。虽然宗卡语与藏语使用相同的字母——这两种语言之间联系紧密——但藏族人无法读懂宗卡语。学校采用英语授课，因此大部分受过教育的人都能说一口流利的英语。在不丹，到处可见英文招牌、英文书籍和英文菜单。道路标志和政府文件全都使用英语和宗卡语两种语言。全国发行的报纸*Kuensel*有三种语言版本：英语、宗卡语和尼泊尔语。僧侣学院教授中古藏语Choekey。

由于不丹国内一些地方曾与外界长期隔绝，许多其他语言得以保留下来，各地的少数民族拥有自己专属语言的情况并不稀奇，有些语言的差异甚大，以至于来自不同地方的人们无法交流。不丹东部的人说Sharchop语（意为“东部的语言”），这是一种与宗卡语截然不同的语言。大部分南方人说尼泊尔语。布姆唐语（Bumthangkha）是布姆唐地区使用的一种语言。此外还有谢姆冈的Khengkha语、伦奇的Kurtoep语、通萨的Mangdep语和塔希央奇的Dzala语。

发音

本章节中采用的简化发音系统基于官方的拉丁字母体系（将拉丁字母作为宗卡语的书写形式载体），彩色字体为我们为读者撰写的发音指南，按照英语单词发音规则拼读即可实现交流。这里有3种变音符号：撇号代表升调（例如’ne）或“发音柔和的”辅音字母（例如g’）；长音符号（例如ê）代表长元音；分音符号（例如ö）的出现意味着某些元音的发音要发生变化，即ä发成“hat”里“a”音，ö发成“dirt”里“ir”音（“r”不发音），ü——用嘴角两边往后拉伸的方式发“i”音。

辅音字母c、d、g、l、p和t后接字母h时要送气——辨别“pip”一词中字母p的发音，第一个要送气，第二个不送气。

练习ng（即“sing”中“ng”的发音）位于单词开头时的发音，例如ngawang（一个名字）。“需牙齿配合的”辅音t和th在发音时需用舌尖抵住牙齿。另要注意的是，字母c发成“church”中的“ch”音，字母zh发成“measure”中的“s”音。

基本会话

你好。	kuzuzangbo la
再见。	
（离开的人）	läzhimbe jön
（留下的人）	läzhimbe zhû
祝你好运。	trashi dele
是。	ing/yö
不。	mê
也许。	im ong
你好吗？	chö gadebe yö?
很好。	nga läzhimbe ra yö
你叫什么名字？	chö meng gaci mo?
我叫……	ngê meng... ing
你从哪里来？	chö gâti lä mo?
我来自……	nga ... lä ing
你要去哪里？	chö gâti jou mo?
我住在……	nga ... döp ing
我知道。	nga shê
我不知道。	nga mi shê
我能拍张照吗？	pâ tabney chokar la?
我能给你拍张照吗？	chögi pâ ci tapge mä?

徒步和乡村生活

高山小屋	bjobi gâ
高山牧场	la nogi tsamjo
桥	zam
寒冷的（天气）	sîtraktra
丘陵	ri
房屋	chim
湖泊	tsho
山	gangri
山口	la
骡道	ta lam
平原或草甸	thang
经幡	dâshi
河流	chhu/tsangchhu
下行陡坡	lam khamâ zâdra
上行陡坡	khagen gâdra
玛尼石	dogi mani
疲倦的	udû/thangche
道路	lam/kanglam
村庄	ü
温暖的（天气）	drotokto/tshatokto
哪条路通向……？	... josi lam gâti mo?
这条路陡吗？	lam zâdra yö-ga?
我的帐篷在哪？	ngê gû di gâti in-na?
村庄的名字叫什么？	ani ügi meng gaci zeu mo?
走吧。	jogey-la
鸟/鸡	bja
牛	ba
狗	rochi/chi
马	ta
猪	phap
水牛	mahe
牦牛（公/母）	yâ/jim
大麦	nâ
荞麦	bjô
玉米	gäza/gesasip
糙米	chum
小米	membja
大米	bjâ
小麦	kâ

可以/没关系/没什么。	di tupbä
今天冷。	dari jâm-mä
在下雨。	châp cap dowä
女儿	bum
哥哥	phôgem
姐姐	azhim
父亲	apa
朋友	totsha/châro
母亲	ama
儿子	bu
弟弟	nucu
妹妹	num/sîm
她的	mogi
他的	khogi
我的	ngêgi
你的	chögi

大的	bôm
便宜的	khetokto
干净的	tsangtokto
肮脏的	khamlôsisi
足够的	tupbä/lâmmä
昂贵的	gong bôm
好的	läzhim
高兴的	gatokto
沉重的	jice
不好的	läzhim mindu
小的	chungku
那/那个	aphidi
这/这个	di

方向和交通

公共汽车	drülkhor chutshö
什么时候开？	gademci kha jou inna?
我想在这里下车。	nga nâ dögobe
……离这里有多远？	...gadeci tha ringsa mo?
离得近吗？	bolokha in-na?
离得远吗？	tha ringsa in-na?
径直往前走。	thrangdi song

后面	japkha
这里	nâ/nâlu
左边	öm

前面	dongkha
旁边	bolokha
对面	dongko/dongte
右边	yäp
那里	phâ/phâlu
哪里	gâti
北	bjang
南	lho
东	shâ
西	nup

餐饮

……在哪里?	... gâti mo?
当地酒吧	changkha
餐馆	zakha
现在	chö dato to
有吃的吗?	za-wigang in-na?
我不吃肉。	nga sha miza
我不喜欢	nga zhêgo êma
吃辣。	dacikha miga
太辣了。	di khatshi dû
真美味。	di zhim-mä
请给我一杯茶。	ngalu ja phôp gang nang
足够了。	digi lâm-mä

关键词

食物	zhêgo/to
辣	khatshi yömi
(食物)汤	tshatom
薄片	pa
美味的	zhimtoto

肉类和蔬菜

卷心菜	banda kopi
花椰菜	meto kopi
鸡肉	bja sha
(熟的)蔬菜	tshöse tsotsou
鱼肉	ngasha
肉	ha
土豆	kewa
小萝卜	laphu
大萝卜	öndo
蔬菜	tshöse

其他食物

奶酪	datse
辣椒	êma
玉米	(maize)gäza/gesasip
鸡蛋	gongdo
蘑菇	shamu

数字

1	ci
2	nyî
3	sum
4	zhi
5	nga
6	drû
7	dün
8	gä
9	gu
10	cuthâm
11	cûci
12	cunyî
13	cûsu
14	cüzhi
15	cänga
16	cûdru
17	cupdü
18	côpgä
19	cügu
20	nyishu/khächi
30	sumcu/khä pcheda nyî
40	zhipcu/khänyî
50	ngapcu/khä pcheda sum
60	drukcu/khäsum
70	düncu/khä pcheda zhi
80	gepcu/khäzhi
90	gupcu/khä pcheda nga
100	cikja/khänga
1000	ciktong/tongthra ci
10,000	cikthri
100,000	cikbum/bum
1,000,000	saya ci

芥末	päga
面条	bathu/thukpa
（熟的）米饭	to
沙拉	ezay

饮品

（当地的）啤酒	bang chhang
开水	chhu kököu
凉水/热水	chhu khöm/tshatom
茶	ja
水	chhu
（当地的）威士忌	ârra

健康和紧急情况

我生病了。	nga nau mä
我感觉恶心。	nga cûni zum beu mä
我浑身没力气。	nga thangchep mä
我一直呕吐。	nga cûp cûsara döp mä
我感觉眩晕。	nga guyu khôu mä
我呼吸困难。	nga bung tang mit shubä

医生	drungtsho
发烧	jangshu
疼痛	nazu

购物和服务

单词khang意为建筑，很多建筑物的名字都以它结尾。

……在哪里？	... gâti mo?
银行	ngükhang
书店	pekhang
电影院	loknyen
医院	menkhang
市场	thromkhang
贡布	goemba
警察局	thrimsung gakpi mâkhang
邮局	dremkhang
公共电话	manggi jüthrin tangsi
商店	tshongkhang
拉康	lhakhang
厕所	chapsa

敬语

用宗卡语与人交流时，在句末加一个-la音可以表示敬意，这一规则几乎适用于任何情况，你甚至可以将它添到可能用到的英语单词后面。因此，在与政府官员、喇嘛或比自己年长的人交谈时，你可以使用诸如“yes-la”或“okay-la”一类的表达，以示对他人的尊重。

我想看……	nga... tagobe
我在找……	nga... tau ing
它什么时候开门？	chutshö gademci lu go pchiu mo?
它什么时候关门？	chutshö gademci lu go dam mo?
它仍在营业吗？	datoya pchidi ong ga?
这是什么？	di gaci mo?
我想换钱。	nga tiru sôgobä
多少钱？	dilu gadeci mo?
太贵了。	gong bôm mä
我最多出……	ngâgi ... anemci lä trö mitshube
最低卖多少？	gong gademcibe bjinni?

交通

现在几点？	chutshö gademci mo?
（5点）整。	chutshö（nga）
下午	pchiru
天	nyim/za
后天	nâtshe
上午	drôba
晚上	numu
某时	retshe kap
今天	dari
明天	nâba
昨天	khatsha
周日	za dau
周一	za mîma
周二	za lhap
周三	za phup
周四	za pâsa
周五	za pêm
周六	za nyim

术语表

ABTO——不丹旅游经营商协会

anim——尼姑

anim goemba——尼姑庵

atsara——在戒楚节上活跃气氛的戴面具丑角

bangchung——一种圆形竹篮，盖子紧扣篮身

BHU——基层卫生所（Basic Health Unit）

bodhisattva——菩萨，今生原可成佛，但为了转世普度众生而放弃成佛

Bon——本教，中国西藏的一种古老宗教，崇尚万物有灵，在佛教传入藏族聚居区之前便已存在。其教徒被称为本波（Bon-po）

Brokpa——布罗克帕人，不丹东部的少数民族

bukhari——柴炉

bumpa——宝瓶，贡布中用来盛圣水的净瓶

cham——查姆舞，宗教仪式上的舞蹈

chang——北

chhang——用大米、玉米或小米酿造的啤酒，念成"chung"

chhu——曲（河流），水

chilip——外国人

choesum——佛堂、神堂

chorten——石造佛塔，塔内通常置有舍利

Dantak——印度边境公路特遣部队

datse——传统射箭；也有奶酪的意思

desi——第悉，不丹的世俗领袖

dharma——戒条，佛教教义

dharma raja——夏宗法王（Zhabdrung）的英文名，1652~1907年的宗教领袖

dochey——宗堡里的庭院

doma——槟榔，它还有一个印度名：paan

dorji——宗教仪式上使用的金刚杵；梵文名为vajra

drak——洞穴或隐居地

dratshang——扎仓（中央僧团）

driglam chhoesum——礼制规范

driglam namzha——传统礼制

Druk Gyalpo——不丹国王，即"雷龙之王"

Drukpa Kagyu——竹巴噶举派佛教，不丹的国教，大乘佛教的一个支派

drungkhag——比宗次一级的行政区

dukhang——贡布里的法堂，也被称为措康

dzong——宗堡，政府机构和僧侣共享的堡垒形式的寺院

dzongdag——宗长，宗的行政长官

Dzongkha——不丹国语宗卡语

dzongkhag——宗（行政区划）

dzongpen——宗本，旧时对宗主的称呼

gangri——雪山

gho——帼，男性的传统服装

goemba——贡布，大乘佛教的一种僧院

goenkhang——贡康，（通常为）供奉金刚护法神大黑天的神殿

gomchen——贡千，俗家弟子或已婚弟子

gorikha——拉康的门廊，字面意为"门的嘴巴"

Guru Rinpoche——莲花生大士，不丹大乘佛教创立者帕达玛萨瓦拉的俗称

gyalpo——统治者或国王

himal——"山"的梵文

IMTRAT——印度军事训练营（Indian Military Training Team）

Je Khenpo——杰堪布，不丹的宗教领袖

kabney——男性出席正式场合时披在肩上的围巾

khandroma——空行母；梵文名为dakini

khenpo——堪布，寺院住持

khonying——有拱道的佛塔

kira——旗拉，女性的传统服装

kora——转经，转经道

la——山口

lam——小路或公路

lama——喇嘛，大乘佛教的上师

lha——神

lhakhang——拉康，即寺庙，字面意思为"神的家"

lho——南

Lhotshampa——洛昌人，不丹南部居民，主要讲尼泊尔语

Losar——不丹历和藏历新年

lu——蛇神，梵文名为naga

Mahakala——不丹的守护神大黑天，以渡鸦的面貌示人
Mahayana——大乘佛教，佛教的一个教派，字面意思为“大车”
mandala——坛城，一种描述宇宙的图绘；宗卡语名为kyilkhor
mani stone——玛尼石，上面刻有佛教六字大明咒——唵嘛呢叭咪吽
mantra——咒语，祷文
migoi——雪人（传说中的喜马拉雅雪人）；也被称为yeti

naktshang——供奉战神或护法神的寺庙，字面意思为“起誓的地方”
NCCA——国家文化事务委员会
ney——圣地
Ngalop——藏族人
ngultrum——努扎姆，不丹的货币单位
nup——西
Nyingma——宁玛派佛教，喜马拉雅山的一个佛教支派；其教徒被称为宁玛巴

om mani peme hum——唵嘛呢叭咪吽，佛教的六字大明咒，大意为“如意宝啊，莲花哟！”
outreach clinic——偏远乡村的卫生站

PCO——公用电话亭
penlop——佩罗，行政大区长官，字面意为“地主—导师”
phajo——上师
prayer flag——经幡，印上经文的长布块，每被风吹动一次就相当于“念”了一遍经幡上的经文
prayer wheel——转经筒，刻有并装有经文的圆柱形筒轮

rabdey——地区级的僧团
RBA——不丹皇家军队
rinpoche——仁波切，转世喇嘛，通常为一处贡布的住持
river left——面向河流流向的左侧
river right——面向河流方向的右侧
RSPN——皇家自然保护学会

SAARC——南亚区域合作联盟，由孟加拉国、不丹、印度、马尔代夫、尼泊尔、巴基斯坦和斯里兰卡7个国家发起成立
Sakyamuni——释迦牟尼，对佛祖乔达摩·悉达多的一种称呼
shar——东
shedra——佛学院
shing——木头
sonam——好运
stupa——（印度式）佛塔，半球状的佛教建筑，不丹佛塔的原型

terma——伏藏，被莲花生大士封藏的经文和法器
terton——伏藏师，伏藏的发现者
thang——平原
thangka——唐卡，宗教内容的绘画刺绣像
thondrol——在特殊场合展晒的巨型唐卡，字面意思为“见即解脱”
torma——朵玛，一种礼糕，用糌粑、酥油和糖做成
trulku——转世活佛；一座寺院的精神领袖
tsachhu——温泉
tsampa——用烘烤后的大麦磨成的粉，糌粑
tsechu——戒楚节，有舞蹈表演的宗教节日
tshamkhang——小型禅修所
tsho——错（湖泊）
Tshogdu——国民议会（National Assembly）
tshokhang——措康，拉康里的法堂

utse——乌策，宗堡中拉康所在的中央高塔

yathra——亚特拉，手纺羊毛布条
yeti——见词条migoi

Zangto Pelri——桑东巴瑞，莲花生大士在天上的住所
Zhabdrung, the——夏宗，夏宗·阿旺朗杰转世的名号

食物术语表

arra——自制烈酒，采用大麦、小麦或大米蒸馏而成

barthu——面条

bja sha maroo——蒜香酥油酱汁鸡肉

chhang——用大米、玉米或小米酿造的啤酒，发音为chung

chugo——牦牛奶酪干

dal——小扁豆汤

ema datse——辣椒奶酪

hogey——用黄瓜、花椒、红辣椒、葱和番茄做成的沙拉

kewa datse——土豆奶酪

khule——荞麦煎饼

momo——藏式水饺，肉馅或奶酪馅的蒸饺

nakey——蕨菜

no sha huentseu——炖牛肉菠菜

olo choto——字面意思为“乌鸦的嘴”，一种小青瓜

phak sha laphu——猪肉炖萝卜

phak sha phin tshoem——猪肉米线

puta——荞麦面

shamu datse——蘑菇奶酪

sip——炸玉米片

sud-ja——酥油茶

thukpa——面条，一般为汤面

tsampa——糌粑，用烘烤后的大麦磨成的粉

zao——炒饭

幕 后

说出你的想法

我们很重视旅行者的反馈——你的评价将鼓励我们前行，把书做得更好。我们同样热爱旅行的团队会认真阅读你的来信，无论是表扬还是批评都非常欢迎。虽然很难一一回复，但我们保证将你的反馈信息及时交到相关作者手中，使下一版更完美。我们也会在下一版特别鸣谢来信读者。

请把你的想法发送到**china@lonelyplanet.com.au**，谢谢！

请注意：我们可能会将你的意见编辑、复制并整合到Lonely Planet的系列产品中，例如旅行指南、网站和数字产品。如果不希望书中出现自己的意见或不希望提及你的名字，请提前告知。请访问lonelyplanet.com/privacy了解我们的隐私政策。

声明

气候图表数据引用自Peel MC, Finlayson BL & McMahon TA（2007）'Updated World Map of the Köppen-Geiger Climate Classification', *Hydrology and Earth System Sciences*, 11, 1633-44。

封面图片：虎穴寺，Kelly Cheng Travel Photography/Getty ©。

本书部分地图由中国地图出版社提供，审图号GS（2019）2345号。

关于本书

这是Lonely Planet *Bhutan*的第6版，本书的作者为布拉德利·梅修和林赛·布朗。

本书为中文第一版，由以下人员制作完成：

项目负责 关媛媛

项目执行 丁立松

翻译统筹 肖斌斌

翻　　译 郭　翔　陈佳妮

内容策划 林　妍（本土化内容）

熊　毅　沐　昀

视觉设计 刘乐怡

协调调度 沈竹颖

责任编辑 于佳宁

特约编辑 菜　畦

地图编辑 田　越

制　　图 张晓棠

流　　程 孙经纬

终　　审 杨　帆

排　　版 北京梧桐影电脑科技有限公司

感谢谭川遥、薛平对本书的帮助。

索引

000 地图页码
000 图片页码

L

M

N

O

P

R

S

T

U

W

Y

Z

000 地图页码
000 图片页码

地图图例

景点

- 海滩
- 鸟类保护区
- 佛教场所
- 城堡
- 基督教场所
- 孔庙
- 印度教场所
- 伊斯兰教场所
- 耆那教场所
- 犹太教场所
- 温泉
- 神道教场所
- 锡克教场所
- 道教场所
- 纪念碑
- 博物馆/美术馆/历史建筑
- 历史遗址
- 酒庄/葡萄园
- 动物园
- 其他景点

活动、课程和团队游

- 人体冲浪
- 潜水/浮潜
- 潜水
- 皮划艇
- 滑雪
- 冲浪
- 游泳/游泳池
- 徒步
- 帆板
- 其他活动

住宿

- 住宿场所
- 露营地

就餐

- 餐馆

饮品

- 酒吧
- 咖啡馆

娱乐

- 娱乐场所

购物

- 购物场所

实用信息

- 银行
- 使领馆
- 医院/医疗机构
- 网吧
- 警察局
- 邮局
- 电话
- 公厕
- 旅游信息
- 其他信息

地理

- 棚屋/栖身所
- 灯塔
- 瞭望台
- 山峰/火山
- 绿洲
- 公园
- 关隘
- 野餐区
- 瀑布

人口

- 首都、首府
- 一级行政中心
- 城市/大型城镇
- 镇/村

交通

- 机场
- 过境处
- 公共汽车
- 缆车/索道
- 自行车路线
- 轮渡
- 地铁
- 单轨铁路
- 停车场
- 加油站
- 出租车
- 铁路/火车站
- 有轨电车
- 其他交通方式

路线

- 收费公路
- 高速公路
- 一级公路
- 二级公路
- 三级公路
- 小路
- 未封闭道路
- 广场
- 台阶
- 隧道
- 步行天桥
- 步行游览路
- 步行游览支路
- 小路

境界

- 国界
- 一级政区界
- 未定国界
- 地区界
- 军事分界线
- 海洋公园
- 悬崖
- 墙

水文

- 河流、小溪
- 间歇河
- 沼泽/红树林
- 暗礁
- 运河
- 水域
- 干/盐/间歇湖
- 冰川
- 珊瑚礁

地区特征

- 海滩/沙漠
- 基督教墓地
- 其他墓地
- 公园/森林
- 运动场
- 一般景点(建筑物)
- 重要景点(建筑物)

注：并非所有图例都在此显示。

我们的故事

一辆破旧的老汽车，一点点钱，一份冒险的感觉——1972年，当托尼（Tony Wheeler）和莫琳（Maureen Wheeler）夫妇踏上那趟决定他们人生的旅程时，这就是全部的行头。他们穿越欧亚大陆，历时数月到达澳大利亚。旅途结束时，风尘仆仆的两人灵机一闪，在厨房的餐桌上制作完成了他们的第一本旅行指南——《便宜走亚洲》（*Across Asia on the Cheap*）。仅仅一周时间，销量就达到了1500本。Lonely Planet 从此诞生。

现在，Lonely Planet在都柏林、富兰克林、伦敦、墨尔本、奥克兰、北京和德里都设有公司，有超过600名员工和作者。在中国，Lonely Planet被称为“孤独星球”。我们恪守托尼的信条：“一本好的旅行指南应该做好三件事：有用、有意义和有趣。”

我们的作者

布拉德利·梅修（Bradley Mayhew）

内容策划、廷布、不丹西部 布拉德利在从拉达克到不丹远东地区的喜马拉雅山区走了将近25年。布拉德利还参与了Lonely Planet旅行指南《尼泊尔》《尼泊尔喜马拉雅山徒步》（*Trekking in the Nepal Himalaya*）、《中亚》《中国》和《黄石国家公园》（*Yellowstone National Park*）的编写。这是布拉德利第四次前往不丹，他的足迹已经遍布这个国家的大部分角落；他最爱的地方是布姆唐、哈阿以及偏远的东部地区。浏览www.bradleymayhew.blogspot.com看看他的最新动向。布拉德利还撰写了本书的“计划你的行程”章节。

林赛·布朗（Lindsay Brown）

不丹中部、不丹东部 不丹的历史中心以及天然、迷人的东部对旅行作者、摄影师以及对喜马拉雅死心塌地的旅行者而言不啻为一个梦幻之地。林赛曾是一名保育生物学家，十分享受此次重返不丹的机会，这是一个正在经历快速变革但依然试图保持原有传统和自然风貌的小国。在本书中，林赛还撰写了“了解不丹”以及“生存指南”两个章节。

不丹

中文第二版

书名原文：*Bhutan*（6th edition，Mar 2017）

本中文版由中国地图出版社出版

图书在版编目 (CIP) 数据

不丹 / 澳大利亚 Lonely Planet 公司编；陈佳妮，郭翔译．-- 2 版．-- 北京：中国地图出版社，2019.6
书名原文：Bhutan
ISBN 978-7-5204-1149-3

Ⅰ．①不… Ⅱ．①澳… ②陈… ③郭… Ⅲ．①旅游指南－不丹 Ⅳ．① K935.79

中国版本图书馆 CIP 数据核字（2019）第 112693 号

出版发行	中国地图出版社
社　　址	北京市白纸坊西街 3 号
邮政编码	100054
网　　址	www.sinomaps.com
印　　刷	北京华联印刷有限公司
经　　销	新华书店
成品规格	197mm × 128mm
印　　张	10
字　　数	544 千字
版　　次	2019 年 6 月第 2 版
印　　次	2019 年 6 月北京第 3 次印刷
定　　价	79.00 元
书　　号	ISBN 978-7-5204-1149-3
审 图 号	GS（2019）2345 号
图　　字	01-2014-3847

如有印装质量问题，请与我社发行部（010-83543956）联系